Flore De La Normandie: Phanérogamie...

Alphonse de Brébisson

FLORE

DE

LA NORMANDIE ;

Par A. de Brébisson,

MEMBRE DE PLUSIEURS SOCIÉTÉS SAVANTES.

PREMIÈRE PARTIE.

PHANÉROGAMIE.

CAEN,

CHEZ A. HARDEL, LIBRAIRE-ÉDITEUR.

PARIS.—LANCE, RUE DU BOULOY, Nº. 7.

ROUEN.—FRÈRE, SUR LE PORT.

1836.

FLORE

DE

LA NORMANDIE.

FLORE

DE

LA NORMANDIE ;

Par A. de Brébisson,

MEMBRE DE PLUSIEURS SOCIÉTÉS SAVANTES.

PREMIÈRE PARTIE.

PHANÉROGAMIE.

CAEN,

A. HARDEL, IMPRIMEUR LITHOGRAPHE,
Successeur de M. Chalopin.
PARIS.—*LANCE*, RUE DU BOULOY, N°. 7.

1836.

PRÉFACE.

La publication, si souvent annoncée, de cet ouvrage entrepris depuis bien des années, aurait été encore long-temps retardée, si les vives sollicitations de quelques confrères ne m'avaient déterminé à ne plus reculer devant les difficultés que la connaissance de mes forces devait me faire regarder comme insurmontables. Je tairais ici ces sollicitations d'amis, allégation ordinairement banale et peu consciencieuse de la part des auteurs, si le besoin d'une Flore de Normandie n'était pas si généralement senti par toutes les personnes qui s'occupent, ou qui veulent s'occuper de l'étude de la végétation particulière à notre province. Malgré plus de quinze années d'herborisations dans cette contrée, malgré les communications fréquentes d'un grand nombre de Botanistes que je citerai plus loin, malgré la comparaison des espèces recueillies avec des échantillons déterminés par des auteurs dont le nom est une garantie, je dois convenir qu'il reste encore beaucoup de choses à découvrir, beaucoup d'erreurs à relever. Plus j'ai avancé dans mon travail, plus j'ai reconnu que c'était un ouvrage bon à faire, mais aussi, plus je suis demeuré convaincu combien il était difficile de le faire bon. Enfin le voici tel que je puis l'offrir dans ce moment ; son examen fera concevoir mon hésita-

tion que déjà je viens d'expliquer en présentant mes
convictions.

La Normandie, par l'étendue de son territoire,
par la variété des terrains que recouvre son sol, par
la disposition de son littoral considérable, renferme
une riche végétation dont l'étude réclamait une
Flore spéciale. Les jeunes Botanistes à qui j'adresse
particulièrement mon travail, sont réduits à se servir de Flores de contrées voisines qui sont bien loin
d'être appropriées à leurs besoins. Excepté une
Flore de la Seine-inférieure, anciennement publiée
par Le Turquier - Deslongchamps , et qui doit
être bientôt remplacée par celle dont M. Le Dr.
Pouchet vient de donner la première livraison , le
reste de la Normandie ne possédait que des catalo-
gues plus ou moins incomplets. Ce sont ces lacunes à
remplir qui m'ont encouragé dans mon entreprise
et qui pourront me servir d'excuse.

J'ai à peu près suivi dans cet ouvrage l'ordre pro-
posé par M. De Candolle dans sa théorie élémentaire
de Botanique , et adopté par M. Duby , dans le *Bo-*
tanicon gallicum. J'ai donné, en outre, une classi-
fication d'après le système Linnéen , pour les personnes à qui ce moyen d'arriver à la connaissance des
genres semblerait plus facile.

Toutes mes descriptions ont été faites en ayant les
plantes sous les yeux , et bien que , pour rendre cet
ouvrage portatif, je les aie faites le plus succinctement
possible , je me suis efforcé d'y faire entrer tous les
caractères distinctifs , sans même oublier l'indication
des propriétés médicales et économiques de beaucoup
d'espèces.

Lorsqu'une plante n'a pas été trouvée par moi-même dans la localité indiquée, ou lorsque je n'en ai pas reçu d'échantillons authentiques, j'ai fait précéder son nom d'un astérisque.

Pour donner plus de confiance à cette publication, qu'il me soit permis de citer les noms des Botanistes qui m'ont aidé de leurs conseils et de leurs communications.

Qu'ils daignent recevoir ici l'expression de ma reconnaissance, pour le passé et pour l'avenir; car j'espère qu'ils ne me refuseront pas de nouveau leur concours pour la partie crytogamique que renfermera mon IIe volume. Leurs observations pourront aussi me mettre à même d'y joindre quelques additions à la Phanérogamie.

Parmi les personnes à qui je dois les renseignemens les plus complets sur les départemens de la Seine-Inférieure et de l'Eure, je mentionnerai principalement MM. Auguste Le Prévost, Ant. Passy, préfet de l'Eure, et Félix Petit; sur le département du Calvados, MM. Du Bourg d'Isigny, et le Normand, et sur celui de la Manche, MM. de Gerville, Gay et Godey.

Je vais donner, en outre, la liste des autres Botanistes qui ont bien voulu me faire connaître les plantes peu communes des divers points de la Normandie, qu'ils ont explorés avec soin.

Pour les environs de

ROUEN; MM. Boisduval, Le Vieux et Béhéré.

DIEPPE; M. de Mesnard.

LE HAVRE et HONFLEUR; MM. Duboc et Lechevallier-Lejumel.

EVREUX ; M. Bocantin.

PONT-AUDEMER , PONT-L'ÉVÊQUE et LISIEUX; Mlle. E. Pluchart, MM. Ozanne. Formeville et Durand.

VIMOUTIERS ; MM. Les D^{rs}. Alph. et Ad. Boisduval.

MORTAGNE ; M. Auguste de Saint-Hilaire.

ALENÇON ; MM. Dufour , de la Foye , Desnos et Le Lièvre.

CAEN ; MM. Chauvin , Roberge, Hardouin , Montaigu , Hubert , Le Sauvage et E. Deslongchamps.

BAYEUX , M. Chesnon.

VIRE et MORTAIN ; MM. Delise , Despréaux et Pelvet.

AVRANCHES ; M. Bataille.

GRANVILLE ; M. Le D^r. Le Follin.

FALAISE enfin; MM. Loudierre, Le Bailly , Labbé, etc., qui m'ont souvent accompagné dans mes nombreuses herborisations , et qui ont toujours mis le plus généreux empressement à me faire part de leurs découvertes.

Je crois avoir relevé les fautes typographiques les plus importantes parmi les nombreuses qui existent. Aussi, j'engage les personnes qui voudront se servir de cet ouvrage, à consulter auparavant les additions et corrections qui sont à la page XVI et à la fin de ce volume, et à les indiquer à leurs différentes places.

Falaise , 1er. novembre 1835.

ORDRE

CLASSIFICATION

D'APRÈS LE SYSTÈME DE LINNÉ.

MONANDRIE.
Monogynie.

Hipparis	105

Digynie.

Blitum	266
Callitriche	105

DIANDRIE.
Monogynie.

Salicornia	270
JASMINÉES	186
Circæa	103
Veronica	215
Pinguicula	253
Utricularia	252
Verbena	251
Salvia	224
Lycopus	224

Digynie.

Anthoxanthum	398

TRIANDRIE.
Monogynie.

VALÉRIANÉES	138
Polycnemum	270
Iris	324
Ixia	325
Cyperus	346
Schœnus	347
Scirpus	349
Eriophorum	353
Nardus	400

Digynie.

GRAMINÉES	369

Trigynie.

Montia	108
Tillæa	113
Polycarpon	110

TÉTRANDRIE.
Monogynie.

DIPSACÉES	140
Globularia	257
Meyanthemum	336
Centunculus	255
Exacum	192
Plantago	259
RUBIACÉES	134
Cornus	133
Trapa	104
Isnardia	103
Tamarix	107

Digynie.

Sanguisorba	100
Achimilla	100
Cuscuta	193

Tetragynie.

Ilex	67
Potamogeton	304
Ruppia	308
Sagina	47
Radiola	55
Bulliarda	412

PENTANDRIE.
Monogynie.

BORRAGINÉES	294
PRIMULACÉES	253

ABREVIATIONS PRINCIPALES.

A. —Automne.
Ant. —Anthères.
C. PC. TC. — Commun, peu commun, très-commun.
Cal. —Calice.
Caps. —Capsule.
Carp. —Carpelle.
Cor. —Corolle.
Div. —Divisions.
E. —Eté.
Etam. —Etamines.
Ext. — Externe ou extérieur.
F. —Femelle.
Feu. —Feuille.
Fl. —Fleur.
Fl. de R. —Flore de Rouen.
H. —Hiver.
Herm. — Hermaphrodite.
Inf. —Inférieur ou infère.
Int. —Interne ou intérieur.
Lég. —Légume.
M. —Mâle.
P. —Printemps.
Panic. —Panicule.
Péd. —Pédoncule ou pédicelle.
Pét. —Pétale.
Pér. —Périanthe.

R. TR. —Rare, très-rare,
Radic. —Radical.
Segm. —Segmens.
Stigm. —Stigmate.
Sép. —Sépale.
Stip. —Stipule.
Sup. — Supérieur ou supère.
Terr. calc. — Terrains calcaires.
Var. —Variété.
Vulg. —Vulgairement.
1. —Uni ou mono.
2. —Bi ou di.
3. —Tri, etc.
Exemples :
1-2-sperme. — Monosperme, disperme.
1-2-3-valve. — Univalve, bivalve, trivalve.
♄. —Frutescent. Arbres, arbrisseaux, etc.
♃. —Vivace.
♂. —Bisannuel.
⊕. —Annuel.
Nota. Les n°° qui suivent l'indication des saisons répondent aux mois qu'elles renferment.

Les noms des auteurs cités le plus fréquemment dans ce volume, sont :
Allioni, Crantz, Curtis, De Candolle, Desfontaines,

Desvaux , Fries , Goudenough , Hoppe, Jussieu , Jacquin , Koeler , Koch , Lamarck , Linné , Loiseleur - Deslongchamps , Miller , Palisot-Beauvois , Persoon , Poiret , Richard, Reichenbach, Robert Brown, Schreber , Scopoli , Smith , Sprengel , Swartz , Tournefort , Vahl , Wahlenberg , Willdenow , etc.

CORRECTIONS.

Page 71, ligne 24; o. COLUMNA , lisez : o. COLUMNA, et non COLUMUM, comme il est dit page 411,
Page 336, ligne 18; Etam. 63 , lisez : 3 ou 6.
— 412, — 29 ; le mot , lisez : le genre
— 415; Améranchier, lisez : Amélanchier.
Pour les autres corrections et additions , voyez page 407,

FLORE

DE

LA NORMANDIE.

PREMIÈRE PARTIE.

VÉGÉTAUX
VASCULAIRES OU COTYLÉDONÉS.

Végétaux à tissu cellulaire entremêlé de vaisseaux lymphatiques, munis de pores corticaux (*stomates*) , de racines , de tiges et de feuilles. Fleurs le plus souvent distinctes. Embryon renfermé dans un *périsperme* et pourvu d'un ou plusieurs *cotylédons* qui , par la germination , se développent en feuilles *séminales.*

Ire. Classe. DICOTYLÉDONÉS
ou EXOGÈNES.

Tige formée de deux corps distincts , le *Ligneux* et l'*Écorce* , dont l'accroissement suit dans l'un et l'autre des lois inverses. Le premier offre à son centre un canal médullaire entouré de couches ligneuses concentriques, dont les intérieures sont plus anciennes et plus dures (le Bois) , et dont les extérieures sont plus blanches et plus molles (l'Aubier); ces couches sont en outre traversées par des rayons médullaires qui partent de *la Moelle* qui occupe le centre. L'écorce couverte à l'extérieur d'une membrane inorganique (l'Epiderme), offre en-dessous des couches corticales à tissu cellu-

laire, dont les intérieures (*le Liber*) sont les moins anciennes. Feuilles à nervures rameuses et anastomosées.
Fleurs distinctes ; enveloppe florale (*Périanthe*) double
(*Calice et Corolle*), ou quelquefois simple ; *Sépales et*
Pétales symétriquement disposés , le plus souvent en
nombre cinq et ses multiples. Embryon à deux cotylédons opposés , ou *rarement plusieurs verticillés.*

A. DICHLAMYDÉS,

Fleurs à Périanthe double , c'est-à-dire dont le calice
et la corolle sont distincts.

1. THALAMIFLORES.

Calice polysépale ; pétales distincts insérés , ainsi que
les étamines, sur le réceptacle et n'adhérant point au calice.

Ire. Fam. RENONCULACÉES. *Juss.*

Pér. le plus souvent double. Cal. à 3-5 sépales, caduc,
souvent pétaloïde. Cor. de 4 à 9 pétales, tantôt planes ,
tantôt irréguliers , ayant la forme de cornets ou d'éperons. Etamines nombreuses. Anthères le plus souvent
adhérant aux filamens par leur face extér. Capsules
tantôt réunies en tête au centre de la fleur , indéhiscentes et monospermes (*Carpelles*), tantôt solitaires déhiscentes et à deux valves. — *Herbes ou sous-arbrisseaux.*
Feuilles presque toujours alternes (opposées seulement dans
le Clematis.)

Obs. Les plantes de cette famille sont généralement
caustiques et vénéneuses. Leurs feuilles fraîches , appliquées sur la peau sont rubéfiantes et vésicantes.

(a) *Carpelles nombreux , indéhiscens et monospermes.*

Genre Ier. CLEMATIS *L.* (*Clématite.*) Pér. simple , à
4-5 div. velues en-dehors. Caps. surmontées après la fleuraison d'une longue arête plumeuse.

1. C. VITALBA *L.* (*C. Vi-*
gne blanche.) Vulg. *Herbe*
aux gueux, Viorne, Tige sar-
menteuse, anguleuse, grimpante. Feu. opposées , pinnées, à segmens ovales, incisées , presq. cordiformes
à la base. Fl. blanches disposées en panicule axillaire.
ђ. E. C. Les haies.
Obs. La propriété vési-
cante de ses feuilles fraîches

les fait employer par les mendians pour ulcérer la peau de leurs jambes ; les tiges servent à faire des liens et des paniers grossiers.

II. THALICTRUM *L.* (*Pigamon.*) Pér. simple à 4-5 lobes caducs. Carpelles oblongs, sillonnés, terminés par une petite arête recourbée, non plumeuse. — *Tige droite. Feu. alternes.*

1. T. FLAVUM *L.* (*P. jaune*). Plante d'un vert foncé. Tiges de 2-3 pieds, sillonnées. Feu. ailées, folioles à lobes cunéiformes, trifides, nerveuses. Fl. droites, réunies en panicule jaunâtre et terminale. Carp. ovoïdes, obtus. ♃. E3. PC. Les prés humides.

Plante pruineuse, bleuâtre. Tige d'un pied, flexueuse, cylindrique. Feu. ailées à folioles courtes, 2-3 lobées. Fl. penchées, jaunâtres, disposées en panicule étalée, à 4 sép. Carp. appointis aux deux extrémités. ♃. E1. R. Coteaux incultes et moiss. des terr. calc. Falaise, Lisieux.

2. T. MINUS *L.* (*P. nain.*)

III. ANÉMONE *L.* Involucre formé de trois folioles lobées ou incisées, plus ou moins distant de la fleur. Pér. simple à 5-6 div. pétaloïdes. Carp. réunis en tête terminées par une pointe courte, ou une longue arête soyeuse. *Feuilles radicales.*

1. A. PULSATILLA *L.* (*A. pulsatille.*) Vulg. *Coquelourde.* Tige souterraine (Rhizome), brune. Involucre multifide. Feu. radicales, 2-3 pinnatifides, à div. linéaires. Hampe de 6 pouces uniflore, velue, penchée au sommet. Per. à 6 lobes pétaloïdes, droits, violets et velus extérieurement. Carp. terminés par une longue arête soyeuse. ♃. P. Coteaux et bois peu couverts

des terr. calc. Rouen, Caen, Falaise, etc.

2. A. NEMOROSA *L.* (*A. des bois.*) Vulg. *Sylvie.* Rhizome horizontal. Feu. et invol. à trois folioles découpées, trifides, incisées. Hampe pubescente, uniflore. Pér. à 6 lobes blancs quelquefois purpurins, au moins en dehors. Carp. aigus. ♃. P. C. Les bois.

*3. A. RANUNCULOIDES *L.* (*A. renoncule.*) Feu. radicales à 3-5 lobes incisés, dentés. Invol. à 3 fol. trilobées, dentées. Hampe 1-2 flore. Périanthe à 5 div. ovales-arrondies, jaunes Carp. aigus. ♃. P. R. Louviers. (Fl. R.)

IV. **ADONIS** *L.* Cal. à cinq sépales caducs. Pétales 5-8 sans écaille au bas de l'onglet. Carp. nombreux, anguleux, mucronés par le style court et disposés en épi ovale-oblong. — *Herbes annuelles, à tiges feuillées. Feu. multifides à lobes linéaires.*

1. A. AUTUMNALIS *L.* (*A. d'automne*). Vulg. *Goutte de sang*, *OEil de perdrix*. Tige d'un pied, droite, rameuse. Cal. glabre. Pétales 6-8 concaves, d'un rouge foncé, un peu plus grands que les sépales. Carp. réticulés, ovoïdes, arrondis à la base, réunis en tête ovoïde et terminés par un style court. ◉ ·P. C. Les moissons des terr. calc.

2. A. FLAVA *Vill. DC.* (*A. jaunâtre*). Tige de 1-2 pieds, rameuse. Cal. glabre, un peu prolongé au-dessous du point d'attache. Pétales 8 planes, ouverts, lancéolés, d'un jaune orangé, deux fois plus longs que les sépales. Carpelles anguleux, pyramidés, tuberculeux à la base, formant un épi allongé et terminés par un style assez long. ◉. E. PC. Moissons des terr. calc. Falaise, Lisieux.

3. A. ÆSTIVALIS *L.* (*A. d'été*). Tige droite, simple. Fl. petites, rougeâtres. Cal. hispide à la base. Carp. prismatiques, réticulés, formant un épi allongé, lâche, et terminé par un style droit. ◉. E. R. Moissons, Pays de Bray, Falaise...

Obs. Cette espèce diffère-t-elle assez de la première?

V. **MYOSURUS** *L.* (*Ratoncule*). Cal. à 5 sépales prolongés à la base, au-dessous de leur point d'insertion. Pét. à 5 onglets filiformes, tubuleux. Étam. 5-20. Carp. nombreux, triquètres, rapprochés et couvrant un réceptacle allongé de manière à simuler une queue de souris.

1. M. MINIMUS *L.* (*R. naine*). Plante de 2-3 pouces. Feu. radicales, linéaires, planes, entières, un peu plus courtes que les hampes qui sont nues. Fl. d'un vert jaunâ-

tre. ⊙. P1. 2. PC. Moissons Falaise, Argentan,...
des *terr.* argileux. Rouen,

VI. RANUNCULUS *L.* (*Renoncule*). Cal. à 5 sépales caducs. Pétales 5 munis intérieurement à leur base d'une petite écaille convexe ou concave glandulifère. Etam. nombreuses. Carp. ovales, comprimés, réunis en tête et terminés en pointe par le style persistant.

* Fleurs blanches.

1. R. AQUATILIS *L.* (*R. aquatique.*) Vulg. *Grenouillette.* Tige nageante. Feu. submergées, capillacées, multifides, les flottantes à 3 lobes cunéiformes dentés. Pétales ovales, assez larges, plus grands que le calice. Carpelles presque toujours hispides, striés en travers.

Var. *a. heterophyllus.* Feu. flottantes à 3 lobes.

Var. *b. capillaceus.* Feu. pétiolées, toutes submergées, à divis. capillacées, inégales, arrondies.

Var. *c. cæspitosus.* Feu. pétiolées, toutes submergées. à divis. capillacées, pétioles auriculés.

Var. *d. stagnatilis.* Feu. sessiles, à div. capillacées, pétiole à peine auriculé.

Var. *e. peucedanifolius.* Feu. pétiolées à longues divisions linéaires, étroites et parallèles. Carp. glabres.

♃. P2. 3. C. Dans les fossés, les mares. La var. *e.* dans les rivières.

2. R. TRIPARTITUS *DC.* (*R. tripartite.*) Même port et même station que l'espèce précédente dont elle diffère par ses fleurs plus petites, et surtout par ses carpelles glabres, réticulés. Ses feuilles flottantes sont aussi un peu plus profondément trilobées incisées.

Var. *b. emersus* Toutes les feuilles flottantes.

♃. P1. 2. PC. Les fossés. Falaise.

3. R. HEDERACEUS *L.* (*R. à feu. de lierre.*) Tige rampante. Feu. toutes réniformes à 3-5 lobes obtus, entiers. Fl. très petites, dont les pét. sont à peine plus longs que le cal. Carp. glabres striés transversalement. Etam. 5-12.

Var. *b. erectus.* Tige dressée, haute de plus d'un pied.

♃. E. C. Lieux inondés. La var. *b.* dans un fossé à Vire.

** *Fleurs jaunes.*

† *Feuilles simples.*

4. ʀ. ʟɪɴɢᴜᴀ *L.* (*R. langue*). Vulg. *grande Douve.* Tige droite haute de 2-3 pieds, glabre, pubescente dans le haut. Feu. longues-lancéolées, à dents courtes et écartées, sessiles, semi-amplexicaules. Capitule sphérique. Cal. velu. Fl. grandes, terminales, très-vernissées. ♃. Eɪ. 2. PC. Marais, étangs et fossés. Rouen, Argentan....

5. ꜰʟᴀᴍᴍᴜʟᴀ *L.* (*R. flammette.*) Vulg. *petite Douve.* Tige d'un pied, traçante à la base, redressée, glabre. Feu. ovales-lancéolées, glabres, les infér. pétiolées. Pédonc. opposés au feu. Fl. petites.

Var. *a. ovatus.* Feu. ovales-arrondies.

Var. *b. serratus.* Feu. lan-céolées serrulées.

Var. *c. reptans.* (*R. Reptans L.*) Feu. linéaires, tige rampante, faible et radicante.

♃. E.C. Lieux marécageux. La var. *c.* à Falaise.

Obs. Cette plante et la précédente sont, dit-on, mortelles pour les bestiaux qui en mangent une certaine quantité.

* 6. ʀ. ɢʀᴀᴍɪɴᴇᴜs *L.* (*R. graminée.*) Tige droite de 6-8 pouces, glabre. Feu. lancéolées-linéaires, entières. Racine fasciculée. Cal. glabre. Fl. 3-4 terminales. Capitule ovoïde. Style conique, épais, peu courbé. ♃. P. E. R. Lieux humides et bois. Marais-vernier (*Fl. R.*) ; forêt de Cinglais.

†† *Feuilles incisées, à 3-5 lobes ou pinnatifides.*

7. ʀ. sᴄᴇʟᴇʀᴀᴛᴜs *L.* (*R. scélérate.*) Plante glabre. Tige de 1-2 pieds, rameuse. Feu. radicales, pétiolées à 3-5 lobes profonds trifides, incisés, les supér. oblongues-linéaires entières. Fl. petites d'un jaune pâle. Réceptacle s'allongeant en un capitule oblong couvert de carpelles très-petits.

Var. *b. minimus.* DC.

Tige haute d'un doigt, très-rameuse ; feu. radic. simplem. trifides.

♃. E. C. Fossés ; mares. La var. *b.* croît à Cherbourg dans les anciens bassins.

8. ʀ. ᴄʜœʀᴏᴘʜʏʟʟᴏs *L.* (*R. cerfeuil.*) Racines fasciculées, à fibres charnues, presque tubéreuses. *Tige*

une de 6-8 pouces, simple, velue, 1-2flore. Feu. radicales, velues, multifides, à lobes linéaires. Fl. jaunes assez grandes. Cal. étalé-réfléchi. Réceptacle allongé. Carpelles ponctués. ♃. P2. 3. R. Coteaux secs. Dreux, Alençon, Villedieu près d'Argentan.

9. R. AURICOMUS *L.* (*R. Tête d'or.*) Tiges de 8-10 pouces. Feu. radicales, réniformes, trilobées, crénelées, glabres; les supér. à lobes étroits, linéaires, presque entiers. Cal. pubescent plus court que les pétales qui avortent souvent. Carp. légèrement hérissés. ♃. P1. 2. C. Haies et bois couverts.

10. R. BULBOSUS, *L.* (*R. bulbeuse*). Vulg. *Pied de poule.* Racine épaisse au collet, en forme de bulbe arrondie. Tige droite, velue, multiflore. Feu. radic. pétiolées, à trois lobes trifides, incisés-dentés, l'intermédiaire pétiolé. Cal. réfléchi. ♃. P2.3.C. Les prés.

11. R. REPENS *L.* (*R. rampante*). Vulg. *Pied de lion.* Tige émettant à sa base des rejets rampans, stolonifères. Feu. à trois folioles pétiolées, trifides, incisées dentées, souvent ta-

chées de blanc et de noir. Rameaux florifères, droits. Cal. étalé. Carp. légèrement ponctués. Style un peu courbé.

Var. *b. villosus.* Tige très-velue, soyeuse.

Var. *c. erectus.* DC. Tige droite sans jets rampans.

♃. P. E. C. Bois et prés humides. La var. *b.* a été trouvée par M. Chesnon à l'embouchure de la Vire.

12. R. LANUGINOSUS *L.* (*R. laineuse*). Tige rameuse, multiflore. Feu. velues à 3 lobes larges, incisés. Les pétioles et le bas de la tige sont couverts de poils abondans couchés réfléchis. Pédoncules arrondis non sillonnés. Cal. velu. Carpelles terminés par un style crochu. ♃. P2. 3. R. Bois découverts. Rouen (*Fl. R.*), Alençon.

13. R. NEMOROSUS. DC. (*R. des bois.*) Cette espèce diffère de la précédente, dont elle n'est peut-être qu'une variété, par ses poils nombreux, étalés et non couchés, et par ses pédoncules sillonnés. ♃. P3. R. Bois montueux. Falaise, Alençon.

14. R. ACRIS *L.* (*R. acre.*) Vulg. *Bouton d'or.* Tige de 1-3 pieds, droite, rameuse, arrondie, pubescente, mul-

tiflore. Feu. palmées à 5 lobes, trifides, incisés, aigus, les supér. linéaires. Péd. arrondis. Cal. pubescent, étalé. Carpelles terminés par le style droit.

Var. *b. sylvaticus.* DC. Feu. peu profondément incisées, très-velues, ainsi que les pétioles.

Var. *e. multifidus.* DC. Feu. multifides, à lobes étroits linéaires.

♃. P2. 3. C. Prairies.

15. **R. PHILONOTIS** *L.* (*R. des mares*, Tige droite, velue, haute de 10-15 pouces. Racine fibreuse, fasciculée, Feu. velues, à 3 lobes obtus, incisés-dentés, l'intermédiaire pétiolé. Cal. réfléchi. Carp. offrant sur leurs bords une rangée de petits tubercules. Fl. jaunes plus pâles que dans les espèces précédentes.

Var. *b. intermedius* DC. Feu. glabres.

Var. *c. parvulus.* DC. Tige naine, presque uniflore.

◓. E. C. Prés et moissons

humides, bords des mares. La var. *b.* Caen, Falaise... La var. *c.* Pays de Bray. (*F. Petit*).

16. **R. PARVIFLORUS** *L.* (*R. à petites fleurs.* Tige diffuse, couchée, velue, rarement redressée. Feu. orbiculaires à 3 lobes, ou incisées, à larges dents. Pedonc. opposés aux feuilles. Cal. réfléchi égal aux pétales qui sont très-petits. Carp. tuberculeux. ◓. E. C. Moissons, bords des chemins.

17. **R. ARVENSIS** *L.* (*R. des champs.* (Vulg. *Chausse trape, Patte d'oie, Bec de corbin, Brûlante.* Tige droite, rameuse, presque glabre. Feu. à 3 folioles à segmens profondément incisés, linéaires. Fleurs d'un jaune pâle. Carp. hérissés latéralement de pointes nombreuses, assez longues. Style long et droit. ◓. P2. C. Moissons.

VII. **FICARIA.** *Dill.* (*Ficaire.*) Cal. à 3 sépales caducs. Pét. 8-12, munis à leur base d'une petite écaille nectarifère. Etam. et ovaires nombreux. Carp. lisses, comprimés, obtus.

1. **R. RANUNCULOIDES** *Mœnch. Ranunculus ficaria L.* (*F. renoncule.*) Vulg. *Petite chélidoine, Jaunets.* Racines

formées de petits tubercules allongés, arrondis. Tige étalée, glabre. Feu. cordiformes, angulenses, pétiolées, glabres, souvent bulbifères dans les aisselles inférieures. Fleurs jaunes, luisantes. ♃. P. TC. Haies, fossés et jardins.

(b) *Carpelles capsulaires, déhiscens et polyspermes.*

VIII. CALTHA *L.* (*Populage.*) Pér. coloré à cinq divisions planes, orbiculaires, pétaloïdes. Etamines nombreuses. Caps. 5-10 comprimées, uniloculaires, polyspermes.

1. C. PALUSTRIS *L.* (*C. des marais.*) Vulg. *Souci d'eau.* Plante glabre. Tiges droites, hautes d'un pied. Feu. radicales larges, cordiformes-arrondies, à bords ordinairement crénelés. Fl. grandes, jaunes.

Var. *b. serratus.* Bords des feuilles profondément dentés en scie.
♃. Pl. 2. C. Prés humides, bords des eaux. La var. *b.* à Falaise.

IX. ERANTHIS *Salisb.* Involucre lacinié, placé sous la fleur. Cal. à 5-8 sépales oblongs, colorés, pétaloïdes, caducs. Pét. 5-8 tubuleux très-courts. Caps. pédicellées. Graines disposées sur un seul rang.

1. E. HYEMALIS *Salisb.* Helleborus hyemalis L. (*E. d'hiver.*) Racine renflée au collet en un tubercule ovoïde, noirâtre, émettant une feuille pétiolée 7 lobée, à segm. cunéiformes incisés au sommet, et une hampe uniflore, terminée par une feuille (involucre) laciniée que surmonte immédiatement une fleur jaune. ♃. H3. Pl. R. Bois et prés frais. Neufchâtel (Bois-Duval), trouvé aussi à Lisieux par M. Formeville.

X. HELLEBORUS *L.* (*Hellebore.*) Cal. à 5 sépales arrondis, obtus, verdâtres, persistans. Pét. 8-10 très-courts, tubulés, nectarifères. Etam. nombreuses. Caps. 3-4 comprimées, polyspermes. Graines elliptiques disposées sur deux rangs.

1. H. FOETIDUS. *L.* (*H. fétide.*) Vulg. *Pied de griffon.* Tige ferme, feuillée dans sa partie supér., nue à sa base, multiflore. Feu. pétiolées, digitées, lobes étroits, linéaires, dentés en scie. Fl. nombreuses

d'un vert-jaunâtre, rouges sur les bords. ♃. H3. P1. PC. Lieux pierreux, bois, haies et bords des chemins.

Obs. Cette plante est acre et fournit un violent purgatif.

2. H. VIRIDIS *L.* (*H. vert.*) Vulg. *Pommelière.* Tige pauciflore, dichotome. Feu. radicales digitées, lobes 7-9 lancéolés, dentés en scie. Pédoncules souvent bifides. Fleurs assez larges, à sépales arrondis et de couleur verte. Etam. jaunes deux fois plus courtes que le cal. ♃. H3. P1. 2. R. Bois et haies. Pays de Bray, Domfront, Falaise....

Obs. Les racines de cette plante servent à faire des sétons aux animaux domestiques.

XI. ISOPYRUM *L.* (*Isopyre*). Cal. à 5 sépales ovales, pétaloïdes, caducs. Pétales 5 égaux, tubulés, bilabiés, la lèvre extér. bifide. Etam. 15-20. Caps. sessiles uniloculaires, oblongues, comprimées, membraneuses terminées par un style à stigm. placé longitudinalement.

• 1. 1. THALICTROÏDES *L.* (*I. Pigamon.*) Racine rampante fasciculée à fibres renflées. Tige faible, glabre, haute de 6-8 pouces. Feu. à 3 folioles pinnées, à pé- tioles auriculés à leur base. Fleurs peu nombreuses, blanches. ♃. P2. 3. TR. Bois ombragés. Forêt de Cinglais.

XII. NIGELLA *L.* (*Nigelle.*) Cal. à 5 sépales caducs, pétaloïdes, colorés. Pétales 5 bilabiés. Etam. nombreuses. Caps. 5-7 polyspermes, soudées par leur base de manière à n'en former qu'une seule à plusieurs loges terminées par une arête recourbée.

1. N. ARVENSIS *L.* (*N. des champs.*) Vulg. *Cheveux de Vénus.*) Tige glabre, glauque, rameuse. Feu. multifides à div. capillaires. Fl. terminales blanches ou bleuâtres. Anthères apiculées. Styles contournés. ☉. E2. 3. PC. Moissons, Gisors, Mantes....

XIII. AQUILEGIA *L.* (*Ancolie.*) Cal. à 5 sép. colorés, pétaloïdes, caducs. Pétales 5 à cornet, ouverts supérieurement et se terminant en éperon recourbé. Etam. nombreuses, rapprochées en faisceaux, capsules réunies à la base, terminées par un long style.

1. A. VULGARIS *L*. (*A. commune*.) Vulg. *Gants de Notre Dame*, *Clochettes*. Tige haute de 2-3 pieds, droite, un peu rameuse, pubescente. Feu. infér. trichotomes, à folioles trilobées, cunéiformes-arrondies, glauques en-dessous. Fl. penchées, bleues, roses ou violettes. Style de la longueur des étam. Caps. pubescentes. ♃. P3. E1. PC. Bois humides. Forêt d'Eu, Falaise, etc.

XIV. DELPHINIUM *L*. (*Dauphinelle*.) Cal. à 5 sépales colorés, pétaloïdes, irréguliers; le sép. supér. prolongé en éperon redressé. Pét. 4 dont 2 soudés s'engainant dans l'éperon. Etam. nombreuses. Caps. 1-3 distinctes, terminées par le style. Graines hérissées.

1. D. CONSOLIDA *L*. (*D. consoude*.) Vulg. *Pied d'alouette*. Tige droite, pubescente, à rameaux étalés. Feu. pubescentes, multifides à divis. linéaires. Fl. d'un beau bleu (quelquefois blanches) disposées en panicule lâche. ☉. E. C. Moissons des terrains calcaires.

XV. ACONITUM *L*. (*Aconit*.) Cal. à 5 sépales caducs, pétaloïdes, le supérieur concave relevé, en forme de casque. Pétales petits, dont les 2 supér. (*nectaires L*.) sont portés sur de longs onglets, roulés à leur extrémité et cachés sous le sépale en casque. Caps. 3-5, droites, pointues.

1. A. NAPELLUS *L*. (*A. napel*.) Vulg. *Casque*. Tige droite, feuillée, peu rameuse, de 3-4 pieds. Feu. pétiol. multifides, lobes cunéiformes-incisés, pinnatifides, segm. linéaires. Fl. bleues, à pédonc. simples, rapprochées au sommet de la tige en un long épi. ♃. E2. 3. C. Prés humides, bord des rivières dans le pays d'Auge.

Obs. Cette plante est très-vénéneuse. Son extrait èmployé avec précaution, peut être utile dans certaines maladies où il est nécessaire d'exciter la transpiration.

XVI. ACTÆA *L*. (*Actée*.) Calice caduc à 4 sépales. Cor. à 4 pét. Ovaire unique, stigmate sessile en tête. Fruit polysperme.

1. A. SPICATA *L. (A. en épi.)* Tige de 2-3 pieds, herbacée, rameuse. Feu. grandes, composées, 2-3 fois ailées, glabres, folioles ovales, pointues, dentées-incisées. Fl. petites, ramassées en épi court, ovale. Etam. plus longues que la cor. Ovaire changé en baie noirâtre à la maturité. ♃. P3. Et. R. Bois montueux, Rouen, forêt du Hellet près de Neufchâtel, Pont-Audemer....

II.ᵉ Fam. BERBÉRIDÉES. *Vent.*

Cal. le plus souvent à 6 sépales. Cor. de 6 pétales opposés aux sépales, munis de deux petites glandes à la base de l'onglet. Etam. 6, opposées aux pét. Anthères adnées, biloculaires, s'ouvrant de la base au sommet. Ovaire simple, ovale. Style court, terminé par un stigmate orbiculé. Baie uniloculaire, polysperme.

I. BERBERIS. L, (*Vinettier.*) Caractères de la famille.

1. B. VULGARIS *L. (V. commun.)* Vulg. *Epine-vinette*, Arbrisseau de 3-5 pieds, garni d'épines tripartites. Feu. fasciculées, ovales, ciliées-serrulées. Fl. jaunes en grappes pendantes, répandant une odeur spermatique. Etamines irritables, contractiles. Baie rougeâtre, allongée. ♄. Bois et haies.

Obs. Les feuilles de l'Epine-vinette sont acides, et on prépare avec ses baies des confitures et des sirops très-rafraîchissans.

III.ᵉ Fam. NYMPHÉACÉES. *DC.*

Calice à 4-6 sépales colorés. Pétales nombreux disposés sur un ou plusieurs rangs. Etam. très-nombreuses, à filets applatis. Anthères introrses, linéaires, biloculaires. Réceptacle urcéolé, capsuliforme, enveloppant des carpelles nombreux et polyspermes, couronné par des stigmates sessiles rayonnans. — *Herbes aquatiques à tige radiciforme, rampant au fond des eaux; feuilles nageantes, ayant de longs pétioles; fleurs également portées sur de longs pédoncules.*

I. NYMPHÆA *L.* (*Nénuphar.*) Calice à 4 sépales.

Pétales 15-30, les intérieurs plus petits ressemblant aux étamines qui sont insérées comme les pétales sur plusieurs rangs. Fruit globuleux. Stigmates rayonnans.

1. N. ALBA *L.* (*N. blanc.*) Feuilles orbiculaires, entières, à pétiole arrondi plus ou moins long, selon la profondeur des eaux. Sépales blancs en-dedans, verts en dehors. Pét. d'un beau blanc, un peu plus longs que les sép. Fl. na-geantes. ♃. E. C. Les étangs, les fossés profonds.

Obs. Le Nénuphar passe pour avoir des propriétés rafraîchissantes, sédatives et narcotiques; aussi était-il employé autrefois comme anti-aphrodisiaque.

II. NUPHAR *Smith.* Calice à 5 sépales colorés. Pét. 10-18 plus petits que les sép. Fruit conique, lisse, étranglé au-dessous du plateau ombiliqué sur lequel sont appliqués les stigmates au nombre de 10-18.

1. N. LUTEA. *Smith. Nymphea lutea* L. (*N. jaune*). Feuilles ovales, cordiformes, entières, à pétiole anguleux. Sépales arrondis, jaunes. Pét. 10 sur un seul rang, jaunes. Fl. élevées de 2-3 pouces au-dessus de l'eau, exhalant une odeur vineuse. ♃. E. C. Rivières étangs et fossés.

IVᵉ. Fam. PAPAVÉRACÉES. *Juss.*

Calice à 2 sépales concaves, caducs, Cor. de 4 pét. réguliers, plissés avant leur développement. Etam. nombreuses, libres. Ovaire simple, formé de plusieurs carpelles 2-12 soudés et terminés par des stigm. sessiles rayonnans ou par des styles courts. Caps. ovoïde ou alongée en forme de silique, polysperme. Ovules attachés à des placenta latéraux. — *Herbes contenant un suc laiteux blanc ou safrané.*

I. PAPAVER *L.* (*Pavot.*) Cal. à 2 sépales concaves, caducs. Pétales 4. Etamines nombreuses. Stigmates sessiles, rayonnans, formant un plateau orbiculaire au sommet de la capsule qui est globuleuse ou oblongue et qui s'ouvre par une petite valve sous chaque stigmate,

Obs. Le suc est âcre et narcotique. Le *Papaver som-niferum L.* (*Pavot blanc*) est cultivé. Ses capsules four-nissent l'*opium* et un sirop adoucissant, et ses graines une huile connue sous le nom d'*huile d'œillet*. Ses va-riétés nombreuses ornent les jardins.

* Capsules glabres.

1. P. RHEAS *L.* (*P. Coque-licot.*) Tige de 1-2 pieds, multiflore, hérissée de poils ouverts. Feu. pinnatifides, à lobes allongés, incisés-dentés. Sépales hispides. Capsule ovoïde-turbinée. Stigmate à 10 rayons. Fl. rouges, à onglet taché de noir, larges. ⊛. E. C. Mois-sons.

Obs. L'infusion des pé-tales du *coquelicot* fournit une boisson pectorale et calmante qu'on emploie avec succès dans les ca-tarrhes.

2. P. DUBIUM *L.* (*P. dou-teux.*) Cette espèce diffère de la précédente par ses fleurs petites, et surtout par sa capsule allongée, presque cylindrique. Le stigmate a 6-7 rayons. Poils des pédoncules couchés. ⊛. E. PC. Moissons et mu-railles. Caen, Falaise, etc.

** Capsules hérissées.

3. P. HYBRIDUM *L* (*P. hy-bride.*) Tige de 12-18 pou-ces, peu velue. Feu. 2-3 pinnatifides, lobes linéaires, aigus, terminés par un poil. Sép. hérissés. Caps. ovoïdes-globuleuses, cou-vertes de poils roides cour-bés vers le haut. Pét. d'un rouge violacé, tachés de noir à la base. ⊛. E. R. Ar-gentan, Falaise, etc.

4. P. ARGEMONE *L.* (*P. ar-gémone.*) Tiges étalées, hautes de 8-10 pouces. Feu. 2 pinnatifides. Sép. à peine velus. Caps. allongées en massue, hérissées de quel-ques poils roides. Fl. pe-tites, d'un rouge-pâle, à pétales tachés de noir à l'onglet. ⊛. E. C. Moissons des terrains calcaires.

II. MECONOPSIS *Vig.* Cal. à 2 sép. caducs. 4 pét. Etam. nombreuses. Style court. 4-6 stig. libres, convexes, rayonnans. Caps. uniloculaire-ovoïde, à 4-6 valves. Pla-centa étroits, incomplets. Suc jaune.

1. M. CAMBRICA *Vig.* Pa-paver cambricum L. (*M. du pays de Galles.*) Tige droite presque glabre, haute de

10-12 pouces. Feu. ailées, à folioles pétiolées, incisées, légèrement velues, glauques en-dessous. Capsules glabres, ayant 4 côtes blanches longitudinales.

Fl. jaunes, assez grandes. ♃. E. R. trouvé sur de vieilles murailles près de Saint-Hilaire-du-Harcouet, par M. A. Gauthier de la Chaise.

III. GLAUCIUM *Smith.* Cal. à 2 sép. caducs. 4 pét. Etam. nombreuses. Capsules allongées, biloculaires. Graines ovoïdes-réniformes. Suc d'un jaune orangé.

1. G. FLAVUM *Crantz.* *Chelidonium glaucium* L. (*G. jaune.*) Plante glauque. Tiges feuillées, un peu étalées, légèrement hérissées de poils courts. Feu. assez épaisses, alternes, embrassantes, pinnatifides, sinuées

et auriculées. Péd. solitaires, uniflores. Fl. jaunes, très-grandes, siliques longues de 3-6 pouces, arquées, hispides. Graines réticulées. ♂. P3. — E. C. Coteaux et sables des bords de la mer.

IV. CHELIDONIUM *L.* (*Chélidoine.*) Cal. à sépales presque glabres ou légèrement hérissés au sommet. 4 pétales. Etam. nombreuses. Cap. uniloculaire, 2 valves, Stigm. bilobé. Graines munies d'une petite crête glanduleuse. Suc d'un jaune orangé.

1. C. MAJUS *L.* (*C. éclaire*) Vulg. *Herbe aux verrues.* Tige feuillée d'un pied à 18 pouces. Feu. larges, molles, pinnatifides, à découpures arrondies, glau-

ques en-dessous. Fl. jaunes, réunies en ombelles. Siliques grêles, lisses, longues de 1-2 pouces. ♃. P. E. TC. Sur les murs, parmi les décombres.

V⁰ Fam. FUMARIÉES. *Juss.*

Cal. petit, à 2 sép. caducs. Cor. de 4 pét. irréguliers, souvent soudés à leur base. 6 étam. réunies par les filets en deux faisceaux opposés, portant chacun 3 anthères dont la centrale à deux loges, les deux autres à une seule. Style filiforme. Stigm. bilamellé, parallèle aux pét. intérieurs. Caps. tantôt siliquiforme, 2 valves, polyspermes, déhiscente, tantôt indéhiscente, monosperme. — *Fleurs en grappes.*

I. CORYDALIS *DC.* Cor. de 4 pét. irréguliers, caducs, dont un éperonné à la base, silique à 2 valves, comprimée, polysperme, déhiscente.

1. C. BULBOSA *DC. Fumaria bulbosa* Var. *L.* (*C. bulbeuse.*) Racine bulbeuse, arrondie, solide. Tige simple, droite, glabre, munie à sa base d'une gaîne membraneuse, squamiforme. Feu. 3-4, pétiolées, décomposées, biternées, incisées, glabres. Fl. purpurines en épi terminal. Eperon droit. Bractées digitées. ♃. P₁. 2. PC. Bois montueux et haies. Alençon, Falaise, etc.

2. C. TUBEROSA *DC. Fumaria bulbosa L.* (*C. tubéreuse.*) Racine bulbeuse, creuse. Tige sans gaîne squamiforme à la base. Feu. 2-3 décomposées, à lobes cunéiformes incisés. Fleurs en épi, purpurines ou blanches. Eperon courbé. Bractées ovales-lancéolées, entières. ♃. P. TR. Lieux ombragés près de Bernay.

3. C. CLAVICULATA *D C. Fumaria claviculata L.* (*C. à vrilles.*) Racine fibreuse Tiges rameuses, diffuses, grimpantes, hautes de 1-2 pieds. Feu. bipinnées, les supérieures terminées par des vrilles. Fl. d'un blanc jaunâtre en épi peu fourni. ☉. P. E. PC. Coteaux, parmi les rochers. Vire, Falaise, etc.

II. FUMARIA *L.* (*Fumeterre.*) 4 pétales, dont un légèrement éperonné. Capsule ovoïde ou globuleuse, indéhiscente, monosperme. Style caduc après l'anthèse.

1. F. CAPREOLATA *L.* (*F. grimpante.*) Tige faible, grimpante. Feu. 2-3-pinnées, décomposées, à folioles cunéiformes. Pétioles s'entortillant autour des corps environnans. Pédicelles réfléchis à la maturité des fruits qui sont lisses et globuleux. Fl. carnées, pourpres au sommet, disposées en épi allongé. Sép. dentés à leur base. ☉ E. C. Moissons et jardins, Rouen, Evreux, Falaise, etc.

2. F. MEDIA *Lois.* (*F. moyenne.*) Diffère de la précédente par ses tiges plus fermes, par ses pédicelles constamment droits et par ses capsules légèrement tuberculeuses. Fl. blanchâtres pourpres au sommet. ☉. E. C. Lieux cultivés. Mortain, Falaise, etc.

3. F. OFFICINALIS *L.* (*F. officinale.*) Tige rameuse, dressée, haute de 8-12 pouces. Feu. décomposées, à lobes linéaires, courts. Fl. d'un pourpre foncé, verdâtres au sommet, en long épi. Pédicelles droits, deux fois plus longs que les bractées, capsules globuleuses, comme échancrées. ☉. E. C. Moissons.

4. F. VAILLANTII *Lois.* (*F. de Vaillant.*) Plante très-glauque. Tige rameuse, dressée, haute de 6 a 10 pouces. Feuilles décomposées, à lobes linéaires, allongés, planes. Fl. rougeâtres en épi peu garni. Caps. globuleuses, chagrinées, à peine mucronées. ☉. P2—

E1. R. Moissons des terrains calcaires. Falaise.

5. F. PARVIFLORA *Lam.* (*F. à petites fleurs.*) Tiges diffuses, couchées, longues de 6 à 10 pouces. Feu. décomposées, à lobes linéaires étroits, canaliculés. Fleurs d'un blanc verdâtre, avec le sommet brun, disposées en épis lâches. Capsules globuleuses, un peu mucronées, légèrement tuberculeuses. ☉. P. E. PC. Moissons des terr. calc. Rouen, Evreux, Lisieux, Falaise, etc.

Obs. Les fumeterres sont amères, toniques, stomachiques et employées avec succès dans les maladies cutanées.

VI.ᵉ Fam. CRUCIFÈRES. *Juss.*

Cal. à 4 sépales, libres, inégaux, dont 2 opposés aux valves du fruit, plus larges, concaves et gibbeux à la base, 2 autres planes et plus étroits. Pétales 4, disposés en croix, alternes avec les sépales, onguiculés. Étamines 6, tétradynames, 4 longues, opposées 2 à 2 et 2 plus petites opposées l'une à l'autre. Anthères biloculaires, introrses. Réceptacle renflé quelquefois de manière à offrir des glandes entre les étamines et les pétales. Ovaire tantôt court avec un style allongé, tantôt long avec un style court ou presque nul. 2 stigmates. Capsule allongée (*silique*) ou courte (*silicule*), le plus souvent biloculaire, bivalve, rarement uniloculaire, indéhiscente. Loges séparées par une cloison longitudinale parallèle aux valves qui sont planes, concaves ou carénées. Graines attachées aux bords externes de la cloison. —*Herbes d feuilles alternes, à fleurs paniculées et en grappes.*

Obs. Les plantes de cette famille sont acres, anti-scorbutiques et stimulantes. Elles contiennent du soufre et de l'azote, qui contribuent à rendre leur fermentation promptement putride. Leurs graines fournissent une huile abondante. Plusieurs espèces ont des racines et des feuilles potagères.

SILIQUEUSES.

I. RAPHANUS *L.* (*Radis.*) Cal. à 4 sépales redressés, dont 2 gibbeux à la base. Pétales onguiculés à limbe obcordé. Silique cylindrique, articulée, 1-2-loculaire, indéhiscente, terminée par le style formant une languette épaisse, conique.

1. R. SATIVUS *L.* (*R. culti-vé.*) Racine tubéreuse, arrondie, blanche ou rose. Tige droite, rameuse. Feu. scabres, pinnatifides, à lobes arrondis. Siliques cylindriques, toruleuses, 2 loculaires acuminées, et à peine plus longues que le pédicelle. Fl. en grappes, violettes, veinées.

V ·. *b. oblongus.* Vulg. *petits rave.* Racine oblongue, fusiforme, rose ou blanche en-dehors.

Var. *c. niger.* Vulg. *Radis* noir. Racine grosse, noire en-dehors, d'un goût très-piquant.

⊙. E. C. Cultivé. Originaire de l'Orient.

2. R. RAPHANISTRUM *L.* (*R. ravenelle.*) Vulg. *Russe.* Tiges droites, rameuses, hispides. Feu. lyrées, lobes ovales, sinueux-dentés. Siliques uniloculaires, striées, articulées, 3-8-spermes, terminées par un long bec. Fl. d'un jaune pâle, quelquefois veinées de violet. ⊙. E. TC. Moissons.

II. SINAPIS *L.* (*Sénevé.*) Calice égal à la base, ouvert. Pétales obovales. Silique cylindrique ou légèrement tétragone, 2-loculaires, à valves concaves, terminées par une languette uniforme, formée par le prolongement de la cloison. — *Feuilles scabres. Fleurs jaunes.*

1. S. NIGRA *L.* (*S. noir.*) Vulg. *Moutarde.* Tige de 2-3 pieds et plus, droite, rameuse. Feu. inférieures

lyrées, les caulinaires lancéolées, pétiolées, entières. Siliques glabres, un peu tétragones, serrées contre la tige et terminées par un bec court, anguleux. ⊕. E. C. Moissons humides, bords des rivières, des fossés.

Obs. La graine du *Sénevé noir*, macérée avec le vinaigre, sert à préparer le condiment connu sous le nom de *Moutarde*. Employée en cataplasmes, elle forme les *sinapismes*, rubéfians énergiques.

2. s. ARVENSIS *L.* (*S. des champs.*) Vulg. *Guélot.* Tiges droites, rameuses, hispides. Feu. lyrées, anguleuses-dentées. Les supér. ovales-dentées. Siliques un peu anguleuses, toruleuses, écartées de la tige, glabres, terminées par un bec ensiforme, trois fois moins long qu'elles.
Var. *b. hispida* Guép. *S.*

orientalis. L. Siliques couvertes de poils dirigés en bas. Bec glabre.
⊕. E. TC. Moissons. La var. *b.* Caen, Vire, Falaise.

3. s. ALBA. L. (*S. blanc.*) Vulg. *Poivre*, *Moutarde blanche*. Tige haute de 1-2 pieds, droite. Feu. lyrées, à lobes sinués, obtus, à peu près glabres. Siliques couvertes de poils blanchâtres, nombreux, droits, écartées de la tige, terminées par un long bec large, comprimé. Graines 4-8, assez grosses, grisâtres. ⊕. E. C. Moissons, principalement dans les chenevières.

Obs. La graine de *Moutarde blanche* est depuis quelque temps préconisée comme moyen curatif dans un si grand nombre de maladies, que ce remède doit être accueilli avec circonspection.

III. BRASSICA *L.* (*Chou.*) Cal. à sépales droits, égaux à la base. Pétales à limbe obovale. Siliques cylindriques, à valves concaves, terminées par le style persistant, en bec conique. —Fl. jaunes en grappe ou en panicule.

1. B. OLERACEA *L.* (*C. cultivé.*) Tige droite, rameuse, glabre. Feu. larges, épaisses, glabres, glanques-pruineu-ses, lobées à la base. ♂. E. Falaises du Tréport, de Dieppe, de Granville.
Obs. On cultive un grand

nombre de variétés de cette espèce. Nous ne citerons que les plus répandues.

Var. *b. acephala* D C. Chou vert, chou du Bocage.

Var. *c. bullata* DC. Chou pomme.

Var. *d. capitala* L. Chou cabus, chou rouge, chou rave.

Var. *e. botrytis* L. Chou-fleur, brocoli.

2. B. CAMPESTRIS *DC.* (*C. des champs.*) Vulg. *colzat.* Diffère du précédent par ses jeunes feuilles légèrement hispides et ciliées ; les supérieures sont cordiformes amplexicaules, acuminées. ♂. P2. 3. Généralement cultivé, à cause de ses graines qui fournissent une huile abondante.

Obs. On cultive aussi les *b. napus* (*navet*) et *b. rapa* (*rave*) qui ont de nombreuses variétés.

3. B. CHEIRANTHOS *Will.* (*C. giroflée.*) Tige dressée, rameuse, un peu hérissée. Feu. pétiolées, hispides, pinnées, à lobes sinuéadentés ; les supér. à lobes linéaires. Fl. jaunes en grappes. Siliques toruleuses, anguleuses. Bec long, conique, contenant 1-2 graines à sa base. ♂. E. C. Collines pierreuses. Falaise, Vire, etc.

4. B. ERUCASTRUM *L.* (*C. fausse roquette*)Tige droite rameuse, hispide à sa base. Feuilles lyrées-roncinées, à lobes obtus, inégaux, dentés, séparés par des sinus arrondis. Fl. jaunes veinées de brun, assez grandes. Siliques anguleuses, grêles, glabres, à bec court et ne contenant point de graines. ◉. E. R. Lieux cultivés. Falaise.

IV. ERUCA *Lam.* (*Roquette.*) Cal. droit, à sépales égaux à la base. Pétales à limbe ovale entier. Siliques ovales-oblongues, légèrement anguleuses, à valves concaves, terminées par un bec asperme, ensiforme, presque aussi long qu'elles.

1. E. SATIVA. *L. am. Brassica eruca. L.* (*R. cultivée.*) Tige rameuse, haute de 1-2 pieds. Feu. pétiolées, ailées ou en lyre à lobe terminal, allongé, ovale, denté, presque glabres. Fleurs blanches ou jaunâtres, veinées de violet. Siliques ovales-oblongues, longues

de 4-6 lignes terminées par un bec à peu près de même longueur, serrées contre la tige. ⚫. P. E. Cette plante, peut-être échappée de quelque jardin, croît sur les murailles du château de Caen.

V. **HESPERIS** *L.* (*Julianne.*) Cal. à 4 sépales connivents dont 2 renflés à la base. Pétales à limbe étalé, obtus ou légèrement échancré. 2 glandes vertes à la base des étamines latérales. Silique droite, un peu 4 gone, terminée par 2 stigm. droits connivents.

1. H. MATRONALIS *L.* (*J. des dames.*) Tige simple, droite, hérissée. Feu. ovales, lancéolées-dentées, plus ou moins cordiformes dans le bas. Fl. terminales en panicule, rougeâtres.

Var. *a. hortensis DC.* Vulg. *saint Jacques.* Fl. odorantes, rouges ou blanches à pét. échancrés. Feu. non cordiformes.

Var. *b. sylvestris DC. H. inodora* L. Fl. inodores. Pét. obtus. Feu. infér. cordiformes. ♃. E. Lieux ombragés. La Var. *a* est cultivée dans les jardins. La var. *b* se trouve dans les haies et les bois. Rouen, Falaise, etc.

VI. **CHEIRANTHUS** *L.* (*Giroflée.*) Cal. fermé, à sépales droits dont 2 renflés à la base. Silique cylindrique, un peu comprimée. Stigmate échancré à 2 lobes ouverts.

1. C. CHEIRI *L.* (*G. des murailles.*) Vulg. *ravenelle.* Tige dure, rameuse, redressée. Feu. éparses, lancéolées, pointues, entières, glabres ou ayant de très-petits poils couchés. Fl. grandes, d'un beau jaune en grappes terminales. Siliques longues, pubescencentes.

Var. *b. Fruticulosus DC.* Tige ligneuse. Feu. couvertes de poils couchés, surtout en dessous. ♃. P. C. Vieilles murailles. La var. *b* bords de la mer. Harfleur. Je l'ai aussi trouvée sur des murs du Mont-St-Michel.

Obs. On cultive dans les jardins, sous les noms de *Ravenelle,* de *Rameau d'or,* plusieurs variétés de cette espèce.

VII. ALLIARIA *Adans.* (*Alliaire.*) Cal. lâche à 4 sép. égaux à la base , caducs. 4 glandes à la base des étamines. Silique lisse , arrondie , striée, comme tétragone. Style très-court. Stigm. déprimé. Graines aplaties.

1. A. OFFICINALIS *Andr.* *Erysimum alliaria* L. (*A. officinale.*) Tige droite, un peu velue. Feu. cordiformes, pointues , pétiolées , dentées ; les infér. obtuses , presque réniformes. Fl. blanches. Siliques, prismatiques , striées. ♃. P. C. Haies, bords des fossés.

Obs. Toutes les parties de cette plante , froissées entre les doigts, répandent une odeur d'ail.

VIII. MATHIOLA *Brown.* (*Mathiole.*) Cal. dressés, 2 sépales gibbeux à la base. Pét. onguiculés à limbe obovale. Silique cylindrique ou comprimée. Stigmate connivent à 2 lobes , épaissis, gibbeux sur le dos.

1. M. SINUATA *Brown.* *Cheiranthus sinuatus* L. (*M. sinuée.*) Tige haute de 1-2 pieds, rameuse, cotonneuse, blanchâtre. Feu. infér. sinuées ; les supér. oblongues, lancéolées, obtuses, cotonneuses. Fl. purpurines. Siliques fort longues , comprimées, cotonneuses. ♂. E. TR. Lieux maritimes. Falaises de **Flammanville** (Manche.)

IX. ERYSIMUM *L.* (*Velar.*) Cal. fermé , 2 sép. un peu gibbeux à la base. Pétales à limbe obovale , stigm. bilobé. Silique prismatique , 4 gone allongée , à valves carénées. Graines ovales ou oblongues.

1. E. CHEIRANTHOIDES *L.* (*V. giroflée.*) Tige droite, rameuse, scabre. Feu. lancéolées entières ou à dents éparses, couvertes de poils tripartites courts , qui les rendent rudes. Fl. jaunes, petites. Siliques pubescentes , étalées redressées , 2 fois plus longues que le pédicelle. ☉. E. PC. Bords des chemins, terrains sablonneux. Rouen , Avranches , Vimoutiers, etc.

2. E. PERFOLIATUM *Crantz.* *Brassica orientalis* L. (*V. perfolié.*) Plante glauque , entièrement glabre. Tige droite , simple. Feu. radicales ovales ; caulinaires amplexicaules , cordifor-

mea, Fl. d'un blanc jaunâtre. Siliques 4-gones, très-longues étalées-divariquées.

⊙. Pl. 2. TR. Champs argileux près de St-Pierre-sur-Dives.

X. BARBAREA *Brown*. (*Barbarée.*) Cal. dressé, à à sépales égaux à la base. Siliques 4-gones, aplaties, à valves concaves, carénées. — *Herbes très-glabres. Fleurs jaunes en grappes.*

2. B. VULGARIS *Brown. Ery-simum barbarea* L. (*B. commune.*) Vulg. *Herbe de sainte-Barbe.* Tige droite. Feu. inférieures lyrées, à lobe terminal arrondi, denté ; les supér. ovales, dentées. Siliques serrées contre la tige. ♃. P2. 3. C. Lieux humides.

2. B. PRÆCOX *Brown.* E.

præcox Smith. (*B. précoce.*) Cette espèce diffère de la précédente par sa tige plus grêle, par le lobe terminal de ses feuilles qui est ovale et surtout par ses feuilles supér., qui sont pinnatifides à lobes linéaires ; ses siliques sont ouvertes. ♂ Pl. PC. Champs en friche Falaise, Vire, etc.

XI. TURRITIS *L.* (*Tourette.*) Cal. lâche. Pétales onguiculés à limbe oblong, entier. Siliques très-longues, comprimées, à valves planes, nervées. Graines nombreuses, bisériées.

1. T. GLABRA *L.* (*T. glabre.*) Tige droite, simple, glauque, blanchâtre. Feu. infér. pétiolées oblongues, dentées, velues ; les supér. amplexicaules, sagittées, entières, glabres. Fl.

d'un blanc-jaunâtre, en grappes serrées redressées. Siliques de 2-3 pouces. ♂. P. PC. Champs et bois sablonneux. Rouen, Caen, St-Lo, etc.

XII. ARABIS *L.* (*Arabette.*) Cal. redressé, fermé, gibbeux à la base. Pétales onguiculés à limbe ouvert, entier. Siliques linéaires, comprimées, à valves planes, nervées, terminées par un stigm. presque sessile. Graines unisériées.

1. A. SAGITTATA *DC.* (*A. sagittée.*) Tige roide, sim-

ple, hérissée, haute d'un pied. Feu. radicales, en rosette., ovales - oblongues , rétrécies en pétiole à la base ; les caulinaires plus ou moins amplexicaules, prolongées à la base en 2 oreillettes courtes qui les rendent sagittées , un peu obtuses, crénelées-denticulées, couvertes de poils simples et rameux. Fl. blanches. Siliques grêles, redressées. ♂. P. 1. 2. PC, Coteaux secs, bords des chemins des terr. calc. Rouen, Caen, Falaise.

2. A. ARENOSA Scop. Sisymbrium arenosum L. (A. des sables.) Tige d'un pied, un peu diffuses, rameuses, hérissées de poils simples. Feu. radicales-lyrées ; les super. incisées - dentées , couvertes de poils bifurqués. Fl. roses ou violettes.

Siliques et pédicelles très-ouverts. ⊛ P3. E. R. Lieux sablonneux. Roche Saint-Adrien près de Rouen, Andelys , forêt d'Eu , Neufchâtel.

3. A. THALIANA L. (A. de Thalius.) Tiges droites, rameuses , hérissées de poils simples , hautes de 8-12 pouces. Feu. radicales en rosette , ovales-spatulées , rétrécies en pétiole à leur base, légèrement dentées , chargées de quelques poils bifurqués ; les caulinaires distantes, peu nombreuses , lancéolées. Fl. blanches , terminales. Siliques grêles ouvertes , à peu près de la longueur des pédicelles. ⊛ PF. C. Champs sablonneux, murs , toits.

XIII. CARDAMINE L. Calice entr'ouvert, à sép. égaux à la base. Siliques linéaires , à valves planes , se roulant avec élasticité de la base à la pointe. Style très-court ou presque nul. Cloison égale aux valves.

1. C. AMARA L. (C. amère.) Tige droite , haute d'un pied , glabre, poussant des jets feuillés à sa base. Feu. pinnées , à folioles arrondies et sinuées ; les super. plus étroites, dentées-anguleuses. Fl. blanches assez grandes , en grappes terminales. Etam. violettes. Style filiforme appointi,

♃. P1. 2. PC. Bords des rivières et des ruisseaux.

2. C. PRATENSIS L. (C. des prés.) Tige droite, glabre , peu feuillée , haute d'un pied. Feu. pinnées , folioles des radicales arrondies, sinuées, la terminale plus grande , fol. des super. linéaires entières. Fl. grandes

purpurines ou lilas , quelquefois blanches , terminales. Etam. jaunes. ♃. P. TC. Prés humides , fossés.

Cette plante est regardée comme anti-scorbutique.

3. c. IMPATIENS *L.* (*C. impatiente.*) Tige droite , anguleuse , quelquefois rameuse , haute d'un pied. Feu. pinnées , munies à la base de deux oreillettes ou stipules aiguës ; folioles 11-15 , trilobées ou incisées , les supér. étroites , à peine dentées. Fl. très-petites , blanchâtres , quelquefois apét. Siliques à valves très-élastiques. ◉. E. Lieux humides et ombragés. Caen....

4. c. SYLVATICA *Link.* (*C. des bois.*) Tiges rameuses , un peu velues , feuillées , hautes de 8-10 pouces. Feu. pinnées ; folioles 7-13 , ovales-arrondies , sinuées et dentées inégalement , mucronées , un peu pétiolées; celles des feu. supér. plus étroites. Fl. petites , blanches , en grappes terminales. Siliques grêles , écartées de l'axe. ◉. E. PC. Lieux pierreux et humides. Falaise.....

5. c. HIRSUTA *L.* (*C. velue.*) Diffère de l'espèce précédente par ses tiges plus simples , moins feuillées et surtout par ses siliques redressées et rapprochées de l'axe. ◉. P. C. Lieux frais , rochers , murailles.

XIV. DENTARIA *L.* (*Dentaire.*) Calice serré. Siliques comprimées , atténuées au sommet , à valves planes se roulant de la base à la pointe. Stigm. échancré. Cloison plus longue que les valves.

1. D. BULBIFERA *L.* (*D. bulbifère.*) Tige droite , simple , haute d'un pied. Feu. ailées , portant des bulbes arrondies à leurs aisselles ; folioles lancéolées dentées-

incisées ; feu. supér. presque simples. Fl. blanches ou un peu purpurines , en grappe courte , terminale. ♃. P 2. 3. R. Lieux ombragés. Bernay,

XV. DIPLOTAXIS *DC.* Cal. lâche , égal à la base. Siliques linéaires comprimées , planes ou munies d'une nervure médiane peu prononcée. Style conique. Graines ovoïdes , bisériées.

1. D. MURALIS *DC.* *Sisymbrium-murale L* (*D. des*

3

murailles.) Tige rameuse et diffuse à la base, dressée, un peu velue, non feuillée dans le haut. Feu. oblongues, dentées, incisées, presque lyrées. Siliques longues, comprimées. Fl. jaunes, terminales. ⊙. E. C. Lieux sablonneux ; Rouen, Falaise et sables littoraux.

2. D. TENUIFOLIA *DC. Sisymb. tenuifolium* L. (*D. à feuilles menues.*) vulg. *Roquette.* Tige droite, ferme, glabre, feuillée, rameuse, haute d'un à deux pieds. Feu. infér. pinnatifides, à lobes linéaires, entiers ou découpés, les supér. entières. Siliques amincies à leur base en forme de pédicelle. Fl. jaunes terminales. ♃. E. C. Murs, lieux incultes et arides, sables maritimes.

Cette plante développe par le froissement une odeur fétide.

XVI. SISYMBRIUM *L.* (*Sisymbre.*) Cal. à base égale, parfois gibbeux. Siliques linéaires, cylindriques à valves concaves. Style presque nul. Semences ovoïdes unisériées.

1. S. OFFICINALE *Scop. Brysimum officinale* L. (*S. officinal.*) Vulg. *Vélar, herbe au chantre.* Tige droite, raide, à rameaux ouverts, velue, haute d'un à 2 pieds. Feu. pubescentes roncinées, à lobes dentés ; le terminal plus grand, triangulaire. Siliques grêles, subulées, velues, appliquées contre l'axe de l'épi. Fl. très - petites, jaunes, en grappes très-allongées après la floraison. ⊙. E. TC. Lieux incultes, le long des murs et des chemins.

Cette plante passe pour être bonne contre l'enrouement. On fait encore usage de son sirop.

2. S. IRIO *L.* (*S. irio.*) Tige rameuse, glabre, haute d'un pied. Feu. roncinées-pinnatifides, à lobes étroits, pointus, dentés ; le terminal allongé, hasté. Fl. jaunes en grappes nombreuses. Calices jaunâtres. Siliques grêles. ⊙. E. PC. Lieux incultes, murailles et décombres. Rouen, Coutances....

3. S. SOPHIA *L.* (*S. sagesse.*) Tige droite, rameuse, pubescente, haute d'un à 2 pieds. Feu. bipinnées, à lobes linéaires, finement découpés. Pédicelles 4 fois plus longs que le cal. Pétales plus courts que les sépales. Fl. jaunes très-petites

en grappes terminales. Siliques grêles nombreuses.
⊙. E. PC. Lieux incul-
tes, décombres, murailles.
Rouen, Cherbourg, Avran-
ches...

XVII. NASTURTIUM *R. Brown.* (*Cresson.*) Cal.
étalé, égal. Pétales entiers. Siliques cylindriques, quelquefois ovales et assez courtes. Graines petites, irrégulièrement bisériées.

1. N. OFFICINALE *R. Brown.*
Sisymbrium Nasturtium L.
(*C. officinal.*) Vulg. *Cresson de fontaine.* Tiges couchées à la base, redressées,
glabres, hautes d'un pied.
Feu. pinnées à fol. arrondies, anguleuses. Fl. blanches, terminales, siliques
courtes, un peu courbées,
écartées de l'axe. ♃. E.
TC. Ruisseaux, fontaines
et fossés.

Alimentaire et anti-scor-
butique.

2. N. AMPHIBIUM *R. Brown.*
Sisymb. amphibium L. (*C.
amphibie.*) Tige droite,
flexueuse, grosse, sillonnée, haute de 2 pieds. Feu.
infér. plus ou moins pinnatifides, même à divisions
capillaires, quand elles
sont plongées dans l'eau,
quelquefois allongées, simplement dentées, auri-
culées et embrassantes
comme les supér., quand
la plante n'est pas submer-
gée. Fl. jaunes, à pétales

doubles du calice. Siliques
ovales - oblongues. Pédic.
étalés. ♃. E. C. Bords des
rivières et des étangs.

3. N. SYLVESTRE *R. Brown.*
Sisymbr. sylvestre L. (*C.
sauvage.*) Tiges rameuses,
étalées à la base, hautes de
8-15 pouces. Feu. pinnatifides, à lobes, incisés-dentés. Fl. d'un jaune doré, en
grappes. Pétales plus longs
que le calice. Siliques droites, un peu toruleuses. ♃.
E. C. Lieux sablonneux et
humides, bords des riviè-
res et des fossés.

4. N. PALUSTRE *DC. Sisymb.*
L. (*C. des marais.*) Diffère
du précédent par sa tige
droite solitaire, ses feu.
plus larges, ses pétales
égaux au calice et par ses
siliques plus grosses, très-
étalées, courtes et un peu
arquées. Fl. petites jaunes.
⊙. E. C. Bords des rivières
et des étangs.

SILICULEUSES.

XVIII. LUNARIA *L.* (*Lunaire.*) Cal. fermé ; 2 des sépales prolongés à la base. Silicule elliptique, très-grande, plane ; cloison et style filiforme persistans. Graines marginées.

1. L. BIENNIS *Mœsch. L. annua L.* (*L. bisannuelle.*) Tige rameuse, droite, hérissée de poils raides. Feu. opposées, pétiolées, cordiformes, dentées, quelquefois alternes dans le haut. Fl. larges, violettes. E. R. Dans les rochers de la *Brèche-au-diable* près de **Falaise**, où elle a probablement été semée autrefois.

XIX. BISCUTELLA *L.* (*Biscutelle.*) Calice serré. Silicule plane à 2 lobes orbiculaires, uniloculaires, monospermes, attachés latéralement au côté du style persistant, s'ouvrant par la suture marginale.

1. B. LÆVIGATA *L.* (*B. lisse.*) Racine dure, tortue. Tige dressée, peu rameuse. Feu. oblongues, hérissées, rétrécies en pétioles à la base, munies de quelques dents rares ; les supér. entières. Fl. jaunes. Siliques glabres et lisses, formées de deux lobes orbiculaires séparés par une échancrure d'où sort le style. ♃. E. R. Lieux montueux. Rocher de St.-Jacques, aux Andelys.

XX. ALYSSUM *L.* Cal. égal à la base. Etam. à filets simples ou dentés au sommet, quelquefois appendiculés à leur base. Silicule plane orbiculaire, ovale-comprimée, terminée par le style, à 2 loges 1-2-spermes. Graines marginées. — *Plantes hérissées de poils étoilés.*

1. A CAMPESTRE *L.* (*A. des champs.*) Tige courte, herbacée. Feu. linéaires-oblongues. Cal. caduc. Pétales jaunes. Silic. velues-tuberculeuses, non échancrées, terminées par le style. ⊚. P-E. R. Champs sablonneux. Rouen.

2. A. CALYCINUM *L.* (*A. à calice persistant.*) Tiges diffuses, pubescentes, dures et rameuses. Feu. oblongues spatulées, blanchâtres. Silicules échancrées, velues ; style très-court. Fl. d'un blanc-jaunâtre en grappes terminales. Cal. persistant. ⊚. E. PC.

champs sablonneux des ter-   Lisieux....
rains calc. Rouen, Falaise,

XXI. DRABA *L.* (*Drave.*) Cal. redressé, égal à la
base. Pétales entiers. Silicule elliptique, entière, à valves
planes, à 2 loges polyspermes. Graines bisériées, sans
rebord.

1. D. MURALIS *L.* (*D. des* *marailles.*) Tige simple ou peu rameuse, feuillée, hérissée de poils rayonnans. Feu. rad. ovales-oblongues entières; les caulinaires am-plexicaules, dentées, hérissées. Fl. petites, blanches, en grappe allongée. ⊛. Pr. 2. R. Murailles et lieux montueux. Caen, Falaise, Valognes.

XXII. EROPHILA *DC.* (*Erophile.*) Cal. un peu lâche,
égal à la base. Pétales bifides. Silic. ovale-oblongue à
valves planes, stigmate sessile. Graines petites, bisériées et sans rebord.

1. E. VULGARIS *DC.* Draba verna *L.* (*E. commune.*) Petite plante de 3-6 pouces, rameuse, à feu. toutes radicales en rosette ovales-cunéiformes, quelquefois bordées de quelques dents. Tiges grêles terminées par une petite grappe de fleurs blanches. ⊛. Pr. TC. Coteaux et murailles.

XXIII. COCHLEARIA *L.* (*Cranson.*) Cal. ouvert,
égal à la base; sépales concaves. Silicule globuleuse,
ellipsoïde, à valves ventrues, épaisses. Style presque
nul. Graines sans rebord.

1. C. ARMORACIA *L.* (*C. de Bretagne*) vulg. *raifort* *sauvage.* Racine blanche, épaisse, arrondie. Tige de 2-3 pieds, rameuse vers le haut. Feu. radicales, grandes, pétiolées, crénelées; les caulinaires semi-pinna-tifides; les supér. lancéo-lées-linéaires. Fl. blanches en grappes nombreuses, terminales allongées. Silicu-les ellipsoïdes portées sur de longs pédic. déliés. ♃. E. R. Lieux frais. Carentan.

Cette plante, fréquem-ment cultivée, offre dans sa racine un stimulant éner-gique. Elle est employée ainsi que la suivante comme antiscorbutique.

2. C. OFFICINALIS L. (*C. officinal.*) vulg. *herbe aux euillers, Cochlearia.* Tiges glabres, inclinées, hautes de 8-10 pouces. Feu. radicales ovales-arrondies en cœur à leur base, lisses, vertes, épaisses, un peu concaves, longuement pétiolées ; les caulinaires sessiles, embrassantes, sinuées et anguleuses. Fl. blanches en grappe terminale. Silic. ovoïdes. ♃. P. PC. Lieux pierreux et humides, bords de de la mer, Cherbourg, etc.

3. C. ANGLICA L. (*C. d'Angleterre*) diffère du *C. officinalis,* auquel il ressemble beaucoup, par ses feuilles radicales qui sont entières, ovales, lancéolées, non échancrées en cœur à leur base, et par ses siliques munies de nervures réticulées. ♃. P.-E. R. Bords de la mer. Embouchure de l'Orne près de Caen, de la Seine près le Havre, Cherbourg, Isigny.....

4. C. DANICA L. (*C. de Danemarck.*) Cette espèce diffère des deux précédentes par sa taille plus petite, ses feuilles toutes pétiolées, les infér. cordiformes, les caulinaires deltoïdes et surtout par sa racine annuelle. Fl. blanches peu nombreuses. Silic. ellipsoïdes de la longueur du pédic. ⊕. P. R. Lieux humides, pierreux et bourbeux, des bords de la mer. Granville, Dives, etc....

XXIV. SENEBIERA *DC.* Cal. ouvert, égal à la base. Silic. comprimée, indéhiscente, tuberculeuse à deux loges monospermes.

1. S. CORONOPUS *DC. cochlearia coronopus* L. (*S. corne de cerf.*) Tiges rameuses, étalées sur la terre, de 4-8 pouces. Feu. pinnées, à lobes entiers, incisés ou même pinnatifides. Fl. petites, blanches en grappes axillaires, les premières naissant au milieu de la souche étalée en rosette. Silic. hérissées de pointes tuberculeuses. ⊕. E. TC. Lieux secs, bords des chemins, décombres.

XXV. LEPIDIUM *L.* (*Passerage*). Cal. ouvert, égal à la base. Silic. ovale comprimée à valves carénées, à deux loges 1-spermes.

1. L. DRABA L. *Cochlearia Draba* L. Fl. Fr. (*P. Dravé.*) Tige droite, simple, haute d'un pied, pubescente, en

corymbe au sommet. Feu. amplexicaules, allongées, dentées, pubescentes. Fl. blanches en corymbe. Silic. cordiformes, renflées, terminées par le style persistant. ⊚. E. R. Lieux cultivés, près le Havre. (Fl. de R.

2. L. SATIVUM L. (P. cultivé.) vulg. *Cresson alénois.* Plante glauque, glabre. Tige droite rameuse. Feu. inſér. bipinnées, découpées-incisées ; les supér. entières. Fl. blanches en grappes. Silic. orbiculaire, ailée, un peu échancrée. ⊚. E. Cultivée fréquemment comme potagère et antiscorbutique.

3. L. CAMPESTRE R. Brown. *Thlaspi campestre* L. (P. champêtre.) Plante cendrée, couverte de poils courts. Tige droite, ferme, feuillée, haute d'un pied, rameuse dans le haut. Feu. radic. rétrécies en pétiole, dentées, sinuées-lyrées ; caulinaires embrassantes, sagittées à la base, dentées, relevées. Fl. petites, blanches en grappe serrée, terminale. Silic. ovales, ailées, échancrées, parsemées de points farineux.

Var. b. *prostratum.* Tiges rameuses à la base et couchées. ♂. E. TG. Bords des chemins et des fossés. La var. *b.* à Falaise.

4. L. RUDERALE L. (P. des décombres). Plante glabre, rameuse, fétide. Tige droite, haute de 6 8 pouces. Feu. inſér. pinnatifides à lobes linéaires, quelquefois incisés; les supér. linéaires, entières. Fl. blanches, petites, souvent apétales, à 2 rarement 4 étam. Silic. ovale-arrondie échancrée. ⊚. E. R. Bords des chemins et décombres. Rouen (Fl. de R.); Courseules-sur-mer, le Havre.

5. L. LATIFOLIUM L. (P. à feu. larges.) Tige rameuse, glabre et glauque comme le reste de la plante. Feu. radic. ovales-lancéolées, denticulées, pétiolées ; les supér. sessiles. Fl. blanches en panicule foliacée. Silic. ovales, apiculées par le stigmate. ♃. E. R. Lieux humides et ombragés. Iles de la Seine, environs de Rouen. (Fl. de R.)

6. L. PETRAEUM L. (P. des rochers,) Tige droite, rameuse, haute de 2-3 pouces. Feu. pinnatifides, à fol. ovales. Fl. petites, blanches. Pét. échancrés. Caps. ovale-triangulaire. Style persistant. ⊚. P. R. Lieux montueux et pier-

reux. Mortain , ruines du château des Biars près St.-

Hilaire-du-Harcouet....(De Gerv.)

XXVI. THLASPI *L.* (*Tabouret.* Cal. égal à la base. Silic. 2-loculaire , déprimée , échancrée au sommet , à valves naviculaires munies d'ailes membraneuses à la carène.

1. T. ARVENSE *L.* (*T. des champs*) vulg. *Monnoyère.* Tige droite , simple , haute d'un pied , glabre. Feu. oblongues sessiles dentées ; les supér. un peu auriculées. Fl. blanches. Silic. larges , ovales , munies d'un large bord membraneux. Style court dans l'échancrure. ⊕. P. C. Lieux cultivés.

2. T. PERFOLIATUM *L.* (*T. perfolié.*) Plante glabre , lisse et glauque. Tige peu rameuse , de 3-6 pouces. Feu. radic. ovales à courts pétioles ; les supér. sessiles , sagittées , très-amplexicaules , entières. Fl. blanches. Pétales égaux au cal. Silic. échancrées , cordiformes ,

bordées. ♂. P. R. Champs des terr. calc. Rouen , Lisieux , Falaise...

3. T. MONTANUM *L.* (*T. de montagne.*) Plante glabre , croissant en touffes composées de plusieurs tiges simples , hautes de 6 pouces. Feu. un peu épaisses entières ou à peine dentées ; les radic. ovales , pétiolées ; les caulin. oblongues , amplexicaules. Fl. blanches. Pétales plus grands que le cal. Silic. en cœur , 4-spermes , écartées , un peu concaves en dessus , convexes en dessous. Style filiforme. ♃. Pa. 3. R. Lieux pierreux et montueux. Environs de Rouen , Roche St.- Adrien.

XXVII. TEESDALIA *Brown.* (*Teesdalie.*) Pétales 4 dont 2 extér. plus grands. Etamines ayant un appendice en forme d'écaille à base des filets. Silic. déprimée échancrée , à valves naviculaires , bordées sur la carène.

2. T. NUDICAULE *DC. Iberis nudicaulis L.* (*T. Ibéride.*) Tiges rameuses à la base , grêles , presque nues , hautes de 3-6 pouces. Feu. radicales en rosette , pinnatifides

à lobes arrondis , pubescentes. Fl. blanches en corymbe , à 6 étam. ⊕. P. TC. Coteaux et bords des chemins , murailles.

XXVIII. IBERIS *L.* (*Ibéride.*) Cal. égal à la base. Pétales 4, dont les 2 extér. plus grands. Filets des étam. sans appendice. Silic. déprimée, à valves naviculaires, profondément échancrée au sommet. Style persistant. Loges 1-spermes.

1. 1. AMARA *L.* (*I. amère*) vulg. *Thlaspi.* Tiges rameuses à la base, étalées. Feu. lancéolées, élargies au sommet, dentées. Fl. blanches en corymbe. Silic. à échancrure étroite, à pointes courtes et droites. Style filiforme. ⊕. E. C. Champs secs des terrains calcaires.

2. 1. INTERMEDIA *Guers.*

(*I. intermédiaire.*) Tige droite, ferme, rameuse dans le haut. Haute de 8-12 pouces. Feu. linéaires-lancéolées. Fl. blanches, en grappe. Silic. largement échancrée, à longues pointes divariquées. Style court. ♂. P2. 3. R. Lieux incultes, environs de Rouen, près de Duclair.

XXIX. CAPSELLA *DC.* (*Capselle.*) Cal. égal à la base, serré. Silic. plane-déprimée, triangulaire, à valves carénées, comprimées non ailées. Loges à 8-10 graines.

1. C. BURSA PASTORIS *DC. Thlaspi bursa-pastoris L.* (*C. bourse à pasteur.*) Tige droite, rameuse, pubescente. Feu. radicales roncinées, velues, variant

beaucoup de forme, quelquefois tout-à-fait entières. Fl. blanches en corymbe. ⊙. E. TC. Lieux cultivés, décombres....

XXX. ISATIS *L.* (*Pastel.*) Cal. égal à la base, ouvert. Silic. plane, triangulaire, à valves carénées à peine débiscentes, presque ailées.

1. 1. TINCTORIA *L.* (*P. des teinturiers*) vulg. *Guède, Voudde.* Tige droite, rameuse. Feu. allongées, auriculées-amplexicaules, glabres et glauques. Fleurs jaunes en grappes nombreuses. Silic. cunéiformes,

obtuses, 3 fois plus longues que larges, pendantes à la maturité. ♂. E. PC. Lieux cultivés, mêlé quelquefois au lin. Roche St.-Adrien près de Rouen, Falaise, Valognes....

On cultive cette plante

pour la teinture. Ses feuilles macérées donnent une fécule d'une belle couleur bleue.

XXXI. CAMELINA *Crantz.* (*Cameline.*) Cal. droit, égal à la base. Silic. ovoïde ou globuleuse, à 2 valves concaves, terminée par une pointe formée par le style persistant.

1. C. **SATIVA** *Crantz.* *Myagrum sativum* L. (*C. cultivée.*) Tige droite, simple ou un peu rameuse au sommet, haute d'un à 2 pieds, velue dans le bas. Feu. lancéolées, hastées à la base, presqu'entières, pubescentes. Fl. d'un jaune-blanchâtre, en longues grappes. Silic. ovoïdes - pyriformes avec 4 nervures peu prononcées. ⊕. P. PC. Lieux cultivés, moissons. Caen, Falaise.

On cultive cette plante pour ses graines dont en retire de l'huile.

2. C, **DENTATA** *Pers.* (*C. dentée.*) Diffère de la précédente dont elle n'est peut-être qu'une variété par ses feuilles plus longues, dentées-incisées, quelquefois presque pinnatifides ; les caulin. sagittées à la base et par ses silicules plus globuleuses. Fl. jaunâtres. ⊕. P. R. Lieux cultivés, moissons, les champs de lin. Caen, Luc, Falaise.

XXXII. NESLIA *Desv.* (*Neslie.*) Cal. égal, ouvert. Silic. indéhiscente, coriace, globuleuse-déprimée, un peu chagrinée, et légèrement bordée, terminée par le style, à 2 loges 1-spermes ; cloison avortant quelquefois.

1. N. **PANICULATA** *Desv.* *Myagrum paniculatum* L. (*N. paniculée.*) Tige droite, rameuse, pubescente et haute d'un pied. Feu. sessiles, hastées à la base, lancéolées entières ; les radic. pétiolées, dentées-roncinées. Fl. jaunâtres en panicule. ⊕. E. R. Lieux cultivés, moissons. Rouen, Alençon, Vire....

XXXIII. CAKILE *Tourn.* Cal. presque fermé, à 2 glandes à la base. Silic. formée de deux articles superposés ; le supér. ensiforme. Loges à 1-2-loges 1-2-spermes.

1. C. **MARITIMA** *Scop.* *Bunias cakile* L. (*C. maritime.*) Tiges rameuses et diffuses, hautes de 8-12 pouces. Feu. charnues, pinnatifides, à lobes écartés, découpés ou

incisés. Fl. blanches ou rougeâtres, terminales. Silic. à 2 articles, qui, à la maturité, se détachent successivement. ⬤. P—E. Commun dans les sables maritimes.

XXXIV. CRAMBE *L.* Cal. ouvert, égal à la base. filets des grandes étam. bifurqués. Silic. indéhiscente, se divisant en deux articles, dont l'infér. petit en forme de pédic. ; le supér. globuleux 1-sperme.

1. c. maritima *L.* (*C. maritima*) vulg. *Chou marin.* Plante glauque, glabre, ressemblant au chou cultivé. Tige formant touffe, haute de 2-3 pieds. Feu. charnues, pétiolées, ovales-arrondies, anguleuses, sinuées ou dentées. Fl. blanches, petites, en grappes. Silic. globuleuse, sans pointe. ♃. P—E. R. Falaises et sables maritimes. Eu, Gouberville et la Hague près de Cherbourg.

VIIe. Fam. CISTINÉES. *Juss.*

Cal. à 5 sép. (rarement 3) persistans, dont 2 extér. plus petits. Pétales 5, hypogynes égaux, d'abord contournés, caducs. Etam. nombreuses, hypogynes. Ovaire libre. 1 style filiforme à stigm. simple. Caps. polysperme à 3-5 loges, à 3-5 valves, raremᵗ uniloculaires. Semences attachées à l'angle interne de chaque loge. Embryon recourbé dans un périsperme mince. — *Tige herbacée ou ligneuse. Feu. simples opposées ou rarement alternes, quelquefois stipulées. Fl. en épi unilatéral.*

I. **HELIANTHEMUM** *Tourn. Cisti* Sp. Linn. (*Hélianthème*) Caractères de la famille. Caps. à 3 loges ou uniloculaire.

**Fl. jaunes.*

1. n. fumana *Mill.* (*H. à faux menues.*) Tiges rameuses, ligneuses, diffuses, redressées, hautes de 6-8 pouces. Feu. alternes linéaires, rudes sur les bords un peu roulés, sans stipules. Fl. 1-2 sur chaque pédic. Caps. à 3-loges. ♄. P. R. Côteaux arides et calcaires. Vernon.

2. n. vulgare *Gaertn.* (*H. commune.*) Tiges ligneuses, étalées, couchées à la base,

velues, bautes de 6-10 pou-ces. Feu. opposées, stipu-lées, à court pétiole, oblon-gues, vertes en dessus, blanchâtres en dessous, velues, comme ciliées. Fl. en épi penché d'abord. Cap. à une loge. ♃. E. C. Coteaux secs, bords des chemins ; terr. calc.

3. **H. GUTTATUM** *Mill.* (**H.** *taché.*) Tige herbacée, ve-lue, rameuse. Feu. oppo-sées, sessiles, trinervées, oblongues-linéaires, velues; les supér. alternes. Fl. en épis lâches, allongés. Pét. le plus souvent marqués d'une tache violette à leur base et entiers.

Var. *b. plantagineum* Pers. Feu. larges, pét. dentés.

Var. *c. immaculatum.* Pét. sans taches.

◉. E. PC. Coteaux, bois secs et découverts. Alen-çon, Valognes, les Ande-lys ; les 2 var. dans les en-virons de St.-Hilaire-du-Harcouet.

4. **H. MARIFOLIUM** *DC.* (**H.** *à feu. de marum.*) Tiges li-gneuses, grêles, diffuses, rameuses du bas, redres-sées, hautes de 4-8 pouces. Feu. petites, opposées, sans stipules, ovales, pé-tiolées, poilues, vertes en dessus, blanches et tomen-teuses en dessous. Fl. en petit bouquet terminal. Pét. à peine plus longs que le cal. ♃. E. R. Roche de St.-Adrien, près de Rouen.

** *Fl. blanches.*

5. **H. APENNINUM** *DC.* (**H.** *des Apennins.*) Tige ligneu-se, étalée, pubescente-grisâtre. Feu. ovales-lancéo-lées, à peine roulées sur leurs bords, vertes en des-sus, blanches en dessous, stipules subulées. Fl. en épi, peu nombreuses. ♃. E. R. Coteaux pierreux et arides. Roche St.-Adrien près de Rouen.

6. **H. PULVERULENTUM** *DC.*

(**H.** *pulvérulent.*) Plante couverte d'une poussière blanche, crétacée. Ressem-ble beaucoup au précédent dont il diffère par ses feu. plus étroites, très-roulées sur leurs bords, blanches en-dessus, cotonneuses en dessous. Cal. plus tomen-teux. ♃. E. R. Lieux pier-reux et arides. Andelys, roche St.-Adrien près de Rouen.

VIIIe. Fam. VIOLARIÉES. *Juss.*

Cal. de 5 sép. prolongés à la base. Pét. 5 inégaux, hypogynes, dont 1 infér. terminé en éperon. Etam. 5 à anthères rapprochées et à filets souvent dilatés. Caps. uniloculaire à 3 valves, 3 placenta pariétaux. Style 1. — *Herbes à feu. le plus souvent alternes, stipulées..*

I. **VIOLA** *L.* (*Violette.*) Caractères de la famille.

* *Stigmate courbé et aigu.*

1. V. PALUSTRIS *L.* (*V. des marais.*) Tige nulle. Feu. réniformes, crénelées, glabres. Fl. petites, bleuâtres, souvent apétales. Eperon très-court. Sépales obtus. ♃. P♀. 3. PC. Marais spongieux. Vire, Mortain, Argentan.

2. V. HIRTA *L.* (*V. hérissée.*) Acaule et sans rejets rampans. Feu. cordiformes-allongées, crénelées, velues ainsi que les pétioles. Fl. d'un bleu-pâle, inodores. Sép. obtus, ciliés. Caps. pubescente, renflée. ♄. P. PC. Lieux secs et pierreux. Bois et haies.

3. V. ODORATA *L.* (*V. odorante.*) Acaule. Racine émettant des rejets rampans. Feu. cordiformes-arrondies, crénelées, glabres. Fl. bleues ou blanches, odorantes, sépales et éperon obtus. Caps. velue. ♃. H3. P1. TC. Bois et haies.

On extrait de ses fleurs un sirop pectoral d'une belle couleur bleue. Ses racines, ainsi que celles des autres *Violettes* ont une propriété émétique.

4. V. CANINA *L.* (*V. de chien.*) Tige couchée, redressée, un peu rameuse, glabre. Feu. cordiformes, crénelées, à-peu-près glabres, stipules aiguës, dentées-ciliées. Fl. bleues. Sépales aigus, allongés. Eperon long et obtus. Pétales longs.

Var. b. collina. (*Sp. nov.?*) Pétales courts, ovales, d'un bleu - pâle. Eperon plus court que les sép., obtus, presque échancré, non coloré.

Var. c. apetala. Tiges couchées, très-rameuses. Pédoncules courts. Fl. apétales.

4

♃. P. TC. Bois et haies. Les 2 var. (R.) fleurissent plus tard. Bruyères et coteaux arides. Falaise.

5. V. LANCIFOLIA *Thore.* (*V. à feu. lancéolées.*) Tiges dressées. Feu. ovales-lancéolées, non-échancrées en cœur à leur base, à pétioles marginés dans le haut. Stipules lancéolées, dentées, incisées. Fl. bleues, pâles, portées sur de longs pédoncules, quelquefois apétales. Eperon court. Sép. aigus. ♃. P. R. Lieux montueux et humides. Vire.

*** Stigmate droit, en godet.**

6. V. TRICOLOR *L.* (*V. tricolore.*) Tiges rameuses à la base, diffuses, anguleuses. Feu. infér. ovales-arrondies, un peu cordiformes; les supér. lancéolées. Stip. foliacées, pinnatifides, à lobe moyen crénelé. Pédonc. longs. Eperon épais, obtus.

Var. *a hortensis* DC. Fl. mêlées de jaune et de violet foncé velouté. Pétales étalés 2 fois plus grands que les sép. Vulg. *Pensée.*
Var. *b. degener* DC. Fl. d'un bleu-violet plus ou moins tachées de jaune. Pét. un peu plus longs que les sép. Vulg. *Pensée sauvage.*
Var. *c. arvensis* DC. Fl. blanchâtres, tachées de jaune et de violet. Pét. de la longueur des sép. Feu. lancéolées.

⊙. P—E. C. La var. *a.* est cultivée; les 2 autres se trouvent dans les champs en friche et les moissons.
Employée comme dépurative dans les maladies cutanées.

7. V. ROTHOMAGENSIS *Desf.* (*V. de Rouen.*) Cette plante devrait peut-être faire partie des nombreuses variétés de l'espèce précédente. elle en diffère par sa surface hispide dans toutes ses parties. Ses feu. sont ovales-lancéolées, ciliées. Stip. pinnatifides. Fl. d'un bleu-pâle, 1 fois plus grandes que les sép. ♃. E. R. Coteaux sablonneux, le long de la Seine, près de Rouen.

IXᵉ. Fam. RÉSÉDACÉES. *DC.*

Cal. monosépale, à 4-6 divis. Cor. de 4-6 pétales laciniés, irréguliers, hypogynes, le supér. fixé sur une écaille nectarifère, large, obtuse, placée au dessous des étamines. Etam. 10-24. Carpelles soudés en une caps. anguleuse, polysperme, 1-loculaire. Styles 3-5. Embryon recourbé. — *Herbes à feu. alternes, à fl. en épi.*

I. RÉSÉDA *L.* Caractères de la famille.

1. R. LUTEOLA *L.* (*R. gaude.*) Tige droite, ferme, anguleuse ; de 2-4 pieds. Feu. simples, lancéolées-linéaires, entières et ondulées sur les bords, glabres : les radic. en rosette. Fl. d'un vert-jaunâtre en longs épis. Cal. à 4 divis. ♂. E. C. Murs, bords des chemins.

Cette plante fournit aux teinturiers une belle couleur jaune.

2. R. LUTEA *L.* (*R. jaune.*) Vulg. *fauæ Réséda.* Tige droite, rameuse. Feu. pinnatifides ondulées ; les su- pér. trilobées, glabres. Fl. jaunes, en épi. Cal. à 6 div. réfléchies après la floraison. Cap. 3-angulaires, tronquées. ♃. P—E. C. Champs sablonneux des terr. calc.

3. R. PHYTEUMA *L.* (*R. raponcule.*) Tige rameuse, étalée, de 6 10 pouces. Feu. ondulées ; les radic. oblongues, obtuses, entières ; les sup. 3-lobées. Fl. blanchâtres en épi lâche. Cal. à 6 grandes divisions planes. Caps. gonflées. ☉. E. R. Champs sablonneux. Vimoutiers.

X⁰. Fam. DROSÉRACÉES. *DC.*

Cal. de 5 sép. persistans. Pét. 5 hypogynes. Etam. 5. Ovaire surmonté de 4-5 styles libres ou soudés. Caps. ubiloculaire, polysperme, à 3-5 valves seminifères sur une nervure médiane. Embryon droit. —*Herbes à feu. le plus souvent radicales, roulées en crosse avant leur développement.*

I. DROSERA *L* (*Rossolis.*) Cal. à 5 sép. persistans. Pét. 5 sans écailles à leur base. 5 étam. Styles 3-5, bifides. — *Plantes à tige nulle, à feu. toutes radicales, couvertes de poils rougeâtres, glanduleux au sommet, irritables au toucher.*

1. D. ROTUNDIFOLIA *L.* (*R. à feu. rondes.*) Feu. en rosette, arrondies-orbiculaires, portées sur dé longs pétioles velus. Hampes grêles, hautes de 4-6 pouces, terminées par un épi simple, rarement bifurqué. Fl. blanches. ⊕. E. C. Prés et marais tourbeux.

2. D. LONGIFOLIA *L.* (*R. à feu. allongées.*) Limbe des feu. ovale-allongé, 3 fois plus court que le pétiole glabre. Hampes de 3-5 pouces dépassant peu les feu. Fl. blanches en épi. ⊕. E. C. Marais tourbeux, landes humides. Vire. Domfront, Alencon, Mortain.

3. D. ANGLICA *Huds.* (*D. d'Angleterre.*) Feu. linéaires, élargies et obtuses au sommet, rétrécies à la base en un long pétiole glabre, un peu plus long que le limbe. Hampes hautes de 6-8 pouces, ayant le double de la longueur des feu. Fl. blanches en épi. ♃. E. R. Marais spongieux. Caen, Lisieux...

II. PARNASSIA *L.* (*Parnassie.*) Cal. à 5 sép. Pét. 5, munis à leur base de 5 écailles (*nectaires*) en cœur, bordées de cils glanduleux. Etam. 5. Stigm. 4, sessiles. Caps. 1-loculaire à 4 valves septifères au milieu.

1. P. PALUSTRIS *L.* (*P. des marais.*) Tiges (hampes ?) simples, anguleuses, portant une seule feu. sessile embrassante. Feu. radicales cordiformes, entières, pétiolées, très-glabres. Fl. blanches, veinées, terminales et solitaires. ♃. E 2-3. C. Prés et marais tourbeux. des terr. calc.

Xᵉ. Fam. POLYGALÉES. *Juss.*

Cal. à 5 sép. dont 2 latéraux plus grands (*ailes*), colorés, veinés, pétaliformes. Cor. irrégulière de 3-5 pétales soudés au moyen des filets des étam. roulés en un tube fendu supérieurement en deux lèvres ; la sup. bipartite ; l'infér. concave, laciniée, en forme de houppe colorée. 8 étam. réunies en 2 faisceaux. Style 1 à stig. bifide. Caps. comprimée, en cœur renversé, à 2 loges 1-2 spermes. Semences velues. — *Fl. simulant un oiseau, disposées en épi terminal, et munies à leur base de 2-3 bractées colorées.*

J. POLYGALA *L.* Caractères de la famille.

1. P. AMARA *L.* (*P. amer.*) Tiges rameuses, couchées. Feu. infér. plus grandes que les supér. en rosette, obovales-arrondies, obtuses; les supér. éparsés, lancéolées-linéaires. Sép. latéraux (*ailes*) plus longs et plus larges que la caps. Fl. le plus souv. blanches, quelquefois bleues ou roses. ♃. P. C. Bois et coteaux des terr. calc.

*2. P. AUSTRIACA *Crantz.* (*P. d'Autriche.*) Diffère du du précédent par ses feu. infér. plus petites et ses ailes plus courtes et plus étroites que la capsule. Fl. petites, blanches. Caps. arrondie et non atténuée à la base. ♃. P 2-3. R. Collines sèches. Rouen (Fl. de R.), Andelys.

3. P. VULGARIS *L.* (*P. commun.*) Tiges diffuses, redressées, simples. Feu. infér. les plus petites, ovales-lancéolées, courtes, un peu spatulées; les supér. lancéolées linéaires. Ailes ovales, égales à la corolle, plus longues et plus larges que la caps. Fl. bleues ou roses, rarem. blanches.

Var. *b. grandiflora.* DC. Tiges assez longues, fleurs grandes en long épi. ♃. P. TC. Prés, bois et haies.

4. P. OXYPTERA *Reichenb.* (*P. à ailes aiguës.*) Tiges courtes un peu rameuses et couchées à la base. Feu. infér. les plus petites, ovales; les supér. linéaires-lancéolées. Ailes ovales-cunéiformes, aiguës plus courtes que la cor., aussi longues, mais plus étroites que la caps. Fl. le plus souv. blanches, variées de bleu et de vert. ♃. P. R. Prés et coteaux. Vire, Mortain, Falaise....

5. P. SERPYLLACEA *Reichenb.* (*P. en forme de serpolet.*) Tiges couchées, rameuses, gazonnantes. Feu. infér. nombreuses, rapprochées, comme opposées, ovales-arrondies; les supér. lancéolées, éparses. Ailes ovales, arrondies, plus longues et plus larges que la caps. Fl. petites, bleues, blanches ou roses; pointe des ailes marquée d'une petite ligne verdâtre.

Var. *b. pyxophylla Reich.* Feu. infér. éparses arrondies; les sup. ovales. Fl. bleues.

♃. P. PC. Coteaux et

marais. Falaise et Vire.

Obs. Le *P. amara* est amer, tonique et purgatif. Il est probable que les au-tres espèces possèdent à-peu-près les mêmes pro-priétés.

XIe. Fam. CARYOPHYLLÉES. *Juss.*

Cal. le plus souvent persistant, 1-sépale, tubuleux à 4-5 dents ou divisé profondément en 4-5 sép. libres. Cor. de 4-5 pétales, alternes avec les sép., rétrécis en onglet à la base, quelquefois échancrés, rarement nuls. Etam. le plus souv. en nombre égal aux pétales et alternes avec eux, ou en nombre double et alors une moitié est opposée aux pétales. Filets quelquefois mo-nadelphes à la base. Anthères biloculaires. Ovaire supér. à 2-5 styles et autant de stigm. latéraux. Caps. à 2-5 valves s'ouvrant au sommet, à une ou plusieurs loges. Placenta central. Graines nombreuses. Périsperme farineux. — *Plantes herbacées, à feu. opposées.*

§ I. *Calice monosépale, tubuleux à 4-5 dents.*

I. DIANTHUS *L.* (*OEillet*). Cal. tubuleux, à 5 dents, muni à sa base de 2-4 écailles opposées et imbri-quées. Pét. 5, longuement onguiculés, à limbe denti-culé. Styles 2, plumeux. Etam 10. Caps. cylindrique, uniloculaire, polysperme, s'ouvrant en 5 dents au som-met.

* *Fleurs réunies en tête.*

1. D. PROLIFER *L.* (*OE. pro-lifère.*) Tige droite, haute de 10-18 pouces, simple ou peu rameuse. Feu. den-ticulées, glabres, linéaires. Fl. petites, roses, réunies en tête, enveloppées par des écailles calicinales, lar-ges, scarieuses, obtuses, plus longues que le cal.

Var. *a. D. diminutus* L. Tête uniflore.

♃. E. PC. Coteaux secs. Rouen, Caen, Granville, Falaise, etc.

2. D. ARMERIA *L.* (*OE. velu.*) Tige d'un pied en-viron, rameuse. Feu. linéai-res, pubescentes. Fl. ag-glomérées, dépassées par 2 bractées, lancéolées, ai-guës, velues ainsi que le cal. et les écailles, celles-ci lancéolées, aiguës. Pétales

rougeâtres, dentés. ♃. E. C. Coteaux et bois secs.

3. D. CARTHUSIANORUM *L.* (*Œ. des chartreux.*) Souche rameuse. Tiges simples, droites, glabres. Feu. cornées, engaînantes, linéaires, trinervées, glabres. Fl. rou-ges ou blanches, 3-5 agglo-mérées, entourées par 2-4 bractées lancéolées, poin-tues. Ecailles calicinales, ovales-arrondies, aristées plus courtes que le cal. Pét. crénelés. ♃. E. R. Lieux secs et arides. Environs de Rouen, les Andelys....

** *Fleurs isolées.*

4. D. CARYOPHYLLUS *L.* (*Œ. girofle.*) Tiges noueuses, rameuses, glabres. Feu. scarieuses à la base, linéai-res, canaliculées, glauques. Fl. rouges ou blanches, odorantes, solitaires. Ecail-les calicinales 4, très-cour-tes, un peu mucronées. Pét. denticulés. ♃. E. C. Vieilles murailles et ro-chers. —

5. D. DELTOIDES *L.* (*Œ. deltoïde.*) Tiges couchées à la base, redressées, hautes de 10-13 pouces, pubes-centes dans le haut. Feu. infér. oblongues-obtuses; les supér. linéaires, aiguës. Fl. rougeâtres, solitaires, formant une panicule assez nombreuse. Ecailles cali-cinales 2, ovales-lancéolées, mucronées, plus courtes que le cal. ♃. E. R. Coteaux et bois secs. Rouen, landes sablonneuses du départe-ment de la Manche (*Gerv.*).

II. GYPSOPHILA *L.* (*Gypsophile.*) Cal. tubuleux-campanulé, anguleux, à 5 dents membraneuses sur les bords. Pét. 5, presque sans onglet. Etam. 10. Sty-les 2. Caps. globuleuse à 5 valves, 1-loculaire, polys-perme.

1. G. MURALIS *L.* (*G. des murailles.*) Tiges diffuses, filiformes, à rameaux di-variqués, de 4-10 pouces. Feu. linéaires, très-étroi-tes. Fl. purpurines, axil-laires, à long pédoncule. Pét. crénelés. Cal. sans écailles. ⊕. E—A. PG. Champs arides et landes sablonneuses. Rouen, Alen-çon, Lisieux, Falaise....

III. SAPONARIA *L.* (*Saponaire.*) Cal. tubuleux, nu

à sa base, à 5 dents. Pét. 5, onguiculés, à limbe entier. Etam. 10. Styles 2. Caps. oblongue, 4-valve, uniloculaire, polysperme.

1. s. OFFICINALIS *L.* (*S. officinale.*) Tige droite, rameuse. Feu. ovales-lancéolées, trinervées, glabres. Fl. d'un blanc-rosé en panicule terminale, presque sessiles. Cal. cylindrique, un peu vésiculeux, à dents pointues. Caps. allongée. ♃. E. PC. Champs et bords des rivières. Rouen, Vimoutiers, Lisieux....

Cette plante est regardée comme diurétique, fondante et dépurative.

2. s. VACCARIA *L.* (*S. des vaches.*) Tige droite, rameuse dans le haut. Feu. glauques, lancéolées, pointues. Fl. rougeâtres, à long pédonc., paniculées. Cal. anguleux, à dents obtuses. Caps. courte, ovoïde. ⊙. E. R. Moissons. Argentan, les Andelys, Evreux, Pays de Bray.

IV. CUCUBALUS *L.* (*Cucubale.*) Cal. campanulé à 5 dents, enflé. Pét. 5, onguiculés, à limbe linéaire bifide. Etam. 10. Styles 3. Fruit charnu, bacciforme, uniloculaire, indéhiscent, polysperme.

1. c. BACCIFER *L.* (*C. baccifère.*) Tiges faibles, rameuses, presque volubiles, hautes de 2-3 pieds, pubescentes. Feu. ovales, rétrécies en un court pétiole, pubescentes. Fl. blanches en panicules axillaires. Pét. étroits, distans. Caps. bacciforme, arrondie, noire. ♃. E PC. Haies et buissons. Alençon (*Desnos.*)....

V. SILENE *L.* Cal. tubuleux, souvent renflé, à 5 dents, nu à la base. Pét. 5 onguiculés, souvent bifides et à limbe portant à sa base 2 appendices ou écailles en forme de couronne. Etam. 10. Styles 3. Caps. 3-valve, 3-loculaire à la base, polysperme, s'ouvrant au sommet en 6 dents.

1. s. INFLATA *Smith.* Cucubalus behen L. (*S. enflé.*) Tiges couchées à la base, rameuses, glabres. Feu. infér. spatulées, glauques; les supér. lancéolées. Fl. blanches, paniculées, le plus souv. à pét. nus à la base du limbe, quelquefois monoïques ou dioïques.

Cal. vésiculeux, réticulé. Caps. globuleuse.

Var. *a. maritima* DC. (*S. uniflora* Fl. fr.) Tiges couchées. Feu. un peu charnues, étroites, très-glauques. Fl. souv. solitaires. ♃. E. C. Moissons et champs stériles. La var. *a.* dans les sables maritimes.

2. s. OTITES *Pers. C. otites L.* (*S. à petites fleurs.*) Tiges rameuses à la base, d'un à 2 pieds, redressées, velues, visqueuses. Feu. infér. nombreuses, spatulées, les supér. lancéolées-ovales, pubescentes. Fl. petites d'un blanc-verdâtre, souv. dioïques, en grappes terminales. Pét. non couronnés, linéaires, entiers. ♃. E. R. Lieux arides. Environs de Rouen.

3. s. CONICA *L.* (*S. conique.*) Tige simple ou rameuse du bas, velue. Haute de 6-10 pouces. Feu. molles, linéaires, velues. Fl. d'un rouge-pâle, axillaires et terminales, solitaires ou paniculées. Cal. enflé, à stries nombreuses (30). Pét. bifides. Caps. conique. ⊙. Et. 2. PC. Champs secs et sables maritimes. Rouen, Dives, Cherbourg, etc...

4. s. CONOIDEA *L.* (*S. conoïde.*) Diffère de l'espèce précédente par ses feuilles plus larges et moins velues, ses pét. entiers et sa caps. rétrécie et prolongée au sommet en bouteille. ⊙. E. R. Champs sablonneux. Rouen, Vimoutiers.....

5. s. GALLICA *L.* (*S. de France.*) Tige droite, rameuse, velue, de 12-15 pouces. Feu. lancéolées, obtuses, les infér. spatulées. Fl. en épi allongé, dressées et dirigées d'un même côté. Pét. petits, blancs ou un peu rougeâtres, entiers ou légèrement échancrés. Cal. cylindrique-renflé, à 10-stries, velu; poils articulés.

Var. *a. divaricata S. anglica L.?* Caps. écartées de la tige après la floraison, les infér. presque réfléchies. ⊙. E. PC. Moissons, Rouen, Lisieux, Falaise... La var. *a.*, que beaucoup de botanistes rapportent, peut-être avec raison, au *S. anglica L.*, se trouve dans les mêmes localités.

6. s. QUINQUEVULNERA *L.* (*S. à cinq taches.*) Tige droite, rameuse dans le haut, velue, de 10-12 pouces. Feu. oblongues, un peu spatulées, velues et rudes. Fl. en épi unilatéral portées sur de courts péd. Calice velu, strié. Pét.

obovalés-émoussés, d'un pourpre foncé, blanchâtres sur les bords:

Var. *a. S. cerastoïdes* L. Pétales échancrés, plus pâles.

⊚. E. R. Sables maritimes près d'Avranches. J'admets cette espèce, d'après M. de Gerville, d'autant plus volontiers, que je l'ai trouvée de l'autre côté de la baie du Mont-St.-Michel près Cancale. J'ai reçu la var. *a.* de Rouen.

5. s. NUTANS L. (*S. penché.*) Souche rameuse, très-feuillée. Tiges hautes d'un pied, un peu velues et visqueuses. Feu. pubescentes; vertes, lancéolées; les infér. spatulées. Fl. blanches en panicule penchée, exhalant le soir un odeur agréable. Cal. pubescent. Pét. bifides, linéaires, souv. roulés en dedans, quelquefois déchiquetés. Caps. conique. ♃. P3. E. C. Rochers et coteaux exposés au soleil. Les Andelys, Vire, Falaise...

VI. AGROSTEMMA L. (*Agrostème.*) Cal. tubuleux, à 5 longues divisions ou lanières foliacées. Cor. à gorge nue, à 5 pét. onguiculés; limbe obtus, presqu'entier. Etam. 10. Caps. uniloculaire, polysperme, s'ouvrant au sommet en 5 valves.

1. A. GITHAGO L. (*A. des moissons.*) Vulg. *Nielle des blés.* Tige simple, droite, velue, haute de 2-3 pieds. Feu. linéaires, velues. Fl. rouges ou d'un blanc-jaunâtre portées sur de longs pédoncules, solitaires. Cal. à 10 côtes prononcées et 5 dents en lanières plus longues que les pét. Caps. globuleuse. Graines noires. ⊚. E. TC. Moissons.

VII. LYCHNIS L. Cal. tubuleux, à 5 dents. Cor. à gorge couronnée d'écailles. Pét. 5. Onguiculés, bifides, échancrés ou incisés. Etam. 10. Styles 5. Caps. 1-5 loculaire, polysperme, à 5 valves.

1. L. VISCARIA L. (*L. visqueux.*) Tige droite, simple, haute d'un pied, rougeâtre et visqueuse dans la partie supér. Feu. glabres, lancéolées, ponctuées. Fl. rouges en grappes portées sur des pédonc. opposés. Pét. légèrement échancrés. Caps. à 5 loges. ♃. E. R. Lieux secs et montueux. Environs d'Avranches, d'E-

2. L. SYLVESTRIS *Hoppe.* (*L. des bois.*) Tige rameuse, velue. Feu. vertes, ovales-lancéolées, Fl. rouges, inodores. Pét. à 2 lobes étroits, écartés. Caps. arrondie, à 5 dents recourbées. ♃. P—E. C. Bois et haies.

On en cultive dans les jardins une var. à fleurs doubles appelée vulg. *Bons-hommes.*

3. L. DIOÏCA *L.* (*L. dioïque.*) Vulg. *Compagnon-blanc.* Tige droite, rameuse, velue. Feu. ovales-lancéolées à 3-5 nervures. Fl. blan-ches, odorantes le soir, dioïques, en panicule peu fournie. Pétales à 2 lobes élargis, rapprochés. Caps. à 5 dents redressées. ♃. P—E. TC. Moissons, haies et fossés.

4. L. FLOS-CUCULI *L.* (*L. fleur de coucou.*) Tige grêle, presque glabre, simple. Feu. lancéolées-linéaires, glabres; les infér. rétrécies en un long pétiole. Fl. roses ou blanches, en panicule lâche. Pét. laciniés. Cal. à 10 stries rougeâtres. Caps. 5-valve. ♃. P. — E. TC. Prés humides et bords des eaux.

§. II. *Calice divisé en 4-5 sépales.*

VIII. SAGINA *L.* (*Sagine.*) Cal. à 4-5 sép. Pét. 4 entiers (quelquefois nuls), plus courts que le cal. Étam. 4. Styles 4. Caps. uniloculaire, à 4 valves, polysperme.

1. S. PROCUMBENS *L.* (*S. couchée.*) Tiges couchées, rameuses, glabres, longues de 2-3 pouces. Feu. linéaires-lancéolées, glabres. Fl. d'un blanc-verdâtre. Pédonc. solitaires et axillaires, penchés au sommet. Sépales ouverts, arrondis. Pét. plus courts, quelquefois nuls. Caps. arrondie, à 4 valves. ♃. L. TC. Lieux sablonneux et humides.

2. S. APETALA *L.* (*S. apétale.*) Tiges droites, filiformes, rameuses, pubescentes-hispides vers le sommet, hautes de 2-3 pouces. Feu. linéaires, ciliées à leur base. Fl. le plus souv. sans pétales, portées sur de longs pédonc. droits. Sép. lancéolés. ⊙. E. PC. Moissons, Vire, Falaise..

3. S. ERECTA *L.* (*S. droite*). Tiges glabres, glauques,

simples ou étalées à la base, hautes de 2-3 pouces. Feu. raides, lancéolées, blanchâtres sur les bords. Péd. longs et raides, portant une fleur solitaire blanche, à pét. entiers, pointus. Cal. droit à sép. scarieux sur les bords. Caps. ovoïde, s'ouvrant en 8 dents. ☉. Coteaux et landes arides.

IX. **HOLOSTEUM** *L.* (*Holostée.*) Cal. à 5 sépales. Pét. 5, dentés. Etam. 3-5. Styles 3. Caps. uniloculaire, s'ouvrant en 6 dents au sommet.

1. H. UMBELLATUM *L.* (*H. en ombelle.*) Tige de 4-6 pouces, rameuse à la base, un peu pubescente et visqueuse. Feu. lancéolées, glauques. Fl. blanches, en ombelle, à péd. inégaux, réfléchis après la floraison. ☉. Pr. 2. C. Champs arides, murs et fossés.

X. **SPERGULA** *L.* (*Spargoute.*) Cal. à 5 sép. Pét. 5, entiers. Etam. 5-10. Styles 5. Caps. uniloculaire 5-valvé, polysperme.

Feuilles verticillées, stipulées à leur base.

1. S. ARVENSIS *L.* (*S. des champs.*) Tiges rameuses, étalées, velues. Feu. verticillées 8-10, subulées, velues. Fl. blanches, petites, paniculées, réfléchies après la floraison. Etam. 10, rarement 5. Caps. globuleuse. Graines rondes. ☉. E. C. Champs sablonneux.

2. S. PENTANDRA *L.* (*S. à 5 étamines.*) Diffère de la précédente par sa surface à peu près glabre et surtout par ses graines entourées d'une large membrane circulaire. ☉. P. PC. Coteaux secs et pierreux. Pays de Bray, Falaise, Cherbourg, Vire,...

Feuilles opposées sans stipules.

3. S. NODOSA *L.* (*S. noueuse.*) Tiges de 2-6 pouces, étalées, courbées-redressées, glabres. Feu. subulées, portant dans leurs aisselles des faisceaux de feuilles formant un commencement de pousse, ce qui donne une apparence de nœuds. Fl. blanches 2-3, pédonculées, à pétales 2 fois plus grands que le cal. ♃. E. PC. Lieux humides et sablonneux. Rouen, Cherbourg, Granville, Bayeux, Falaise....

4. S. SUBULATA *Swartz.* (*S. subulée.*) Tiges gazonnantes, dressées, hautes d'un pouce, presque glabres. Feu. subulées, ciliées à la base, aristées. Fl. 2-3, blanches, portées sur de longs pédoncules chargés de quelques poils. Pét. égaux au calice. ⊙. E. R. Lieux sablonneux. Je l'ai trouvée avec M. Lenormand sur les Huguenans (Iles Chausey.)

XI. LARBREA *St.-Hil.* (*Larbrée.*) Cal. 5-fide, urcéolé à la base. Pét. 5, bifides, périgynes. Etam. 10, périgynes. Styles 5. Ovaire uniloculaire, polysperme. Caps. s'ouvrant au sommet en 6 valves.

1. L. AQUATICA *St.-Hil.* Stellaria aquatica Poll. Fl. fr. (*L. aquatique.*) Tiges couchées, débiles, glabres. Feu. ovales-lancéolées, glabres, un peu ciliées à la base. Fl. blanches, en petites panicules latérales, portées sur des pédonc. chargés de 2 écailles scarieuses dans leur milieu ou à leur base. Pét. plus courtes que le cal. ♃. P—E. Lieux humides, bords des ruisseaux et des mares.

XII. STELLARIA *L.* (*Stellaire.*) Cal. à 5 sépales. Pét. 5, bifides. Etam. 10 (quelquefois moins par avortement). Styles 3. Caps. uniloculaire, polysperme, à 6 valves.

1. S. NEMORUM *L.* (*S. des bois.*) Tige droite, faible, haute d'un pied, velue. Feu. inférieures pétiolées, cordiformes, ciliées; les supér. ovales-lancéolées, sessiles. Fl. blanches, portées sur des pédonc. axillaires et terminaux dichotomes. Pét. bifides, à divisions linéaires, 2 fois plus longs que le calice. ♃. E. R. Bois, Pays de Bray. (F. Petit.)

2. S. MEDIA *Smith*, Alsine media L. (*S. moyenne.*) Vulg. *Mouron des oiseaux, Morgeline.* Tiges faibles, couchées, remarquables par une ligne longitudinale de poils qui alterne à chaque nœud. Feu. ovales-cordiformes, délicates, les inférieures pétiolées. Fl. blanches, terminales, pédonculées. Pét. de la longueur du cal. Etam. 5.

Var. *a. pratensis.* Tiges très-longues. Feu. larges; les infér. à longs pétioles.
Var. *b. apetala.* Tiges

5

courtes, ramassées. Feu. petites, ovales, point de pétales.

⚫. ♂. P. Commune dans les lieux cultivés. La var. α dans les prés, et l'autre sur les murs et les toits.

3. s. HOLOSTEA L. (S. Holostée.) Vulg. Taquets. Tiges couchées à la base, dressées, anguleuses. Feu. lancéolées, pointues, denticulées ; les infér. plus étroites et plus longues. Fl. blanches, paniculées, terminales, grandes, 2 fois plus longues que le cal. Sép. sans nervure. ♃. P. T.C. Haies et buissons.

4. s. GRAMINEA L. (S. graminée.) Tiges longues, faibles, anguleuses, divariquées. Feu. linéaires, à bords lisses. Fl. blanches en panicule terminale, ouverte. Pét. à peine aussi longs que les sépales qui sont trinervés. ♃. P.—E. Bois et buissons.

5. s. GLAUCA Smith. (S. glauque.) Diffère de la précédente par sa teinte glauque, ses feuilles un peu plus larges et ses pét. 2 fois plus longs que le calice. Sép. trinervés. ♃. E. R. Lieux humides. Alençon, Heurtauville (Fl. R.).

XIII. MALACHIUM Fries. Cal. 5-partite. Pét. 5, bifides. Styles 5, velus. Caps. ovoïde-globuleuse, 5-gone, à 5 valves bifides.

1. M. AQUATICUM Fries. Cerastium L. (M. aquatique.) Tiges faibles, couchées, rameuses, dichotomes, pubescentes. Feu. cordiformes-lancéolées, un peu pétiolées ; les supér. sessiles et velues. Fl. blanches, Pét. bifides plus longs que le cal. Pédonc. axillaires réfléchis après la floraison. ♃. E. C. Fossés et lieux humides.

XIV. CERASTIUM L. (Céraiste.) Cal. à 5 sép. scarieux sur les bords. Pét. 5, bifides. Etam. 10 (quelquefois 5). Styles 5. Caps. cylindrique uniloculaire, polysperme, à 10 dents au sommet.

1. C. VULGATUM L. (C. commun.) Tiges couchées, rameuses à la base, velues. Feu. ovales-lancéolées, d'un vert-foncé. Fl. blanches, terminales, en panicule dichotome. Pédonc. plus longs que les feu. Pét. égaux au cal., ou le dépassant un peu. Caps. 2

fois plus longue que le cal.
♃. ♂. E. C. Lieux incultes.

2. c. viscosum L. (C. visqueux.) Plante couverte de longs poils visqueux. Tiges dressées, rameuses. Feu. ovales arrondies, d'un vert-jaunâtre. Fl. blanches en panicule terminale. Pédoncules plus courts que le cal. et les feu. Pét. égaux au cal.

Var. a. glomeratum Mér. Fl. ramassées en tête, poils à peine visqueux.

Var. b. C. murale Desp. Tiges rameuses du pied, pédonc., sép. pét. et caps. à peu près égaux en longueur.
◉. ♂. ? P—E. TC. Lieux sablonneux, fossés. La var. b. sur les rochers et les murs. Pays de Bray, Falaise...

3. c. semidecandrum L. (C. à 5 étamines.) Plante d'un vert foncé, souvent rougeâtre, velue, souvent visqueuse, haute de 2-3 pouces. Feu. ovales-lancéolées. Fl. blanches, à 5 étam., à pét. plus courts que les sépales qui sont scarieux sur les bords. Pédonc. plus longs que le cal.

Var. a. C. pellucidum Chaub. Feu. florales scarieuses au sommet, nervure des feu. supér. transparente.
◉. P. C. Lieux secs, champs montueux. La var. a. sur des coteaux parmi des rochers à Falaise.

4. c. brachypetalum Desp. (C. à courts pétales.) Plante rameuse, dichotome dans le haut, couverte de longs poils blanchâtres. Feu. ovales, à pét. de moitié plus courts que le cal. Péd. beaucoup plus longs que les feu. Caps. dépassant peu le cal. qui est très-velu. ◉. P. 1. 2. PC. Coteaux secs et champs des terr. calc., parmi les prairies artificielles. Rouen, Caen, Falaise, Argentan...

5. c. arvense L. (C. des champs.) Tiges couchées, rampantes à la base, redressées, pubescentes. Feu. lancéolées-linéaires, velues-ciliées, surtout vers le bas. Fl. blanches, terminales, assez larges, à pét. 2 fois plus longs que le calice, portées sur de longs pédonc. ♃. P—E. C. Champs secs, bords des chemins.

XV. ARENARIA L. (Sabline.) Cal. à 5 sép. Pét. 5, entiers. Etam. 10 (ou moins, par avortement). Styles 3. Caps. uniloculaire, à 3-6 valves, polyspermes.

* *Feu. munies de stipules scarieuses à leur base.*

1. A. SEGETALIS *Lam.* *Al-sine segetalis* L. (*S. des moissons.*) Tige grêle, dichotome, glabre, haute de 4-6 pouces. Feu. sétacées, assez longues. Fl. blanches, à pétales un peu plus courts que les sépales qui sont scarieux avec une ligne médiane verte. Pédonc. filiformes, réfléchis après la floraison. Caps. 3-valve. ⊛. E. R. Moissons. Rouen, Caen, Falaise....

2. A. RUBRA *L.* (*S. rouge.*) Tiges rameuses, couchées. Feu. filiformes, subulées, glabres. Stipules scarieuses, blanchâtres. Fl. rouges terminales. Sépales ovales, pubescents-visqueux, un peu plus longs que la corolle. Caps. ovoïde, 3-valve.

Graines anguleuses, rugueuses, sans bords membraneux.

Var. *a. marina.* Fleurs plus grandes et capsules plus grosses.
⊛. E. C. Coteaux secs et champs sablonneux. La var. *a.* sur les bords de la mer.

3. A. MEDIA *L.* (*S. moyenne*). ressemble beaucoup à l'espèce précédente et surtout à sa variété, dont elle diffère par ses tiges plus fortes, ses fleurs plus larges, et principalement par ses graines qui sont bordées d'une large membrane circulaire. ⊛. E. C. Sables et prés marécageux des bords de la mer.

** *Feu. sans stipules.*

4. A. TENUIFOLIA *L.* (*S. à feu. menues.*) Tige dressée, filiforme, rameuse dans le haut. Feu. sétacées, le plus souvent glabres. Fl. blanches à pét. plus courts que les sép. qui sont scarieux, striés, aigus. Caps. 3-valve.

Var. *a. Barrelieri* DC. Tiges très-rameuses, couchées, glabres.
Var. *b. A. viscidula* Thuil.

Tiges rameuses dans le haut, chargées ainsi que les calices de poils visqueux.
⊛. P—E. C. Murs et champs sablonneux.

5. A. MONTANA *L.* (*S. de montagne.*) Tiges rameuses, couchées, pubescentes; les jets stériles fort longs. Feu. lancéolées-linéaires. Fl. blanches, terminales, solitaires, à longs

pédonc. penchés après la floraison. Sép. lancéolés beaucoup plus courts que la cor. Caps. ovoïde, à 6-valves obtuses. ♃. P. R. Lieux sablonneux. Environs d'Alençon, d'Evreux, Mantes.

6. A. TRINERVIA *L.* (*S. à trois nervures.*) Tiges rameuses, faibles, diffuses. Feu. ovales-aiguës, ciliées à 3 nervures pétiolées. Fl. blanches, en panicule, terminale. Pédonc. longs, réfléchis après la floraison. Sép. linéaires-aigus, sca-

rieux sur les bords, beaucoup plus longs que les pétales. Caps. tubuleuse, à 6 valves profondes. ⊙. E. C. Lieux frais et ombragés.

7. A. SERPYLLIFOLIA *L.* (*S. à feu. de Serpolet.*) Tiges rameuses, étalées, pubescentes. Feu. petites, ovales, pointues, ciliées. Fl. blanches, paniculées. Sép. aigus, trinervés, deux fois plus longs que les pétales. Caps. ventrue, à 6 valves, dépassant le cal. ◉. E. TC. Murs et lieux arides.

XVI. **ADENARIUM** *Rafin.* (*Adenaire.*) Cal. à 5 divisions. Pét. 5, entiers, insérés sur le cal. Etam. 10, périgynes. Styles 3-5, 10-glandes hypogynes, entourant l'ovaire. Cap. uniloculaire, à 3-5 valves. Graines peu nombreuses.

1. A. PEPLOÏDES *Rafin.* *Arenaria peploïdes* L. (*A. pourpier.*) Tiges rameuses, faibles, diffuses, très-feuillées dans toute leur longueur. Feu. charnues, rapprochées, ovales, glabres. Fl. blanches, terminales. Pét. distans à peu-près égaux au calice. Caps. ovoïde, ren-

fermant un petit nombre de graines pyriformes, ponctuées, assez grosses. ♃. E. Sables maritimes. Assez commune sur les côtes de la Manche, Cherbourg, Granville, etc.; rare sur celles du Calvados et de la Seine-Inférieure.

XIIe. Fam. LINÉES. *DC.*

Cal. de 5 ou 4 sépales; le plus souvent 5, persistans. Pét. 4-5, hypogynes, onguiculés et soudés à la base. Etam. monadelphes, 8-10 dont la moitié stérile, 4-5 styles. Caps. 8-10, monospermes réunies et semblant n'en former qu'une seule arrondie, s'ouvrant longitudinalement.

I. LINUM *Linn.* (*Lin.*) Sép. et pét. au nombre de 5, étam. 10, dont 5 stériles, Styles 5, caps. 10.

Feu. alternes.

1. L. USITATISSIMUM *L.*)*L. cultivé.*) Tige simple ou peu rameuse, glabre. Feu. lancéolées-linéaires, glabres. Sép. ovales, membraneux, mucronés. Pét. bleus, trois fois plus longs que le calice. ⬤. P2. Cultivé.

Obs. Les graines du lin fournissent de l'huile : elles sont mucilagineuses, adoucissantes, émollientes, elles sont très-employées en lotions ou cataplasmes pour combattre les inflammations.

2. L. ANGUSTIFOLIUM *Huds.* (*L. à feu. étroites.*) Souches vivaces, émettant des tiges simples, redressées. Feu. linéaires, trinervées, étroites. Sép. ovales, trinervés. Pét. bleus, 2 fois plus longs que le cal. ♃. P. E. PC. Coteaux secs. Cherbourg, Lisieux....

3. L. TENUIFOLIUM *L.* (*L. à feu. menues.*) Tige rameuse

à la base. Feu. linéaires, denticulées sur les bords. Fl. couleur de chair, paniculées, assez larges. Sép. pointus, denticulés. ♃. E. R. Bois et côteaux. Oissel.

*4. L. MARITIMUM *L.* (*L. maritime.*) Tige dressée, glabre. Feu. lancéolées, trinervées ; les infér. opposées, obtuses, les super. alternes. Fl. jaunes, paniculées, à pei. 3 fois plus grands que les sép. ♃. E. R. Trouville. (Fl. R.)

5. L. GALLICUM *L.* (*L. de France.*) Tige droite, peu rameuse. Feu. linéaires-lancéolées, rapprochées dans le bas. Fl. jaunes, petites, solitaires, lâchement paniculées. Sép. ciliés à la base, subulés, un peu plus courts, que les pét. Caps. obtuses. ◉. E. R. Coteaux secs et sablonneux, près d'Alençon.

** *Feu. opposées.*

6. L. CATHARTICUM *L.* (*L. purgatif.*) Tige faible, haute de 4-6 pouces, rameuse au sommet. Feu. infér. oppo-

sées, ovales ; les florales alternes. Sép. ovales, ciliés. Fl. blanches. Caps. obtuses. ●. E. TC. Pelouses et coteaux secs.

II. **RADIOLA** *Gmel.* (*Radiole.*) sép. 4, soudés à la base, trifides au sommet. Pét. 4. Etam. 8, dont 4 stériles, Styles 4. Caps. arrondie à 8-loges monospermes.

1. R. LINOIDES *Gm.* *Linum radiola* L. (*R. petit lin.*) Tiges courtes, dichotomes, très-rameuses, hautes d'un à 2 pouces. Feu. opposées, ovales. Fl. verdâtres, petites. ●. E. C. Landes et lieux sablonneux humides.

XIII. Fam. MALVACÉES. *Juss.*

Cal. à 5 sépales soudés à la base, muni extérieurement de bractées formant un double calice ou *calicule* à 3-9 divisions. Pétales 5, soudés au tube staminifère et imitant une corolle monopétale. Etam. nombreuses, monadelphes à la base, libres dans le haut. Style divisé en 5-20 stigmates. Carpelles monospermes en nombre égal à celui des stigm., réunis orbiculairement et s'ouvrant par la face interne. *Feu. alternes, le plus souvent pétiolées, stipulées.*

Obs. Les diverses parties des plantes de cette famille sont très-mucilagineuses ; elles sont employées comme adoucissantes et émollientes : leur fleurs sont pectorales.

I. **MALVA** *L.* (*Mauve.*) Calicule extérieur à 3 folioles ; l'intérieur à 5 divisions. Pét. 5, cordiformes. Carp. nombreux, disposés circulairement.

* *Pédoncules axillaires, agglomérés.*

1. M. SYLVESTRIS *L.* (*M. sauvage.*) Tige droite, rameuse. Feu. grandes à 5 ou 7 lobes crénelés, rudes, glabres. Pét. et pédonc. velus. Fl. purpurines-violettes, rayées, assez grandes. Carp. glabres. ♃. E. TC. Champs, fossés, etc.

2. M. ROTUNDIFOLIA *L.* (*M. à feu. rondes.*) Tige couchée. Feu. petites, orbiculaires, pubescentes, à 5 lobes arrondis, crénelés. Fl. petites d'un blanc-rosé. Carp. pubescens. ♃. E. TC. Bords des chemins.

** *Pédoncules axillaires, solitaires.*

3. M. MOSCHATA *L.* (*M. musquée.*) Tiges d'un à 2 pieds, rameuses à la base, peu velues et à poils simples. Feu. radic. réniformes, incisées ; les supér. pinnatifides à 5 divisions profondes. Fl. roses à pét. échancrés. Calicule à divisions linéaires. Carp. velus.

Var. *a. laciniata* Desr. Feu. à divisions, nombreuses, profondes et très-étroites. Fl. très-larges.

℔. E. C. Bois, haies et bord des chemins. La var. *a.* est la plus commune, surtout dans le Bocage ; je n'ai trouvé le type qu'à Alençon.

4. M. ALCEA *L.* (*M. Alcée.*) Tiges de 2 à 3 pieds, peu rameuses, couvertes de poils rayonnans. Feu. ra-dicales arrondies, à 5 lobes crénelés ; les supér. palmées, à lobes profonds, incisés, hérissés, ainsi que les calices de poils rayonnans. Fl. roses. Calicule à lobes ovales. Carpelles glabres. ℔. E. R. Bois, prés et coteaux. Rouen, Gisors.

5. F. FASTIGIATA *Cav.* (*M. fastigiée.*) Dans cette espèce les poils qui couvrent le bas de la tige et les feu. infér. sont simples, ceux du cal. et des feu. supér. sont rayonnans. Tige droite, rameuse. Feu. à 5-lobes incisés-pinnatifides, celui du milieu plus long. Fl. grandes, fastigiées dans le haut de la tige, d'un violet-pâle. Carp. glabres. ℔. E. — A1, R. Bois secs, Falaise, St.-Pierre-sur-Dives.

II. ALTHÆA *L.* (*Guimauve.*) Calicule à 6 9 folioles. Cal. intér. à 5 sép. Carp. monospermes, disposés circulairement.

1. A. OFFICINALIS *L.* (*G. officina.e.* Plante velue, comme veloutée, cotonneuse, d'un vert-blanchâtre. Tige haute de 3 4 pieds. Feu. à 3 lobes, crénelées, cordiformes à la base. Fl. blanches ou purpurines, axillaires, presque sessiles, terminales, rapprochées en épi. ℔. E. C. Lieux humides, bords des rivières et des fossés, surtout dans les prés maritimes. Communément cultivée pour sa racine très-mucilagineuse.

2. A. HIRSUTA *L.* (*G. hé-*

rusée.) Tiges couchées, étalées, rameuses, hispides. Feu. infér. réniformes à 5 lobes arrondis ; les supér. à 3-5 lobes profonds dentés-incisés. Fl. d'un rose pâle, portées sur des pédoncules axillaires plus longs que les feu. ♃. Et. 2. PC. Coteaux, fossés, bords des champs. Caen, Vernon, Lisieux, Falaise.....

XIVe. Fam. TILIACÉES. *Juss.*

Cal. à 5-sépales caducs, pét. 5-alternes avec les sép. Etam. nombreuses hypogynes, libres ou presque polyadelphes. Ovaire formé de plusieurs carp. soudés. Styles réunis en un à stigmates 2-5-libres. Caps. à plusieurs loges dispermes.

I. TILIA L. (*Tilleul.*) Pédonc. muni d'une longue bractée foliacée. Fruit arrondi, velu, à une loge (par avortement), 1-2-spermes. Voir les caractères de la famille. — *Arbres à feu. simples, alternes, bistipulées.*

Obs. L'infusion des fleurs du Tilleul est prescrite comme anti-spasmodique.

1. T. PLATYPHYLLA *Scop.* (*T. à larges feuilles.*) Arbre à bois tendre et blanc. Feu. cordiformes, pointues, dentées en scie, pubescentes. Fl. jaunâtres, odorantes, en corymbe. Fruit à côtes saillantes. ♄. P3. C. Cultivé dans les parcs, les avenues, etc.

2. T. MICROPHYLLA *Vent.* (*T. à petites feuilles.*) Diffère du précédent par sa taille moins élevée, ses feu. plus petites, glabres, seulement pubescentes aux aisselles des nervures. Le fruit est fragile et muni de côtes à peine saillantes. ♄. E. PC. Forêts et taillis. Argentan, Falaise.....

XVe. Fam. HYPÉRICINÉES. *Juss.*

Cal. à 5 sépales persistans, souvent inégaux. Pét. 5 hypogynes, contournés avant leur développement. Etam. nombreuses, réunies par leurs bases en plusieurs faisceaux. Ovaire unique, supère. Styles et stigmates 2-5. Caps. (quelquefois baie) ayant autant de loges que de styles , polysperme. Graines attachées à un placenta central entier ou aux cloisons des loges formées par les bords rentrans des valves:—*Tiges herbacées ou ligneuses: Feu. opposées , souvent chargées de points glanduleux transparents , fl. jaunes:*

I. HYPERICUM *L.* (*Millepertuis*) Cal. à 5 sépales , quelquefois soudés à la base. Pét. 5. Etam. nombreuses réunies à la base en 3-5 faisceaux. Styles 3. Caps. membraneuse à 3 valves et 3 loges.

' *Sépales entiers , non ciliés:*

1. H. PERFORATUM *L.* (*M. commun*). Plante couverte de pores glanduleux, transparens , tige ancipitée ; droite , glabre. Feu. ovales, obtuses , à points pellucides. Fl. paniculées , sép. lancéolés , étroits , ponctués. ♃. E. TC. bois, haies et lieux incultes.

Obs. Cette plante est employée comme tonique et vulnéraire , propriétés qui se retrouvent probablement dans les autres espèces de cette famille.

2. H. QUADRANGULUM *Linn.* *H. dubium* Leers Fl. fr. (*M. quadrangulaire.*) Tige à 4 angles peu marqués , haute de 2 à 3 pieds, rameuse au sommet. Feu. ovales, les supér. plus larges , sans pores pellucides, ponctuées de noir sur les bords. Fl. en corymbe étalé. Pétales linéaires à points noirs. Sép. inégaux, ovales,

obtus. ♃. E. R. Bois et haies. Falaise.

3. H. TETRAPTERUM. *Fries.* *H. quadrangulum.* Fl. fr. (*M. à 4 ailes.*) Tiges à 4 angles ailés, haute d'un à 2 pieds, peu rameuse , glabre. Feu. ovales-arrondies , nervées , couvertes de petits points pellucides. Fl. terminales en corymbe serré. Pétales linéaires ponctués. Sép. lancéolés , aigus. ♃. E. C. Bois humides et bords des eaux.

4. H. HUMIFUSUM *L.* (*M. couché.*) Tiges nombreuses, faibles , couchées , ancipitées. Feu. ovales-lancéolées, ponctuées de noir sur leurs bords , à points pellucides. Fl. petites , terminales. Sép. lancéolés plus longs que les pétales qui sont ponctués. ♃. E. T. C. Lieux sablonneux , champs en friche.

?? *Sépales bordés de dents glanduleuses.*

5. H. MONTANUM *L.* (*M. des montagnes.*) Tige simple, droite, haute de 2-3 pieds. Feu. larges, ovales-oblongues, amplexicaules, à points rougeâtres glanduleux. Fl. en panicule serrée et terminale. Sép. lancéolés-linéaires. ♃. E. R. Bois et côteaux. Rouen, Pont-Audemer, Granville....

6. H. PULCHRUM *L.* (*M. élégant.*) Tiges rameuses à la base, cylindriques, glabres, rougeâtres ainsi que les feu. qui sont amplexicaules, cordiformes, obtuses, à points pellucides, et bords roulés. Fl. en panicule terminale, peu fournie. Sép. ovales, obtus. ♃. E. C. Bois et bruyères.

7. H. LINEARIFOLIUM *Vahl.* (*M. à feu. linéaires.*) Souche émettant de nombreuses tiges, cylindriques, menues, redressées, glabres. Feu. linéaires, obtuses, à bords ponctués et roulés,

sans points pellucides. Fl. en corymbe, rougeâtres en dehors. Sép. ovales, obtus. ♃. E. C. Côteaux, parmi les rochers. Falaise, Vire, Cherbourg, etc...

8. H. HIRSUTUM *L.* (*M. velu.*) Tige cylindrique, droite, haute de 2-3 pieds, velue ainsi que les feuilles qui sont ovales-lancéolées, à points pellucides, comme pétiolées à la base. Fl. en panicule serrée. Sép. lancéolés. ♃. E. C. Bois et haies.

9. H. ELODES *L.* (*M. des marais.*) Tiges herbacées, arrondies, simples, molles, velues. Feu. arrondies-ovales, lanugineuses-blanchâtres, très obtuses, munies de très-petits points pellucides. Fl. en panicule peu garnie. Corolle tubuleuse campanulée. Calice tubuleux à 5 lobes ovales, dont un plus petit. ♃. E. C. Marais tourbeux. Vire, Falaise, Mortain, etc....

II. ANDROSŒMUM *Tourn.* (*Androsème.*) Cal à 4 sép. inégaux. Pét. 5. Etam. réunies en 5 faisceaux. Styles 3. Baie uniloculaire, polysperme.

1. A. OFFICINALE *All.* Hypericum androsæmum L. (*A. officinale.*) Vulg. toute saine. Tiges de 2-3 pieds, ancipitées, rameuses. Feu. très-larges, ovoïdes glabres.

Fl. jaunes peu nombreuses,   P. C. Bois, Rouen, Eu,
comme en ombelle. ♃. E.   Falaise, etc...

XVI. Fam. ACERINÉES. *Juss.*

Cal. à 4-5 div. Pét. en même nombre, alternes avec
les dents du cal. Etam 5-12, le plus souv. 8. Style 1,
Stigm. 2. Caps. (*Samares*) 2, réunies à la base, comprimées, indéhiscentes, terminées par une aile membraneuse, divergente — *Arbres à feuilles opposées.*

I. ACER *Linn.* (*Erable.*) Voir les caractères de la
famille,

1. A. CAMPESTRE *L.* (*E.
champêtre.*) Arbre de taille
moyenne, à écorce fen-
dillée, comme subéreuse.
Feu. à 5 lobes, les deux infér. plus petits, munis de
larges dents obtuses, peu
nombreuses. Fl. en grappe
droite, d'un jaune-verdâtre.
Caps. pubescentes, à ailes
très-divariquées. ♄. P. 1.

TC. Bois et haies,

L'*A. pseudoplatanus L.*
(*Sycomore*), est cultivé
fréquemment dans les bois,
les parcs et les avenues. Ses
feu. sont larges, à 5 lobes
dentés, ses grappes sont
pendantes et ses fruits
glabres.

XVII. Fam. HIPPOCASTANÉES *DC.*

Cal. monosépale, campanulé, à 5 lobes obtus. Pét.
4-5, inégaux, hypogynes. Etam 7-8 libres, inégales.
Style 1. Caps. arrondie, à 3 loges 2-spermes; une ou
deux loges avortent quelquefois. —*Arbres à feu. opposées, palmées.*

I. ÆSCULUS *L.* (*Marronier.*) Voyez les caractères de
la famille. Etam. infléchies. Caps. épineuses. Fruits arrondis à écorce lisse,

1. Æ. HIPPOCASTANUM *L.*
(*M. d'Inde.*) Arbre élevé à
feu. palmées, de 5-7 folioles
lancéolées, dentées. Fl.

blanches, tachetées de
jaune et de rouge, en
grappes droites et coni-
ques. ♄. P. 2. C.

Ce bel arbre, généralement cultivé, renferme dans son écorce un principe regardé comme fébrifuge; ses fruits fournissent beaucoup de fécule; son bois très-blanc a été fort employé, dans ces derniers temps, pour de petits meubles de luxe, sous le nom de *bois de Spa*.

XVIIIᵉ. Fam. AMPÉLIDÉES *Rich.*

Cal. court, monosép. entier ou à peine denté. Pét. 4-5, souvent connivens au sommet, s'ouvrant par la base. Etam. 5, opposées aux pétales, insérées sur un disque hypogyne. Style 1, court ou presque nul. Baies arrondies, à 1 ou 2 loges 1-2-spermes. Graines osseuses.—*Tiges sarmenteuses, à feu. alternes stipulées. Vrilles ou pédoncules opposés aux feuilles.*

I. VITIS *L.* (*Vigne.*) Voy. les caractères de la famille.

1. V. VINIFERA *L.* (*V. Vinifère.*) Tiges sarmenteuses, noueuses. Feu. lobées, sinuées, dentées. Fl. verdâtres. Pédoncules à fl. avortées, formant des vrilles. Baies rouges ou blanches. ♄. E. Originaire de l'Asie et cultivée partout.

XIXᵉ. Fam. GÉRANIACÉES *DC.*

Cal. à 5 sépales quelquefois inégaux. Pétales 5, onguiculés, égaux, hypogynes, ou inégaux périgynes et cohérens entr'eux. Etam. 5 à 10, à filets le plus souvent monadelphes, rarement libres. Styles 5 appliqués sur un réceptacle anguleux prolongé en forme de bec portant à sa base 5 carpelles indéhiscens, uniloculaires, monospermes.

I. GERANIUM *Linn.* Cal persistant à 5 sép. Pét. 5, égaux. Etam. 10 dont 5 plus grandes ayant à leur base une glande mellifère. Réceptacle allongé en bec figurant un style couronné par 5 stigmates. Carpelles terminés par une arête glabre intérieurement qui à la maturité se roule en spirale et les entraîne de la base vers le sommet. —*Herbes à feu. arrondies, incisées, peltées, à pédoncules 1-2-flores.*

6

⁎ Pédoncules uniflores.

1. G. SANGUINEUM *L.* (*G. sanguin.*) Tige droite, rameuse, rougeâtre, velue, haute d'un pied environ. Feu. à 5 divisions profondes, 5-lobées; lobes linéaires.

Fl. rouges, assez larges ; pédoncules uniflores, axillaires plus longs que les feuilles. ℀. P. R. Bois et prés secs. Rouen, Eu.

⁎⁎ Pédoncules biflores.

† Pétales entiers.

2. G. ROBERTIANUM *L.* (*G. herbe à Robert.*) Vulg. *Bec-de-Grue.* Plante exhalant une odeur désagréable. Tige droite, rameuse, articulée, rougeâtre. Feu. 3-5-partites à folioles 3-pinnatifides, très-découpées. Fl. rouges, rarem. blanches. Cal. anguleux à sépales aristés plus courts que la corolle. Carp. glabres, réticulés-rugueux. ⊕. P₂. E. TC. Murs et fossés.

On attribue à cette plante des propriétés astringentes et résolutives.

*⁎3. G. PRATENSE *L.* (*G. des prés.*) Tiges fortes, velues. Feu. larges, arrondies à 5-7 lobes profonds, incisés. Fl. grandes, bleues, veinées de rouge ou de blanc. Pétales 2 fois plus longs que les sépales aristés. Carp. velus. Filets des étam. dilatés à la base. ℀. E. T R.

Bois et prés. Carentan (*De Gerv.*), Eu. (*F. Petit.*)

4. G. ROTUNDIFOLIUM *L.* (*G. à feu. rondes.*) Tige arrondie, pubescente, rameuse. Feu. molles, réniformes-arrondies, à 7 lobes, pubescentes-visqueuses, avec un point rouge à chaque découpure. Pétales entiers, rougeâtres de la longueur des sépales aristés. Carpelles velus. ⊕. E. TC. Bords des chemins, décombres, etc.

5. G. LUCIDUM *L.* (*G. luisant.*) Plante rougeâtre, glabre. Tige droite, rameuse. Feu. luisantes, arrondies, à 5 lobes obtus. Pét. rouges, entiers, de la longueur du calice qui est anguleux, ridé, et à sép. aristés. Carp. sillonnés-muriqués. ℀. E. C. Lieux arides, parmi les rochers, sur les toits et les murailles.

†† Pétales échancrés.

6. G. DISSECTUM *L.* (*G. découpé.*) Tiges rameuses, étalées, droites. Feu. 5-lobées, à divisions profondes

linéaires, trifides. Pét. échancrés, rougeâtres, de la longueur des sépales aristés. Pédonc. plus courts que les feuilles. Carpelles velus. ⊙. P E. TC. Champs et lieux secs.

7. G. COLUMBINUM *L.* (*G. colombin.*) Tiges faibles, couchées, rameuses, légèrement velues. Feu. 5-partites, lobes multifides, linéaires, ouverts. Pét. rouges, élargis, échancrés, de la longueur des sép. un peu aristés. Pédonc. beaucoup plus longs que les feu. Carp. lisses, glabres. ●. E. TC. Champs, haies et bords des chemins.

8. G. MOLLE *Linn.* (*G. à feu. molles.*) Tiges rameuses, un peu étalées, couvertes de longs poils ouverts. Feu. molles, réniformes, à 7-9 lobes 3-fides, obtus. Pét. rouges, bifides, de la longueur du cal. Sép. mutiques. Carp. rugueux, glabres. ⊙. E. TC. Lieux arides et incultes.

9. G. PUSILLUM *L.* (*G. fluet.*) Tiges déliées, rameuses, pubescentes, à duvet très-court, formé de poils réfléchis. Feu. réniformes-arrondies, à 7 lobes profonds, trifides. Fl. rougeâtres, petites, à pét. échancrés, de la longueur des sép. mutiques. Carp. pubescens, non ridés. ♃. E. C. Lieux secs.

II. ERODIUM *L'Hér.* Sép. 5, égaux. Étam. 10, dont 5 fertiles, ayant une glande à leur base. Carp. à arête velue sur la face interne. — *Pédoncules multiflores.*

* *Feuilles pinnées ou pinnatifides.*

1. E. CICUTARIUM *Lem.* (*Geran. cicutarium L.* (*E. à feu. de ciguë.*) Tige velue, courte, quelquefois allongée et rameuse. Feu. pinnées, à lobes dentés-incisés, pinnatifides. Fl. rouges ou blanches disposées en ombelle au sommet des pédonc. Pétales inégaux, 3 plus grands. Sép. plus courts que les pét., terminés par une arête ayant 1 2 poils longs au sommet.

Var. *a. præcox* Cav. Acaule, feuilles étalées en rosette; pédonc. 3-4 flores.

Var. *b. pimpinellifolium* Cav. Tiges longues; feu. profondément incisées, découpures étroites; péd. à fleurs nombreuses. ⊙. P1. — E. TC. Lieux arides.

2. **E. MOSCHATUM** *L.* (*E. musqué.*) Plante exhalant une odeur de musc. Tiges étalées, couchées, rameuses. Feu. pinnées, à lobes pétiolulés, ovales, incisés-dentés. Pétales purpurins, de la longueur du calice. Sép. à courte arête non terminée par de longs poils. ●. E. PC. Bords des chemins, au pied des murs. Rouen, Falaise, Vire, Pont-l'Evêque.

trik.) Tiges étalées, hérissées de poils blancs, rudes et réfléchis. Feu. radicales longuement pétiolées, lobées-dentées ; les supér. sinuées-pinnatifides, lobes obtus, dentés. Fl. rougeâtres. Pédonc. 2 4-flores. Sép. pubescens mucronés. Réceptacle prolongé en bec long de près de 5 pouces. ●. E. TR. Falaises de Granville.

3. **E. BOTRYS** *Bert.* (*E. bo-*

** *Feuilles simplement lobées.*

4. **E. MALACHOÏDES** *Willd.* (*E. fausse mauve.*)Tiges rameuses, ouvertes, un peu velues , hautes de 10-15 pouces. Feuilles molles, d'un vert blanchâtre, cordiformes , arrondies, obtuses, crénelées, un peu lobées. Pédoncules portant des fleurs nombreuses rougeâtres , à pétales de la longueur du cal. ●. P2. 3. R. Côteaux arides. Roc de Granville.

5. **E. MARITIMUM** *Smith.* (*E. maritime.*)Tiges courtes velues , couchées, et appliquées sur la terre. Feu. cordiformes-ovales, lobées , incisées , presque pinnatifides , portées sur de longs pétioles, velues. Pédonc. terminés par 2 ou 3 fleurs petites et rougeâtres. ♃. E. R. Côteaux et lieux sablonneux maritimes. Cherbourg, Granville , îles Chausey , etc.....

XX°. Fam. BALSAMINÉES *A. Rich.* +

Cal. à 2 sépales caducs, opposés. Corolle irrégulière de 4 pét. hypogynes ; 2 extér. calleux, alternes avec les sép. des 2 autres, le supér. en voûte et l'infér. concave prolongé en éperon à la base. Etam. 5 , à anthères conniventes. Style o. Caps. 1, à 5 valves élastiques, uniloculaires , à placenta central et muni de 5 angles ailés. Graines nombreuses pendantes.

1. IMPATIENS *L.* (*Impatiente.*) Voir les caractères de la famille.

*1. I. NOLI TANGERE *L.* (*I. n'y touches pas.*) Tige rameuse, glabre, délicate, renflée aux articulations. Feu. ovales, dentées, pétiolées. Fl. jaunes, 3-4, portées sur des pédoncules axillaires plus courts que les feuilles. ⊙. E. TR. Lieux frais et ombragés. Forêt de Touques.

XXIe. Fam. OXALIDÉES *DC.*

Cal. persistant, à 5 sépales. Pét. 5 égaux, souvent adhérens entr'eux par leurs bases. Etam. 10, souvent monadelphes, 5 alternativement plus courtes. Styles 3. Caps. pentagone, membraneuse, polysperme, 5-loculaire, à 5-10 valves, qui s'entr'ouvrent longitudinalement et laissent sortir les graines qui sont lancées au dehors par un arille charnu élastique.

1. OXALIS *L.* (*Oxalide.*) Voyez les caractères de la famille.—*Feu. trifoliolées.*

1. O. ACETOSELLA *L.* (*O. oseille.*) Vulg. *pain de Coucou, Surelle, Alleluia.* Tige souterraine, grumeleuse-écailleuse. Feu. à 3 folioles obcordées, pubescentes, à longs pétioles. Fl. blanche unique au sommet d'un pédoncule radical. ♃. P.C. Lieux frais et ombragés.

Cette plante, dont le suc est très-acide, fournit beaucoup d'oxalate de potasse (sel d'oseille), qui sert à enlever les taches d'encre et à préparer des boissons rafraîchissantes.

2. O. STRICTA *L.* (*O. droite.*) Tige droite, rameuse vers le haut, feuillée, glabre. Feu. à 3 folioles obcordées. Fl. jaunes en ombelle redressée, de la longueur des feuilles. Pétales arrondis, entiers. ⊙. E. PC. Champs cultivés et sablonneux, Rouen, Bayeux, Vire, Torigny....

3. O. CORNICULATA *L.* (*O. cornieulée.*) Cette espèce diffère de la précédente par sa tige diffuse, couchée, rampante, velue ainsi que les feuilles, et par ses pétales échancrés. Fl. jaunes en ombelle plus courte que les feu. Pédonc. réfléchis.

Var. *a. Villosa* Duby.
Très-velue, pédoncules
plus longs que les pétioles.
ℒ. E-A. R. Lieux culti-
vés, vieilles murailles.

Rouen, Mortain, Vire,
Avranches: J'ai trouvé la
var. *a* près Saint-Hilaire-
du-Harcouet.

XXII°. Fam. RUTACÉES *Juss.*

• Cal. persistant, à 3-5 sépales soudés à la base. Pét.
alternes avec les sép. et en même nombre. Etam 8-10
insérées sur un disque charnu entourant un ovaire supère. Style 1. Caps. 4-5-loculaire, 5-valve, polysperme.
Périsperme charnu.

I. RUTA *L.* (*Rue.*)Caractères de la famille.

1. 2. GRAVEOLENS *L.* (*R. fétide.*) Plante exhalant une
odeur forte et désagréable.
Tige haute de 2-3 pieds,
ferme, rameuse. Feu. dé-
composées, d'un vert-glau-
que, folioles épaisses, ovales-cunéiformes, obtuses.
Fl. jaunes, terminales, pa-

niculées. ℒ. E. R. Cultivée
dans les jardins; elle a été
aussi observée sur le roc de
Tombelaine, près le mont
Saint-Michel, où probablement elle s'est naturalisée.

Cette plante est exci-
tante, emmenagogue, ver-
mifuge, sudorifique, etc.

2. CALYCIFLORES.

Pétales libres, ou plus ou moins soudés entr'eux, insérés sur le calice qui est monosépale (à sépales plus ou
moins soudés à leur base).

XXIII°. Fam. CÉLASTRINÉES *R. Brown.*

Cal. de 4-5 sépales unis à la base. Pétales 4-5, alternes
avec les sépales, insérés ainsi que les étam. (4-5.) sur
un disque charnu qui entoure l'ovaire et qui est adhérent
au cal. Style 1 ou nul. Stigmate 2-4-fide. Fruit capsulaire
anguleux, à 3 ou 5 loges monospermes et à 4-5 valves.
Graines couvertes d'un arille charnu coloré.

EUONYMUS *L.* (*Fusain.*) Caractères de la famille.

1 2. EUROPOEUS *L.* (*F.
d'Europe.*) Vulg. *bonnets
carrés.* Arbrisseau haut de

8-12 pieds, à rameaux qua-
drangulaires. Feu. oppo-
sées, pétiolées, ovales-lan-

céolées, finement serrulées. Fl. verdâtres, 3-4 sur chaque pédoncule. Caps. roses à valves arrondies, obtuses. ♄. P. C. Bois et haies.

Son bois jaune et dur est employé dans les arts ; on en fait des fuseaux, des cure-dents, etc ; réduit en charbon, il sert aux dessinateurs pour tracer des esquisses qui s'effacent très-facilement.

XXIV°. Fam. ILICINÉES *A. Brongn.*

Cal. à 4-5 petites divis. obtuses. Cor. de 4-5 pét. élargis et comme soudés à la base. Etam. 4-5 hypogynes, alternes avec les sép. Stigm. 4. Fruit en baie renfermant 4-5 noyaux indéhiscens. Embryon bilobé.

I. *Ilex L.* (*Houx.*) Caractères de la famille.

1. 1. AQUIFOLIUM *L.* (*H. commun.*) Arbrisseau à écorce lisse et à feuillage toujours vert. Feu. ovales, coriaces, luisantes, comme vernissées, ondulées, pointues et épineuses ; dans les individus âgés, les bords de la feuille sont sans épines. Fl. blanches, agglomérées, axillaires. Baie rouge. ♄. P 1-2. TC. Bois et haies.

La seconde écorce (*Liber*) du houx fournit de bonne glu. Ses baies sont regardées comme purgatives.

XXV°. Fam. RHAMNÉES *R. Brown.*

Cal. tubuleux, à 4-5 lobes valvaires. Pét. 4-5, petits, concaves, squammiformes, insérés sur le cal. et alternant avec ses lobes. Etam. 4-5, opposées aux pét. Anthères biloculaires. Ovaire adhérent au cal. dans sa partie infér. Style 1, à 2-4 stigmates. Baie à plusieurs loges monospermes. Périsperme charnu, rarement nul. — *Arbres ou arbrisseaux, à feu. simples, le plus souvent alternes et stipulées.*

1. RHAMNUS *L.* (*Nerprun.*) Caractères de la famille.

1. 1. CATHARTICUS *L.* (*N. purgatif.*) Arbrisseau de 8-12 pieds, dont les vieux rameaux se terminent par une épine très-dure. Feu. simples, pétiolées, ovales, dentées. Fl. verdâtres, petites, ramassées en bouquets axillaires, souvent dioïques. Baie noire à 4 loges. ♄. P. C. Bois et haies.

Les baies du nerprun

sont très-purgatives ; leur suc uni à l'alun fournit une couleur connue sous le nom de *Vert de Vessie.*

2. R. FRANGULA *L.* (*N. bourdaine.*) Vulg. *bourgène.* Arbrisseau de 6-10 pieds, non épineux , à écorce brune. Feu. pétiolées , ovales , entières , à nervures parallèles. Fl. verdâtres hermaphrodites. Pét. et étam. 5. Baie noirâtre à 2-3 loges. ♄. P. TC. Bois.

Son écorce intérieure est purgative, et son bois fournit un charbon très-estimé pour la fabrication de la poudre à canon.

XXVIe. Fam. THÉRÉBINTHACÉES *Juss.*

Fl. hermaphrodites ou dioïques. Cal. monosépale à 3-5 lobes. Pét. 3-5 , quelquefois nuls , alternes avec les div. du calice. Etam. 3-5, ou 6-10. Ovaire simple ou multiple surmonté d'un ou plusieurs styles. Fruit capsulaire ou drupe. Sem. peu nombreuses , le plus souvent solitaires , presque toujours sans périsperme. — *Arbres et arbrisseaux à feuilles alternes non stipulées.*

I. RHUS *L.* (*Sumac.*) Cal. à 5 lobes. Pét. et étam. 5. Ovaire 1, uniloculaire , monosperme. Styles 3 courts. Drupe.

1. R. RADICANS *L.* (*S. à radicules.*) Arbuste à feu. pinnées-impaires ternées, à folioles pétiolées, ovales, glabres , entières. Fl. verdâtres , paniculées. Baies ovales-arrondies. ♄. E. Cet arbuste , originaire de l'A- mérique septentrionale, est naturalisé dans les environs de Louviers. (Le Prév.)

Le suc de ses feuilles est si corrosif, que seulement appliqué sur la peau , il y produit des pustules et des érysipèles.

XXVIIe. Fam. LÉGUMINEUSES *Juss.*

Cal. monosépale , à 5 divisions plus ou moins profondes , quelquefois comme bilabié. Cor. papillonacée (1) de 4-5 pét. , le plus souvent 4, rarem. monopétale, un pét. supérieur (*étendard*) plus grand , enveloppant les autres avant la floraison, 2 latéraux (*ailes*) et 2 inférieurs(*carène*)

---

(1) Dans quelques légumineuses exotiques, la corolle n'est pas papillonacée, les pétales sont égaux et régulièrement disposés.

sép. on réunis, le plus souvent courbés et formant un
étui qui entoure les organes sexuels. Étam. 10, rarement
plus, insérées sur le cal. Filets quelquefois monadelphes,
le plus souvent didelphes et ainsi disposés : 9 réunis en
une gaine qui entoure l'ovaire et qui est fendue du côté
de l'étendard, et le dixième libre, appliqué sur cette
fissure. Ovaire simple, surmonté d'un style unique.
Stigm. 1. Fruit (*légume* ou *gousse*) à deux valves, soit
à une loge 1-sperme ou polysperme, soit articulé, à plusieurs loges 1-spermes. Graines attachées à la suture supér. alternativement à chacune des valves, le plus souv.
ovales ou réniformes. — *Feu. alternes, rarement simples,
presque toujours composées, bistipulées.*

* *Feuilles simples.*

1. **ULEX** *L.* (*Ajonc.*) Cal. à 2 divisions profondes, dont
l'une tridentée et l'autre bidentée. Carène formée de 2
pétales. Étam. monadelphes. Légume ovale-oblong, dépassant à peine le calice, uniloculaire, polysperme. —
Arbrisseaux très-épineux. Fleurs jaunes.

1. **v. europæus** *L.* (*A.
d'Europe.*) Vulg. *jonc marin, vignon.* Tiges très-rameuses, ouvertes; rameaux
droits. Feu. petites, lancéolées linéaires, pubescentes.
Fl. axillaires, portées sur des
pédonc. écailleux à la base.
Cal. à 2 sépales soudés à la
base, velus. ♄. P. TC. Bois
et landes; cultivé pour le
chauffage des fours à chaux.

2. **v. nanus** *Smith.* (*A.
nain.*) Vulg. *tiaunet.* Diffère
du précédent par ses tiges
plus basses, ses rameaux
plus courts, plus serrés et
un peu inclinés. Fl. plus
petites, sans écailles à la
base des pédonc. Cal. non
soudés à la base, à peu près
glabres. ♄. A. TC. Landes
et bruyères.

II. **GENISTA** *L.* (*Genêt.*) Cal. bilabié; lèvre supér. bidentée; infér. tridentée. Étendard réfléchi. Carène lâche,
renfermant incomplètement les étam. qui sont monadelphes. Style glabre. Légume uniloculaire, polysperme.
— *Fleurs jaunes.*

1. **G. anglica** *L.* (*G. anglais.* Tiges rameuses, ouvertes, épineuses. Feu.
ovales-lancéolées, glabres.

Fl. axillaires, solitaires,
formant de longues grappes
terminales, feuillées, non
épineuses. Légume court,

renflé, glabre. ♄. Ps-3. C. Bois et bruyères humides.

2. G. TINCTORIA *L.* (*G. des teinturiers.*) Vulg. *genêtrelle.* Tiges rameuses ; rameaux striés, non épineux. Feu. lancéolées, lisses, presque glabres. Fl. en grappe terminale. Légume plane, aigu, glabre.

Var. *a. latifolia* DC. Feu. ovales, pubescentes.

♄. E. C. Bois et pâturages ; la var. sur des côteaux près de Saint-Pierre-sur-Dives.

Ce sous-arbrisseau fournit une couleur jaune, assez solide quand on la fixe par l'alun et le sulfate de chaux.

3. G. SAGITTALIS *L.* (*G. ailé.*) Vulg. *lacet.* Tiges couchées, rampantes, à rameau redressés, velus, bordés de 2 ou 3 ailes membraneuses décurrentes, rétrécies aux insertions des feuilles qui sont ovales-lancéolées, velues. Fl. en épi terminal. Carène velue sur le dos. Légume velu. ♃. E. C. Lieux stériles et montueux. Falaise, Alençon, Lisieux....

4. G. PILOSA *L.* (*G. velu.* Tiges grêles, rameuses, couchées et étalées, striées, tuberculées. Feu. lancéolées, repliées, soyeuses en dessous. Fl. velues, axillaires. Légume pubescent, polysperme. ♄. E. R. Bruyères et côteaux secs. Mortain ; Rouen. (Fl. R.)

** *Feuilles trifoliolées.*

III. CYTISUS *DC.* (*Cytise.*) Cal. court, à 2 lèvres, la supérieure entière, l'inférieure comme tridentée. Étendard large, ovale, échancré en cœur. Étam. monadelphes renfermées dans la carène qui est obtuse. Légume comprimé, polysperme.

1. G. SCOPARIUS *Link. Spartium scoparium* Linn. (*C. à balais.*) Vulg. *genêt à balais.* Tiges droites, à rameaux nombreux, longs, dressés, anguleux. Feu. trifoliolées, velues, les supér. simples. Fl. jaunes, axillaires, pédicellées, solitaires. Légume plane, velu sur les bords. ♄. P. E. TC. Bois, côteaux et champs stériles.

IV. ONONIS *Linn.* (*Bugrane.*) Cal. campanulé, à 5 dents linéaires. Étendard grand, strié. Étam. monadelphes. Légume renflé à semences peu nombreuses.

† *Fleurs purpurines ou blanches.*

1. O. PROCURRENS *Wallr.* (*B. rampante*). Tiges radicantes à la base, redressées, non épineuses, à rameaux florifères velus-visqueux. Feu. trifoliolées, folioles ovales-arrondies, dentées en scie, hérissées de poils glanduleux. Fl. rosées. Cal. très-velu, à lobes plus longs que le légume.

Var. *a, repens* DC. *O. repens* L. Plante couchée, très-velue ; feuilles courtes, fl. peu nombreuses.

♃. E. C. Bois et pâturages. La var. dans les sables maritimes.

2. O. SPINOSA *Willd.* (*B. épineuse.*) Vulg. arrête-bœuf, rétanbœuf. Tiges dressées, velues, à rameaux nombreux, épineux, pubescens. Feu. trifoliolées, à larges stipules, folioles oblongues cunéiformes, peu dentées, presque glabres, non visqueuses. Fl. roses ou blanches, solitaires. Légume velu, plus long que les divis. du calice.

Var. *a. glabra* DC. *O. antiquorum* L. Tige très épineuse, rameaux glabres, feu. oblongues, denticulées.

♃. E. TC. Pâturages, fossés et bords des chemins. Sa racine est employée comme diurétique.

†† *Fleurs jaunes.*

3. O. NATRIX L. (*B. natrix.*) Plante velue-visqueuse, exhalant une odeur forte. Tiges rameuses. Folioles oblongues, obtuses, dentées au sommet. Fl. jaunes, striées, assez grandes, en grappe terminale, portées sur des pédoncules aristés, plus longs que les feuilles. ♃. E. PC. Côteaux secs et lieux stériles. Roche Saint-Adrien près de Rouen, Andelys, Verneuil...

4. O. COLUMNÆ *All.* (*B. à petites fleurs.*) Tiges courtes de 3-6 pouces, hérissées à la base par des débris de stipules et de pétioles desséchés. Feu. ovales, serrulées, pubescentes-visqueuses. Fl. jaunes, petites, presque sessiles, en épi foliacé, plus courtes que le cal. ♃. E. R. Côteaux secs des terr. calc. Rouen, monts d'Eraines et de Grisy, près de Falaise.

V. MEDICAGO L. (*Luzerne.*) Cal. comme cylindrique, à 5 dents. Carène écartée de l'étendard. Etam. diadelphes. Légume polysperme, courbé en faux ou roulé en spirale.

† *Légumes non épineux.*

1. M. SATIVA L. (*L. culti-vée.*) Racine profonde. Tige dressée, rameuse, glabre, haute de 1-2 pieds. Folioles oblongues, dentées, mucronées, pubescentes en-dessous. Stipules très-en-tières. Fl. violettes, quel-quefois jaunâtres ou blan-ches, en grappe. Légumes roulés en spirale faisant 1 ou 2 tours. ♃. E. C. Prairies. Cultivée comme fourrage principalement dans les terr. calc.

2. M. FALCATA L. (*L. en faucille.*) Tiges longues, cou-chées à la base, redres-sées, pubescentes, angu-leuses. Folioles étroites, oblongues, denticulées, échancrées, pubescentes. Stip. entières, denticulées à la base. Fl. jaunes ou violettes en grappes axil-laires. Légumes courbés en faux. ♃. E. l'C. Prés, mois-sons et bords des rivières. Rouen, Alençon, etc.

3. M. LUPULINA L. (*L. Lupu-line.*) *Vulg. Minette, petit* tréfle jaune. Tiges couchées, diffuses, plus ou moins ve-lues. Folioles ovales-cunéi-formes, denticulées au sommet. Stip. lancéolées, un peu dentées à la base. Fl. jaunes, petites, réunies en petits capitules ovoïdes, portés sur de longs pédonc. Légumes réniformes, réti-culés, 1-spermes.

Var. b. *Will denowii.* Tiges plus longues et plus velues. Stipules entières. ♂. P-E. TC. Prés secs et champs en friche. Elle est aussi cultivée comme four-rage.

4. M. ORBICULARIS All. (*L. orbiculaire.*) Tiges couchées, rameuses, glabres ainsi que toute la plante. Folioles ovales-cunéiformes, den-tées au sommet. Stipules à découpures étroites, diver-gentes. Fl. jaunes, 1-2 au sommet d'un pédonc. allon-gé. Lég. planes, lisses, formant une spirale de 4-5 tours. ☉. E. R. Pelouses sè-ches. Rouen.

†† *Légumes épineux.*

5. M. APICULATA Wild. (*L. apiculée.*) Tiges cou-chées, rameuses, glabres. Fol. ovales-cunéiformes, à dents écartées et peu pro-fondes au sommet. Stip. dentées-ciliées. Fl. jaunes, 5-7, en grappes portées sur des pédonc. plus longs que les pétioles. Lég. planes, réticulés, roulés, à 3-4 spi-res, et bordés d'un double

rang d'aiguillons droits et divergens. ⊕. E. PC. Moissons et pelouses. Rouen, Falaise, Lisieux, etc.

6. M. DENTICULATA *Willd.* (*L. dentelée.*) Diffère de la précédente par ses fruits moins nombreux, n'ayant que deux tours de spirale, dont les aiguillons sont plus longs, plus fins et crochus. ⊕, E. R. Pelouses. Falaise.

7. M. MACULATA *Willd.* (*L. tachetée.*) Tiges couchées, diffuses, rameuses, glabres, longues de 1-2 pieds. Fol. ovales-arrondies, cordiformes, échancrées et dentées au sommet, souvent tachées de noir. Fl. jaunes, 2-5, portées sur un pédonc. axillaire plus court que les pétioles. Légumes comprimés, à 3-4 spires, glabres, munis d'épines subulées et réfléchies. ⊕. E.TC. Pelouses et bords des chemins.

8. M. MINIMA *Lam.* (*L. naine.*) Tiges couchées ou redressées, rameuses, velues, longues de 3-6 pouces. Fol. velues, cunéiformes, échancrées, entières ou munies de dents peu nombreuses au sommet. Stipules presqu'entières. Fl. jaunes, 2-5, en petites grappes axillaires; pédonc. courts. Lég. glabres, à 3-4 spires et chargés sur les bords d'aiguillons longs, déliés et crochus à la pointe. ⊕. E. PC. Lieux secs et sablonneux. Honfleur, Dives, Alençon, etc.

* 9. M. GERARDI *Willd.* (*L. de Gérard.*) Tiges couchées, rameuses, velues, blanchâtres. Fol. ovales-cunéiformes, dentées, velues. Stipul. à dents sétacées. Fl. jaunes, 1-2, portées sur des pédonc. axillaires. Leg. gros, arrondis, à 4-5 spires, pubescens, bordés d'aiguillons courts et crochus. ⊕, E. R. Prés et lieux sablonneux. Alençon, Caen. (*H. b.*)

VI. TRIGONELLA L. (*Trigonelle.*) Cal. campanulé à 5 dents. Carène petite. Ailes et étendard ouverts et figurant une cor. à trois pétales égaux. Étam. 2-adelphes. Légume oblong, comprimé, acuminé, un peu courbé, redressé, polysperme.

1.T. ORNITHOPODIOÏDES *DC. Trifolium* L. (T. pied-d'oiseau.) Tiges diffuses, couchées, rameuses, longues de 2-6 pouces. Fol. cunéiformes, échancrées et denticulées au sommet, portées sur de longs pétioles. Fl. rougeâtres, 2-3, au sommet d'un pédonc. axillaire, Lé-

gume comprimé, courbé, à 8-10 graines. ⊛. E. R, Pelouses arides. Cherbourg, Caen.

VII. MELILOTUS *Tourn.* (*Mélilot.*) Cal. campanulé, à 5 dents, persistant. Carène simple. Ailes plus courtes que l'étendard. Etam. diadelphes. Légume dépassant le calice, uniloculaire, indéhiscent. — *Fleurs en grappes lâches.*

1. M. OFFICINALIS *Willd.* M. *altissima* Thuil. (*M. officinal.*) Tiges grosses, droites, fermes, rameuses, hautes de 2-4 pieds. Fol. oblongues-lancéolées, tronquées au sommet, à dents longues et aiguës. Stipules sétacées, entières. Fl. jaunes, en longues grappes axillaires. Légumes dispermes, pubescens, noirs à la maturité. ♉. E 2-3. PC. Bois et haies. Falaise, Lisieux, etc.

Cette plante est employée ordinairement en fomentation ; elle est regardée comme résolutive. La suivante partage les mêmes propriétés. En séchant elles sont très-aromatiques.

2. M. ARVENSIS *Wallr.* (M.

des champs.) Diffère du précédent par ses tiges beaucoup moins élevées, souvent couchées à la base ; ses folioles ovales-arrondies, moins profondément denticulées, et ses légumes glabres et ne noircissant point. ⊛. E. C. Champs sablonneux des terr. calc.

3. M. LEUCANTHA *Koch.* (M. à fleurs blanches.) Tiges rameuses, hautes de 2-3 pieds. Fol. ovales-oblongues, à dents écartées, inégales. Fl. blanches, petites, en grappes lâches et étroites. Légumes glabres ovoïdes, monospermes. ♂. E. R. Champs sablonneux et bords des rivières. Rouen, le Havre.

VIII. TRIFOLIUM *L.* (*Trèfle.*) Cal. tubuleux, persistant, 5-fide. Carène 1-pétale plus courte que les ailes et l'étendard. Cor. souvent marcescente. Etam. le plus souv. 2-adelphes. Légume petit, ovale, 1-loculaire, 1-4-sperme, indéhiscent et caché par le calice qu'il dépasse rarement.

† *Corolle caduque, rouge ou blanche.*

(a) *Calice glabre.*

1. T. REPENS *L.* (*T. rampant.*) Vulg. *triolet, trèfle blanc.* Tige glabre, rampante. Fol. ovales-arrondies, ciliées-dentées, souv. tachées de blanchâtre. Fl. blanchâtres ou rougeâtres en capitule lâche, longuement pédonculé, réfléchies après la floraison. Cal. à dents inégales, violettes à leur base. Lég. 4-spermes.

Var. *b. interruptum.* Pédoncule muni d'un verticille de fleurs un peu au-dessous du capitule.

♃. E. TC. Prés et bords des chemins. J'ai trouvé la var. *b.* près Saint-Hilaire-du-Harcouet.

2. T. MICHELIANUM *Savi.* (*T. de Micheli.*) Tiges droites, fistuleuses, glabres, rameuses. Fol. larges, ova-les-cunéiformes, dentées en scie, profondément échancrées. Stip. foliacées, élargies. Fl. roses ou d'un blanc-jaunâtre, en tête large et assez lâches. Cal. à dents longues, sétacées, inégales. Légumes saillans 2-spermes. ♁. E. R. Prés frais. Alençon.

3. T. GLOMERATUM *L.* (*T. aggloméré.*) Tiges rameuses, étalées, couchées. Fol. ovales-cordiformes denticulées. Stipules scarieuses, nerveuses, longuem. acuminées. Fl. purpurines, petites, en têtes serrées, arrondies, sessiles, axillaires. Cal. rougeâtre, strié, à dents pointues, réfléchies à la maturité. ♁. E. TR. Côteaux herbeux, parmi les rochers, à Falaise.

(b) *Calice plus ou moins velu.*

4. T. INCARNATUM *L.* (*T. incarnat.*) Vul. *Trèfle rouge, farouche.* Tiges simples ou rameuses à la base, haute d'un pied et plus, velues ainsi que les feu. Fol. ova-les-cordiformes, crénelées. Stip. larges, engaînantes, obtuses. Fl. roses à étendard blanchâtre, en épi allongé. Cal. très-velu, sillonné, à dents sétacées aussi longues que la cor. ♁. P2. 5. Côteaux secs. Cultivé comme fourrage.

5. T. ARVENSE *L.* (*T. des champs.* Vulg. *Pied-de-lièvre.* Tige droite, rameuse, velue. Fol. oblongues, étroites, à peu près entières ou 3-dentées au sommet. Stip. poilues, membraneuses, longuem.

subulées. Fl. blanches ou purpurines, petites, en épi cylindrique, dépassées par les dents calicinales qui sont longues et très-velues.

Var. *b. gracile* DC. Tige et feu. un peu glabres. Folioles très-étroites.

Var. *c. littorale.* Tige courte, à rameaux nombreux et à épis très-divariqués.

⊕. E. TC. Lieux secs et cultivés. La var. *c.* à Granville.

6. т. STRIATUM L. (*T. strié.*) Tiges droites, rameuses, diffuses, hautes de 4-8 pouces, velues ainsi que les feuilles. Fol. ovales-cunéiformes, molles. Stip. courtes, larges, membraneuses, aristées. Fl. rougeâtres, petites, en têtes arrondies, sessiles, axillaires et terminales. Cal. blanchâtres, nerveux, striés, ventrus, à dents aiguës, plus courtes que la cor. ⊕ E. C. Côteaux secs et bords des chemins. Vire, Falaise, etc.

7. т. TENUIFLORUM *Tenore.* (*T. à fleurs menues.*) Diffère du précédent par ses tiges grêles, dressées, hautes de 10-12 pouces, moins velues et ses capitules ovales-allongés, comme cylindriques. Fol. ovales allongées, pubescentes, serrulées. Fl. rougeâtres, petites. Cal. striés, à dents fines et aiguës aussi longues que la cor. ⊕. E. TR. Bois près de Falaise. Je possède des échantillons reçus de Tenore lui-même, qui confirment la détermination de cette rare espèce.

8. т. SCABRUM L. (*T. rude.*) Tiges courtes, rameuses, étalées, un peu velues. Fol. pubescentes, obcordées. Stip. entières, courtes, pointues. Fl. d'un blanc rougeâtre, petites, en capitules axillaires, oblongs, sessiles. Cal. à dents raides, mucronées, inégales, recourbées après la floraison. ⊕. E. R. Lieux arides et sablonneux. Cherbourg, Alençon, Rouen, Caen...

9. т. MARITIMUM *Huds.* (*T. maritime.*) Tiges droites, ouvertes, rameuses, hautes de 1-2 pieds. Fol. ovales-oblongues, obtuses; les supér. étroites, à peine denticulées. Stipules linéaires, longues et velues. Fl. purpurines, en capitules ovoïdes, serrés, terminaux. Cal. strié, à 5 dents nerveuses, velues, plus courtes que la cor. ♃. E. R. Prés humides. Le Havre, Harfleur, Alençon.

10. T. OCHROLEUCUM L. (T. jaunâtre.) Tiges dressées, étalées, pubescentes, hautes d'un pied environ. Fol. ovales-oblongues, obtuses, velues, entières. Stip. étroites, plus courtes que les pétioles. Fl. d'un blanc jaunâtre, en épis ovoïdes, terminaux et foliacés. Cal. à dents ciliées, inégales, beaucoup plus courtes que la cor. ♃. R. P. C. Prés secs et bois découverts. Rouen, Falaise, Lisieux, etc.

*11. T. SQUARROSUM L. (T. rude.) Tiges dressées, rameuses, hautes de 8-10 pouces. Fol. ovales oblongues, lancéolées, presque glabres. Stipules grêles, ciliées, longuement acuminées. Fl. rougeâtres, en épis ovales, terminaux. Cal. sillonné à dents inégales, trinervées, ciliées, l'infér. réfléchie et de la longueur de la cor. ⊙. E. R. Lieux humides. Près de Rouen. (Fl. de R.)

12. T. MEDIUM L. (T. intermédiaire.) Tiges peu rameuses, ouvertes, étalées à la base. Stip. entières, étroites. Fol. larges, ovales-oblongues, pubescentes, ciliées. Fl. rouges, formant de gros capitules arrondis. Cal. à dents inégales, velues, l'infér. deux fois plus longue que les autres et atteignant presque l'extrémité de la cor. E. PC. Bois et prés montueux.

13. T. PRATENSE L. (T. des prés.) Vulg. Trémaine, Pagnolée. Tiges nombreuses, rameuses, dressées, sillonnées. Fol. ovales, obtuses, entières, ciliées, velues, souvent tachées de noir. Stipules larges, pâles et rayées de rouge. Fl. rouges, rarement blanches, en capitules arrondis, foliolés. Dents calicinales, inégales. ♃. E. TC. Les prés. Cultivé comme fourrage.

*14. T. DIFFUSUM Ehrh. (T. diffus.) Tiges diffuses, couchées, velues. Fol. ovales, allongées, entières, obtuses. Stip. linéaires-lancéolées. Fl. purpurines, en capitule arrondi assez gros. Cal. à dents inégales, chargées de cils roux et de la longueur de la cor. ⊙. E. R. Lieux sablonneux. Indiqué en Normandie par M. Boisduval.

15. T. SUBTERRANEUM L. (T. enterré.) Tiges couchées, exactement appliquées sur le sol, velues. Fol. obcordées, velues, denticulées au somme. Stip. entières, lancéolées. Fl. blanches, 3-5, en petits

capitules lâches, qui s'enfoncent en terre après la floraison pour y déposer les graines. Cal. renflé dans les fleurs fertiles. ☉. P-E. C. Pelouses et côteaux, parmi les rochers. Vire, Falaise, etc.

* 16. T. RESUPINATUM L. (*T. retourné.*) Tiges étalées à la base et redressées, glabres, rameuses. Fol. obovales ou cunéiformes, glabres, serrulées. Stip. courtes, linéaires. Fl. d'un rose-pâle en capitules arrondis. Pédonc. plus courts

que les pétioles. Cal. membraneux renflé après la floraison, reticulé, à dents lancéolées plus courtes que la cor. ☉. E. TR. Prés Alençon.

17. T. FRAGIFERUM L. (*T. fraise.*) Tiges rameuses, couchées, velues. Fol. ovales, serrulées, glabres. Fl. roses, en capitules sphériques ayant, après la floraison, l'aspect d'une fraise, à cause des calices renflés, membraneux et colorés. ♃. E. C. Pelouses rases.

†† *Corolle marcescente, d'un jaune d'or.*

18. T. AGRARIUM L. (*T. des champs.*) Tige droite, rameuse, pubescente, haute de 8-12 pouces. Fol. oblongues, cunéiformes, serrulées, l'intermédiaire n'étant pas plus longuement pétiolulée que les latérales. Fl. jaunes en capitules ovoïdes, à long pédonc. Etendard strié, assez large. Cal. court à dents inégales, cignés, glabres. ☉. E. PC. Prés humides et sablonneux.

19. T. PROCUMBENS L. (*T. couché.*) Tiges grêles, souv. couchées, rameuses, velues. Fol. ovales un peu échancrées, serrulées; les deux latérales insérées au-dessous de l'intermédiaire,

qui semble portée sur un petit pétiole particulier. Fl. d'un jaune-pâle, en capitules ovales, serrés, portés sur des pédonc. axillaires aussi longs que les feu. Cal. pubescent à dents inégales. Etendard légèrement strié.

Var. *b. campestre* Ser. Tiges droites, à rameaux nombreux et ouverts. Cap. assez gros.
☉. E. C. Lieux incultes. La var. dans les moissons.

20. T. PARISIENSE DC. (*T. parisien.*) Tiges grêles, débiles, longues de 10-15 pouces, peu velues. Fol. oblongues - cunéiformes,

denticulées; l'intermédiaire non pétiolulée d'une manière remarquable. Stip. assez larges, pointues, Fl. d'un jaune d'or et capitules ovales, portés sur des pédonc. au moins 2 fois plus longs que les feu. Etendard étroit, un peu strié. Cal. glabre, à dents inégales, pointues. ⊕. E. C. Prairies. Rouen, Caen, Falaise, etc.

21. T. FILIFORME *L.* (*T. filiforme.*) Tiges grêles, le plus souv. couchées, pubescentes. Fol. cunéiformes, échancrées et dentées au sommet; l'inter-

médiaire un peu pétiolulée; pétiole commun assez court. Fl. petites, peu nombreuses, d'un jaune pâle, en cap. lâche, porté sur un pédonc. filiforme 2-3 fois plus long que les feu. Etendard non strié. Cal. à dents inég., les deux supér. plus courtes.

Var. *b. dubium* Abbot. Tiges dressées, rameuses; capitules de 8 10 fleurs.

Var. *c. pauciflorum* Guép. Tiges couchées; feu. très-petites; fl. 1-2, axillaires.

⊕. E. C. Prés et champs. La var. *b.* dans les allées des bois et la var. *c.* sur les pelouses rases.

IX. LOTUS *L.* (*Lotier.*) Cal. tubuleux, à 5 divis. égales. Ailes rapprochées par en haut, à peu près égales à l'étendard. Carène terminée par un bec. Légume long, cylindrique, droit, 1-loculaire, polysperme. — *Stipules foliacées, ayant l'aspect de deux folioles, à la base des pétioles.*

1. L. CORNICULATUS *L.* (*L. corniculé.*) Tiges anguleuses, couchées inférieurement, rameuses. Fol. ovales, plus ou moins larges, glauques. Fl. jaunes, réunies en cap. aplatis de 5-10 fleurs portés sur de longs pédic. et accompagnés d'1-2 bractées à la base des calic. Lég. cylindriques, rayonnans.

Var. *b. major* Ser. Tiges droites, hautes de 2-3 pieds. Folioles larges et velues.

Var. *c. tenuifolius.* Poll. Tiges grêles, longues et

couchées. Folioles étroites, linéaires, glabres. Fl. peu nombreuses.

♃. E. TC. Prés et bords des champs. La var. *b*, bois et haies, et la var. *c.* dans les marais et les terr. argileux.

2. L. ANGUSTISSIMUS *L.* (*L. grêle.*) Plante couverte de poils assez longs et mous. Tiges grêles, couchées, diffuses. Fol. et stip. ovales-lancéolées. Fl. jaunes, 1-2, au sommet d'un pédonc. axillaire, plus long que

les feu. Cor. dépassant beaucoup les dents calicinales. Légume cylindrique, étroit, très-long et terminé par un style persistant sétacé. ⊕. E. R. Côteaux secs et lieux sablonneux. Falaise, Pontorson.

X. TETRAGONOLOBUS *Scop.* (*Tetragonolobe.*) Cal. tubuleux, 5-fide. Ailes plus courtes que l'étendard. Carène en bec. Légume long, cylindrique, muni de 4 ailes foliacées, longitudinales.

1. T. SILIQUOSUS *Roth. Lotus siliquosus L.* (*T. siliqueux.*) Tiges couchées, velues. Fol. ovales, entières, glauques. Pédonc. axillaires portant une seule fleur jaune, assez grande, accompagnée de 2-3 bractées à la base du cal. Lég. muni dans sa longueur de 4 ailes membraneuses. ♃. T. R. Prés humides. Gisors, Troarn.

XI. PHASEOLUS *L.* (*Haricot.*) Cal. court, à 2 lèvres, dont la supér. échancrée et l'infér. à 3 dents. Carène roulée en spirale ainsi que le style et les étamines 2-adelphes. Légume allongé, comprimé, polysperme, 1-loculaire.

1. P. VULGARIS *L.* (*H. commun.*) Tiges volubiles, hautes de 2 à 6 pieds et plus. Fol. ovales, pointues, pubescentes et un peu rudes. Fl. blanches ou rouges, en grappes axillaires plus courtes que les feu. Légumes pendans, allongés, longuement mucronés. Semences ovales, blanches ou tachetées de rouge. ⊕. E. On cultive dans les jardins, sous les noms de *Pois de mai, Pois nains, Fèves de Soissons,* etc., un grand nombre de variétés du *Haricot* qui est originaire de l'Inde.

*** *Feuilles pinnées.*

† *Folioles avec impaire terminale.*

XII. ANTHYLLIS *L.* (*Anthyllide.*) Cal. tubuleux renflé, persistant, à 5 dents. Etendard plus long que les ailes et la carène. Etam. monadelphes. Légume arrondi, petit, uniloculaire, 1-2-sperme, renfermé dans le cal.

1. A. VULNERARIA *L.* (*A. vulnéraire.*) Tiges le plus souvent couchées, étalées, rameuses et pubescentes. Feu. à 7-9 fol. ovales, velues, inégales, les terminales beaucoup plus grandes. Fl. jaunes, rarement

rougeâtres, en capitules terminaux, geminés, serrés. Cal. très-velu, blanchâtre.

Var. *b. sericea.* Tiges dressées, fol. larges, cou-vertes de poils soyeux, surtout en-dessous.

♃. E. C. Prés et côteaux des terr. calc. La var. *b.* Falaises d'Aromanches près de Bayeux.

XIII. ASTRAGALUS *L.* (*Astragale.*) Cal. tubuleux, à 5 dents. Carène obtuse et ailes plus courtes que l'étendard. Etam. 2-adelphes. Légume 2-loculaire, muni d'une cloison formée par le double repli de la suture infér.

1. A. GLYCYPHYLLOS *L.* (*A. réglisse.*) Racine à saveur sucrée. Tiges longues, couchées, traînantes, rameuses et glabres. Feu. à 11-13 fol. ovales. Fl. d'un jaune verdâtre, ramassées en épi axillaire, plus court que les feu. Lég. allongés, un peu triquètres et arqués. ♃. E. C. Bois et haies des terr. calc.

2. A. MONSPESSULANUS *L.* (*A. de Montpellier.*) Plante acaule, gazonnante. Feu. de 21-31 fol. ovales, glabres ou pubescentes. Fl. purpurines ou blanches, en épi lâche, portées sur des pédonc. radicaux plus longs que les feu. Légumes glabres, cylindriques, subulés, un peu courbés. ♃. E. R. Côteaux secs. Vernon.

3. A. CICER *L.* (*A. pois-chiche.*) Tiges étalées, diffuses, un peu pubescentes, hautes d'un pied. Feu. velues de 21-25 fol. ovales-obtuses. Fl. d'un blanc-jaunâtre, en épi ovale porté sur des pédic. plus courts que les feuilles. Légumes ovoïdes-arrondis, renflés, velus. ♃. E R. Lieux secs et montueux. Vernon. (*Bois-duval.*)

XIV. CORONILLA *L.* (*Coronille.*) Cal. court, campanulé, comme bilabié, 2 dents supér. rapprochées et 3 infér. plus petites. Etendard à peine plus long que les ailes. Carène aiguë. Etam. 2 adelphes. Lég. allongé, articulé; articulations monospermes se détachant aux étranglemens cloisonnés transversalement.

1. C. EMERUS *L.* (*C. Eméras.*) Tige arborescente, à rameaux anguleux. Feu. de 5-7 fol. ovales-cunéiformes, glabres. Fl. jaunes 2-3 sur des pédonc. de la longueur des feu. Etendard rougeâtre en-dehors. On-

glets des pét. deux fois plus longs que le cal. ♂. P.-E. R. Cultivée dans les bosquets. Je l'ai trouvée sur les côteaux de Saint-Cenery ; près d'Alençon.

2. c. MINIMA *L.* (*C. naine.*) Tiges couchées, rameuses, ligneuses. Feu. de 7-9 folioles, épaisses, petites, entières, ovales, glabres et glauques. Stipules scarieuses. Fl. jaunes, en ombelle de 8-10 fleurs portées sur un long pédonc. Lég.

articulé. ♃.P-E.R.Côteaux calcaires. Falaise , Vernon.

3. c. VARIA *L.* (*C. bigarrée.*) Tiges herbacées , rameuses , couchées , longues de 1-2 pieds. Feu. de 9-15 fol. ovales-oblongues , mucronées. Fl. bigarrées de blanc , de violet et de rouge , 10-15 en ombelle portée sur de longs pédonc. ♃. E. PC. Gazons et bords des chemins. Rouen, Verneuil, etc.

XV. ORNITHOPUS *L.* (*Pied-d'oiseau.*) Cal. tubuleux à 5 dents presque égales. Carène comprimée, très-petite. Etam. 2 adelphes. Lég. comprimé, articulé, courbé ; articulations monospermes , indéhiscentes , ovoïdes.

1. O. PERPUSILLUS *L.* (*P. fluet.*) Tiges faibles, couchées. Feu. pubescentes à 15-21 petites folioles ovales-obtuses. Fl. en tête, blanchâtres , variées de jaune et de rose, accompagnées d'une feu. au sommet d'un pédonc. axillaire. Légumes articulés , cylindriques , peu comprimés , arqués , imitant une griffe d'oiseau. ☻. E. C. Fossés , champs

sablonneux.

2. O. COMPRESSUS *L.* (*P. comprimé.*)Tiges couchées, rameuses. Feu. velues , de 25-31 fol. ovales-lancéolées. Fl. jaunes, 3-4 en tête. Légumes articulés , comprimés , ridés , en crochet à la pointe. ☻. E. R. Champs sablonneux de la Basse-Normandie. (*Bois-duval.*) Alençon.

XVI. HIPPOCREPIS *L.* (*Hippocrépide.*) Cal. à 5 dents inégales, aiguës. Onglet de l'étendard plus long que le cal. Etam. 2 adelphes. Lég. allongé , comprimé, membraneux , sinué de manière à présenter une série d'articulations en fer à cheval.

1. H. COMOSA *L.* (*H. en tête.*) Tiges grêles , rameuses , couchées. Feu. à 5-11 fol. ovales, étroites ,

comme linéaires. Fl. jaunes, 7-8 en ombelle au sommet d'un pédonc. plus long que les feu. ♃ P2. C. Pelouses et côteaux des terr. calc.

XVII. ONOBRYCHIS *Tourn.* (*Esparcette.*) Cal. à 5 dents à peu près égales. Carène tronquée obliquement. Ailes courtes. Etam. 2-adelphes, Lég. uniloculaire, monosperme, tronqué, ridé ou hérissé de pointes.

1. O. SATIVA *Lam.* (*E. cultivée.*) Vulg. *sainfoin, gros-foin.* Tiges un peu couchées à leur base, redressées, rameuses. Feu. de 15-29 fol. oblongues-lancéolées, mucronées, glabres. Fl. purpurines rayées (quelquefois blanchâtres), en épis allongés, terminaux, Lég. comprimé. pubescent, ridé, denticulé et un peu épineux. ♃ P. Excellent fourrage qui convient aux terr. calc. On en cultive deux variétés, sous les noms de *grande* et *petite graine.*

†† *Folioles sans impaire terminale.*

XVIII. FABA *Tourn.* (*Fève.*) Cal. tubuleux, à 5 dents, les 2 super. plus courtes. Etendard plus long que les autres pet. Lég. grand, allongé, 1-loculaire, polysperme, à valves épaisses, charnues. Semences larges à hyle terminal.

1. F. VULGARIS *Mœnch.* *Vicia Faba* L. (*F. commune.*) Tige droite, grosse, anguleuse. Fol. 4-6, larges, ovales, glabres. Fl. blanches, quelquefois rouges, tachées de noir. Lég. pubescent. ⊕. Cette plante alimentaire est généralement cultivée.

XIX. ERVUM *L.* (*Ers.*) Cal. à 5 divis. subulées, presque égal. à la cor. Style droit, court. Stigm. en tête glabre. Légume oblong, à 2-6 graines.

1. E. ERVILIA *L.* (*E. Ervilier.*) Tige droite, rameuse. Feu. presque glabres, à 20-26 folioles lancéolées-linéaires, tronquées, mucronées, à peine vrillées. Pédonc. aristés, plus courts que les feu., portant 1-2 fl. blanches, veinées de violet. Lég. toruleux ayant 3-4 graines. ⊕. E. PC. Moissons. Cultivé.

2. E. TETRASPERMUM *L.* (*E. à 4 graines.*) Tiges faibles, tombantes, anguleuses, glabres. Feu. à vrilles sim-

ples, ou bifides, 4-8 fol. linéaires, mucronées. Pédonc. portant 1-2 petites fl. blanches ou d'un violet-pâle, de la longueur des feu. Lég. glabre, ovale, à 3-4 semences, ●. E. C. Moissons, côteaux et buissons.

3. ᴇ. ɢʀᴀᴄɪʟᴇ DC, (*Vicia gracilis* Lois. (*E. grêle*,) Diffère du précédent par ses tiges plus fermes, ses fol. plus longues et plus étroites, par ses pédonc, 2 fois plus longs que les feu. Fl. purpurines, plus grandes. Lég, allongé, glabre, ayant 4-6 graines. ●, E. PC. Moissons. Falaise, Lisieux, Alençon, etc.

4. ᴇ. ʟᴇɴs L. (*E. lentille*,)

Vulg. *petites lentilles.* T... anguleuses, dressées, ... meuses, un peu velu... Feu. à vrilles simples et 8-12 fol. lancéolées, ob... tuses, ciliées. Pédonc. d... la longueur des feu., po... tant 2-3 fleurs blanchâtres... reinées de bleu. Légum... court, large, à 2-3 grain... Divis, du cal. très-longu... ●. E.C. Moissons. Culti...

5. ᴇ. ʜɪʀsᴜᴛᴜᴍ L.(*E. velu*... Tiges grimpantes, rame... ses, faibles. Feu. à vril... rameuses, à 12-18 fol. li... néaires, tronquées, mu... cronées, Pédonc. de la lon... gueur des feu., portant 3-6... fl. blanches ou bleuâtres... Lég. velu, à 2 graines ar... rondies. ●. E. TC. Lieux cultivés.

XX. **VICIA** L. (*Vesce.*) Cal. tubuleux, à 5 div.; les 2 supér. courtes, Etam. diadelphes. Style filiforme, formant un angle droit avec l'ovaire, Stigm. velu, Légume oblong, uniloculaire, polysperme. —*Feu, terminées par des vrilles simples ou rameuses.*

* *Fleurs portées sur de longs pédoncules.*

1. ᴠ. ᴄʀᴀᴄᴄᴀ L. (*V. cracca.*) Tiges longues, grimpantes, anguleuses ● pubescentes, Feu. à 14-16 fol. ovales-lancéolées, obtuses, mucronées, pubescentes, Fl. petites, d'un rouge-bleuâtre, réunies 20-30 en grappe serrée au sommet d'un péd, plus long que les feu. ♃.

E. TC. Bois, haies et moissons.

2. ᴠ. ɢᴇʀᴀʀᴅɪ *Jacq.* (*V. de Gérard.*) Diffère de la précédente par ses folioles linéaires, étroites, velues-argentées, ses fl. variées de bleu et de blanc, plus petites et portées sur des

pédonc. plus courts que les fen. Peut-être n'est-ce qu'une variété du *V. cracca.*

** *Fleurs presque sessiles ou portées sur de courts pédoncules.*

3. V. SATIVA *L.* (*V. cultivée.*) Vulg. *hivernage*, Tiges couchées à la base, redressées, anguleuses. Feu. à 10-16 fol. ovales, échancrées et mucronées au sommet. Stipules semi sagittées, découpées, marquées d'une tache noirâtre. Fl. 1-2, axillaires, sessiles, d'un pourpre bleuâtre, rarement blanches. Légumes dressés, pubescens.

Var. *b, segetalis.* Fol. ovales, lancéolées. Stip. non tachées.

Var. *c, angustifolia, V. angustifolia* Roth. Fol. supér. linéaires, étroites, acuminées. Stip. dentées, non tachées. Fl. solitaires. Lég. très étroit.

Var. *d, nemoralis.* Tige courte, couchée, pubescente. Feu. linéaires, aristées, très-velues ; 1-2 fl.

◉. E. C. Cultivée comme un excellent fourrage. Les var. *c.* et *d*, se trouvent dans les moissons, les bois et les buissons.

4. V. SEPIUM *L.* (*V. des haies.*) Tiges faibles, grimpantes, anguleuses. Feu. à 8-12 fol. ovales, mucro-

née, velues, ciliées. Stip. dentées. Fl. violettes ou bleuâtres, 2-6 portées sur des pédonc. courts. Lég. lancéolés, un peu ciliés. ♃. E. TC. Bois et haies.

* 5. V. PEREGRINA *L.* (*V. voyageuse.*) Tiges couchées, faibles, anguleuses, velues. Feu. à 8-12 fol. linéaires, tronquées, mucronées. Stip. entières, Fl. purpurines, sessiles, solitaires. Cal. coloré, à divis. divergentes. Lég. large, velu. ◉. E. R. Moissons. Rouen. (*Fl. R.*)

* 6. V. LATHYROÏDES *L.* (*V. fausse-gesse.*) Tige courte, très-rameuse, couchée, velue. Feu. à 4-6 fol. ovales, mucronées ; les infér. cordiformes, peu nombreuses. Vrilles simples. Stip. entières, semi-sagittées. Fl. petites, sessiles, solitaires, purpurines. Lég. étroit, glabre. Graines ponctuées. ◉. E. R. Lieux sablonneux. Environs de Rouen. (*Fl. R.*)

7. V. LUTEA *L.* (*V. jaune.*) Tiges dressées, anguleuses, légèrement velues. Feu. à 8-12 fol. lancéolées, mu-

cronées , velues , ciliées.
Stip. brunes , très-petites.
Fl. sessiles, solitaires, jau-
nâtres , à étendard glabre.
Lég. velus. ⊛. E. PC. Lieux
arides, bords des chemins.
Rouen , Pont-Audemer ,
Bayeux , Falaise, etc.

* 8. v. HYBRIDA *L.* (*V. hy-*
bride.)Tiges un peu fermes,
anguleuses , pubescentes ,
rameuses. Feu. à 12-18 fol.
ovales , échancrées, légèrement mucronées. Stip. en-
tières ou 3-dentées. Fl. jaunâtres à étendard velu.
Lég. velus. ⊛. E. R. Bords
des chemins. Belbeuf, No-
nancourt. (*Fl. R.*)

XXI. PISUM *L.* (*Pois.*) Cal. à 5 divis. foliacées, les
2 supér. courtes. Etendard large, réfléchi. Style comprimé, caréné. Stigm. velu. Lég. allongé, à plusieurs
graines arrondies. — *Stipules larges.*

1. P. SATIVUM *L.* (*P. cul-*
tivé.) Vulg. *pois vert , pois*
rond. Tige grimpante , glabre. Feu. à 4 6 fol. ovales ,
larges , glauques. Vrilles
très-rameuses. Stip. ovales,
semi-cordiformes , créne-
lées. Fl. blanches , 2-5, portées sur un pédonc. axil-
laire. Lég. glabre.

Var. *b. P. arvense L.* Vulg.
Pois gris. Feu. plus petites.
Pédonc. courts portant 1-2
fl. roses ou purpurines.

⊛. E. Cultivé. La var *b.*
sert à la nourriture des
bestiaux.

2. P. MARITIMUM *L.* (*P.*
maritime.) Tige anguleuse,
grimpante. Feu. à 8-10 fol.
ovales, à pét. comprimés.
Vrilles rameuses. Stip. ova-
les-semi-sagittées , dentées
dans le bas, plus petites
que les fol. infer. Fl. 8-10 ,
purpurines ou bleuâtres,
disposées en grappe sur
un pédonc. plus court que
les feu. Légumes oblongs,
étroits. ⊛. E. TR. Lieux
pierreux et maritimes. Environs de Dieppe.

XXII. LATHYRUS *L.* (*Gesse.*) Cal. campanulé, à 5
dents, les 2 supér. plus courtes. Etendard plus grand
que les autres pét. Style comprimé, élargi au sommet.
Stigm. velu antérieurement. Lég. oblong, polysperme.
— *Stip. semi-sagittées.*

* *Pédonc. portant plus de trois fleurs.* (*Vivaces.*)

1. L. SYLVESTRIS *L.* (*G. des*
bois.) Tiges fermes , ailées,
glabres , hautes de 2-4

pieds. Feu. à 2 fol. lancéolées, coriaces, longues de
3-4 pouces, 3 - nervées.

Vrilles rameuses. Fl. rougeâtres, 4-6, en grappe au sommet d'un long pédonc. ♃. Et. 2. PC. Bois, Rouen, Falaise, Cherbourg, etc.

2. L. PRATENSIS *L.* (*G. des prés.*) Tige anguleuse, grimpante ou étalée, glabre. Feu. à 2 fol. lancéolées-oblongues ou linéaires, pubescentes. Vrilles presque simples. Fl. jaunes, 4-8, en grappe. Pédonc. et cal. velus. ♃. E. C. Bois et prés.

3. L. TUBEROSUS *L.* (*G. tubéreuse.*) Racine tubéreuse. Tige faible, anguleuse,

grimpante. Feu. à 2 fol. ovales, peu mucronées et à vrilles simples. Fl. 5-6, roses, en grappe, portées sur de longs pédonc. ♃. E. R. Moissons. Alençon.

4. L. PALUSTRIS *L.* (*G. des marais.*) Tiges dressées, ailées, très-glabres. Feu. à 4-6 fol. oblongues, mucronulées, et à vrilles rameuses. Fl. 4-6, bleuâtres, portées sur des pédonc. longs de 3-5 pouces. Lég. glabres. ♃. E. TR. Prés marécageux. Trouvé dans les environs de Bellesme par M. Aug. de Saint-Hilaire.

** *Pédonc. portant moins de 3 fleurs.* (*Annuelles.*)

5. L. HIRSUTUS *L.* (*G. velue.*) Tige ailée, rameuse, velue, longue de 2-3 pieds. Feu. à 2 fol. oblongues, mucronées, pubescentes, à vrilles rameuses. Fl. variées de pourpre et de violet, 1-3, portées sur de longs pédonc. Lég. allongés, velus. ☉. E. PC. Moissons. Rouen, Alençon, Falaise....

6. L. SATIVUS *L.* (*G. cultivée.*) Vulg. *jarousse, arosse.* Tiges ailées, glabres, haute 12-18 pouces. Feu. à 2-4 fol. oblongues-linéaires, nerveuses, à vrilles trifides. Fl. roses, violettes ou rarem. blanches, soli-

taires au sommet d'un pédonc. plus long que la pétiole. Lég. ovales, larges, ailés sur le dos. ☉. E. PC. Moissons. Cultivé dans les terr. calc.

7. L. CICERA *L.* (*G. chich.*) Cette espèce, quelquefois mêlée à la précédente et cultivée comme elle, en diffère par une tige plus basse, par des pédonc. plus longs et surtout par des lég. sillonnés seulement et non ailés sur le dos. Fl. rouges. ☉. E. R. Moissons.

8. L. NISSOLIA *L.* (*G. de Nissole.*) Tige grêle, peu rameuse, glabre. Pétioles

dilatés en forme de feu. simples, linéaires, longues, entières, sans vrilles. Fl. purpurines, 1-2, au sommet d'un très-long pédonc. fili- forme. Lég. linéaire. ⊙. E. 1. 2. PC. Moissons et bois decouverts. Rouen, Dives, Falaise, pays de Bray, etc.

9. L. APHACA *L.* (*G. aphaca.*) Tiges volubiles, anguleuses, peu rameuses, glabres. Feu. nules. Stipules larges, sagittées, glauques, gla- bres, ayant l'apparence de feu. opposées. Vrilles sim- ples. Fl. jaunes, solitaires. ⊙. E. C. Moissons.

XXIII. OROBUS *L.* (*Orobe.*) Gal. campanulé, à 5 divis. dont les 2 supér. plus courtes. Style grêle, linéaire, velu au sommet. Lég. cylindrique, oblong, polysperme, à graines rondes. — *Feu. terminées par un filet simple, court, non en vrille.*

1. O. TUBEROSUS *L.* (*O. tu- béreux.*) Racine tubéreuse. Tiges droites, ailées, sim- ples. Feu. 4-6 fol., ovales- lancéolées, mucronées. Stip. semi-sagittées, avec 1-2 dents à la base. Pé- donc. portant une grappe de 3-5 fl. purpurines de- venant d'un violet bleuâtre. Cal. violacé.

Var. *b. O. tenuifolius* Wil'd. Feu. étroites, lan- céolées-linéaires.

♃. P-E1.C. Bois.

2. O. ALBUS *L.* (*O. blanc.*) Tiges droites, anguleuses, simples, glabres. Feu. à 4 fol. linéaires, longues de 2 pouces, dressées. Fl. d'un blanc-jaunâtre, 4-8 au sommet d'un pédonc. 2 fois plus long que les feu. Lég. long et étroit. ♃. P. R. Prés et bois. Alençon.

XXVIIIe. Fam. ROSACÉES *Juss.*

Cal. persistant, inf. ou sup. à 4-10 divis., le plus souv. 5. Cor. de 5 pétales (rarement 4) insérés sur le cal. et alternes avec ses divis. (quelquefois nuls). Etam. nom- breuses insérées sur le cal. au-dessous des pét. Carpelles nombreux, quelquefois solitaires par avortement, ou sou- dés entr'eux, ou bien encore adhérens au tube du cal. et figurant un ovaire simple. Styles distincts ou réunis en colonne, attachés latéralement aux ovaires qui sont uni- loculaires. Fruit de nature et de structure variées (*pommes, drupes, carpelles,* etc.) Embryon droit à cotylédons foliacés ou charnus. — *Feu. alternes, munies de 2 stip. a la base.*

† *Ovaire solitaire.*

* *Ovaire supérieur.*

I. **AMYGDALUS** *L.* (*Amandier.*) Cal. campanulé, 5-fide, caduc, portant 5 pét. et 20-30 étam. libres et à peu près égales. Drupe cotonneuse, charnue, arrondie, comprimée, sillonnée, pointue comme le noyau qui est percé de trous irréguliers.

1. A. COMMUNIS *L.* (*A. commun.*) Arbre haut de 20-30 pieds. Feu. lancéolées, oblongues, arrondies dans le bas, à dents glanduleuses, inégales. Fl. solitaires, blanches, rosées à la base. ♄. H2, 3. Cultivé.

Les amandes sont comestibles; on en retire une huile adoucissante; leur émulsion est la base du loock et du sirop d'orgeat, boissons rafraîchissantes et tempérantes.

II. **PERSICA** *Tourn.* (*Pêcher.*) Cal. pét. et étam. du genre précédent. Drupe arrondie, le plus souvent cotonneuse, a noyau creusé de sillons irréguliers et profonds.

1. P. VULGARIS *Mill.* (*P. commun.*) Arbre de 8-12 pieds. Feu. lancéolées, allongées, pointues, à court pétiole, à dents régulières, non glanduleuses. Fl. roses, solitaires, sessiles. ♄. H3-P1. Cultivé.

On cultive plusieurs variétés de cet excellent fruit; une entr'autres, le Brugnon (*P. lœvis*), a la surface lisse. Les feu. et la fleur du pêcher sont laxatives.

III. **ARMENIACA** *Juss.* (*Abricotier.*) Cal. cor. et étam. des genres précéd. Drupe arrondie, jaune et à surface un peu cotonneuse. Noyau arrondi, comprimé, un des bords arrondis, l'autre tranchant.

1. A. VULGARIS *Lam.* (*A. commun.*) Arbre de 10-15 pieds. Feu. pétiolées, ovales, cordiformes à la base, denticulées. Fl. blanches ou rosées, sessiles. ♄. Ps. Cultivé.

IV. **PRUNUS** *Tourn.* (*Prunier.*) Cal. cor. et étam. des genres précédens. Drupe arrondie ou ovoïde, glabre et recouverte d'une poussière glauque et résineuse. Noyau ovale, allongé, pointu, comprimé, à bords sillonnés.

1. P. SPINOSA L. (*P. épineux.*) Vulg. *Prunellier, épine-noire.* Arbrisseau à rameaux ouverts et épineux. Feu. ovales-lancéolées, dentées, glabres. Fl. blanches, solitaires, à cal. campanulé dont les lobes sont plus longs que le tube. Fruit (*prunelle*) petit, arrondi, d'un bleu foncé. ♃. Pr. C. Les haies.

2. P. DOMESTICA L. (*P. domestique.*) Arbre à rameaux non épineux. Feu. ovales, pubescentes en-dessous. Fl. blanches. Fruits gros, arrondis, ovoïdes, d'un bleu foncé ou verdâtres. ♃. Pr. On en cultive un grand nombre de variétés. Le prunes sauvages portent le nom vulgaire de *Blosses.*

V. CERASUS *Juss.* (*Cerisier.*) Cal., cor. et étam. du genre Amygdalus. Drupe arrondie, glabre, lisse et marquée d'un sillon. Noyau arrondi, un peu anguleux d'un côté.

1. C. LAURO-CERASUS *Lois.* *Prunus* L. (*C. laurier-cerise.*) Vulg. *Laurier à lait, Palme, Lotot.* Arbre de 8-12 pieds. Feu. ovales-lancéolées, toujours vertes, dentées. Fl. blanches, en longues grappes. Fruits noirâtres. ♃. Pr. Cultivé généralement.

On emploie ses feuilles dans le lait pour leur donner un léger goût d'amande, usage qui peut être dangereux, puisqu'elles contiennent de l'acide hydrocyanique, un des poisons végétaux les plus actifs qui se retrouve aussi dans les amandes des plantes de cette section de la famille.

2. C. VULGARIS *Mill.* *Prunus cerasus* L. (*C. commun.*)

Arbre de 20 pieds environ. Feu. lancéolées, à dents et pétioles glanduleux. Fl. blanches rapprochées en forme d'ombelles. Fruits rougeâtres. ♃. Pr. Cultivé.

Un nombre assez considérable d'espèces ou variétés de cerisier sont cultivées sous les noms de *cerises amaigles, cerises anglaises, griottes, guignes, bigarreaux,* etc.

3. C. AVIUM *Mœnch.* (*C. des oiseaux.*) Vulg. *merisier.* Arbre de 30-36 pieds. Feu. lancéolées, pubescentes en-dessous. Fl. blanches, réunies en ombelles, à pédonc. uniflores. Fruit petit, noirâtre. ♃. C. Bois et haies.

L'écorce des cerisiers et d'une partie des arbres précédens laisse exsuder une gomme qui est analogue à la gomme arabique et qui pourrait être employée dans les mêmes cas.

** *Ovaire inférieur.*

VI. CRATÆGUS *L.* (*Aubépine.*) Cal. à tube urcéolé, 5-fide. Pétales 5, arrondis. Etam. 20. Styles 1-2, glabres. Pomme arrondie, à 2-loges 2-spermes, couronnée par les divis. persistantes du calice. Semences osseuses.

1. C. OXYACANTHA *L.* (*A. épineuse.*) Vulg. *Épine-b'arche, snellier.* Arbrisseau de 8-12 pieds, à rameaux épineux. Feu. ovales-cunéiformes, plus ou moins découpées. Fl. blanches, en bouquets corymbiformes. Style 1-2. Fruits rougeâtres.

Var. *a. vulgaris* DC. Style 1. Feu. incisées.

Var. *b. oxyacanthoïdes.* Feu. peu découpées, souv. 3-lobées. Styles 2. Fl. exhalant une odeur nauséabonde.

Var. *c. laciniata* Wallr. Feu. profondément incisées, comme pinnatifides.

ђ. P. C. Bois et haies. Les var. *b.* et *c.* Bois des environs de Falaise.

VII. AMELANCHIER *Médik.* Cal. à 5 divis. Pétales 5, lancéolés. Ovaires à 10 loges 1-spermes. Styles 5, réunis à la base. Pomme à graines cartilagineuses.

1. A. VULGARIS *Mœnch.* *Mespilus amelanchier L.* (*A. commun.*) Arbrisseau de 2-3 pieds. Feu. arrondies-ovales, obtuses, dentées en scie, glabres; les jeunes pubescentes. Fl. blanches, solitaires. ђ. P. R. Lieux montueux. Roche Saint-Adrien près de Rouen.

VIII. MESPILUS *L.* (*Néflier.*) Cal. à 5 divis. foliacées. Pét. 5, arrondis. Etam. 20. Styles 5, glabres. Fruit (*pomme*) turbiné, ombiliqué, couronné par les 5 lanières calycinales.

1. M. GERMANICA *L.* (*N. d'Allemagne.*) Vulg. *Meslier.* Arbrisseau tortueux, épineux, de 3-8 pieds. Feu. lancéolées, dentelées, velues en-dessous. Fl. blanches, solitaires, sessiles. Fruit brun (*néfle*), comestible quand il est très-mûr. ђ. P2.3. Bois et haies.

IX. PYRUS *L.* (*Poirier.*) Cal. à tube urcéolé, 5-fide.

Pét. 5, arrondis. Etam. 20. Styles 5, rarement 2-3. Fruit (*pomme*) à 5 loges 2-spermes. Semences cartilagineuses.

1. P. COMMUNIS *L.* (*P. commun.*) Arbre de moyenne taille et épineux, à l'état sauvage. Feu. ovales, denticulées, glabres. Fl. blanches en fascicules axillaires à pétales glabres. Fruits turbinés, coniques. ♄. P. Bois et haies. Généralement cultivé pour ses excellentes variétés de fruits.

2. P. MALUS *L.* (*P. Pommier.*) Arbre à rameaux ouverts, courbés et épineux dans l'état sauvage. Feu. ovales, cordiformes à la base, dentées, velues en-dessous. Fl. blanches et rosées, en corymbe sessile et axillaire, à pétales velus dans le bas. Fruit arrondi, ombiliqué aux deux extrémités. ♄. P1-2. C. Bois et haies.

Il doit être inutile, en Normandie, de rappeler le grand nombre de variétés du pommier cultivées dans cette province.

3. P. ACERBA *DC.* (*P. acerbe.*) Diffère du précédent par ses feu. ovales-lancéolées, à pointe allongée, glabres en-dessous et ses fleurs tout-à-fait blanches. ♄. P2. R. Bois des environs de Falaise.

M. Mérat regarde cette espèce, qu'il a distinguée le premier, comme le type des nombreuses variétés du pommier à cidre.

4. P. ARIA *Ehr. Crataegus L.* (*P. Allouchier.*) Arbre de 20-30 pieds. Feu. ovales-oblongues, dentées en scie, velues et blanches en-dessous. Fl. blanches en corymbe, à pédonc. rameux. ♄. P2. PC. Bois de Chaumont près d'Alençon.

5. P. TORMINALIS *Ehr. Crataegus L.* (*P. Alisier.*) Arbre de 20-30 pieds. Feu. ovales, cordiformes à la base, à 7 lobes profonds, dentés, pubescentes en-dessous. Fl. blanches en corymbe. Fruits bruns, acidules et agréables au goût à leur complète maturité. ♄. P2. C. Bois.

6. P. SORBUS *Gœrtn. Sorbus domestica L.* (*P. cormier.*) Arbre droit, de 30-40 pieds. Feu. ailées, à 15-17 fol. ovales, dentées, velues en-dessous. Fl. blanches en corymbe. Fruits pyriformes-ovoïdes, verdâtres. ♄. P2. Cultivé.

7. P. AUCUPARIA *Gœrtn* (*P. des oiseaux.*) Vulg. *Sorbier*

des oiseaux. Arbre moins élevé que le précédent, dont il diffère seulement par ses folioles glabres en-dessous et ses fruits petits, ovoïdes et d'un rouge vif. ♄. P. 2. C. Bois.

X. CYDONIA *Tourn.* (*Coignassier.*) Cor., étam. et styles du genre précédent, dont il diffère par les divis. du calice qui sont grandes et dentées et le fruit qui est tomenteux et à 5 loges polyspermes. Semences calleuses.

1. C. VULGARIS *Pers.* Pyrus cydonia L. (*C. commun.*) Arbre peu élevé, à rameaux tortueux, et cotonneux dans leur jeunesse. Feu. ovales-arrondies, entières, tomenteuses en dessous. Fl. blanches ou rosées, larges, solitaires, presque sessiles. Fruit gros, bosselé. ♄. P₂. Cultivé pour ses fruits astringens qui fournissent un sirop employé dans les diarrhées ; on en fait aussi une gelée estimée.

†† *Ovaires deux ou plusieurs.*

XI. ROSA *L.* (*Rosier.*) Cal. urcéolé, ovoïde ou globuleux, resserré au sommet à limbe divisé en 5 lobes foliacés, dont 3 le plus souvent pinnatifides. Pétales 5. Étam. nombreuses. Styles saillans, quelquefois rapprochés en colonne. Carpelles pariétaux, 1-spermes, osseux, hérissés, renfermés dans le cal. qui devient charnu à la maturité et simule un ovaire unique. — *Arb. rameaux chargés d'aiguillons. Feu. ailées avec impaire, munies de 2 stipules soudées à la base du pétiole.*

Obs. Le genre Rosier renferme une grande quantité de variétés que la culture a rendues indéfinies. Nous citerons ici toutes celles qui ont été observées en Normandie et que nous croyons pouvoir rapporter à un petit nombre d'espèces. Toutes sont frutescentes, portent le nom vulgaire d'Églantiers, fleurissent à la fin du printemps ou au commencement de l'été et croissent dans les haies et les bois. Pour abréger le travail, nous nous dispenserons de répéter, après chaque description, l'indication de ces caractères qui sont communs à toutes les espèces.

* *Styles soudés en colonne.*

1. R. ARVENSIS *L.* (*R. des champs.*) Tiges faibles à rameaux courbés chargés d'aiguillons crochus. Fol. ovales, glabres, d'un vert foncé, glauques en-dessous, den-

tées. Fl. blanches. Cal. glabre, globuleux. Pédonc. hérissés-globuleux. Styles réunis en colonne.

Var. *b.*, *repens.* Tiges couchées.

Var. *c. microphylla.* Fol. petites, arrondies. Falaise.

Var. *d. ovoidea.* Cal. ovoïde-allongé; fol. glabres. Falaise, Valognes.

Var. *e. R. stylosa* Desv. Cal. ovoïde; fol. pubescentes en-dessous. Gisors.

Var. *f. R. bibracteata* Bast. Pédonc. chargés de 2 longues bractées opposées. Gisors.

** *Styles distincts.*

2. R. GALLICA *L.* (*R. de France.*) Rameaux à aiguillons inégaux. Fol. coriaces, 5-7 ovales, d'un vert-foncé en dessus, pubescentes et glauques en-dessous; nervures et bords couverts de poils glanduleux, ainsi que les pétioles, les pédonc. et les cal. Fl. d'un rouge foncé ou panachées. On en a trouvé, près d'Avranches, une variété qui est cultivée dans le jardin botanique sous le nom de *Rosa abrincensis.*

3. R. PIMPINELLIFOLIA *L.* (*R. pimprenelle.*) Rameaux très-épineux dans leur jeunesse. Fol. 5-9, ovales-arrondies, dentées. Stip. étroites, dilatées au sommet. Fl. blanches, petites. Fruits assez gros, noirâtres. Pétioles et pédonc. glabres.

Var. *b. R. myriacantha* DC. Pétioles et péd. hispides. Fol. petites.

Collines sèches. Caen, Rouen, etc. La var. *b.* commune sur les côteaux maritimes; Cherbourg, Granville.

4. R. CANINA *L.* (*R. de chien.*) Tiges assez élevées, à aiguillons comprimés et courbés. Fol. glabres, ovales, dentées, quelquefois surdentées. Fl. rosées. Styles velus. Cal. ovoïde; le plus souv. glabre.

Var. *b. R. fastigiata* Bast. Fl. réunies en corymbe. Fol. un peu velues sur les nervures. Pédonc. hispides. Gisors, Falaise.

Var. *c. R. leucantha* Loisel. Fol. velues sur les nervures, obtuses. Pédonc. glabres. Rouen, Alençon, etc.

Var. *d. R. Andegavensis* Bast. Fol. à dents profondes. Pédonc. et cal. hispides. Falaise.

Var. *e. R. Lutetiana* Lém. glabre. Fol. simplement dentées, lancéolées. Falaise.

Var. *f. R. urbica* Lém. Fol. ovales, simplement dentées. Pétioles velus. Falaise.

Var. *g. angustifolia.* Fol. lancéolées, étroites, simpl. dentées. Pétioles velus. Falaise.

5. R. RUBIGINOSA *L.* (*R. rouillé.*) Tiges très-rameuses, à aiguillons courbés, élargis à la base. Fol. ovales-arrondies, surdentées, pubescentes-glanduleuses en-dessous, exhalant par le froissement une odeur de pomme de reinette. Fl. roses ou blanches. Cal. ovoïde et pédonc. le plus souv. hispides. Styles velus.

Var. *b. R. hirta* Desv. Fol. arrondies, larges. Cal. et pédonc. hérissés.

Var. *c. R. umbellata* DC. Fl. fasciculées. Cal. lisses ; pédonc. hérissés.

Var. *d. R. tenuiglandulosa* Mérat. Cal. globuleux, glabre ; pédonc. hérissé. Falaise, Rouen.

Var. *e. R. sepium* Thuill. Fol. lancéolées, étroites. Cal. ovoïdes et pédonc. glabres. Styles presque glabres. Bords des chemins des terr. calc. Rouen, Caen, Falaise, etc.

Var. *f. R. biserrata* Mérat. Fol. ovales à peu près glabres, surdentées inférieure-

ment. Cal. globuleux, lisse, Styles légèrement velus ou glabres. Falaise.

6. R. VILLOSA *L.* (*R. velu.*) Tiges droites, rameuses, à aiguillons grêles, à peine courbés. Fol. ovales-arrondies, velues sur les 2 faces, le plus souv. à dents surdentées. Fl. d'un rose assez vif. Cal. ovoïdes-globuleux, très-gros à la maturité, presque toujours hérissés de poils glanduleux ainsi que les pédonc. Styles velus. Vire.

Var. *b. R. fœtida* Bast. Fol. glabres en-dessus, pubescentes en-dessous. Cal. ovoïde, hérissé, Vire, Saint-Lo.

Var. *c. R. dumetorum* Thuil. Fol. glabres en-dessus, pubescentes en-dessous et sur les pétioles, simplement dentées. Cal. et pédonc. glabres. Falaise, Fécamp, etc.

Var. *d. R. tomentosa* Sm. Fol. doubl. dentées, velues, ovales-lancéolées, pointues. Aiguillons crochus. Cal. ovoïde et pédonc. plus ou moins hérissés. Falaise, Vire, etc.

XII. GEUM *L.* (*Benoîte.*) Cal. à tube concave, à 10 lobes dont 5 extérieurs alternativement plus petits. Pét. 5. Réceptacle globuleux, recouvert de carpelles secs nombreux terminés par une longue arête recourbée en crochet au sommet ou plumeuse.

1. G. URBANUM *L.* (*B. offi-cinale.*) Racine brune, épaisse, sentant le géroffle. Tige droite, haute de 10-15 pouces. Feu. radicales, pin-nées ; la fol. terminale large, dentée ; les caul. trifoliolées. Fl. jaunes, ter-minales. Semences munies d'une arête recourbée. ♃. E. TC. Bois et haies.

La racine est fébrifuge, sudorifique et astringente.

2. G. RIVALE *L.* (*B. des ruisseaux.*) Cette espèce a des rapports avec la pré-cédente, mais elle en dif-fère beaucoup par ses fl. plus larges, rougeâtres, et par ses carpelles pédicellés, velus, terminés par de lon-gues arêtes tordues, flexu-euses et plumeuses. ♃. E. R. Bois et prés humides, Rouen, Gisors.

XIII. RUBUS *L.* (*Ronce.*) Cal. plane à 5 divis. Pét. 5. Etam. nombreuses. Réceptacle renflé conique portant des carpelles nombreux, charnus, simulant une baie par leur réunion.

1. R. IDOEUS *L.* (*R. fram-boisier.*) Tige droite, blan-châtre, haute de 3-4 pieds, munie d'aiguillons assez fins. Feu. pinnées, à 5 fol. ovales, dentées, blanchâ-tres en-dessous ; les supér. ternées. Fl. blanches en grappes terminales à pé-donc. velus. ♄. E. PC. Bois. Rouen, pays de Bray, Ar-gentan, etc.

On cultive aussi le fram-boisier à cause de ses fruits acidules et parfumés dont on fait des sirops agréables; ils sont regardés comme ra-fraichissans, antiputrides, etc.

2. R. FRUTICOSUS *L.* (*R. fru-tescente.*) Tiges couchées, à longs jets anguleux, armés d'aiguillons crochus, qui

se retrouvent sur les pé-tioles. Feu. composées de 3-5 fol. dentées, souvent blanchâtres en-dessous. Fl. blanches ou rosées en pani-cule terminale. Fruits noirs.

Var. *b. R. tomentosus* Willd. Feu. molles tomen-teuses sur les 2 faces.

Var. *c. R. glandulosus* Bell. Rameaux, pétioles et pédonc. couverts de poils entremêlés de soies glan-duleuses. Feu. hérissées ve-lues, non blanchâtres en-dessous.

Var. *d. R. plicatus* Weihe et Nees. Fol. glabres en-dessus, velues et plissées en dessous, ayant l'appa-rence des fen. du noisettier; panicules peu garnies.

Var. *e. R. nitidus* Weihe et N. *R. corylifolius* DC.

Fl. fr. Fol. luisantes et d'un vert gai en-dessus, pubescentes et non blanchâtres en-dessous. Fl. blanches en petits panicules.

♄. E. TC. Bois et buissons. La var. *b.*, à Gisors et près de Valognes; les autres var. à Falaise, Vire, etc.

Ses fruits, aimés des enfans, sont connus vulgair. sous les noms de *mures* ou de *moures.*

3. R. CŒSIUS *L.* (*R. bleuâtre.*) Tiges faibles et rampantes, glauques, à aiguillons déliés et légèrement recourbés. Feu. composées de 3 fol. (rarem. 5), la terminale assez longuem. pétiolulée, glabres en-dessus, velues en-dessous, doublement dentées en scie. Fl. blanches, assez larges en panicule peu rameuse. Fruits bleuâtres, composés de carpelles gros, mais peu nombreux. ♄. E. C. Haies, bords des chemins et des rivières.

XIV. FRAGARIA *L.* (*Fraisier.*) Cal. à tube concave, à 10 lobes dont 5 alternativement plus petits. Pétales 5. Étam. nombreuses. Carpelles disposés sur un réceptacle ovoïde-arrondi, devenant pulpeux et charnu à la maturité.

1. F. VESCA *L.* (*F. comestible.*) Tige munie à la base de rejets rampans. Feu. ternées à fol. ovales, dentées, plissées, soyeuses en-dessous. Fl. blanches. ♃. P. TC. Bois et côteaux. On en cultive un grand nombre de var. à cause de leurs fruits délicieux, qui sont rafraîchissans.

XV. POTENTILLA *L.* (*Potentille.*) Cal. à tube concave, à 8-10 divis. dont 4-5 alternativement plus petites et placées en-dehors. Pétales 4-5. Étam. nombreuses. Carpelles lisses, durs, réunis sur un réceptacle persistant, sec et velu.

* *Cinq pétales.*

(*a*) *Fleurs rouges.*

1. P. COMARUM *Scop.* Comarum palustre L. (*P. comaret.*) Tiges couchées à la base, hautes d'un pied environ. Feu. pétiolées, ailées, à 5-7 fol. lancéolées, dentées, glauques en-dessous. Fl. rouges, terminales, pédonculées, à pétales courts et étroits. Cal.

9

olocré. Réceptacle spongieux. ♃. E. PC. Lieux marécageux. Rouen, Falaise, Vire, Mortain, etc.

(b) Fleurs jaunes.

2. P. REPTANS L. (P. rampante.) Vulg. quintefeuille. Tiges rampantes, émettant de longs rejets. Feu. pétiolées, digitées, à 5-7 fol. cunéiformes, dentées, pubescentes en-dessous. Fl. solitaires, axillaires, portées sur des pédonc. plus longs que les feu. Pétales cordiformes. ♃. E. TC. Pelouses et bords des chemins.

3. P. VERNA L. (P. printanière.) Tiges couchées, étalées, rameuses, velues. Feu. digitées, à 5 fol. cunéiformes, profondément dentées au sommet, velues. Fl. en panicule pauciflore, terminale. Pétales obcordés, un peu plus longs que le cal. ♃. P1. A2. C. Côteaux secs. Falaise, Alençon, etc.

4. P. ARGENTEA L. (F. argentée.) Tiges rameuses, ouvertes, velues-blanchâtres. Feu. palmées à 5 fol. cunéiformes, étroites, incisées, comme pinnatifides, blanches en-dessous. Fl. petites en corymbe. Pétales ovales. ♃. E. C. Lieux secs

et montueux, côteaux, parmi les rochers et sur les murailles.

5. P. RECTA L. (P. droite.) Tige droite, cylindrique, velue, haute d'un à 2 pieds. Feu. digitées à 5-7 fol. lancéolées, dentées en scie, velues. Stipules linéaires, incisées-pinnatifides. Fl. terminales, en corymbe, portées sur des pédonc., ramassés ou solitaires dans les bifurcations de la tige. ♃. E. R. Lieux secs. Caudebec, Rouen, près de Caen. (Peut être naturalisée.)

6. P. ANSERINA L. (P. ansérine.) Vulg. argentine. Tiges grêles, traçantes, velues. Feu. pinnées de 15-17 fol. ovales-oblongues, rapprochées, dentées, alternativement grandes et petites, velues, soyeuses, surtout en-dessous. Fl. solitaires, portées sur un long pédonc. radical. Pétales larges et obtus. ♃. E. TC. Lieux humides et bords des chemins.

(c) Fleurs blanches.

7. P. ALBA L. (P. blanche.) Tiges faibles, étalées, rameuses. Feu. digitées à 3-5 fol. ovales-oblongues, den-

tées au sommet, soyeuses-blanchâtres en-dessous. Pétioles très-hérissés de longs poils mous. Fl. blanches, de 5 pétales cordiformes, plus grands que le cal. Stip. aiguës. ♃. P. R. Bois et lieux sablonneux. Houlbec, Cocherel, pays de Bray. (F. Petit.)

* * *Quatre pétales.*

9. P. TORMENTILLA *Abbot. Tormentilla erecta* L. (*P. tormentille.*) Racine épaisse, noirâtre. Tiges faibles, redressées, dichotomes, poilues. Feu. sessiles, à 3 fol. lancéolées, incisées-dentées. Fl. jaunes, à 4 pétales cordiformes, solitaires, portées sur de longs pédoncules placés dans les bifurcations des tiges. Cal. à 8

lobes, dont 4 extér. plus petits.

Var. *b. procumbens* Guép. *Torm. reptans* L. Tiges longues et couchées. Feu. pétiolées; les radicales quinées.

♃. P-E. TC. Bois et pelouses. La var. *b.* R. Vire, Alençon, Domfront, etc.

Sa racine est regardée comme astringente.

XVI. AGRIMONIA L. (*Aigrimoine.*) Cal. turbiné, 5-fide, hérissé en-dehors de pointes crochues. Pétales 5. Et am. 12-20. Carpelles 2, entourés par le cal. qui s. mule une capsule hérissée.

1. A. EUPATORIA L. (*A. eupatoire.*) Tige haute d'un à 2 pieds, velue, souv. simple. Feu. pinnées de 7-9 fol. ovales-dentées, entremêlées de quelques autres plus petites. Fl. jaunes en long épi grêle. Fruits hérissés de pointes crochues.

Var. *b. A. odorata* Camer.

Tiges hautes de 2-4 pieds. Fol. larges, lancéolées. Fl. odorantes en épis très-longs.

♃. E. TC. Pelouses, bords des chemins et des bois. La var. *b.* PC. Falaise, Vire, etc.

Cette plante passe pour vulnéraire et astringente.

XVII. SPIRÆA L. (*Spirée.*) Cal. 5-fide, persistant. Etam. nombreuses. Styles 3-12. Carp. 1-3-spermes, 2-valves, soudés par le côté interne.

1. S. ULMARIA L. (*S. ulmaire.*) Vulg. *reine des prés.* Tiges rameuses, hautes de 2-3 pieds. Feu. ailées, à fol. ovales, blanchâtres en-dessous, la terminale plus grande et 3-lobée. Fl. blanches en panicule rameuse, odorantes. Carpelles glabres, contournés.

Var. *b. denudata* Cambess. Feu. vertes en-dessous.

℞. E. TC. Bois et prés humides.

2. S. FILIPENDULA L. (*S. filipendule.*) Racine tubéreuse, fasciculée. Tige haute d'un à 2 pieds. Fol. pinnatifides, à fol. lancéolées, étroites, dentées-incisées. Fl. blanches en corymbe lâche. Carpelles velus, droits. ℞. E. C. Bois et côteaux secs des terr. calc. Rouen, Caen, Falaise, etc.

XVIII. ALCHIMILLA L. (*Alchimille.*) Cal. tubuleux à 8 divis., dont 4 plus petites et extér. Pétales nuls. Etam. 1-4, courtes. Ovaire solitaire (rarem. double) enfermé dans le cal. Styles 1-2.

1. A. VULGARIS L. (*A. commune.*) Tiges rameuses, velues, hautes de 8-12 pouces. Feu. réniformes, à 8-10 lobes dentés en scie, nerveuses en-dessous, légèrement velues, pétiolées. Fl. verdâtres, petites, en corymbe composé de petits-bouquets terminaux et axillaires. ℞. E. R. Bois et prés frais. Rouen, Saint-Lo,

Coutances.

2. A. APHANES Leers. *Aphánes arvensis* L. (*A. aphane.*) Tige courte, étalée, rameuse, velue. Feu. palmées, cunéiformes, pubescentes à 3 lobes trifides. Fl. verdâtres, très-petites, ramassées en paquets axillaires. ⊕. E. TC. Moissons.

XIX. SANGUISORBA L. (*Sanguisorbe.*) Cal. coloré, à 4 divis. et 2 petites écailles à la base. Pétales nuls. Etam. 4, à filets dilatés au sommet. Styles 2. Stigmate simple. Ov. 2, renfermés dans le cal.

1. S. OFFICINALIS L. (*S. officinale.*) Tiges droites, raides, anguleuses, glabres, hautes de 2-3 pieds. Feu. ailées, à fol. ovales-cordiformes, obtusés, crenelées. Fl. d'un

rouge foncé, terminales, ramassées en épis ovales serrés, assez courts. ℞. E. R. Prés humides. Argentan, Périers.....

XX. POTERIUM *L.* (*Pimprenelle.*) Fl. monoïques ou polygames. Pétales nuls. Cal. à 4 divis., resserré au sommet et muni de 3 écailles à la base. Fl. mâles à 30-50 étam. Fl. femelles, à 2 ovaires terminés par un style. Fruit sec, monosperme, indébiscent. Stigm. en pinceau.

1. P. SANGUISORBA *L.* (*P. sanguisorbe.*) Tiges droites, hautes d'un pied environ, peu rameuses. Feu. ailées, à fol. arrondies, dentées, velues. Fl. herbacées, en capitule arrondi ; les supér. qui sont femelles ont de longs styles plumeux rougeâtres. ♃. E. TC. Pelouses et côteaux pierreux des terr. calc.

La Pimprenelle entre comme assaisonnement dans les salades ; elle est vulnéraire et tonique.

XXIX°. Fam. CUCURBITACÉES *Juss.*

Fl. monoïques ou dioïques. Cal. monosépale ; resserré au sommet, à 5 dents, soudé avec la cor. qui est campaniforme, à 5 pétales ; marcescente et persistante. Etam. 5, à filets le plus souv. réunis 2 à 2, le 5° libre. Anthères longues, 2-loculaires. Cal. des fl. femelles globuleux. Style simple. Stigm. 3-5. Fruit (*baie*) charnu, à écorce dure, 1-5 loculaire. Graines cartilagineuses, attachées horizontalement à l'angle interne et épais que forment les cloisons. — *Tiges grimpantes ou rampantes, hispides, à feu. alternes souvent accompagnées de vrilles axillaires.*

On cultive, comme potagères, beaucoup d'espèces et de variétés de Cucurbitacées dont les plus répandues sont : la Citronille (*Cucurbita maxima* Duch), la Courge (*C. lagenaria* L.), le Melon (*Cucumis Melo* L.), le Concombre (*C. sativus* L.), etc. Leurs fruits sont rafraîchissans et leurs graines renferment beaucoup d'huile.

I. BRYONIA *L.* (*Bryone.*) Fl. monoïques ou dioïques. Cal. à 5 dents. Cor. campanulée. Etam. 3-adelphes. Baie globuleuse, polysperme.

1. B. DIOICA *Jacq.* (*B. dioïque.*) Racine grosse, épaisse et charnue. Tige grimpante, velue. Vrilles axillaires. Feu. cordiformes, palmées à 5 lobes hispides. Fl. d'un vert jaunâtre, en grappes axillaires. Fruits globuleux et rouges à la maturité. ♃. F. C. Haies et buissons.

Sa racine est purgative et contient une fécule abondante.

XXXe. Fam. ONAGRARIÉES *Juss.*

Cal. 1-sépale, à tube adhérant à l'ovaire infér., 2-5-fide, le plus souv. 4-fide. Pétales 2-4. Etam. en nombre égal ou double des pétales. Style unique, à stigm. simple on 4-fide. Caps. multiloculaire, polysperme.

I. EPILOBIUM *L.* (*Epilobe.*) Cal. à 4 divis. terminant un long tube 4-gone. Cor. de 4 pét. Etam. 8. Capsule linéaire, à 4 angles obtus, à 4 valves et à 4 loges polyspermes. Semences aigrettées.

* Pétales entiers ; étamines inclinées.

1. E. SPICATUM *Lam.* (*E. en épi.*) Vulg. *Laurier-Saint-Antoine.* Tige droite, simple, rougeâtre, cylindrique. Feu. lancéolées, allongées, sessiles, entières, veinées, glabres, éparses. Fl. d'un rose vif, grandes, en épi terminal. Pédoncules longs, munis d'une bractée à la base. 4. E 2. 3. PC. Bois frais et découverts. Caen, Falaise, Valognes, Mortain, etc.

** Pétales échancrés ; étam. droites.

2. E. HIRSUTUM *L.* (*E. velu.*) Tige droite, rameuse, velue, haute de 3-5 pieds. Feu. opposées, alternes dans le haut, lancéolées-oblongues, amplexicaules, irrégulièrem. dentées, velues. Fl. purpurines, larges, terminales et nombreuses. Stigm. 4-fide. 4. E. C. Bords des eaux.

3. E. MOLLE *Lam.* (*E. à feu. molles.*) Tige peu rameuse, velue, haute de 2-3 pieds. Feu. le plus souv. opposées, sessiles, lancéolées, denticulées, molles et velues-blanchâtres. Fl. rosées, petites, terminales.
Var. *b. E. intermedium* Mér. Tige rameuse, feu. alternes, fl. un peu plus grandes. 4. E. C. Lieux humides.

4. E. MONTANUM *L.* (*E. de montagne.*) Tige simple ou peu rameuse, cylindrique, couverte d'un duvet très-court. Feu. opposées, ovales-lancéolées, dentées irrégulièr. en scie, à courts pétioles. Fl. roses, terminales, petites. Stigm. 4-fide.
Var. *b. gracile.* Tige grêle et courte; feu. à peine dentelées ; pétiole assez long ; fl. très-petites. 4. E. C. Bois, côteaux te lieux cultivés. La var. *b.* aux bords des chemins. Falaise.

5. **x. tetragonum** *L.* (*E. tétragone.*) Tige droite, légèrement tétragone dans le bas, presque glabre. Fen. linéaires-lancéolées, à dents inégales et écartées, sessiles, formant les angles de la tige par une légère décurrence, glabres. Fl. roses, petites, axillaires et terminales. Stigm. entier, en massue. ♃. E. C. Fossés.

6. **x. palustre** *L.* (*E. des marais.*) Tige droite, simple ou peu rameuse, couverte d'un duvet très-court qui se retrouve sur les bords et les nervures des feu. Feu. opposées, sessiles, linéaires, dressées, presque entières, à bords roulés. Fl. petites, d'un rose-pâle. Stigm. en massue. ♃. E. PC. Marais tourbeux, Rouen, Vire, Falaise, etc.

II. ŒNOTHERA *Linn.* (*Onagre.*) Cal. allongé, cylindrique, 4-fide. Cor. de 4 pétales. Etam. 8, à pollen visqueux. Caps. infère, légérement tétragone, 4-valve, à 4 loges polyspermes. Semences nues, non aigrettées.

1. **œ. biennis** *L.* (*O. bisannuel.* Tige droite, rameuse, velue. Feu. lancéolées, atténuées en pétiole, denticulées, un peu velues. Fl. jaunes, larges, axillaires, sessiles, odorantes, formant un épi terminal. ♂. E. PC. Landes et taillis humides, Jumièges, près de Rouen, etc.

III. ISNARDIA *L.* (*Isnardie.*) Cal. campanulé, 4-fide. Cor. nulle. Etam. 4. Style 1, filiforme. Stigm. capité. Caps. ovoïde, tétragone, 4-valve, à 4 loges polyspermes.

2. **i. palustris** *L.* (*I. des marais.*) Tiges couchées à la base, radicantes, rougeâtres, peu rameuses. Feu. opposées, ovales-arrondies, à courts pétioles. Fl. petites, sessiles, verdâtres, solitaires et axillaires. ♃. E. PC. Marais et fossés inondés. Rouen, Argentan, Bayeux, Vire, etc.

IV. CIRCÆA *L.* (*Circée.*) Cal. court, à limbe 2-fide, caduc. Cor. de 2 pét. cordiformes. Etam. 2 alternes avec les pét. Stigm. échancré. Caps. ovale, couverte de poils crochus, 2-valve, à 2 loges polyspermes.

1. **c. lutetiana** *L.* (*C. parisienne.*) Vulg. *herbe aux magiciennes.* Tige droite, peu rameuse, velue. Feu. opposées, pétiolées, ovales, pointues, presque glabres, denticulées. Fl. blanches, ponctuées de rouge, en

grappe terminale. Pédonc.
velus et reuversés après la
floraison. ♃. E. C. Bois et
lieux cultivés couverts.

V. TRAPA *L.* (*Macre.*) Cal. tubuleux , 4-fide. Pét. et
étam. 4. Style 1 , à stigm. échancré. Fruit à 2 loges ,
dont une avorte ; 1-sperme , coriace , terminé par 2-4
cornes dures et épineuses formées par les divisions du
calice.

1. T. NATANS *L.* (*M. nageante.*) Vulg. *châtaigne
d'eau.*) Tige longue, sub-
mergée , terminée par une
rosette de feu. nageantes ,
rhomboïdales , dentées en
avant , glabres en-dessus ,
velues en-dessous , portées
sur de longs pétioles souv.
renflés-vésiculeux au mi-
lieu. Les feu. submergées
sont capillaires. Fl. petites ,
verdâtres-axillaires. Fruits
(*noix*) noirs , cornés , rem-
plis d'une pulpe farineuse.
♃. E. R. Étangs et fossés.
Alençon , Saint-Hilaire-du-
Harcouet.

Le fruit de la Macre est
comestible ; son goût est à
peu près celui de la châ-
taigne.

XXXIe. Fam. HALORAGÉES *Rob. Brown.*

Cal. adhérent , 1-sépale , à limbe divisé ou nul. Pétales 3-4 , insérés au sommet du cal. ou quelquefois nuls.
Etam. 1-8. Ovaire à 3-4 loges. Style nul. Stigm. 3-4 , filiformes. Semences renversées dans les loges ; périsperme
charnu , entourant un embryon droit. — *Herbes aquatiques à feu. opposées ou verticillées.*

1. **MYRIOPHYLLUM** *L.* (*Myriophylle.*) Fl. le plus
souv. monoïques. Cal. à 4 divis. Pétales 4 , caducs , nuls
dans les fl. fem. Fl. mâles : étam. 8 , à longs filets. Fl. fem :
inférieures , à stigm. 2-4 , sessiles , velus. Fruits (*noix*)
2-4 , coriaces , globuleux , monospermes.

1. M. SPICATUM *L.* (*M. en
épi.*) Tiges flottantes , longues , rameuses. Feu. verticillées , pinnées-pectinées ,
à divis. capillaires opposées.
Fl. verdâtres ou rougeâtres
en épi interrompu , non foliacé et élevé au-dessus de
l'eau. ♃. E. C. Etangs et
fossés.
2. M. ALTERNIFLORUM *DC.*
(*M. à fl. alternes.*) Diffère du
précédent par ses feu. à divisions plus déliées et alternes et par ses épis grêles ,
composés de fl. peu nom-
breuses et toujours alternes.
♃. E. R. Ruisseaux et fossés. Falaise, Vire, Mortain.

3. M. VERTICILLATUM *L.* (*M. verticillé.*) Cette espèce a le port des précédentes, mais ses feuilles pectinées, à divis. capillaires opposées, s'étendent jusqu'au sommet de la tige, de sorte que les fl. sont verticillées à l'aisselle des feu. super.;

elles sont verdâtres.

Var. *b. M. limosum* Hect. Tiges simples, courtes; feu. pectinées, à divis. linéaires n'atteignant pas tout-à-fait la nervure médiane.

♃. E. C. Etangs, rivières. Là var. *b.* dans les fossés desséchés. Falaise.

II. CALLITRICHE *L.* (*Callitriche.*) Fl. le plus souv. monoïques. Périanthe à 2 divis. pétaloïdes. Fl. mâles : Etam. 1, filiforme, à anthère réniforme, uniloculaire, s'ouvrant transversalement. Fl. fem. : Ovaire 4-gone, formé par la réunion de 4 carpelles 1-spermes, surmonté de 2 styles.

1. C. AQUATICA *Huds.* (*C. aquatique.*) Cette plante, flottante dans les mares et les ruisseaux, varie beaucoup dans toutes ses parties, selon les saisons et la station. Tiges grêles, flottantes ou radicantes, si elle croît dans des localités humides, mais non inondées. Feu. super. ovales-oblongues ou spatulées, opposées, les terminales en rosette; feu. infér. linéaires, souvent échancrées au sommet. Fl.

petites, sessiles, axillaires, monoïques.

Var. *a. C. verna* L. Feu. 3-nervées; fruits sessiles.

Var. *b. C. autumnalis* L. Feu. uninervées; fruits sessiles à 4 ailes membraneuses.

Var. *c. C. pedunculata* DC. Feu. linéaires ou oblongues, 3-nervées, non échancrées; fruits pédonculés.

⊙. E-A. TC. Mares, fossés et ruisseaux. La var. *c.* PC. Vire, Falaise.

III. HIPPURIS *L.* (*Pesse.*) Cal. adhérent à l'ovaire, très-petit, à bord entier. Pét. o. Etam. 1. insérée sur le bord du cal. Style 1, reçu dans le sillon de l'anthère. Fruit (*noix*) 1-sperme, indéhiscent, couronné par le bord du cal. persistant.

1. H. VULGARIS *L.* (*P. commune.*) Tige simple, cylindrique sillonnée, comme articulée. Feu. verticillées,

linéaires. Fl. petites, axillaires, sessiles. ♃. E. PC. Etangs et fossés inondés.

XXXII. Fam. CÉRATOPHYLLÉES *Groy*.

Fl. monoïques. Périanthe simple, à 8-12 divis. égales. Fl. mâles : étam. 16-24, à anthères 2-3-cuspidées. Fl. fem., à ovaire comprimé, surmonté d'un style courbé. Fruit (*noix*) monosperme, indéhiscent, apiculé par le style. Périsperme nul. Cotylédons 4, dont deux plus larges, opposés. — *Plantes aquatiques.*

I. CERATOPHYLLUM *L.* (*Cornifle.*) Caractères de la famille.

1. c. DEMERSUM *L.* (*C. nageant.*) Tige rameuse, nageante. Feu. 6-8, en verticilles très-rapprochés surtout au sommet des rameaux, profondément découpées en lobes linéaires dichotomes, munis de fines dentelures épineuses. Fl. petites, axillaires, solitaires, verdâtres. Noix elliptique terminée par une corne et accompagnée de 2 autres à sa base. ♃. E. C. Rivières,

étangs et fossés. Rouen, Lisieux, Falaise, etc.

2. c. SUBMERSUM *L.* (*C. submergé.*) Diffère du précédent par ses feuilles à peine dentelées et moins rapprochées et par ses noix sans cornes ou épines ; croît dans les mêmes stations ; mais plus profondément submergé. ♃. E. R. Rouen, Isigny, etc.

XXXIII. Fam. LYTHRARIÉES *Juss.*

Cal. 1-sépale, tubuleux, libre, persistant, à 6-12 dents. Pétales 6, insérés au sommet du cal. et alternes avec ses divis. Etam. 6-12, attachées au milieu du calice. Ovaire libre. Style filiforme, à stigm. capité. Caps. à 1-2 loges, entourée ou cachée par le cal. Semences nombreuses sans périsperme, insérées sur un placenta central.

I. LYTHRUM *L.* (*Salicaire.*) Cal. cylindrique, strié à 6-12 dents dont 4-6 alternativement plus petites. Pét. 5-6, étam. 6-12. Style 1. Caps. oblongue, 2-loculaire, polysperme, cachée par le cal.

1. L. SALICARIA *L.* (*S. commune.*) Tige droite, haute de 2-3 pieds, ferme, 4-angulaire, rameuse et velue au sommet. Feu. lancéolées-allongées, cordiformes, amplexicaules, opposées ou quelquefois verticillées

par 3-4, pubescentes en-dessous. Fl. rouges en longs épis terminaux. Etam. 12 et plus. Cal. coloré. ℔. E. 2-3. TC. Bords des eaux.

2. L. HYSSOPIFOLIA L. (*S. à feu. d'hysope.*) Tige re-dressée, haute de 4-12 pouces, peu rameuse, gla-bre. Feu. linéaires, éparses, quelquefois opposées dans le bas, entières, obtuses. Fl. petites, rougeâtres, 1-2 dans les aisselles des feu. supérieures, presque ses-siles. Caps. cylindrique, re-dressée. ⊙. E. PC. Lieux hu-mides, fossés. Rouen, Alençon, Falaise, etc.

II. PEPLIS *L.* (*Péplide.*) Cal. campanulé, à 12 divis. dont 6 plus courtes, ouvertes. Pétales 6, petits, quel-quefois nuls. Etam. 6, alternant avec les pétales. Style 1. Caps. arrondie, 2-loculaire, polysperme.

1. P. PORTULA *L.* (*P. pour-pier.*) Tige couchée, radi-cante, rougeâtre, glabre, Feu. petites, arrondies, élargies, comme spatulées au sommet, glabres. Fl. rougeâtres, petites, axil-laires, solitaires et sessiles. ⊙. E. TC. Bords des étangs, des mares et des fossés, demi-desséchés.

XXXIVᵉ. Fam. TAMARISCINÉES *Desv.*

Cal. persistant à 4-5 divis. Pétales en nombre égal aux lobes du cal., alternes avec eux, et insérés à la base du cal. Etam. 4-10. Ovaire libre, 3-gone. Style 1, à 3 stigm. Caps. 3-gone, 3-valve, 1-loculaire, polysperme. Semences attachées à des placenta placés au milieu de chaque valve ou à la base.

I. TAMARIX *L.* (*Tamarix.*) Etam. 4-5. Semences couvertes d'un duvet laineux et attachées à la base des valves. Voir les autres caractéres de la famille.

1. T. GALLICA *L.* (*T. de France.*) Arbrisseau haut de 6-10 pieds, à ra-meaux nombreux et flexi-bles. Feu. très-petites, courtes, pointues, embri-quées et rapprochées sur les jeunes pousses. Fl. blan-ches ou rosées, en petites grappes ou épis serrés, lé-gèrement inclinés. ♄. P-A. PC. Bords des fossés dans les prés maritimes du Cal-vados et de la Manche.

XXXVᵉ. Fam. PORTULACEES *Juss.*

Cal. 1-sépale, à 2-3 divis. Cor. monopétale ou de 5 pétales insérés à la base au milieu du cal., quelquefois nulle. Etam. 3-12. Ovaire le plus souvent libre. Style 1, à 3-5 stigm. Caps. 1-loculaire, renfermant plusienrs ovules insérés sur des placenta centraux. Périsperme farineux.

1. PORTULACA *L.* (*Pourpier.*) Cal. persistant, comprimé, bifide au sommet. Pét. 5. Etam. 6 12. Style court, fendu en 5 stigm. Caps. 1-loculaire, polysperme, s'ouvrant en travers. (*Pyxide.*) Placenta 5, centraux.

1. P. OLERACEA *L.* (*P. cultivé.*) Plante charnue, glabre, à tige rameuse, couchée. Feu. cunéiformes, épaisses, succulentes, alternes. Fl. jaunâtres, sessiles, en paquets terminaux. ☻. E. Lieux cultivés.

Le pourpier est regardé comme rafraîchissant et adoucissant; on le mange aussi en salade.

II. MONTIA *L.* (*Montie.*) Cal. persistant, 2-3-fide. Cor. monopét. à 5 divis. dont 3 plus petites, alternes et staminifères. Etam. 3 ou 5. Style à 3 stigm. Caps. 1-loculaire, 3-valve, 3-sperme.

1. M. FONTANA *L.* (*M. des fontaines.*) Petite plante glabre, rameuse, étalée. Tige filiforme. Feu. opposées, spatulées, entières, un peu charnues. Fl. petites, blanches, en petits paquets axillaires. Pédonc. entourés à la base d'une bractée membraneuse, courbés après la floraison.

Var. *b. major* DC. Plante d'un vert gai, à longues tiges très-déliées; pédonc. pius longs.

☻. P-E. TC. Lieux humides, mares desséchées. La var. *b.* aux bords des eaux vives.

XXXVIᵉ. Fam. PARONYCHIÉES *St-Hil.*

Cal. 1-sépale, 3-5-fide ou à sép. plus ou moins soudés base. Pét. 5, squammiformes ou filiformes, semblables des étam. avortées (quelquefois nuls), insérés sur le cal. entre les divis. Etam. 3-10. Ovaire libre. Styles 2-3 distincts, ou plus ou moins soudés. Caps. tantôt indéhiscente et 1-sperme, tantôt 3-valve et polysperme.

Périsperme farineux. — *Plantes à tiges herbacées, étalées ou couchées.*

I. CORRIGIOLA L. (*Corrigiole.*) Cal. persistant, à 5 divis. Pétales 5, à peu près égaux au cal. et étam. 5, aussi périgynes. Style court, à 5 stigm. Caps. 1 sperme, 3-valve, souv. indéhiscente, triquêtre.

1. C. LITTORALIS L. (*C. des rivages.*) Tiges rameuses, filiformes, couchées. Feu. lancéolées-oblongues, petites, glauques, entières, alternes, munies à leur base de petites stip. scarieuses. Fl. blanches, très-petites, ramassées en bouquets serrés et terminaux. Cal. rougeâtres et membraneux sur les bords. ⊙. E. PC. Champs sablonneux, bords des chemins, sables maritimes. Falaise, Domfront, Alençon, Barfleur, etc.

II. HERNIARIA L. (*Herniaire.*) Cal. 5-fide. Pétales 5, filiformes. Etam. 5, alternes avec les pét. et avortant quelquefois. Styles 2. Caps. 1-sperme, indéhiscente, cachée par le cal. Semences réniformes, d'un pourpre foncé et brillantes.

1. H. VULGARIS Spreng. (*H. commune.*) Tige couchée, très-rameuse. Feu. petites, ovales-arrondies, opposées, sessiles, stipulées. Fl. très-petites, agglomérées en paquets axillaires d'un vert-jaunâtre.

Var. a. *H. glabra* L. Plante glabre ou couverte de très-courtes papilles.

Var. b. *H. hirsuta* L. Plante couverte de poils qui lui donnent une couleur d'un gris-jaunâtre.

♃. E. PC. Lieux sablonneux. Rouen, Alençon, Caen, Avranches, etc.

III. ILLECEBRUM L. (*Illécèbre.*) Cal. à 5 divis. profondes, renflées en dehors et terminées par une corne aristée. Pét. 5, squammiformes, linéaires, alternes avec les sép. Etam. 5. Stigm. 2, capités, portés sur un style très-court. Caps. 1-sperme, 5-valve, cachée par le cal.

1. I. VERTICILLATUM L. (*I. verticillé.*) Tiges rameuses à la base, déliées, couchées, glabres. Feu. petites, arrondies, sessiles, opposées, stipulées. Fl. d'un blanc rosé, axillaires, verticillées, sessiles. ♃. E. PC. Lieux humides et sablonneux, bords des étangs. Vire, Argentan, Domfront, etc.

10

IV. POLYCARPON *L.* (*Polycarpe.*) Cal. à 5 sépales plus ou moins soudés à la base, concaves, carénés, mucronés, à bords membraneux. Pétales 5, échancrés. Etam. 5-5. Styles 2-3. Caps. 1-loculaire, 3-valve, polysperme. Semences attachées à un placenta central.

1. P. TETRAPHYLLUM *L.* (*P. à 4 feuilles.*) Tiges rameuses, faibles, couchées. Feu. ovales-obtuses, glabres, stipulées, verticillées par 4. Fl. verdâtres, nombreuses, ramassées en bouquets paniculés et terminaux. Etam. 3. ☉. E. R. Côteaux incultes et bords des champs. Rouen, Granville, Jobourg, Lessay, etc.

V. SCLERANTHUS *L.* (*Gnavelle.*) Cal. en tube resserré au-dessous du limbe qui est à 4-5 divis. Pét. nuls. Etam. 5-10, insérées au sommet du cal. Caps. petite, 1-sperme, cachée par le cal. resserré au sommet.

1. S. PERENNIS *L.* (*G. vivace.*) Tige étalée, redressée, rameuse, couverte de quelques poils courbés vers le bas. Feu. opposées, linéaires, très-étroites, scarieuses et un peu réunies à la base, légèrem. ciliées. Fl. d'un blanc-verdâtre en grappes axillaires et terminales. Divisions du cal. obtuses, membraneuses-blanchâtres sur les bords, et fermées après la floraison. ♃. E. R. Lieux secs et sablonneux. Alençon.

2. S. ANNUUS *L.* (*G. annuelle.*) Cette espèce diffère de la précédente par ses tiges ordinairem. plus longues, plus étalées et plus velues. Les divis. calicinales sont pointues, à peine scarieuses et ouvertes après la floraison.

Var. *b. collinus.* Cette variété bisannuelle, à tiges plus dressées et plus courtes, a été prise par plusieurs botanistes pour le *S. perennis L.*, dont elle n'a jamais les divisions calicinales membraneuses et obtuses. ☉. E. TC. Lieux cultivés des terr. sablonneux. La var. *b.* ♂. PC. Les collines sèches. Falaise.

XXXVIIᵉ. Fam. CRASSULACÉES *DC.*

Cal. à 3-5 sépales plus ou moins soudés à la base. Cor. de 3-5 pét. alternes avec les divis. du cal. et insérées à sa base. Etam. 3-10, à filets subulés et anthères arrondies s'ouvrant par une double fissure. Ovaires en nombre égal à celui des pét. terminés chacun par un style à un seul stigm. interne et souv. pourvus d'une glande squamiforme à leur base externe. Caps. 1-loculaires, 2-valves. Semences attachées aux bords internes des valves. Périsperme charnu. — *Plantes à feu. charnues, succulentes.*

I. SEMPERVIVUM *L. (Joubarbe.)* Sép., pét. et ovaires en nombre de 6-12. Etam. en nombre double de celui des pét. Caps. 1-loculaires, polyspermes. Ecailles ovales-cunéiformes, échancrées ou découpées.

1. s. TECTORUM *L. (J. des toits.)* Feu. radicales en rosette, ovales-pointues, épaisses, succulentes, sessiles, glabres, ciliées; elles émettent une tige florifère haute de 8-12 pouces, pubescente, garnie de feu. lancéolées éparses, divisée au sommet en rameaux ouverts, chargés de fl. rougeâtres, unilatérales et sessiles. ♃. E. C. Toits et murailles.

Le suc de la Joubarbe est rafraîchissant ; il est est employé contre les hémorrhoïdes.

II. SEDUM *L. (Orpin.)* Cal. à 4-7 sép. (le plus souv. 5.) Pét. en même nombre. Etam. 5-10. Ecailles courtes, obtuses à la base des ov. Cap. 5, 1-loculaires, polyspermes.

Fleurs blanches ou rouges.

1. s. TELEPHIUM *L. (O. reprise.)* Tige ferme, droite, haute d'1-2 pieds. Feu. larges, ovales, épaisses, dentées et sessiles. Fl. rouges, en corymbe serré, feuillé et terminal. ♃. E2-3. TC. Bois, murailles et lieux rocailleux.

2. s. CEPÆA *L. (O. faux-oignon.)* Tiges faibles, couchées, rameuses, longues de 8-12 pouces, pubescentes. Feu. planes, étroites, lancéolées-spatulées, éparses ou verticillées par 3-4, très-entières. Fl. blanches, en panicule lâche. Pétales aristés. ⊙. E. PC. Murs et bords des chemins pierreux. Alençon, Evreux, Pont-Audemer, Andelys, etc.

3. s. ALBUM *L. (O. blanc.)* Vulg. souricette, petite joubarbe.) Tiges rameuses à la base, redressées. Feu. cylindriques, obtuses, charnues, éparses. Fl. blanches en cyme rameuse. ♃. E. TC. Rochers, murs et toits.

4. s. RUBENS *L. sp. (O. rougeâtre.)* Tige droite, ra-

meuse dans le haut, rougeâtre, souv. pubescente. Feu. cylindriques-fusiformes, allongées, rougeâtres ou glauques, comme pruineuses. Fl. blanches, à carène des pét. rougeâtre, axillaires, sessiles, 1-latérales, formant des cymes terminales et feuillées. Extrémité des pétales aristée et caps. pubescentes. Etam. souv. 5. ⊙. E. C. Champs pierreux et bords des chemins.

5. s. DASYPHYLLUM *L.* (*O. à feu. épaisses.*) Tiges rameuses, gazonnantes, pubescentes au sommet. Feu. ovales, obtuses, courtes, opposées, sessiles, glau-

ques, un peu ponctuées. Fl. blanches, d'abord rougeâtres, en cyme lâche. Pét. souv. 6, ovales, obtus. ♃. E. R. Vieux murs. Dieppe, Falaise (*C. Thom.*), Valognes, etc.

6. s. ANGLICUM *Huds.—(O. anglais.*) Ressemble au précédent dont il diffère par ses tiges glabres, plus grêles; ses feuilles alternes et ses fl. à 5 pétales lancéolés aigus. Sép. aigus. Fl. blanches. Filets des ét. roses. ♃. E. TC. Côteaux arides, parmi les rochers et les mousses. Falaise, Vire, Granville, Cherbourg, etc.

** *Fleurs jaunes.*

7. s. ACRE *L.* (*O. acre.*) Vulg. *vermiculaire.* Tiges droites, courtes, réunies en touffes. Feu. ovoïdes, obtuses, courtes, un peu applaties en-dessus, prolongées au-dessous du point d'insertion. Fl. jaunes, sessiles, en cyme peu rameuse. Sép. ovales, obtus. Pét. lancéolés, acuminés. ♃. E. TC. Rochers, murs, toîts et champs arides.

8. s. SEXANGULARE *L.* (*O. sexangulaire.*) Tiges dressées, rameuses. Feu. cy-

lindriques, linéaires, très-rapprochées, verticillées par 3 et paraissant disposées sur 6 rangs dans les jeunes pousses. Fl. jaunes, sessiles, peu nombreuses, en cymes 2-3-furquées. Sép. lancéolés obtus. ♃. E R. Lieux aride s. Rouen, Cherbourg, îles Chausey.

9. s. REFLEXUM *L.* (*O. réfléchi.*) Tiges droites, presque simples, hautes de 6-10 pouces, partant d'une souche rameuse et rampante, portant quelques rameaux stériles

feuillés et recourbés. Feu. cylindriques, pointues, glabres, prolongées au-dessous de l'insertion, glauques dans leur jeunesse. Fl. jaunes en cyme rameuse, penchée avant la floraison. Pétales linéaires, aigus.

Var. *b. cristatum.* Tiges luxuriantes, applaties, très-élargies et couvertes de feu. nombreuses.

♃. E. TC. Côteaux et murailles. La var. *b.* sur les rochers de Pont-d'Ouilly, près de Falaise.

III. TILLÆA *Mich.* (*Tillée.*) Cal. 3 4-fide. Pétales 3-4. Ecailles très-petites, opposées aux pét. Carpelles 3, 1-loculaires, dispermes, resserrés au milieu.

1. T. MUSCOSA *L.* (*T. mousse.*) Petite plante rougeâtre, haute de 12-15 lignes. Tiges rameuses à la base. Feu. opposées, petites, comme fasciculées par les jeunes pousses. Fl. axil-laires, très-petites, blanches, à pétales aigus, sessiles. ⊙. E. C. Côteaux pierreux, sentiers des landes sablonneuses. Alençon, Falaise, Vire, Lessay, etc.

IV. UMBILICUS *DC.* (*Ombilic.*) Cal. à 5 divis. Pétales soudés en tube 5-fide au sommet. Etam. 10, insérées sur la cor. Ecailles ovales. Carpelles 5, atténués au sommet, uniloculaires, polyspermes, terminés par un style subulé.

1. V. PENDULINUS *DC.* Cotyledon umbilicus *L.* (*O. à fl. pendantes.*) Vulg. hirondelle, nombril de Vénus. Racine tuberculeuse. Tige simple ou peu rameuse, haute de 8-12 pouces. Feu. infér. pétiolées, ombili-quées, arrondies, créne-lées; les caulinaires cu-néiformes. Fl. d'un jaune verdâtre, pendantes, en grappes droites et termi-nales. ♃. E. C. Rochers et vieux murs, principalement de la Basse-Normandie.

XXXVIII. Fam. GROSSULARIÉES *DC.*

Cal. adhérant à l'ov., campanulé, 5-fide. Pét. 5, insérés à l'entrée du cal. et alternes avec ses divis. Etam. 5, attachées aux lobes calicinaux. Style 1, 2-3 fide. Ovaire infér. Fruit (*baie*) globuleux, ombiliqué, couronné par le cal. persistant, 1-loculaire, polysperme.

Périsperme corné. — *Arbustes à fea. alternes, quelquefois épineux.*

I. RIBES *L.* (*Groseiller.*) Caractères de la famille.

1. R. RUBRUM *L.* (*G. rouge.*) Vulg. *gradelier.* Tige droite, rameuse, sans épines. Feu. à 3-5 lobes dentés, pubescentes en-dessous. Fl. verdâtres, en grappes pendantes, glabres. Bractées obtuses plus courtes que les pédicelles. Baie rouge ou jaunâtre. ♄. Pı. C. Haies, bords des rivières et généralement cultivé.

Il est superflu de citer les emplois de cet excellent fruit, cru, confit ou en sirop.

2. R. NIGRUM L. (*G. noir.*) Vulg. *cassis.* Tige droite, rameuse et inerme. Feu. larges, à 3-5 lobes pointus et dentés, couvertes en-dessous de poils glanduleux et odorans. Fl. verdâtres, en grappes lâches, pen-dantes, velues. Baie noire. ♄. Pı. Cultivé.

Ses fruits macérés dans l'eau-de-vie donnent une liqueur bien connue sous le nom de *cassis.*

3. R. UVA-CRISPA *L.* (*G. épineux.*) Tige droite, rameuse, chargée de gros aiguillons ternés. Feu. petites, pétiolées, à 3-5 lobes peu marqués, velues en-dessous. Fl. blanchâtres, solitaires ou géminées. Cal. velu. Baie jaunâtre, glabre.

Var. *b.* SATIVUM *DC.* Vulg. *groseiller à maquereaux.* Baie hérissée de gros poils caducs.

♄. Pı. C. Haies et bords des ruisseaux. La var. *b.* est généralem. cultivée. Il y en a aussi à baies rouges.

XXXIXᵉ. Fam. SAXIFRAGÉES *Vent.*

Cal. adhérent, à 4-5 sépales plus ou moins soudés à la base. Pét. 4-5 insérés au sommet du cal. et alternes avec ses lobes, quelquefois nuls. Etam. libres en nombre égal ou double de celui des pét. ou des sép. Ovaire semi-infère. Styles 2-4-5. Stigm. 2, dilatés au sommet. Caps. formée de 2 carpelles soudés, 2-loculaire, 2-valve, s'ouvrant entre les styles par un pore. Quelquefois le fruit est une baie à 4-5 loges. Semences nombreuses, périsperme charnu. — *Plantes herbacées, à feuilles souvent charnues.*

I. **SAXIFRAGA** *L.* (*Saxifrage.*) Cal. à 5 divis. adhérent, persistant. Pétales 5, un peu onguiculés. Etam. 10.
Styles 2. Caps. 2-loculaire, polysperme, s'ouvrant par un
pore entre les styles.

1. S. GRANULATA *L.* (*S. gra-
nulée.*) Racine fibreuse, munie de petits tubercules. Tige
droite, pubescente, vis-
queuse, haute de 10-15
pouces. Feu. réniformes, à
larges crénelures, les infér.
pétiolées. Fl. blanches,
assez grandes en corymbes
paniculés, terminaux. ♃.
P2. TC. Côteaux et prés
secs.

2. S. TRIDACTYLITES *L.* (*S.

à trois doigts.*) Petite plante
visqueuse, rameuse, haute
de 4-6 pouces. Feu. 3-lo-
bées, épaisses, rongeâtres;
les caulin. cunéiformes-li-
néaires. Fl. blanches, petites, axillaires et terminales.
Var. *b. pusilla,* tige simple,
très-courte; feu. entières,
linéaires, une seule fl. terminale.
⊙. P-E. Murs, toits et
champs sablonneux.

II. **CHRYSOSPLENIUM** *L.* (*Dorine.*) Périanthe
simple, adhérant à l'ovaire, à 4-5 divis. libres, coloré.
Etam. 8-10. Caps. 1-loculaire, 2-valve, polysperme, terminée par 2 styles persistans.

1. C. OPPOSITIFOLIUM *L.* (*D.
à feu. opposées.*) Plante délicate, succulente, peu velue. Tiges couchées et rameuses à la base. Feu. opposées, réniformes et en
coin, crénelées. Fl. jau-
nâtres, au sommet de
courts pédonc. terminaux,
feuillés. ♃. P1-2. C. Lieux
ombragés et humides,
bords des ruisseaux.

2. C. ALTERNIFOLIUM *L.* (*D.
à feu. alternes.*) Diffère de
la précédente par ses feu.
alternes réniformes; les infér. sont plus arrondies,
profondément crénelées,
portées sur de longs pé-
tioles. ♃. P1. R. Bords des
ruisseaux. Falaise, pays de
Bray.

III. **ADOXA** *L.* (*Adoxe.*) Périanthe simple, à 4-5. divis. adhérentes, muni de 2-4 écailles extér. Pétales nuls.
Etam. 8-10. Styles 4-5. Fruit (baie) globuleux à 4-5 loges
1-sperme. Graines à bords membraneux.

1. A. MOSCHATELLINA *L.* (*A.
musquée.*) Plante délicate,

glabre, glauque, à odeur
un peu musquée, à racui

écailleuse et à tige faible, haute de 6 pouces environ, chargée de 2 feu. opposées vers son milieu. Feu. pétiolées, biternées. Fl. verdâtres, 4-5, réunies en un petit capitule terminal. La fl. supér. à 10 étam., 5 sépales et 5 styles; les autres n'ont que 8 étam., 4 sép. et 4 st. ♃. P. TC. Lieux frais et ombragés.

XL°. Fam. OMBELLIFÈRES *Juss.*

Cal. adhérent à l'ovaire, à bord muni de 5 dents, ou entier, souv. à peine visible. Pétales 5, insérés sur l'ovaire ou sur le bord d'une glande (*stylopode*) qui le couvre. Etam. 5, alternes avec les pét. et ayant la même insertion. Styles 2 persistans, divariqués. Stigm. 2. Fruit composé de 2 carpelles (*akènes*) agglutinés par leur face interne et par le calice qui les enveloppe, chargés chacun sur leur face extérieure de 5 côtes plus ou moins proéminentes qui s'étendent quelquefois en ailes membraneuses à leur maturité. Ces deux carpelles se séparent du bas et sont attachés par le haut à un axe (*carpophore*) filiforme, central. Fl. disposées en ombelles dont les rayons portent souvent des ombellules. Rayons des unes et des autres, tantôt munis à leur base de folioles souv. en collerette (*involucre* et *involucelle*), tantôt nus. — *Tiges herbacées, striées, sillonnées, à feu. le plus souvent divisées très-profondément et à pétiole engaînant.*

Obs. Le suc des ombellifères est, en général, aromatique et excitant, quelquefois narcotique. Leurs semences renferment les mêmes propriétés stimulantes à un plus haut degré. Les racines, dont quelques-unes sont alimentaires, sont sucrées.

Les Ombellifères ont tant de rapports entr'elles, que les caractères génériques sont très-difficiles à définir.

* *Ombelles parfaites, à rayons portant des ombellules.*

† *Feuilles composées.*

(a) *Fruits ovales, comprimés, souvent ailés.*

1. ANGELICA *L.* (*Angélique.*) Cal. à peu près nul. Pét. lancéolés, entiers, acuminés, courbés. Fruit comprimé, à 3 côtes dorsales élevées et 2 latér. ailées-membraneuses. Carpophore 2-partité. Involucre le plus souv. nul. Involucelle polyphylle.

1. A. **sylvestris** *L.* (*A. sauvage.*) Tige droite, fistuleuse, rameuse et pubescente dans le haut, pruineuse. Feu. 2-3-pinnées, à fol. ovales-lancéolées, dentées, pointues à pétiole largement engaînant. Fl. blanches en ombelle à rayons pubescens. Invo-lucre quelquefois 1-2-phylle. ♃. E. TC. Lieux humides.

On cultive généralement dans notre province l'Angélique (*Angel. archangelica L.*) dont les tiges sont employées confites au sucre ou macérées dans l'eau-de-vie.

II. HERACLEUM *L.* (*Berce.*) Cal. 5-denté. Pét. échancrés, courbés, inégaux; ceux des fl. extér. plus larges, rayonnans, bifides. Fruit elliptique, comprimé, strié, entouré d'un large bord mince, échancré. Ombelles à rayons nombreux. Involucre caduc, à 1-2 fol., souvent nul. Involucelle à plus. fol. fines, sétacées.

1. H. **spondylium** *L.* (*I. brane-ursine.*) Tige droite, haute de 3-4 pieds, hérissée. Feu. pubescentes-scabres, ailées, à fol. oblongues, pinnées, à lobes incisés-dentés. Fl. blanches.

Var. *b. elegans* Jacq. Feu. à lobes étroits, lancéolés-linéaires, incisés à la base. ♃. E. TC. Prés et bois frais. La var. *b.* PC. Vire, Falaise.

III. TORDYLIUM *L.* (*Tordyle.*) Cal. 5-denté. Pét. ovales échancrés, infléchis, ceux des fl. extérieures, larges, bifides, rayonnans. Fruit comprimé, orbiculaire, entouré d'un rebord épaissi, tuberculeux-rugueux. Involucre et involucelle à 4-8 fol. inégales.

1. T. **maximum** *L.* (*T. élevé.*) Tige droite, rameuse, sillonnée, hérissée de poils réfléchis. Feu. pinnées, à 5-7 fol. dentées, hispides, le lobe terminal lancéolé, très-long. Fl. blanches en ombelles resserrées. Fruits hispides. ⊙. E. PC. Côteaux arides, haies et buissons. Alençon, Caen, Lisieux, etc.

IV. PASTINACA *L.* (*Panais.*) Cal. à 5 dents presque nulles. Pétales entiers, infléchis. Fruit comprimé, ovale-arrondi, à 5 nervures dont les 2 latérales élargies. Involucre et involucelle nuls. — *Herbes à racines fusiformes, charnues.*

1. P. SATIVA *L.* (*P. cultivé.*) Tige élevée, sillonnée, haute de 2-5 pieds, pubescente, rameuse. Feu. ailées, à fol. ovales-oblongues, dentées-lobées, velues, hérissées. Fl. jaunes. ♂. E. C. Lieux incultes, prés et bords des chemins.

La variété cultivée a les lobes des feuilles plus larges et à peu près glabres. Sa racine est alimentaire.

V. PEUCEDANUM *Koch.* (*Peucédane.*) Cal. à 5 dents très-petites. Pét. ovales oblongs, égaux, infléchis, échancrés. Fruit comprimé, strié, entouré d'un rebord plane, élargi. Involucre et involucelle polyphylles, le premier quelquefois nul.

* 1. P. OFFICINALE *L.* (*P. officinal.*) Tige striée, rameuse, glabre. Feu. 3-4-pinnées, fol. linéaires, longues, aiguës. Fl. jaunes. Involucre caduc à 3 fol. sétacées. Involucre 8-10, fol. fines, égales. Fruit à peine bordé. ♃. E. R. Prés humides et ombragés. Rouen, Saint-Germain-sur-Ay. (*De Gerv.*)

2. P. PARISIENSE *DC.* (*P. de Paris.*) Tige glabre, striée, simple. Feu. 3-4-pinnées, à fol. linéaires, étroites, lobes linéaires, nervés, divariqués. Involucres et involucelles à 8-10 fol. linéaires, sétacées-subulées. Fl. blanches. ♃. E. R. Bois et prés. Rouen, (*DC.*) Caen.

3. P. CHABRÆI *Gaud.* (*P. de Chabræus.*) Tige glabre, feuillée, striée, peu rameuse. Feu. pinnées, à segmens disposés en croix autour du pétiole, trilobés, à divis. linéaires aiguës. Fl. blanches. Ombelles à rayons inégaux. Involucre nul. Involucelle à 2-3 fol. sétacées. ♃. E. R. Bois, côteaux et prés. Rouen, Andelys, Mantes, etc.

VI. SELINUM *Hoffm.* (*Sélin.*) Cal. à peu près nul. Pét. ovales échancrés. Fruit comprimé, chargé de 5 côtes saillantes; les deux latérales ailées-membraneuses. Involucre nul ou 1-phylle. Involucelle polyphylle.

1. S. CARVIFOLIA *L.* (*S. à feu. de carvi.*) Tige droite, glabre, sillonnée, peu rameuse. Feu. 3-pinnées. Fol. simples, 3-fides, ou pinnatifides. Fl. blanches en ombelles à rayons glabres, assez fournies. Involucelle

à 6-8 fol. ♃. E. R. Prés et Mantes , Saint - Philbert
bois humides. Rouen , près de Falaise.

VII. **ORLAYA** *Hoffm. Caucalis* L. (*Orlaye.*) Cal. à 5
dents. Pét. 2-fides , infléchis, ceux des bords de l'omb.
beaucoup plus grands. Fruit ovale , comprimé, applati ,
chargé de poils rudes rangés sur les côtes. Involucre et
involucelle polyphylles.

1. O. GRANDIFLORA *Hoffm.*
(O. *grandiflore.*) Tige rameuse , dichotome, glabre.
Feu. 2-3 pinnées , à fol.
linéaires , courtes , un peu
velues et d'un vert-pâle.
Fl. blanches. Fol. des involucres scarieuses sur leurs
bords. ◉. E. R. Moissons.
Rouen , Evreux , etc.

(b.) *Fruits ovoïdes ou arrondis pyriformes.*

VIII. **CAUCALIS** L. (*Caucalide.*) Cal. à 5 dents. Pét.
ovales , émarginés , infléchis , les extérieurs rayonnans,
bifides. Fruit ovoïde oblong , hérissé de poils épars ou
rangés sur les côtes. Ombelle à rayons peu nombreux.
Involucre et involucelle à plusieurs fol. simples, rarement
nuls.

1. C. LATIFOLIA *L. Turge-
nia* Hoffm. (*C. à larges
feuilles.*) Tige simple ,
droite , hispide , haute de
10-18 pouces. Feu. pinnées,
à lobes allongés , dentés-
pinnatifides , hérissées.
Fl. blanches ou rougeâtres,
en ombelle à 2-3 rayons.
Fruits chargés sur les côtes
de longs poils violacés. Involucres à 3-5 fol. scarieuses sur les bords. ◉. E. C.
Moissons des terr. calc.
Rouen, Eu , Lisieux, Fa-
laise , etc.

2. C. DAUCOÏDES *L.* (C.
fausse carotte.*) Tige ra-
meuse-ouverte , haute de
8-12 pouces , glabre ou
seulement velue sur les
gaines des feu. et dans le
bas. Feu. 2-3-pinnées , à
découpures courtes et pointues. Fl. blanches ou un
peu rosées en ombelles à 3
rayons, ombellules 3-flores.
Involucre nul ou à une fol.
Involucelle 3-phylle. Fruits
gros , hérissés sur les côtes
de longues pointes cro-
chues. ◉. E. C. Moissons
des terr. calc.

3. C. ANTHRISCUS *Scop.
Torilis* Gmel. DC. (C. *An-
thrisque.*) Tige rameuse,
tortueuse , haute de 2-4
pieds , velue-hispide. Feu.
ailées , à lobes-incisés-pin-
natifides , le terminal très-

long , lancéolé , pointu.
Fl. blanches ou rougeâtres,
petites, en ombelle à 6-8
rayons pubescens. Fruits
ovoïdes , hérissés de poils
courts et raides. Involucre
et involucelle à 4-5 fol. linéaires subulées. ⊙. E.
TC. Haies et buissons.

4. c. ARVENSIS *Huds.*
Scandix infesta L.(*C. des
champs.*)Tige très-rameuse,
diffuse , haute d'un pied
environ. Feu. ailées , à
lobes pinnatifides , le termin. lancéolé - linéaire ,
denté en scie, et plus long
que les autres. Fl. blanches.
Pétales extér. rayonnans.
Fruits hérissés de poils
violacés , crochus, Invo-
lucre nul ou à une fol. ⊙.
E. TC. Moissons.

5. c. NODOSA *Huds. Torilis*
Gœrtn. (*C. nodiflore.*)Tiges
couchées , de 8-12 pouces ,

hérissées. Feu. 2-pinnées,
à lobes aigus , velues. Fl.
blanches en ombelles res-
serrées , portées sur de
courts pédicelles latéraux.
Fruits hérissés de longues
pointes , ceux du centre
à poils caducs. ⊙. E. C.
Côteaux secs et bords des
chemins.

6. c. SCANDICINA *Roth.*
(*C. Scandix.*) Tige droite,
simple ou rameuse do haut,
presque glabre. Feu. mol-
les , 3-4-pinnées , à fol.
pinnatifides , ovales , mucronées , velues - ciliées,
Fl. blanches en ombelles
à 3-6 rayons portées sur de
courts pédonc. latéraux ,
quelquefois sessiles. Involucelles à fol. linéaires-lancéolées. Fruits pointus, hérissés de poils blancs. ⊙.
P-E. C. Lieux incultes, décombres, pied des murs.

IX. DAUCUS *L.* (*Carotte.*) Cal. à 5 dents très-petites.
Pét. échancrés , infléchis , les extér. rayonnans, plus
larges , bifides. Fruits ovoïdes-oblongs, hérissés de poils
raides. Fl. en ombelles d'abord planes, ensuite concaves
après la floraison. Involucre polyphylle à fol. longues ,
pinnatifides.

1. D. CAROTA *L.* (*C. commune.*) Tige droite., hispide, haute d'un à 3 pieds.
Feu. 2-3-pinnées, velues.
Fl. blanches, avec un fleuron central, avorté, pur-
purin. Fruits hérissés de

pointes égales à son dia-
mètre. Involucres aussi
longs que les ombelles.
Var. *b.* sativus. Racine
fusiforme, jaune ou rouge.
♂. E. TC. Côteaux et
prés secs, bois découverts.

La var. b. est cultivée à cause de sa racine alimentaire, qui est très-sucrée et adoucissante.

2. D. HISPIDUS *Desf.* (*C. hispide.*) Cette espèce n'est peut-être qu'une variété de la précédente, due à la station maritime. Sa tige est épaisse, rameuse, hérissée de nombreux poils blancs, ouverts, réfléchis dans le bas de la plante.

Feu. larges, bipinnées, velues, à lobes obtus dans les infér. Fl. blanches en ombelles très fournies. Involucres à fol. pinnatifides, scarieuses sur les bords infér., plus courtes que l'omb. Fruits hérissés de longues pointes, un peu crochues ou rameuses au sommet. ♂. E-A. P. C. Bords de la mer, falaises de Dieppe, Cherbourg, Granville, etc.

X. CORIANDRUM *L.* (*Coriandre.*) Cal. à 5 dents. Pét. échancrés, infléchis; ceux des fl. extér. rayonnans, 2-fides. Fruits globuleux chargés de stries ou côtes légères. Involucre nul.

1. C. SATIVUM *L.* (*C. cultivée.*) Tige glabre, rameuse, haute d'un à 2 pieds. Feu. infér. 2 pinnées, à fol. larges, ovales, lobées-dentées, les super. à lobes linéaires. Fl. blanches en ombelles de 5-8 rayons. ⊙. E. Cette plante, cultivée pour sa graine aromatique, se trouve quelquefois dans les moissons des environs de Rouen.

XI. SILAUS *Besser.* Cal. à peu près nul. Pét. ovales-oblongs, entiers, infléchis, appendiculés à la base. Fruits ovales-arrondis, striés, les côtes latérales formant un rebord. Involucre 1 2-phylle ou nul. Involucelle polyphylle.

1. S. PRATENSIS *Bess.* Peucedanum silaus *L.* (*S. des prés.*) Tige droite, rameuse, anguleuse, glabre. Feu. radicales 3-4-pinnées, à fol. linéaires mucronées, entières ou 2-partites, les termin. 3-partites. Fl. jaunâtres, en ombelle à 8-10 rayons. Invol. à fol. blanchâtres. ♃. E-A. C. Prés humides, fossés.

XII. CRITHMUM *L.* (*Crithme.*) Cal. à bord entier. Pétales arrondis, entiers, infléchis. Fruit ovoïde, strié, à côtes latérales formant un peu le rebord, entouré d'un péricarpe spongieux. Involucre et involucelle polyphylles.

1. C. MARITIMUM *L.* (*C. maritime.*) Vulg. *percepierrs, criste-marine.* Tige droite, lisse, peu rameuse, haute de 8-12 pouces. Feu. 2 fois ailées, à fol. longues, linéaires, charnues. Fl. blanches en ombelles portées sur des pédonc. courts. ♃.

E. C. Rochers maritimes.

Cette plante exhale de ses parties froissées une odeur aromatique résineuse assez agréable. Ses feuilles, confites dans le vinaigre, se mangent en assaisonnement.

XIII. ŒNANTHE *L.* Cal. persistant, à 5 dents fines, comme épineuses. Pétales ovales, émarginés, infléchis, ceux des bords de l'ombelle plus grands, 2-fides. Fruits ovoïdes-oblongs, terminés par les 2 styles longs et redressés. Ombellules globuleuses, à fl. de la circonférence stériles, celles du disque sessiles. Involucre variable, involucelle polyphylle.

1. Œ. FISTULOSA *L.* (*Œ. fistuleux.*) Racine fibreuse, rampante, avec quelques tubercules allongés. Tige cylindrique, striée, lisse, fistuleuse, haute de 2-3 pieds. Feu. radicales 2-pinnées, à fol. cunéiformes-lobées, les supér. pinnées à lobes linéaires. Pétioles fistuleux. Fl. blanches en ombelles à 2-4 rayons serrés. Involucre nul ou 1-phylle. Involucelle à 6-8 fol. Fruits turbinés, à côtes épaisses. ♃. E. C. Prés humides, marais, fossés.

2. Œ. PEUCEDANIFOLIA *Poll.* (*Œ. à feu. de peucédane.*) Racine composée de tubercules se prolongeant en fibres grêles. Tige droite, rameuse, sillonnée, haute d'1-2 pieds. Feu. radicales 2-pinnées, les caulin. pinnées; toutes à lobes linéaires allongés. Fl. blanches en ombelle à 5-8 rayons. Involucre nul ou monophylle. Involucelle de 8-10 fol. avortées. Fruits oblongs resserrés au-dessous du cal. persistant qui les couronne. ♃. E. C. Lieux marécageux.

3. Œ. PIMPINELLOÏDES *L.* (*Œ. pimprenelle.*) Racine à fibres fasciculées, cylindriques, renflées à la base en tubercules ovoïdes. Feu. radicales 2 pinnées, à lobes cunéiformes incisées, les caul. à longues découpures linéaires, entières. Fl. blanches. Involucre polyphylle. Involucelle à 5-6 fol. Fruits striés, oblongs, plus longs que les pédic.

Var. *b. OE. chærophylloïdes*
Pourr. Tubercules à l'ex-
trémité des fibres, comme
pédonculés. Feu. radic. cunéiformes.

♃. E. PC. Marais, Rouen,
Falaise, Valognes, etc.

4. œ. CROCATA *L.* (*OE. safrané.*) Racine composée
de gros tubercules allongés,
fasciculés. Tige rameuse,
forte, sillonnée, haute de
2-4 pieds, pleine d'un suc

jaunâtre, surtout à sa base.
Feu. 2-pinnées, à lobes cunéiformes incisés. Fl. blanches en ombelle large de
10-20 rayons écartés. Involucre et involucelle polyphylles. Fruits oblongs,
plus longs que les pédic.
♃. E. C. Bords des rivières.
Falaise, Vire, Bayeux,
Mortain, etc.

Cette plante est très-vé-
néneuse, et on ne peut trop
s'en défier.

XIV. PHELLANDRIUM *L.* (*Phellandre.*) Ce genre
diffère du précédent par ses fl. toutes pédonc. et fertiles,
ses pétales égaux et son fruit surmonté de styles courts.

1. P. AQUATICUM *L.* (*P.
aquatique.*) Tige très-
épaisse, comme conique
à sa base, fistuleuse, cannelée, à rameaux nom-
breux, très-ouverts. Feu.
2-3-pinnées, à lobes ovales,
écartés-incisés. Fl. petites,

blanches, en ombelles terminales, portées sur de
courts pédonc. opposés aux
feu. Involucre le plus souv.
nul. Involucelle à 6-7 fol.
Fruits oblongs, striés. ♃.
E. C. Etangs et fossés.

XV. PIMPINELLA *L.* (*Boucage.*) Cal. sans bord visible. Pét. ovales, échancrés, infléchis. Fruit ovale,
oblong, strié, couronné par un stylopode épaissi et 2
styles à stigm. globuleux. Involucre et involucelles nuls.
Ombelles penchés avant la floraison.

1. P. MAGNA *L.* (*B. a
grandes feuilles.*) Tige
droite, haute de 2-3 pieds,
rameuse, glabre, sillonnée.
Feu. ailées, à larges folioles,
ovales, dentées, lobées.
Fl. blanches en ombelles
de 10-12 rayons. Fruits
ovoïdes, striés, glabres.
♃. E. C. Lieux incultes,
bords des bois et fossés.

2. P. SAXIFRAGA *L.* (*B. saxifrage.*) Tige peu rameuse,
striée, à peu près glabre,
haute d'un à 2 pieds. Feu.
radic. ailées, à 5-7 fol. ovales-arrondies, dentées; les
caulin. à divisions linéaires.
Fl. blanches en ombelles
à 10-15 rayons, accompa-
gnées de feu. à peu près réduites au pétiole engaînant.

Var. *b.* *P. nigra* Willd. Plante couverte de poils grisâtres.

♃. E. TC. Prés secs et côteaux,

3. *p.* DISSECTA *Retz.* (*B. découpé.*) Diffère de la précédente par ses feuilles qui sont toutes 2-pinnées et à lobes profonds, linéaires et pointus. Ce n'est peut-être qu'une variété de l'une des deux premières espèces. ♃. E. PC. Lieux secs et sablonneux. Falaise, Vire, etc.

XVI. CARUM *Koch.* (*Carvi.*) Cal. sans bord visible. Pétales réguliers, échancrés, ovales, infléchis. Stylopode déprimé. Fruit ovoïde oblong à 5 stries égales dont les 2 latérales marginales, couronné par 2 styles réfléchis. Involucre et involucelle polyphylles.

* 1. C. BULBOCASTANUM *Koch.* *Bunium* L. (*C. terre-noix.*) Racine tubéreuse-arrondie. Tige peu rameuse, droite, striée, haute de 12-18 pouces. Feu. 2-3 fois ailées, à découpures linéaires. Fl. blanches en ombelles assez amples. Involucre à 7-8 fol. linéaires subulées. Fruits ovoïdes, épaissis au sommet. ♃. E. R. Moissons. Rouen, Bayeux. (*Chesn.*)

2. C. VERTICILLATUM *Koch.* *Sison* L. (*C. verticillé.*) Ra- cines fasciculées. Tige droite, peu rameuse, grêle, haute d'1-2 pieds. Feu. pinnées, à fol. opposées, découpées en lobes linéaires filiformes, rayonnans, comme verticillés autour du pétiole. Fl. blanches en ombelles de 10-12 rayons. Involucres de 5-6 fol. ovales. Fruit ovoïde, comprimé, à stylopode rougeâtre après la floraison. ♃. E. C. Prés humides. Falaise, Vire, Mortain, Forges, etc.

XVII. BUNIUM *L.* Cal. sans bord visible. Pétales réguliers, ovales, courbés en cœur. Fruit comprimé, ovale-oblong, à stries obtuses. Stylopode conique, styles droits. Involucre nul ou à une fol.

1. B. DENUDATUM *L.* (*B. sans involucre.*) Racine tubéreuse, arrondie. Tige simple ou peu rameuse, grêle, nue et flexueuse dans le bas. Feu. 2-3 fois ailées, à découpures étroites, linéaires, incisées. Fl. blan- ches. Involucre nul ou à une seule fol. avortée. ♃. E. C. Bois, prés et côteaux secs.

La racine, bonne à manger, est connue sous le nom de *génotte*; elle a un goût de noisette un peu âcre.

XVIII. AMMI *L.* Cal. sans bord visible. Pétales infléchis, échancrés, à lobes inégaux ; ceux de la circonférence de l'omb. plus grands. Fruit arrondi-comprimé, ovoïde, lisse, strié. Involucre pinnatifide. Involucelle à fol. entières.

1. A. MAJUS *L.* (*A. élevé.*) Tige droite, glabre, striée, rameuse. Feu. pinnées ; les infér. à lobes lancéolés dentés en scie ; les supér. à divisions linéaires également dentées. Fl. blanches en ombelles assez amples. Involucres à fol. trifides. Involucelle à fol. sétacées.

Var. *b. A. glaucifolium L.* Plante glauque. Toutes les feu. à découpures étroites, linéaires.

◉. E. PC. Lieux incultes, bords des champs. Caen, Contances, Lisieux, etc. La var. *b.* Rouen.

XIX. APIUM L. (*Ache.*) Cal. sans bord visible. Pétales arrondis, égaux, infléchis. Fruit ovoïde ou globuleux, strié. Involucre et involucelle nuls ou peu foliolés.

1. A. GRAVEOLENS *L.* (*A. fétide.*) Tige ferme, grosse, rameuse, à sillons profonds. Feu. ailées, à fol. larges, ovales-arrondies, incisées-dentées ; les caulin. cunéiformes. Fl. jaunâtres, en ombelles axillaires et sessiles. ♂. E. PC. Marais et fossés. Caen, Lisieux, Valognes, etc.

Le *céleri* est une variété cultivée de cette plante. On mange ses tiges étiolées en salade. Il paraît que la culture détruit le principe vénéneux que l'on croit exister dans le type sauvage.

2. A. PETROSELINUM (*L. A. persil.*) Tige glabre, striée, noueuse, haute de 2-3 pieds. Feu. 2 fois ailées, à fol. ovales, cunéiformes, incisées ; les supér. linéaires. Fl. d'un blanc-jaunâtre, en ombelles terminales, pédonculées. Invol. nul ou à 1-2 fol. Involucelle à 3-6 fol. ♂. E. C. Lieux cultivés, murs et rochers. Généralement cultivé.

Le Persil est une plante potagère ; on en cultive aussi une var. à feu. crépues, sous le nom de *P. frisé.*

XX. SIUM (*L. Berle.*) Cal. nul ou à 5 dents très courtes et inégales. Pétioles lancéolés ou échancrés, à sommet infléchi. Fruit ovoïde, oblong, sillonné, un peu comprimé latéralement. Styles réfléchis. Involucre variable ; involucelle polyphylle. —*Fl. blanches.*

1. S. LATIFOLIUM *L.* (*B. à larges feuilles.*) Tige ferme, haute de 2-3 pieds, rameuse, sillonnée, droite. Feu. pinnées, à fol. ovales-lancéolées, régulièrement dentées en scie, mucronées. Ombelles terminales. Involucre et involucelle à 5-6 fol. linéaires, aiguës. Fruit ovoïde sillonné. ♃. E. C. Rivières, fossés.

2. S. ANGUSTIFOLIUM *L.* (*B. à feu. étroites.*) Tige dressée, rameuse, sillonnée, assez grosse du bas. Feu. infér. pinnées à fol. ovales, dentées ; les supér. à fol. incisées, quelquefois trifides. Ombelles terminales ou portées sur des pédonc. assez longs opposés aux feu. caulinaires. Fruit strié, arrondi. Involucre à 5-6 fol. Involucelle 3-5-phylle. ♃. E. A. PC. Fossés, rivières. Caen, Alençon, Falaise, etc.

3. S. NODIFLORUM *L.* (*B. nodiflore.*) Vulg. *Bêle.* Tige couchée, striée, fistuleuse, émettant des racines des nœuds inférieurs. Feu. pinnées, à fol. ovales-lancéolées, dentées. Ombelles presque sessiles, opposées aux feu. Invol. 1-2 phylle ; involucelle à 4-5 fol. lancéolées. Fruits ovoïdes-globuleux. ♃. E. TC. Ruisseaux, fossés, etc.

4. S. REPENS *L.* (*B. rampante.*) Tige faible, étalée, couchée, radicante. Feu. pinnées, à fol. petites, ovales, dentées-incisées, la terminale trilobée. Ombelles pédonculées, opposées aux feu. Fl. petites. Involucre et involucelle de 4-6 fol. Fruit arrondi. ♃. E. R. Marais, Rouen, Alençon, Falaise, pays de Bray.

5. S. SEGETUM *Lam. Sison L.* (*B. des Moissons.*) Tige rameuse, grêle, raide, un peu étalée. Feu. pinnées, à fol. petites, arrondies, incisées, peu nombreuses dans les feu. caulinaires. Ombelles terminales, à 2 ou 3 rayons inégaux, penchés, pauciflores. Involucre 2-phylle ; involucelle à 4-5 folioles étroites. Fruit ovoïde, strié. ⊕. E. C. Lieux cultivés, bords des chemins, dans les terr. calc.

6. S. AMOMUM *Roth. Sison L.* (*B. Amome.*) Tige grêle, droite, à rameaux ouverts, haute de 2-3 pieds. Feu. radicales, à 5-7 fol. lancéolées, finement dentées ; les supér. incisées, ou en lanières étroites, entières. Ombelles terminales et latérales, à rayons peu nombreux. Involucre et involucelle à 2-3 fol. étroites. Fruit ovoïde-globuleux. ♂.

E. C. Lieux argilleux, bords des champs, haies, etc.

Plante à odeur forte, dont les semences et les racines sont diurétiques et carminatives.

7. s. INUNDATUM *Lam. Sison L. Helosciadium* Koch. (*B. inondée.*) Tige nageante, radicante, faible. Feu. sub-mergées, à divis. capillaires; les supér. nageantes pinnées, à 3-5 fol. petites, élargies et incisées, 5-fides au sommet. Ombelles très-petites, latérales, à rayons peu nombreux et pauci-flores. ♃. E. PC. Etangs, fossés. Falaise, Caen, Vire, etc.

XXI. ÆGOPODIUM *L.* (*Égopode.*) Cal. à bord presque nul. Pét. ovales, échancrés, infléchis. Fruit oblong, un peu comprimé latéralement, chargé de 5 stries. Styles réfléchis. Involucre et involucelle nuls.

1. Æ. PODAGRARIA *L.* (*E. des goutteux.*) Tige droite, haute de 1-2 pieds, striée. Feu. 2 fois ternées, à fol. ovales-lancéolées, pointues, dentées. Fl. blanches, en ombelles composées d'une vingtaine de rayons. ♃. E. C. Vergers, jardins, bords des rivières.

XXII. SMYRNIUM *L.* (*Maceron.*) Cal. à bord à peu près nul. Pétales pointus, infléchis. Fruits ovoïdes, globuleux, comprimés, chargés de 3 nervures saillantes, sillonnées. Involucres le plus souvent nuls.

1. S. OLUSATRUM *L.* (*M. ache-noire.*) Tige droite, rameuse, haute de 2-3 pieds. Feu. infér. trois fois ternées, à fol. arrondies-ovales, dentées ou même lobées, luisantes; les supér. ternées. Fl. jaunâtres, en ombelles à 12-15 rayons. ♂. E. R. Lieux cultivés et pâturages. Rocher de Tombelaine, près du Mont-St-Michel, Carentan, etc.

La racine et les graines sont diurétiques et emmenagogues.

XXIII. FŒNICULUM *All.* (*Fenouil.*) Cal. à bord à peu près nul. Pét. arrondis, entiers, infléchis. Fruit allongé, lenticulaire, comprimé, à 5 nervures peu saillantes, obtuses. Involucre et involucelle nuls.

1. F. OFFICINALE *All. Anethum fœniculum L.* (*F. officinale.* Plante aromatique, exhalant une odeur agréable. Tige droite, cylindrique, striée, haute de

3-6 pieds. Feu. 2-3 fois ailées, à divisions longues et capillaires. Fl. jaunes en ombelles larges et terminales. ♃. E. C. Côteaux pierreux.

XXIV. SESELI *L.* Cal. à 5 dents courtes. Pét. ovales, échancrés, infléchis. Fruit ovoïde-oblong, strié. Ombellules courtes, arrondies. Involucre et involucelle polyphylles, le premier souvent caduc. — *Fl. blanches.*

1. s. LIBANOTIS *Koch. Athamantha L. (S. Libanotide.)* Tige droite, rameuse, cannelée, haute de 1-2 pieds, garnie au collet de pétioles desséchés, fibreux. Feu. radic. 2-pinnées ; les supér. pinnées, à fol. incisées-pinnatifides, à lobes aigus, lancéolés. Ombelles terminales, serrées, amples et convexes. Involucre et involucelles polyphylles sétacés. Carpelles hérissés.

Var. *b. pubescens* DC. Tiges et feuilles pubescentes.

— ♃. E3 A2. PC. Côteaux secs. Rouen, Caen, Falaise, les Andelys, etc.

2. s. MONTANUM *L. (S. de montagne.)* Tige droite, striée, peu rameuse, haute de 2-3 pieds. Feu. infér. 2-3-pinnées, à fol. linéaires, courtes et souv. trifides ; les supér. à longues divis. étroites, simples. Ombelles de 8-12 rayons. Involucre 1-3-phylle caduc ; involucelle à fol. nombreuses, sétacées. Carpelles ovoïdes, glauques.

Var. *b. S. glaucum* L. Plante glauque.

♃. E. R. Côteaux secs. Evreux, Rouen, les Andelys, Valognes.

XXV. CICUTA *L. (Ciguë.)* Cal. à 5 dents foliacées. Pét. ovales, échancrés, infléchis. Fruit ovoïde-arrondi, muni de 5 côtes, dont les 2 latérales forment un rebord. Involucre 1-phylle ou nul ; involucelle polyphylle.

* 1. c. VIROSA *L. (C. Vireuse.)* Tige fistuleuse, sillonnée, haute de 1-2 pieds, rameuse. Feu. 2-3 pinnées, à fol. linéaires-lancéolées, allongées, incisées-dentées. Fl. blanches en om-

belles axillaires, lâches. Involucelle à fol. sétacées. ♃. E. TR. Étangs et fossés. Pays de Bray. (*Fl. de R.*)

Le suc de cette plante est un poison très-dangereux.

XXVI. CONIUM *L.* Cal. à bord nul. Pét. ovales, échancrés, infléchis. Fruit ovoïde-globuleux, à 5 côtes obtuses, crénelées. Involucre à fol. peu nombreuses, réfléchies. Involucelle 3-phylle, unilatéral.

1. C. MACULATUM *L.* (*C. taché.*) Vulg. *grande cig. ë, chue.* Tige cylindrique, glabre, tachetée de violet-noirâtre. Feu. molles, 2-3-pinnées, à fol. lancéolées, pinnatifides, incisées, pointues. Fl. blanches, en ombelles ouvertes. ♂. E. TC.

Bords des champs, fossés, décombres.

Cette plante, dont l'odeur est forte et désagréable, est un poison violent. Elle est regardée comme résolutive et employée en cataplasmes.

XXVII. ÆTHUSA *L.* (*Éthuse.*) Cal. à bords nuls. Pétales échancrés, infléchis. Fruit ovoïde-globuleux, à 5 côtes saillantes; les latérales formant rebord. Involucre le plus souv. nul; involucelle de 3-5 fol. linéaires-subulées.

1. Æ. CYNAPIUM *L.* (*E. ache de chien.*) Vulg. *petite ciguë.* Tige droite, rameuse, glabre, haute de 1-2 pieds. Feu. 2-pinnées, à fol. pinnatifides, à lobes

incisés, étroits et aigus, d'un vert foncé. Fl. blanches, en ombelles de 10-12 rayons. ☉. E. TC. Lieux cultivés.

Plante vénéneuse.

(c) *Fruits allongés ou subulés.*

XXVIII. SCANDIX *L.* Cal. à bord nul. Pétales ovales, tronqués, infléchis. Fruits sillonnés, un peu comprimés, terminés en long bec, à 5 côtes obtuses. Involucre nul; involucelle à 5 fol. lancéolées, aiguës.

1. S. PECTEN VENERIS *L.* (*S. Poigne de Vénus.*) Vulg. *Aiguille.* Tige rameuse, un peu étalée, haute de 6-10 pouces, striée, pubescente. Feu. pinnées, à fol. multifides

finement découpées. Fl. blanches en ombelles de 2-3 rayons; les fl. centrales mâles, stériles. Fruits linéaires, très-longs, un peu hérissés. ☉. E. TC. Moissons.

XXIX. CHÆROPHYLLUM *L.* (*Cerfeuil.*) Cal. à bord nul. Pétales échancrés, inégaux, infléchis; les extérieurs souv. plus grands. Fruits lisses ou à peine striés, allongés, terminés par un bec à 5 stries. Involucre le plus souv. nul; involucelle polyphylle.—*Fl. blanches.*

1. C. SYLVESTRE L. (*C. sauvage.*) Tige droite, rameuse, velue dans le bas, haute de 2-3 pieds, renflée aux articulations. Feu. 2-3 pinnées, à découpures lancéolées, pointues, pinnatifides, incisées, glabres. Ombelles de 8-12 rayons. Involucelle de 2-3 fol. lancéolées, ciliées. Fruits lisses, noirâtres à la maturité. ♃. P. TC. Prés et haies.

2. C. TEMULUM L. (*C. enivrant.*) Tige rameuse, hérissée, renflée aux articul. tachetée d'un violet-noirâtre; haute de 2-3 pieds. Feu. 2 pinnées, à fol. incisées, obtuses, velues.

Ombelles de 10-12 rayons; d'abord penchés. Involucre quelquefois à une fol. Involucelle à 5-6 fol. ovales ciliées. Fruits striés. ♃. P. E. TC. Haies.

3. C. CEREFOLIUM Crantz. (*C. cultivé.*) Tige rameuse, glabre, renflée aux artic. haute de 1-2 pieds. Feu. 2-3-pinnées, à fol. ovales, incisées - pinnatifides, élargies, glabres. Ombelles latérales, à courts pédonc. opposés aux feu. Fruits allongés - linéaires. Involucelles de 2-3 fol. ⊕. E. C. Plante potagère, diurétique et résolutive, généralement cultivée.

†† *Feuilles simples.*

XXX. BUPLEVRUM L. (*Buplèvre.*) Cal. nul. Pét. arrondis, entiers, égaux, roulés en-dedans. Fruit arrondi, strié, comme tronqué au sommet. Involucre variable. Involucelle 5 phylle. — *Plantes glabres à fl. jaunes.*

1. B. ROTUNDIFOLIUM L. (*B. à feu. rondes.*) Tige droite haute de 10-15 pouces, peu rameuse. Feu. ovales arrondies, amplexicaules ou perfoliées. Involucre nul. Involucelle à 5 fol. ovales plus longues que l'ombellule. ⊕. E. C. Moissons des terr. calc.

2. B. FALCATUM L. (*B. en faux.*) Tiges dures, rameuses à la base, canne-

lées, sinueuses. Feu. radicales elliptiques-lancéolées; les supér. étroites, courbées en faux. Ombelles petites, à 6-9 rayons. Involucre 1-3-phylle. Involucelle à 5 petites fol. linéaires plus courtes que l'ombellule.

Var. *b. petiolare* DC. Feu. radicales ovales, à longs pétioles.

♃. E. PC. Côteaux secs des terr. calc. Rouen, Falaise, Caen, etc.

5. B. ARISTATUM *Bartl.* (B. aristé.) Tige courte, dressée, rameuse, haute de 2-6 ponces. Feu. linéaires, à 3 nervures. Involucelle à 5 fol. lancéolées, 3-nervées, aristées, plus longues que l'ombellule. ⊙. E. TR. Terrains sablonneux. *Miellos* de Cherbourg.

4. B. TENUISSIMUM *L.* (B. menu.) Tiges grêles, raides, rameuses dès la base, étalées. Feu. linéaires, étroites. Fl. presque sessiles en ombelles latérales et terminales. Involucelles à 5 fol. courtes, lancéolées linéaires, un peu plus longues que les ombellules.

Var. *b. nanum.* DC. Tiges courtes, rameuses, diffuses. ⊙. E. R. Lieux sablonneux. Caen, Falaise, Dieppe, Troarn.

** *Fleurs réunies en tête ou en ombelles imparfaites.*

XXXI. SANICULA *L.* (*Sanicle.*) Cal. à 5 petites dents. Pét. dressés, égaux, bidentés et courbés au sommet. Styles longs. Fruit ne se divisant point en deux, ovoïde globuleux, hérissé de pointes dures et crochues. Involucre et involucelle polyphylles.

1. B. EUROPÆA *L.* (S. d'Europe.) Tige à peu près nue, glabre, haute d'un pied environ. Feu. palmées, à 3-5 lobes, profonds, dentés, incisés, trifides, longuem. pétiolées. Fl. blanches, petites, en ombellules globuleuses. Ombelles à 3 rayons ♃. P. TC. Bois.

La sanicle, regardée comme vulnéraire et astringente, est maintenant à peine employée en médecine.

XXXII. HYDROCOTYLE *L.* Cal. nul. Pét. entiers, égaux. Fruit orbiculaire, comprimé, chargé de quelques nervures. Fleurs petites ramassées en ombelles simples, semblables à des verticilles. Involucre de 2-4 fol.

1. H. VULGARIS *L.* (H. commun.) vulg. *écuelle d'eau.* Tige rampante. Feu. peltées, orbiculaires, crénées, à longs pétioles bistipulés. Fl. blanches ou rosées en ombelles axillaires de 5-8 fl. ♃. E. C. Lieux humides.

XXXIII. ERYNGIUM *L.* (*Panicaut.*) Cal. à 5 dents. Pét. dressés, connivens, échancrés, infléchis. Fruit ovale-oblong, strié, hérissé d'écailles et couronné par les dents du cal. — *Fl. blanches en capitule; feu. épineuses,*

1.–E. CAMPESTRE *L.* (*T. des champs.*) vulg. *chardon roland ou roulant.* Tige rameuse, glabre, Feu. coriaces, vertes, nerveuses, ailées, à fol. décurrentes, épineuses. Fl. en têtes, nombreuses et terminales, ♃. E. C. Champs arides et bords des chemins.

Sa racine passe pour apéritive et diurétique.

2. E. MARITIMUM *L.* (*P. mar. tim.* (Tige cylindrique, assez grosse, d'une couleur glauque-blanchâtre, ainsi que les feu. qui sont pétiolées dans le bas, arrondies, larges, plissées, à lobes épineux; les supér. sont sessiles, courtes, anguleuses et épineuses. Involucres à 5 6 fol. larges, arrondies, plus longues que les capitules. ♃. E. C. Sables maritimes.

XLI. Fam. CAPRIFOLIACÉES *Juss.*

Cal. 1-sépale, adhérant à l'ovaire, à 4 - 5 dents, souv. muni de 2 bractées à sa base. Cor. tantôt monopét. à 4-5 lobes, tantôt de 4-5 pét. élargis à la base, Etam. en nombre égal aux divis. de la cor. et insérées dessus dans les fl. 1-pétales, sur le cal. dans les polypétales. Fruit (capsule ou baie) le plus souv. couronné par les dents du cal., à 2-5 loges, rarem. une seule; chacune à 1-4 semences. Style 1 ou nul. Stigm. 1-3. — *Arbres ou arbrisseaux à feu. opposées et fleurs le plus souv. en cymes,*

I. LONICERA *L.* (*Chèvrefeuille.*) Cal. urcéolé, à 5 dents, corolle tubulée à 5 divis. inégales, comme bilabiée, le lobe infér. allongé, roulé. Etam. 5. Baies simples ou géminées, à 3-4 loges polyspermes.

1. L. PERICLYMENUM *L.* (*C. des haies.*) Arbrisseau à longues tiges volubiles, grimpantes. Feu. ovales, glabres, opposées, non soudées entre elles. Fl. jaunes-rougeâtres, en têtes terminales. Baie simple. ♄. E. TC. Bois et haies.

11. VIBURNUM *L.* (*Viorne.*) Cal. à 5 lobes courts, cor. campanulée, à 5 divis. Etam. 5. Stigm. 3 sessiles. Baie monosperme. — *Fl. blanches en cymes terminales.*

1. V. LANTANA (*V. lantane.*) Vulg. *Cochène.* Arbrisseau à écorce farineuse. Feu. ovales, dentées, veinées et cotonneuses en-dessous. Fl. toutes fertiles. Baies rouges, noires à la maturité. ♄. E. C. Bois et haies, surtout dans les terr. calc.

2. V. OPULUS L. (*V. obier.*)

Vulg. *rose de gay.* Arbrisseau à feu. glabres, à 3 lobes pointus et dentés. Fl. de la circonférence de la cyme, stériles, planes et plus larges. Baies rouges. ♄. E. C. Bois et haies.

Une variété, ayant toutes les fleurs stériles, est cultivée dans les jardins sous le nom de *Boule de neige* ou de *Rose de Gueldres.*

III. SAMBUCUS *L.* (*Sureau.*) Cal. 5 fide. Cor. en roue à 5 lobes. Etam. 5. Stigm. 3, sessiles. Baie arrondie, trisperme. — *Fl. blanches en cyme.*

1. S. NIGRA L. (*S. noir.*) Vulg. *Sus.* Arbrisseau à bois cassant dont le centre est rempli d'une moëlle abondante dans les rameaux. Feu. opposées, imparipinnées à 5-7 fol. ovales lancéolées, dentées. Fl. blanches, odorantes, en cyme 5-partite. ♄. P. TC. Haies.

L'infusion des fleurs de sureau est stimulante et sudorifique. Ses baies et sa seconde écorce sont purga-

tives et anti-hydropiques.

2. S. EBULUS L. (*S. yièble.*) Tige herbacée, rameuse, cannelée, remplie de moëlle. Feu. imparipinnées à 7-9 fol. lancéolées plus longues que dans l'espèce précédente. Fl. rougeâtres en-dessous, en cyme 3 partite. ♃. E. TC. Champs, bords des chemins, fossés, etc.

Mêmes propriétés médicinales que le *S. nigra.*

IV. CORNUS *L.* (*Cornouiller.*) Cal. à 4 dents. Pét. et étam. 4. Style 1. Stigm. 1. Drupe renfermant un noyau à 2 loges 1-spermes.

1. C. MAS L. (*C. mâle.*) Arbrisseau à feu. opposées, à courts pétioles ovales, pointues, légèrement velues en-dessous. Fl. d'un vert-jaunâtre en petites cymes munies d'une collerette de 4 fol. ovales, et

fleurissant avant les feuilles. Fruits rouges, oblongs, comestibles, acidules, connus sous le nom de *Cornouilles.* ♄. P1-2. R. Bois et haies. Rouen, Bayeux, etc.

1

2. C. SANGUINEA *L.* (*C. Sanguin.*) Arbrisseau à rameaux lisses, d'un beau rouge pendant l'hiver. Feu. opposées, ovales, pétiolées et pointues. Fl. blan-ches en cymes terminales, sans écailles à la base, fleurissant après les feu. Fruits petits, noirs. ♄. P3. TC. Bois et baies.

V. HEDERA *L.* (*Lierre.*) Cal. à 5 dents. Pét. et étam. 5. Style 1. Stigm. 1. Baie globuleuse, ombiliquée, 5-sperme.

1. H. HELIX *L.* (*L. rampant.*) Arbrisseau à tiges sarmenteuses, rampantes ou grimpantes; en vieillissant, les rameaux se redressent et sont arborescens. Feu. pétiolées, coriaces, persistantes, anguleuses et lobées dans les jeunes tiges, ovales et entières dans les vieilles. Fl. verdâtres en grappe arrondie. Baie brune. ♄. A3. TC. Vieilles murailles, rochers et troncs d'arbres.

On se sert des feuilles de lierre pour panser les exutoires.

XLIIᵉ. Fam. LORANTHÉES *Rich.*

Cal. adhérent, 1-sépale, à bord entier, avec 2 bractées à la base. Cor. tantôt monopétale plus ou moins divisée, tantôt à plusieurs pétales élargis à la base. Etam. 4. Style 1. Fruit (baie) 1-loculaire, 1-sperme, Fl. souv. dioïques. Feu. opposées, entières.

I. VISCUM *L.* (*Gui.*) Dioïque. Cal. à bord entier peu saillant. Cor. de 4 pétales courts, élargis et soudés à la base. Fl. mâles à 4 anthères sessiles sur la cor. Fl. fem. : Ov. inf. bordé au sommet. Style court terminé par un stigm. en tête. Baie renfermant une semence entourée d'une pulpe très-visqueuse.

1. V. ALBUM *L.* (*G. blanc.*) Sous-arbrisseau, rameux-dichotome, à tige articulée. Feu. coriaces, ovales, obtuses, sessiles. Fl. jaunâtres, en petits épis axillaires. Baies arrondies, blanches. ♄. P. TC. Parasite sur les pommiers, les peupliers, les épines, etc.

XLIIIᵉ. Fam. RUBIACÉES *Juss.*

Cal. adhérent, 1-sépale à 4-6 lobes, quelquefois nul,

Cor. 1-pét. régulière, insérée au sommet du tube du cal. à 4-5 divis., rarement 6. Etam. en nombre égal aux pét. avec lesquels elles alternent et insérées sur la cor. Style 1. Stigm. 1-2. Fruit biloculaire, 2-sperme. Périsperme corné entourant un embryon droit. —*Plantes à tiges herbacées, 4-gones et à feu. verticillées, sessiles.*

I. RUBIA *L.* (*Garance.*) Cal. adhérent, à rebord nul. Cor. campanulée, ouverte, à 4-5 divis. Etam. 4-5. Baies géminées, arrondies, glabres.

1. R. PEREGRINA *L.* (*G. voyageuse.*) Tiges carrées, fermes, garnies de dents crochues sur les angles. Feu. persistantes, verticillées par 4-6, lancéolées, aiguës, bordées de dents dures, blanchâtres et crochues. Fl. paniculées, jaunâtres, à 5 lobes lancéolés, aristés. ♃. E. R. Haies, côteaux et rochers maritimes. Cherbourg, Saint-Jean-le-Thomas, etc.

2. R. LUCIDA *L.* (*G. luisante.*) Diffère de la précédente par ses tiges presque lisses, ses feu. quaternées, luisantes en-dessus et ses fl. blanchâtres, à 5 lobes moins brusquement aristés. ♃. E. R. Haies, côteaux. Dreux, Rouen, Thury-Harcourt.

La racine du *R. tinctorum* L. qui est cultivé sous le nom de Garance, renferme un principe colorant d'un beau rouge très solide.

II. ASPERULA *L.* (*Aspérule.*) Cal. à bord nul. Cor. en entonnoir à 4 divis. Etam. 4. Fruits secs, en forme de baies géminées, globuleux, 1-spermes, non couronnés par le limbe du cal.

1. A. ODORATA *L.* (*A. odorante.*) Vulg. petit muguet. Souche rampante, émettant des tiges droites, simples, glabres. Feu. verticillées par 4-8, lancéolées, ciliées. Fl. blanches, paniculées, terminales. Fruits hérissés de poils blancs. ♃. P2. PC. Bois couverts. Argentan, Falaise, Vimoutiers, etc.

Cette plante, en séchant, exhale une odeur agréable. Elle était employée autrefois comme vulnéraire, tonique et excitante.

2. A. ARVENSIS *L.* (*A. des champs.*) Tige droite, pubescente, peu rameuse. Feu. linéaires, obtuses, un peu hérissées sur les bords,

verticillées par 6-8 fol. Fl. bleues, réunies en têtes terminales entourées d'une collerette de bractées linéaires, longuem. ciliées. ⊙. E. R. Moissons. Gisors, Vernon, Vimoutiers, etc.

3. A. CYNANCHICA *L.* (*A. à l'esquinancie.*) Racine fibreuse, rougeâtre et très-rameuse. Tige conchér, étalée, à rameaux grêles. Feu. quaternées dans le bas, simplem. opposées dans le haut, linéaires, roulées sur les bords, glabres. Fl. blanches ou rosées en petites panicules ouvertes. Fruits tuberculeux. ♃. E. C. Bords des chemins et côteaux secs des terr. calc.

III. SHERARDIA *L.* (*Sherardie.*) Cal. adhérent, à 4 lobes persistans, couronnant 2 semences sèches, accolées. Cor. 4-fide, infondibuliforme. Etam. 4.

1. S. ARVENSIS *L.* (*S. des champs.*) Tiges herbacées, couchées. Feu. verticillées par 6-8, lancéolées, pointues, scabres; les supér. formant un involucre au-dessous des fl. qui sont terminales, rosées ou bleuâtres. ⊙. P-A. TC. Champs, lieux cultivés.

IV. GALIUM *L.* (*Gaillet.*) Cal. à 4 dents très-petites. Cor. en roue, 4-fide. Etam. 4. Style 2-fide. Fruit sec, formé de 2 sem. globuleuses, accolées, nues.

† *Fruits glabres, non tuberculeux.*

1. G. CRUCIATUM *Scop. Valantia L.* (*G. croisette.*) Tiges simples, redressées, velues, garnies de feu. verticillées par 4, trinervées, ovales, hérissées d'un vert-jaunâtre. Fl. jaunes, polygames, en petites grappes axillaires. Fruits glabres, rugueux, réfléchis à la maturité. ♃. P. TC. Haies et lieux incultes.

2. G. VERUM *L.* (*G. vrai.*) Tiges rameuses, souv. couchées et comme ligneuses à la base. Feu. verticillées par 8, linéaires, glabres, rou-lées en-dessous. Fl. jaunes, odorantes, en grappes, au sommet de rameaux florifères courts et formant une panicule assez serrée.

Var. *b. asparagifolium.* Tiges hautes, dressées, garnies de nombreux rameaux pubescens, couverts de feu. menues. Pays d'Auge.

Var. *c. littorale.* Tiges basses et couchées. Fl. en panicules courtes et peu fournies. Sables maritimes.

♃. E. C. Côteaux, prés et bois, principalement des terr. calc.

Cette plante, improprement nommée *Caille-Lait*, est regardée comme antispasmodique.

3. G. ULIGINOSUM L. (*G. des tourbières.*) Tiges faibles, scabres sur les angles, luisantes, rameuses. Feu. verticillées par 6-8, lancéolées, mucronées, rétrorso-scabres, souv. réfléchies. Fl. blanches, en grappes pauciflores, latérales et terminales. Cor. plus grandes que les fruits qui sont granuleux. ♃. E2-3. R. Prés et marais tourbeux. Falaise, Lisieux, etc.

4. G. PALUSTRE L. (*G. des marais.*) Tiges couchées, rameuses, presque lisses. Feu. verticillées par 4, ovales-lancéolées, obtuses, lisses sur les bords. Fl. blanches, en petites panicules latérales, divergentes.

Var. *b. G. constrictum* Chaub. Tiges scabres, feu. verticillées par 6, linéaires. Pédonc. non divergens.

♃. E. C. Marais et bords des eaux.

Cette plante noircit par la dessication.

5. G. MOLLUGO L. (*G. blanc.*) Tiges élevées, rameuses, renflées aux articulations, souvent pubescentes, scabres sur les angles. Feu. verticillées par 8, ovales-lancéolées, mucronées, scabres sur les bords. Fl. blanches en large panicule étalée. Cor. à lobes aristés.

Var. *b. G. elatum* Thuil. Tiges très-hautes. Feu. larges, molles, arrondies.

Var. *c. G. scabrum.* Witth. Tiges raides, peu élevées, velues et scabres dans le bas.

♃. E. TC. Bois et haies.

6. G. SYLVESTRE *Poll.* (*G. des forêts.*) Tiges grêles, couchées à la base. Feu. verticillées par 6, linéaires, mucronées, glabres; les infér. plus courtes et plus larges, rétrorso-scabres. Fl. blanches en panicule lâche et terminale. Lobes de la cor. mucronés.

Var. *a. G. glabrum* Schrad. *G. læve.* Thuil. Tiges glabres.

Var. *b. G. Bocconi* All. Tiges hispides-velues, au moins dans le bas.

♃. E. C. Landes, bords des bois et côteaux. Terr. cale.

7. G. SAXATILE L. *G. harcynicum* Weigh. DC. (*G. des rochers.*) Tiges couchées, à rameaux nombreux, très-garnis de feu. glabres, obovales-arrondies, verticillées par 5-6. Fl. blanches, ra-

massées au sommet de pédonc. courts et rameux. Fruits granuleux.

♈. E. C. Côteaux, parmi les rochers. Rouen, Falaise, Vire, etc.

-8. G. ANGLICUM *Huds.* (*G. anglais.*) Tiges menues, couchées, très-rameuses, divariquées, scabres. Feu.

verticillées par 6-8, linéaires-lancéolées, acérées, réfléchies, hispides, scabres. Fl. petites, blanchâtres. Fruits granulés.

Var. *b. G. pari iense* L. Fruits quelquefois hérissés. Gisors.

☉. E. PC. Moissons des terr. calc. Rouen, Evreux, Falaise, etc.

†† *Fruits tuberculeux, hérissés ou poilus.*

9. G. APARINE *L.* (*G. grateron.*) Tiges rameuses, faibles, allongées, à articulations velues et renflées; très-scabres sur les angles. Feu. verticillées par 8, lancéolées, longuement mucronées, hérissés de poils crochus. Fl. blanches, petites, portées sur de longs pédonc. Fruits assez gros, couverts de poils crochus. ☉. E. TC. Haies et lieux cultivés.

10. G. SPURIUM *L.* (*G. bâtard.*) Tiges couchées, hérissées de poils raides et crochus, à articulations glabres. Feu. verticillées par 6, très-scabres sur les bords, lancéolées. Fl. blan-

ches, petites, portées sur des pédonc. rameax plus longs que les feu. Fruits gros, tuberculeux.

Var. *b. G. Vaillantii* DC. Fruits hispides.

☉. E. R. Lieux cultivés. Rouen, Neufchâtel, Falaise.

11. G. TRICORNE *With.* (*G. à 3 cornes.*) Tiges assez raides, redressées, hautes de 12-18 pouces, très-hérissées. Feu. verticillées par 6-8, lancéolées, très-scabres sur les bords. Fl. blanchâtres. Pédonc. triflores, ouverts, de la longueur des feu. Fruits gros, tuberculeux. ☉. E. C. Moissons des terr. calc. Rouen, Caen, Falaise, été.

XLIVe. Fam. VALÉRIANÉES *DC.*

Cal. 1-sépale, adhérent, à limbe droit denté, ou entier et se déroulant en aigrette à la maturité. Cor. 1-pétale, tubuleuse, à 5 divis. inégales, quelquefois gibbeuse ou éperonnée à la base. Style 1. Stigm. 1-3. Étam.

1-5. Caps. indéhiscente à 1-3 loges, 2 avortent souvent. *Herbes à feu. opposées. Fl. en panicule ou en corymbe.*

I. VALERIANA *L.* (*Valériane.*) Cal. à bord roulé en-dedans et se développant à la maturité en aigrette plumeuse couronnant un fruit 1-sperme. Cor. 1-pétale, tubuleuse, gibbeuse ou éperonnée à la base, à 5 divis. Etam. 1-3. Style 1, à 3 stigm.

1. V. OFFICINALIS *L.* (*V. officinale.*) Vulg. *herbe aux coupures.* Tige haute de 2-3 pieds, sillonnée. Feu. pinnées, à folioles dentées, lancéolées, velues. Fl. d'un blanc-rosé, paniculées. ♃. P-E. TC. Bois et prés humides.

La racine est employée comme antispasmodique.

2. V. DIOICA *L.* (*V. dioïque.*) Tige haute de 8-15 pouces, lisse. Feu. infér. ovales, les supér. pinnées à fol. en-tières. Fl. dioïques d'un blanc-rosé, en panicule capitée, resserrée dans les individus à fl. fem. ♃. P-E. C. Prés marécageux.

3. V. RUBRA *L.* Centranthus DC. (*V. rouge.*) Tige cylindrique, lisse, fistuleuse. Feu. ovales-lancéolées, glabres, glauques. Fl. rouges, rarem. blanches, paniculées. Etam. 1. Cor. éperonnée à la base. ♃. P. C. Naturalisée sur les vieux murs.

II. VALERIANELLA *Tourn. Valeriana L.* (*Valérianelle.*) Cal. persistant à 1-5 lobes petits, dressés. Cor. 1-pétale tubuleuse, 5-fide, inégale. Etam. 3. Caps. à 3 loges dont 2 le plus souvent stériles. — *Fleurs d'un blanc rosé, terminales, en corymbe, entourées de bractées ciliées.*

Toutes les espèces suivantes, qui ont les plus grands rapports entr'elles, sont connues sous les noms vulgaires de *boursette, mâche, royale.* On les mange en salade.

1. V. OLITORIA *Moench.* (*V. potagère.*) Tige droite, rameuse, ouverte. Feu. allongées, lancéolées, entières, ou un peu dentées et ciliées à la base. Fruit ovoïde, glabre, rarement velu, 1-3-loculaire, nu au sommet. ☉. P. C. Lieux cultivés, jardins.

2. V. CARINATA *Lois.* (*V. carénée.*) Tige faible, étalée, pubescente dans le bas. Feu. oblongues, entières, obtuses. Fruit ovoïde, nu

au sommet, glabre, ca-
réné d'un côté, creusé de
l'autre, à 3 loges, dont 2
vides. ◉. P. PC. Champs et
lieux cultivés. Rouen, Caen,
Gisors, etc.

3. V. AURICULA *DC.* (*V.*
auriculée.) Tige dressée,
4-gone, bifurquée dans le
haut. Feu. lancéolées; les
supér. pointues, ayant 2-3
dents à la base. Fruit
ovoïde, sillonné, glabre,
couronné par le cal. dont
une dent plus longue le fait
paraître comme tronqué,
3-loculaire; 2 loges stériles.
◉. P. R. Moissons. Rouen,
Evreux, Falaise.

4. V. ERIOCARPA *Desv.* (*V.*
à fruit velu.) Tiges courtes,
velues à la base. Feu. dentées près de la tige. Fruit
1-loculaire, anguleux, hérissé de poils sur les angles,
couronné par le cal. évasé,
à 6 dents. ◉. P. R. Côteaux,
moissons. Alençon, Evreux,
Falaise.

5. V. DENTATA *DC.* (*V.*
dentée.) Tige droite, 4-

gone un peu scabre, ra-
meuse, bifurquée au som-
met. Feu. lancéolées-linéaires, dentées à la base. Fruit
ovoïde, glabre, un peu
anguleux, couronné par le
cal. à 3-5 lobes dont un plus
grand, à 3 loges dont 2 avortées. ◉. P. C. Champs en
friche. Rouen, Falaise, etc.

6. V. CORONATA *DC.* (*V.*
couronnée.) Tige droite, rameuse et pubescente au
sommet. Feu. lancéolées,
dentées à la base. Fl. en
têtes serrées. Fruit ovoïde,
pubescent, couronné par
le cal. à 6 dents allongées,
filiformes, courbées à la
pointe, à 3 loges, dont 2
vides. ◉. P. R. Alençon,
Laigle, etc.

* 7. V. VESICARIA *Mœnch.*
(*V. vésiculeuse.*) Tige velue. Feu. dentées, les supér.
lobées à la base. Fruit
ovoïde, velu, terminé par
un cal. membraneux, vési-
culeux, à dents concen-
triques. ◉. P. R. Pays de
Bray.

XLV.° Fam. DIPSACÉES *Juss.*

Fl. terminales, aggrégées en capitule sur un réceptacle commun et entourées d'un involucre polyphylle.
Cal. double; l'extérieur 1-sépale, entier ou lobé, libre;
l'intérieur membraneux. Cor. 1-pétale, tubuleuse, à 4-5
lobes. Etam. 4, à anthères 2-locul. Style et stigm. 1.

Fruit monosperme, indéhiscent, couronné par le limbe du cal. Périsperme charnu. — *Feu. herbacées à feu. opposées.*

I. **DIPSACUS** *L.* (*Cardère.*) Cal. extér. 4-gone, tronqué, persistant ; l'intér. velu, caduc. Cor. 1-pétale, tubuleuse, 4-lobée: Réceptacle conique, garni de paillettes épineuses dépassant les fleurs.

1. D. SYLVESTRIS *Willd.* (*C. sauvage.*) Vulg. *chardon à peignes.* Tige droite, cannelée, garnie d'aiguillons. Feu. lancéolées, connées, sinueuses, épineuses sur la nervure. Fl. bleuâtres en capitule oblong. Paillettes épineuses, droites. ♂. E. C. Bords des champs.

2. D. FULLONUM *Will.* (*C. à foulon.*) Vulg. *chardon à bonnetier.* Diffère du précédent par ses feu. plus connées, moins longues, ses capitules allongés dont les paillettes sont recourbées au sommet. ♂. E. Cultivé, principalement à Vire, pour l'usage des drapiers qui l'emploient pour tirer les laines des tissus qu'ils fabriquent.

3. D. PILOSUS *L.* (*C. pilus.*) Tiges rameuses, hispides. Feu. dentées, velues, pétiolées, auriculées. Fl. blanches ou bleuâtres en capitule arrondi. Paillettes du récept. longuem. velues-ciliées. ♂. E. C. Bords des fossés, des rivières. Rouen, Eu, Falaise, Valognes, etc.

II. **SCABIOSA** *L.* (*Scabieuse.*) Involucre polyphylle. Cal. double ; l'extér. membraneux, 4 gone ; l'intér. concave, à 4-8 lobes subulés. Cor. à 4-5 divis. souv. inégales. Fruits couronnés par le cal. Réceptacle poilu ou paléacé.

† *Corolle à 5 lobes.*

1. S. SUCCISA *L.* (*S. à racine tronquée.*) Vul. *mors du Diable, tête de loup.* Tige simple, un peu velue. Feu. lancéolées, entières ; les supér. incisées, étroites. Fl. bleues, rarem. blanches, en tête arrondie longuement pédonculée. Cor. à 5 lobes égaux. Réceptacle paléacé. ♃. B3. A. C. Prés et bois découverts.

1. S. COLUMBARIA *L.* (*S. colombaire.*) Tige rameuse, grêle, pubescente. Feu. radicales ovales, dentées-crénelées ; les supér. pin-

natifides à lobes plus ou moins linéaires. Fl. bleuâtres, purpurines ou blanches, en capitule déprimé, plus larges à la circonférence. Cor. à 5 divis. iné-gales. Graines surmontées de 5 filamens noirs. Réceptacle paléacé. ♃. E. C. Prés secs, bords des chemins. Terr. calc.

†† *Corolle à 4 lobes.*

5.s. ARVENSIS *L. Knautia* Coult. Dub. (*S. des champs.*) Tiges rameuses, velues hispides. Feu. pinnatifides, à lobes incisés-dentés ; quelquefois elles sont entières dans le bas. Fl. d'un bleu-rougeâtre, ou blanches, plus grandes à la circonférence. Involucre à folioles ovales. Réceptacle poilu. ♃. E. TC. Prés, champs, bords des chemins.

XLVIe. Fam. SYNANTHÉRÉES *Rich.*

COMPOSÉES *Adan.*

Fl. réunies en tête arrondie (*Calathide*), entouré d'un Involucre ou calice commun, formé d'un ou plusieurs rangs d'écailles ou folioles, et portées sur un réceptacle alvéolé, tantôt nu, tantôt poilu ou paléacé. Le calice particulier de chaque fleuron est quelquefois entier, peu distinct et comme nul; le plus souvent il est transformé en paillettes ou en aigrettes qui couronnent le fruit (*achène*) Cor. 1-pétale, tantôt fendue et allongée en languette entière ou dentée au sommet (*demi-fleuron*), tantôt régulière, tubuleuse, à limbe 5-fide (*fleuron*). Étam. 5, soudées en tube par leurs anthères et à filets distincts. Style 1, traversant le tube formé par les anthères. Stigm. simple ou à 2 divis. glanduleuses intérieurement, et poilues extérieurement. Fruit 1-loculaire, indéhiscent, monosperme. Périsperme nul.

Les capitules ou *calathides* sont formés, tantôt de fleurons tous tubuleux, à limbe régulièrement 5-fide (*flosculeuses*), tantôt de fleurons tous à corolle fendue et prolongée latéralement en languette (*semi-flosculeuses*), tantôt enfin de fleurons réguliers tubuleux au centre et de fleurons en languette à la circonférence (*radiées.*)

Les plantes de cette nombreuse famille sont en général toniques et stimulantes.

Ire. Divis. CORYMBIFÈRES *Vaill.*

Fl. flosculeuses ou radiées. Réceptacle membraneux ou peu charnu. Stigm. non articulé sur le style.

† *Graines aigrettées.*

I. **EUPATORIUM** *L.* (*Eupatoire.*) Involucre imbriqué, cylindrique, à écailles oblongues. Fleurons tubuleux, hermaphrodites, peu nombreux. Style très-long, 2-fide. Réceptacle nu. Graines cannelées. Aigrette à poils simples.

1. **E. CANNABINUM** *L.* (*E. chanvrin.*) Tige haute de 3-4 pieds, un peu anguleuse, velue, rameuse. Feu. opposées, sessiles, à 3 lobes larges, dentés. Fl. rougeâtres, quelquefois blanches, en corymbe terminal peu serré. Styles saillans. ♃. E2-3. TC. Fossés, bords des rivières, etc.

On regarde cette plante comme vulnéraire. Sa racine est purgative.

II. **TUSSILAGO** *L.* (*Tussilage.*) Involucre simple, cylindrique, à écailles membraneuses sur les bords. Fl. flosculeuses ou radiées, tantôt toutes hermaphrodites, tantôt femelles et fertiles à la circonférence et hermaphrodites au centre. Aigrette à poils simples. Réceptacle nu.

' *Fl. radiées ; hampe uniflore.*

1. **T. FARFARA** *L.* (*T. pas-d'âne.*) Souche émettant des hampes uniflores, écailleuses, velues, avant le développement des feu. qui sont cordiformes, anguleuses-dentées, cotonneuses en-dessous. Fl. jaune, radiée. ♃. H3. P1. C. Lieux pierreux, bords des chemins, champs humides, etc.

La fleur est pectorale et adoucissante.

?' *Fl. flosculeuses ; hampe multiflore.*

2. **T. PETASITES** *L.* (*T. pétasite.*) Vulg. *herbe aux* teigneux. Hampe multiflore, écailleuse, paissant

avant les feu. qui sont fort larges, cordiformes, dentées, pubescentes en-dessous. Fl. rougeâtres, en thyrse allongé, souvent polygames, toutes floscul. ♃ Pl. C. Prés humides, bords des rivières.

III. CINERARIA *L.* (*Cinéraire.*) Involucre simple, à folioles égales, fleurs radiées; demi-fleurons fem. et fertiles; fleurons centraux tubuleux herm. Réceptacle nu. Aigrettes sessiles, à poils simples.

1. C. CAMPESTRIS *Retz.* (*C. des champs.*) Tige droite, haute de 15-30 pouces, simple, fistuleuse, fragile, cannelée, garnie, ainsi que les feu., d'un duvet cotonneux-filamenteux, blanc et inégal. Feu. radic. pétiolées, ovales, crénelées; les supér. sessiles, lancéolées, entières. Fl. jaunes, radiées, en corymbe, presque en ombelles, portées sur des pédonc. simples. ♃. Bois. Falaise.

Var. *b.* *C. integrifolia* Jacq. Tige pauciflore; feu. radic. à peines dentées, les supér. très-entières.

♃. P. R. Bois découverts. Rouen, les Andelys, Dieppe, Falaise, etc.

2. C. PALUSTRIS *L.* (*C. des marais.*) Tige velue, haute de 1-2 pieds, cylindrique, un peu rameuse dans le haut, garnie jusqu'au sommet de feu. lancéolées, amplexicaules, dentées ou irrégulièrement sinuées. Fl. d'un jaune pâle, réunies en bouquets au sommet des rameaux qui forment un corymbe. ♂. P2-3. TR. Marais. Saint Germer près de Gournay (*A. Passy.*)

IV. SENECIO *L.* (*Seneçon.*) Involucre caliculé, à folioles scarieuses et souv. noirâtres au sommet. Fl. flosculeuses ou radiées. Réceptacle nu. Aigrette à poils simples. — *Fleurs jaunes.*

* *Fleurs flosculeuses.*

1. S. VULGARIS *L.* (*S. commun.*) Tige droite, rameuse. Feu. amplexicaules, pinnatifides, dentées. Fl. flosculeuses, ramassées en pani-cule terminale, comme en corymbe. ⊙. E. Très-commun dans les lieux cultivés.

** *Fleurs radiées; rayons planes, ouverts.*

2. S. ARTEMISIÆFOLIUS *Pers.* (*S. à feu. d'armoise.*) Tige droite, haute d'un à 2 pieds, ferme, glabre. Feu.

infér. longues, découpées, ainsi que les supér., en lanières pinnatifides, grêles, linéaires et pointues. Fl. d'un jaune doré, en corymbe terminal serré. Involucre cannelé à la maturité. ℐ. E. R. Bois montueux des environs de Rouen.

3.'s. JACOBÆA L. (*S. Jacobée.*) Tige droite, ferme, rameuse, glabre. Feu. pinnées, glabres, à lobes linéaires-lancéolés, incisés, presque pinnatifides. Fl. en corymbe terminal. Involucre glabre, sillonné. Graines velues.

Var, *b. incanus.* Plante couverte d'un duvet cotonneux blanc.

ℐ. E1. TC. Prés secs, bords des chemins. J'ai trouvé la var, *b.* à Falaise sur une vieille muraille.

4. s. ERUCÆFOLIUS *Huds.* (*S. à feu. de roquette.*) Cette plante diffère de la précédente par un duvet peu adhérent et inégal qui couvre la tige et les feuilles de manière à leur donner un aspect grisâtre. Les feu. sont pinnatifides, à lobes lancéolés-dentés. Fl. en corymbe. Involucres velus, hémisphériques.

Var. *b. tenuifolius* Dub. Feu. à découpures plus étroites et pointues. ℐ. E-2. 3. PC. Prés et bois découverts des terr. calc. et argileux. Rouen, Caen, Bayeux, Falaise, pays d'Auge, etc.

5. s. AQUATICUS *Huds.* (*S. aquatique.*) Tige simple, cylindrique, légèrement sillonnée, glabre. Feu. radic. ovales, pétiolées, entières ou un peu crénelées, obtuses, glabres; les supér. incisées-pinnatifides à leur base, lobes peu nombreux, pointus. Fl. en corymbe terminal, plus larges que dans les espèces précédentes. Involucre hémisphérique. Graines glabres. ℐ. P3. E1. PC. Marais et prés humides. Rouen, Falaise, Bayeux, etc.

6. s. ERRATICUS *Berth.* (*S. vagabond.*) Cette espèce, souvent confondue avec la précédente, en diffère par sa tige ferme, un peu velue, sillonnée, garnie d'un grand nombre de rameaux grêles très-ouverts, et surtout par ses feu. lyrées-pinnatifides, à lobes incisés, écartés, dont le terminal est fort large, ovale, denté inégalement. Fl. en corymbe au sommet de chaque rameau, plus petites que dans le *S. aquaticus.* Plante d'un vert som-

13

bre. ♃. E3. R. Prés frais et bords des rivières. Saint-Pierre-sur-Dives.

.7. s. PALUDOSUS *L*. (*S. des marais.*) Tige haute de 2 3 pieds, droite, simple, un peu laineuse. Feu. longues, lan-céolées, pointues, dentées en scie, garnies en-dessous d'un duvet cotonneux dans leur jeunesse. Fl. assez grandes, en corymbe terminal peu serré. ♃. E. R. Bords des rivières et des étangs. Rouen.

— *** *Fl. radiées ; rayons roulés en-dehors.*

8. s. SYLVATICUS *L*. (*S. des bois.*) Tige droite, rameuse au sommet, quelquefois un peu pubescente, mais non visqueuse. Feu. pinnatifides, à lobes sinués, presque glabres. Fl. en panicule droite. Fol. extér. de l'involucre très courtes. Graines velues. ☉. E. C. Lieux sablonneux, bruyères et bords des chemins.

9. s. VISCOSUS *L*. (*S. visqueux.*) Ressemble beaucoup au précéd. dont il diffère par les nombreux poils visqueux qui couvrent toute la plante. Tige flexueuse, rameuse. Fol. extér. de l'involucre lâches et presqu'égales aux intér. Graines glabres. ☉. E. R. Côteaux pierreux. Rouen (*Fl. R.*), Bayeux.

V. DORONICUM *L*. (*Doronic.*) Involucre à 2 rangs de fol. égales. Fl. radiées ; demi-fleurons femelles. Graines du centre munies d'aigrettes à poils simples ; celles de la circonfér. nues. Réceptacle nu.

1. D. PARDALIANCHES *L*. (*D. mort-aux-panthères.*) Tige droite, simple ou un peu rameuse au sommet, haute de 1 à 2 pieds, legèrement velue. Feu. cordiformes, denticulées ; les radicales portées sur de longs pétioles auriculés à la base ; les supér. sessiles, amplexicaules, obtuses, un peu spatulées. Fl. jaunes, larges et terminales. ♃. P. R. Bois et côteaux ombragés. Rouen, Neufchâtel, Fa-laise, etc.

2. D. PLANTAGINEUM *L*. (*D. à feu. de plantain.*) Ne diffère du précédent, dont il n'est probablement qu'une variété, que par ses feu. radicales qui sont ovales et à pétioles dépourvus d'oreillettes à leur base et par sa tige simple, glabre et uniflore. ♃. P. R. Bois montueux, Rouen, Pont-Audemer, etc.

VI. CHRYSOCOMA *L.* (*Chrysocome.*) Involucre hémisphérique, imbriqué d'écailles linéaires, pointues. Fl. flosculeuses. Réceptacle nu, alvéolé. Graines à aigrette formée de poils ciliés ou denticulés.

1. C. LINOSYRIS *L.* (*C. à feu. de lin.*) Tige simple dans le bas, rameuse dans le haut, très garnie de longues feu. linéaires, aiguës, glabres. Fl. jaunes en corymbe terminal. Graines velues, à aigrettes jaunâtres. ♃. E. R. Côteaux arides. Les Andelys, Mantes, Vernon.

VII. ASTER *L.* Involucre imbriqué, à écailles extér. lâches. Fl. radiées, à demi-fleurons d'une couleur différente de celle des fleurons du centre. Réceptacle nu. Aigrette sessile, à poils simples.

1. A. TRIPOLIUM *L.* (*A. maritime.*) Tige haute de 1-2 pieds, glabre, rameuse. Feu. lancéolées, lisses, épaisses, trinervées, très-glabres. Fl. à disque jaune et rayons d'un bleu pâle en corymbe. ♃. E2-A1. C. Lieux marécageux des bords de la mer. — Quelquefois les rayons avortent.

VIII. ERIGERON *L.* (*Vergerette.*) Involucre oblong, imbriqué de folioles subulées. Fl. radiées, à rayons peu nombreux, étroits et linéaires. Réceptacle nu. Aigrette à poils simples.

1. E. ACRE *L.* (*V. acre.*) Tige rameuse dès le pied, velue. Feu. lancéolées, entières, velues; les radic. obtuses; les supér. pointues. Fl. à disque jaune et à rayons rares et très-étroits, d'un bleu-rougeâtre, en corymbe ou panicule. Aigrettes longues et roussâtres.

Var. b. E. mutale Buénn. Tige élancée, simple dans le bas, pauciflore.

♂. P. A. C. Lieux arides, champs pierreux. La var. b. que j'ai trouvée à Falaise fleurit au printemps.

2. E. CANADENSE *L.* (*V. du Canada.*) Tige droite, paniculée dans le haut, hispide. Feu. nombreuses, lancéolées linéaires, ciliées; les infér. munies de quelques dents. Fl. paniculées, petites, à disque jaunâtre entouré d'un petit nombre de petits fleurons blanchâtres, grêles. Aigrettes courtes et blanchâtres. ⊙. E3-A. C. Lieux arides et sablonneux,

vieux murs. Rouen , pays de Bray , Avranches , etc.

3. **B. GRAVEOLENS** *L. Solidago* Lam. DC. (*V. odorante.*) Plante couverte de poils visqueux et odorans. Tige rameuse , multiflore , droite , haute de 8-15 pouces. Feu. lancéolées linéaires très-entières. Fl. nombreuses , en panicules aux extrémités des rameaux ouverts , à disque et rayons jaunes , ceux-ci courts et peu nombreux. Ecailles intér. de l'invol. scarieuses. ⊙. E2. 3. R. Champs un peu humides. Pontorson.

IX. SOLIDAGO *L.* (*Solidage.*) Involucre imbriqué de fol. inégales , dressées , conniventes. Fl. radiées , à rayons de même couleur que le disque. Stigm. à lobes recourbés. Aigrette à poils simples.

1. **S. VIRGAUREA** *L.* (*S. verge-d'or.*) Tige droite , haute d'un à 2 pieds , un peu velue, simple ou garnie dans le haut de rameaux florifères. Feu. ovales-lancéolées , pointues , rudes , presque glabres , d'un vert pâle en-dessous , crénelées dans le bas de la plante , entières dans le haut. Fl. jaunes , en épis partiels qui forment une panicule générale. Invol. glabre , scarieux. ♃. A. TC. Bois et côteaux.

Les jardiniers donnent le nom de *verge-d'or* à plusieurs espèces exotiques de ce genre.

X. CONYZA *L.* (*Conyse.*) Involucre ovoïde, imbriqué d'écailles inégales, les extér. réfléchies. Fl. flosculeuses; les fleurons centraux hermaphr. à 5 dents , ceux de la circonf. à 3 dents , stériles. Aigrettes à poils simples.

1. **C. SQUARROSA** *L.* (*C. rude.*) Tige ferme , droite, haute de 2-3 pieds , rameuse , velue. Feu. ovales, dentées légèrement , pubescentes , sessiles ; les infér. larges et pétiolées. Fl. d'un jaune-rougeâtre , en corymbes terminaux. ♂. E. C. Bords des bois et des chemins.

XI. INULA *L.* (*Inule.*) Involucre à 2-3 rangs de fol. imbriquées , ouvertes , foliacées. Fl. radiées, à rayons de même couleur que le disque. Anthères souvent prolongées à la base en 2 filets. Réceptacle nu. Aigrette à poils simples , quelquefois entourée d'un rebord membraneux entier ou denté. — *Fl. jaunes.*

* *Aigrette simple.*

1. 1. HELENIUM *L. (I. aunée.)*
Tige grosse, haute de 2-3
pieds, un peu rameuse dans
le haut. Feu. radic. fort larges, ovales, tomenteuses
en-dessous, finissant en
un long pétiole; les supér.
amplexicaules, à dents inégales. Fl. larges, en panicule
peu nombreuse. Folioles de
l'invol. larges et tomenteuses. Graines glabres. ♌. E.
PC. Prés, pays d'Auge,
Falaise, Forges, Valognes,
etc.

La racine de cette plante,
connue en pharmacie sous
le nom d'*enula campana*,
est employée comme toni-
que et stimulante.

2. 1. CRITHMOÏDES *L. (I.
percepierre.)* Tige ferme,
cannelée, haute de 1-2
pieds, simple ou peu ra-
meuse dans le haut. Feu.
linéaires, charnues, glabres,
élargies et trifides au sommet. Fl. solitaires, terminales. Folioles de l'involucre étroites. Graines hé-

rissées. ♌. E2. R. Falaises
d'Auderville près de Cherbourg.

3. 1. BRITANICA *L. (I. bri-
tanique.)* Tige velue, haute
de 2 pieds environ, rameuse
dans le haut. Feu. amplexicaules, lancéolées, den-
tées à la base, velues en-
dessous. Fl. assez grandes,
solitaires au sommet de
chaque rameau. Folioles
de l'invol. linéaires. ♌. E.
R. Bords des rivières et des
fossés. Rouen, Pont-de-
l'Arche, etc.

4. 1. SALICINA *S. (I. à
feu. de saule.)* Tige à peu
près simple, glabre, haute
de 1-2 pieds. Feu. embrassantes, lancéolées, glabres,
luisantes, à dents scabres.
Fl. terminales, peu nom-
breuses. Ecailles de l'involucre ciliées, lancéolées.
Graines glabres. ♌. E. R.
Prés montueux. Environs
de Rouen.

** *Aigrette double, c.-à-d. entourée d'une membrane
denticulée.*

5. 1. DYSENTERICA *L. (I.
dysentérique.)* Tige velue,
cotonneuse, rameuse, haute
de 1-2 pieds. Feu. ample-
xicaules-cordiformes, lancéolées-ovales, ondulées,

tomenteuses, blanchâtres.
Fl. terminales, en panicule.
Ecailles de l'invol. sétacées.
Graines couronnées par une
membrane denticulée en-
tourant une aigrette ses-

sile. ♃. E2. 3. C. Fossés, ruisseaux, prés-humides.

6. 1. PULICARIA *L.* (*I. pulicaire.*) Tige velue, rameuse, haute de 6-10 pouces. Feu. amplexicaules, petites, ondulées, velues.

Fl. petites, globuleuses, à rayons peu visibles. Graines couronnées par une membrane dentelée. ☉. E3-A1. PC. Lieux où l'eau a séjourné l'hiver. Rouen, Falaise, Pontorson, pays de Bray, etc.

XII. GNAPHALIUM *L.* (*Gnaphale.*) Involucre ovoïde, à écailles souvent colorées au sommet, carénées ou canaliculées. Fleurons tubuleux, ceux du centre hermaphrodites ; ceux de la circonfér. femelles. Réceptacle nu. Aigrette sessile, à poils simples, velus ou denticulés. — *Plantes cotonneuses.*

1. G. LUTEO-ALBUM *L.* (*G. jaunâtre.*) Tige herbacée, haute de 8-12 pouces. Feu. semi-amplexicaules, linéaires-lancéolées, couvertes d'un duvet cotonneux, blanchâtre ; les infér. ovales. Fl. jaunâtres, agglomérées en corymbe terminal. Ecailles de l'invol. obtuses, glabres, scarieuses, transparentes.

Var. *b. prostratum.* Tiges étalées, couchées.

☉. E2-3. PC. Lieux humides et sablonneux. Falaise, Lisieux, Valognes, etc. La var. *b.* à Alençon.

2. G. ULIGINOSUM *L.* (*G. des marais.*) Tige rameuse, diffuse, étalée, longue de 6-10 pouces. Feu. linéaires-lancéolées, rétrécies à la base, cotonneuses. Fl. jaunâtres, réunies en têtes terminales plus courtes que les feu. Invol. arrondi sca-

rieux. ☉. E. C. Lieux humides.

3. G. SYLVATICUM *L.* (*G. des bois.*) Tige simple, droite, haute d'un pied environ. Feu. linéaires-lancéolées, les infér. un peu spatulées, glabres en-dessus, cotonneuses en-dessous. Fl. roussâtres, réunies en capitules presque sessiles, axillaires et terminaux. Involucre arrondi, glabre, brun ou jaunâtre.

Var. *b. laxum.* Fl. solitaires, pédonculées et axillaires.

♃. E-A. C. Bois montueux et champs en friche. La var. *b.* Bois de Falaise.

4. G. GERMANICUM *Lam.* *Filago L.* (*G. d'Allemagne.*) Tige dressée, à rameaux ouverts, dichotomes. Feu. linéaires-lancéolées, ondu-

lées, cotonneuses. Fl. jaunâtres, agglomérées en
capitules arrondis, sessiles,
terminaux ou placés aux
bifurcations des rameaux.
Involucre à écailles anguleuses, pointues, coton-
neuses à la base. ☉. E. C.
Fossés, champs.

5. G. ARVENSE *Lam. Filago*
L. (*G. des champs.*) Tige
dressée, rameuse - dicho-
tome dans le haut. Feu. linéaires-lancéolées, aiguës,
appliquées, cotonneuses.
Fl. blanchâtres, en petits
paquets axillaires. Involucres cotonneux, nus à la
pointe. ☉. E. PC. Champs
sablonneux. Caen, Falaise,
etc.

6. G. MONTANUM *Lam. Filago*
L. (*G. des montagnes.*) Tige
courte, un peu rameuse au
sommet. Feu. linéaires-lancéolées, oblongues, obtuses,
redressées, appliquées, cotonneuses. Fl. roussâtres,
en petits paquets pauci-
flores, cotonneux, axillaires
et terminaux. Ecailles linéaires, aiguës. ☉. E. C.
Côteaux secs, bords des
chemins, bruyères.

7. G. GALLICUM *Lam. Filago*
L. (*G. de France.*) Tige
dressée, à rameaux grêles.

Feu. linéaires, roulées sur
les bords, comme subulées,
blanchâtres, mais peu co-
tonneuses. Fl. roussâtres, en
petits paquets pauciflores,
axillaires, sessiles, plus
courts que les feu. Ecailles
de l'involucre subulées,
courtes. ☉. E2 - A1. C.
Champs.

8. G. DIOÏCUM L. (*G. dioïque.*) Vulg. *pied-de-chat.*
Tige droite, simple, haute
de 4-6 pouces, émettant à
sa base des rejets rampans
garnis de feu. ovales-spatulées, vertes en-dessus, cotonneuses en-dessous ; les
caulinaires lancéolées ou
linéaires. Fl. blanches ou
roses, en corymbe serré,
terminal. Tantôt les fleurons sont fertiles, femelles,
et l'invol. a des écailles
oblongues courtes, tantôt
les fleurons sont mâles, stériles, les graines avortent
et les poils de l'aigrette
sont en massue, dans ce
cas les écailles de l'invol.
sont larges, arrondies
et le plus souv. blanches.
♃. P2. PC. Bruyères, bords
des bois. Eu, Falaise, Mortain, etc.

Les fleurs de cette plante
sont regardées comme pec-
torales.

†† *Graines sans aigrette.*

XIII. BELLIS *L.* (*Paquerette.*) Involucre hémisphé-rique, simple, polyphylle, à folioles linéaires-spatulées. Fl. radiées ; fleurons à 4 dents, les rayons femelles. Réceptacle conique, nu. Graines sans aigrette.

1. **B. PERENNIS** *L.* (*P. vivace.*) Racine rampante. Feu. toutes radic., ovales-spatulées, entières ou légèrem. dentées, pubescentes. Fl. jaunes à rayons blancs, rougeâtres en dessous, portées sur des hampes uniflores. ♃. P-A. TC. Pelouses, bords des chemins, etc.

XIV. CHRYSANTHEMUM *L.* (*Marguerite.*) Invol. hémisphérique, à folioles scarieuses sur les bords, imbriquées sur plusieurs rangs. Fl. radiées. Réceptacle nu, convexe. Graines sans aigrettes ou couronnées par un petit rebord membraneux.

* *Fleurs à disque et rayons jaunes.*

1. **C. SEGETUM** *L.* (*M. des moissons.*) Tige rameuse, haute de 12 18 pouces. Feu. amplexicaules, oblongues, incisées-dentées, surtout au sommet, glabres. Fl. terminales, entièrement jaunes. ☉. E2-A1. TC. Moissons.

** *Fleurs à disque jaune et rayons blancs.*

2. **C. LEUCANTHEMUM** *L.* (*M. leucanthème.*) Vulg. *grande paquerett.*) Tige droite, rameuse, velue, haute de 12-18 pouces. Feu. radic. ovales, pétiolées ; les caulinaires amplexicaules, lancéolées, dentées en scie, incisées à la base. Fl. larges, à disques jaunes et rayons blancs, solitaires et terminales. Invol. à folioles brunes.

Var. *b. uniflorum.* Tige simple, uniflore, velue. Feu. étroites.

♃. P3-3. TC. Prés. La var. *b.* sur les côteaux arides des terr. calc. Falaise.

3. C †PARTHENIUM *Smith. Matricaria* L. (*M. matricair.*) Plante ayant une odeur très forte. Tige rameuse, droite, cannelée, pubescente, haute de 1-2 pieds.

Feu. pétiolées, ailées, à lobes pinnatifides, incisés-dentés, un peu blanchâtres. Fl. à disque jaune et rayons blancs en corymbe assez nombreux. Réceptacle hémisphérique. Graines 4-gones, couronnées par un rebord denté. ♃. E. C. Lieux incultes, décombres.

Cette plante est stimulante, emménagogue et vermifuge.

4. C. INODORUM L. (M. inodore.) Tige rameuse, étalée, redressée, rougeâtre, haute d'un pied environ. Feu. sessiles, bipinnées, à découpures très-nombreuses; linéaires-filiformes, aiguës, 2-3 fides. Fl. à disque jaune et rayons blancs, assez larges, terminales. Graines 3-gones, couronnées par un rebord membraneux, court. Réceptacle conique, nu. ⊙. E. C. Moissons; bords des chemins.

5. C. MARITIMUM Pers. Matricaria L. Pyrethrum Sm. (M. maritime.) Tige rameuse, étalée, diffuse. Feu. bipinnatifides, à lobes courts, linéaires, charnus, glabres, 3-fides. Fl. jaunes à rayons blancs, terminales. Graines 3-gones, couronnées par un rebord 4-denté. Réceptacle conique, nu. ♃. E3. At. TR. Sables maritimes. Dieppe, le Havre, îles de Chausey.

XV. MATRICARIA L. (Matricaire.) Involucre hémisphérique, imbriqué d'écailles obtuses. Fl. radiées. Réceptacle conique, nu. Graines striées, nues.

1. M. CHAMOMILLA L. (M. Camomille.) Tige rameuse, haute de 1-2 pieds. Feu. bipinnatifides, à découpures linéaires-capillaires. Fl. jaunes à rayons blancs, en corymbe terminal. Réceptacle conique, creux. ⊙. E. R. Champs incultes. Rouen, Dieppe, etc.

Cette plante est stomachique, febrifuge et stimulante. Son odeur n'est pas désagréable.

XVI. ANTHEMIS L. (Camomille.) Involucre hémisphérique, imbriqué, à écailles scarieuses au bord, à peu près égales. Fl. radiées. Fleurons hermaphr.; les rayons femelles fertiles. Graines sans aigrette, quelquefois couronnées d'un rebord membraneux. Réceptacle convexe ou conique, garni de paillettes aristées. —Fleurs à disque jaune et rayons blancs.

1. A. NOBILIS L. (C. noble.) Vulg. Camomille romaine. Tige le plus souv. couchée, étalée, rameuse à la base. Feu. pinnatifides décomposées, à lobes filiformes, aigus, poilus. Fl. terminales, à rayons 2-dentés, portées sur de longs pédonc. Graines nues. Paillettes de la longueur des fleurons. ♃. E. TC. Prés secs, bois et bruyères.

La camomille répand une odeur forte assez agréable; elle est tonique et fébrifuge.

2. A. COTULA L. (C. puante.) Vulg. amourette, amoros.) Plante exhalant une odeur fétide.) Tige droite, rameuse, assez glabre. Feu. bipinnées, à divisions tripartites, finément découpées, glabres, d'un vert assez clair. Fl. terminales en corymbe multiflore, à rayons 3-dentés. Graines nues. Paillettes courtes, sétacées. ⊙. E. TC. Lieux cultivés.

3. A. ARVENSIS L. (C. des champs.) Cette plante ressemble aux précédentes; mais elle est à peu près inodore. Sa tige est ferme, quelquefois diffuse, souv. rougeâtre, velue. Feu. bipinnées, à divis. linéaires, pubescentes, d'un vert foncé, un peu grisâtre. Fl. terminales, nombreuses. Réceptacle conique, à paillettes sétacées dépassant les fleurons. Graines lisses, couronnées par un rebord membraneux, tronqué. ⊙. ♂. E. PC. Lieux cultivés. Falaise, Vire, etc.

Cette espèce, souv. confondue avec l'A. cotula, est beaucoup moins commune.

XVII. ACHILLEA L. (Achillée.) Involucre ovoïde, polyphylle, imbriqué. Fl. radiées. Fleurons peu nombreux, hermaphr.; rayons fem. courts. Réceptacle plane, étroit, paléacé. Graines non aigrettées.

1. A. MILLEFOLIUM L. (A. mille feuille.) Vulg. herbe au charpentier. Tige droite, paniculée au sommet, poilue. Feu. bipinnées, à divis. linéaires, mucronées, légèrem. velues. Fl. petites, blanches ou roses, nombreuses en corymbe terminal.

Var. b. compacta. Tige courte, feu. à divis. resserrées, velues-soyeuses; fl. rapprochées en capitule. ♃. E. TC. Lieux incultes. J'ai trouvé, à Falaise, la var. b. qui ressemble à l'A. setacea Waldst. et Kit.

2. A. PTARMICA L. (A. sternutatoire.) Tige droite, haute de 1-2 pieds. Feu. simples, linéaires-lancéolées, pointues, dentées en scie, un peu velues, ciliées. Fl. blanches, en corymbe rameux, terminal. ♃. E2, 3. C. Prés humides, bords des fossés.

XVIII. ARTEMISIA L. (*Armoise.*) Involucre ovoïde ou globuleux, à écailles conniventes. Fl. flosculeuses. Les fleurons du centre hermaphr., 5-lobés, les extér. femelles, fertiles, entiers ou 2-fides. Réceptacle nu, quelquefois poilu. Graines nues.

1. A. ABSINTHIUM L. (A. absinthe.) Plante toute couverte de poils soyeux d'un gris argenté. Tige droite, rameuse. Feu. décomposées, bipinnatifides, à lobes lancéolés, un peu obtus. Fl. jaunâtres, globuleuses, pendantes, en grappes, formant une ample panicule. Réceptacle poilu. ♃. E. Lieux incultes, décombres, vieux murs. Cultivée à cause de ses propriétés toniques et vermifuges.

2. A. MARITIMA L. (A. maritime.) Vulg. *Absinthe de mer.*) Entièrem. couverte d'un duvet cotonneux très-blanc. Tiges rameuses, ligneuses à la base, hautes de 10-15 pouces. Feu. bipinnées, à lobes linéaires; les florales simples linéaires, obtuses. Fl. petites, jaunâtres, globuleuses, en grappes terminales, pendantes. Fleurons 5-7. ♃.

E3. A1. PC. Prés maritimes, embouchures des rivières. Dieppe, Dives, Oystreham, Manche, etc. Employée comme vermifuge.

3. A. CAMPESTRIS L. (A. des champs.) Tiges grêles, étalées et redressées, glabres. Feu. pinnées, sétacées; les infér. à lobes trifides, linéaires, presque glabres. Fl. verdâtres, globuleuses-ovoïdes, petites, en longues grappes effilées. ♃. E3. A1. R. Lieux arides. Les Andelys, Vernon, pays de Bray, etc.

4. A. VULGARIS L. (A. commune.) Vulg. *Herbe-Saint-Jean.* Tiges droites, rameuses, hautes de 3-4 pieds, glabres, rougeâtres. Feu. pinnatifides, à lobes lancéolés-linéaires, pointus, blanches et tomenteuses en-dessous, glabres en-dessus. Fl. roussâtres, ovoï-

des, en longues grappes rameuses. Réceptacle nu, ℔. E. C. Lieux incultes et sablonneux. Bois, haies.

Elle est apéritive et stimulante.

XIX. TANACETUM L. (*Tanaisie.*) Involucre hémisphérique, imbriqué, à écailles aiguës. Fl. flosculeuses. Fleurons centraux hermaphr., 5-lobés ; ceux de la circonfér. femelles, fertiles, 3-lobés. Réceptacle nu, conique. Graines sans aigrette, couronnées par un rebord membraneux entier.

1. T. VULGARE *L.* (*T. commune.*) Tige droite, rameuse dans le haut, haute de 2-3 pieds. Feu. bipinnatifides, à lobes incisés-dentés en scie, glabres. Fl. jaunes, nombreuses en large corymbe terminal. ℔. E. C. Lieux arides et incultes, décombres, pieds des murs, etc.

Cette plante, pourvue d'une odeur très-forte, jouit de propriétés stimulantes et vermifuges.

XX. DIOTIS *Desf.* Involucre hémisphérique, imbriqué, à écailles oblongues, serrées. Fl. flosculeuses. Fleurons tous hermaphr., 5-dentés, resserrés au milieu, dilatés à la base en 2 appendices embrassant l'ovaire. Réceptacle convexe, paléacé. Graines nues.

1. D. CANDIDISSIMA *Desf.* (*D. cotonneuse.*) Plante entièrem. couverte d'un duvet cotonneux, épais et très-blanc. Tiges rameuses du bas, hautes de 6-10 pouces, garnies de feu. nombreuses, oblongues, obtuses, très-laineuses. Fl. jaunes, au sommet de quelques rameaux courts et terminaux. ℔. E2. 3. PC. Sables maritimes de la Manche, rare dans le Calvados.

XXI. XANTHIUM *L.* (*Lampourde.*) Monoïque. Fl. mâles : involucre polyphylle, orbiculaire, multiflore, à écailles unisériées. Fleurons tubuleux. Fl. femelles : involucre 1-phylle, muriqué-hispide en dehors, à 2 loges uniflores. Fleurons nuls. Graines recouvertes par l'involucre endurci et épineux en vieillissant.

1. X. STRUMARIUM *L.* (*L. glouteron.*) Tige droite, rameuse, un peu hérissée. Feu. cordiformes, 3-5 lo-

bées, dentées inégalement, pétiolées, rudes. Fl. verdâtres. Fruits hérissés d'aiguillons droits un peu crochus au sommet, réunis 5-8, au sommet d'un pédonc. axillaire. ☉. E. R. Liéux incultes, bords des chemins. Saint-Hilaire-du-Harcouet, Hottot-en-Auge, Cayeux, etc.

XXII. BIDENS L. (*Bident.*) Involucre caliculé à fol. extér. longues et ouvertes. Fl. presque toutes flosculeuses, hermaphrodites; quelquefois il se trouve quelques rayons à la circonfér. formés de demi-fleurons hermaphr. ou femelles. Réceptacle plane, paléacé. Graines couronnées par 2-5 arêtes rudes et persistantes.

1. B. TRIPARTITA L. (*B. tripartite.*) Tige droite, glabre, haute de 1-2 pieds, rougeâtre, rameuse. Feu. opposées, divisées en 3-5 folioles ovales-lancéolées, dentées. Fl. jaunes, droites, redressées, entourées de 4-5 bractées, graines à 2 arêtes.

Var. *b. bipinnatifida.* Feu. à lobes pinnatifides. Vire.

☉. E3.-A1. C. Bords des eaux, marais tourbeux.

2. B. CERNUA L. (*B. penché.*) Tige droite, brancheuse, hérissée. Feu. opposées, amplexicaules, comme connées, lancéolées, à dents profondes et écartées, glabres. Fl. jaunes, penchées, entourées de bractées. Ecailles de l'involucre ovales, élargies et colorées. ☉. E-A. C. Marais et bords des eaux.

XXIII. CALENDULA L. (*Souci.*) Involucre hémisphérique, à écailles égales, aiguës; les extér. plus larges. Fl. radiées. Les fleurons centraux mâles, les extér. hermaphr.; les rayons femelles. Réceptacle plane, nu. Graines inégales, celles du centre élargies, membraneuses au sommet, les extér. arquées, muriquées.

1. C. ARVENSIS L. (*S. des champs.*) Tige rameuse, étalée, velue. Feu. ovales-lancéolées, denticulées, peu velues. Fl. jaunes, terminales. Invol. glabre. ☉. P-E. C. Lieux cultivés; Rouen, les Andelys, etc.

IIe. Division. CYNAROCÉPHALES.

Capitules entièrement flosculeux. Tous les fleurons tubuleux. Réceptacle paléacé. Stigm. articulé sur le sommet du style.

XXIV. LAPPA *Torn.* Arctium L. (*Bardane.*) Involucre globuleux, imbriqué de folioles nombreuses, ouvertes, subulées, épineuses et crochues au sommet. Réceptacle paléacé. Aigrette courte, formée de poils inégaux, ciliés.

1. L. TOMENTOSA *All.* (*B. cotonneuse.*) Tige rameuse, velue, haute de 2-3 pieds. Feu. ovales-cordiformes, pétiolées, pubescentes en dessous. Fl. rougeâtres ou blanches, en corymbes terminaux. Involucre entouré d'un duvet cotonneux et arachnoïde entre les écailles. ♂. E. C. Lieux incultes, décombres, bords des chemins.

2. L. MINOR *DC.* (*B. à petites têtes.*) Diffère de la précédente par ses involucres plus petits, glabres et disposés en grappe terminale. ♂. E. C. Bords des chemins, lieux pierreux, etc.

3. L. MAJOR *Gaertn.* (*B. à grosses têtes.*) Ressemble aux précédentes dont elle a le port et les feuilles; elle est plus grande. Ses fl. sont grosses, solitaires, disposées en corymbe rameux et terminal. Les involucres sont glabres. ♂. E. PC. Prés secs, haies et bords des chemins.

Ces trois espèces sont connues vulgairement sous les noms de *gratterons* ou *glouterons*.) Leurs racines sont employées comme excitantes et sudorifiques.

XXV. ONOPORDUM *Vail.* (*Onoporde.*) Involucre gros, renflé, à folioles ouvertes, épineuses. Réceptacle marqué d'alvéoles à bords membraneux, tronqués, dentés. Graines 4-gones, comprimées, sillonnées transversalement. Aigrette caduque à poils velus, réunis en anneau à la base.

1. O. ACANTHIUM *L.* (*O. à feu. d'acanthe.*) Tige droite, rameuse, haute de 2-4 pieds, cotonneuse. Feu.

oblongues, décurrentes, sinuées dentées, épineuses, cotonneuses. Fl. rouges, très-grosses, terminales, au sommet du pédonc. à 4 ailes décurrentes épineux. ♂. E. C. Bords des chemins, fossés secs des ter. calc.

XXXVI. SILYBUM *Vaill.* (*Sylibe.*) Involucre formé d'écailles foliacées à la base, appliquées, terminées par un appendice distinct, ouvert, bordé de dents épineuses. Réceptacle paléacé. Fl. hermaphr. Aigrette simple, sessile, à poils réunis en tube à la base.

1. S. MARIANUM *Gaertn.* *Carduus L.* (*S. Marie.*) Vulg. *Chardon-Marie.* Tige rameuse, haute de 3-4 pieds, glabre. Feu. amplexicaules, sinuées-pinnatifides, à dents épineuses, glabres, tachetées de blanc. Fl. purpurines, grosses, solitaires, terminales. ⊙. E. PC. Côteaux secs, bords des chemins, fossés; Rouen, Cherbourg, Falaise, Avranches, etc.

XXXVII. CARDUUS *Gaertn.* (*Chardon.*) Involucre cylindrique, ou le plus souvent ventru, formé d'écailles imbriquées, épineuses. Réceptacle garni de paillettes soyeuses. Aigrettes caduques, à poils simples, raides, réunis en anneau à la base.

1. C. NUTANS *L.* (*C. penché.*) Tige rameuse, anguleuse, velue. Feu. lancéolées, sinuées, dentées, épineuses, velues, décurrentes d'une manière interrompue sur la tige. Fl. purpurines ou blanches, en capitules assez gros, penchés, solitaires, terminaux. Ecailles de l'involucre lancéolées, écartées et épineuses au sommet, munies d'un duvet aranéeux. ♂. E. TC. Lieux cultivés, fossés et bords des chemins.

2. C. CRISPUS *L.* (*C. crispé.*) Tige haute de 2-3 pieds, rameuse, velue. Feu. décurrentes, oblongues, sinuées pinnatifides, épineuses, cotonneuses en-dessous; leur décurrence couvre la tige d'ailes foliacées très-épineuses. Fl. purpurines ou blanches ramassées au sommet des rameaux. Ecailles de l'involucre subulées, épineuses ouvertes. ♂. E2 A1. C. Bords des chemins, lieux incultes.

3. C. ACANTHOÏDES *L.* (*C.*

à feui les d'acanthe.) Ressemble beaucoup au précédent dont il n'est peut-être qu'une variété. Il en diffère par ses feu. moins profondément sinuées, pubescentes en-dessous, par des fleurs moins aggrégées, le plus souv. solitaires au sommet des pédonc. Les involucres sont couverts d'un duvet araméeux. ♂. E2. 3. C. Bords des chemins, champs incultes.

4. c. TENUIFLORUS Smith. (C. à fl. menues.) Tige haute de 2-3 pieds, rameuse, cotonneuse, chargée d'ailes sinuées, épineuses. Feu. sinuées, décurrentes, tomenteuses en-dessous. Fl. purpurines ou blanches, aggrégées au sommet des rameaux et de la tige. Involucres allongés, comme cylindriques, à écailles lancéolées, lâches, épineuses. ⊕. ♂. E. TC. Lieux incultes, bords des chemins.

Les diverses espèces de chardons sont surtout répandues dans les terr. calcaires.

XXVIII. SERRATULA L.(Sarrète.) Involucre oblong, imbriqué, composé d'écailles exactement appliquées, pointues, non épineuses. Réceptacle paléacé. Graines comprimées, lisses, terminées par une aigrette sessile, à poils raides et scabres.

1. s. TINCTORIA L.(S. des teinturiers.) Tige rameuse, raide, cannelée, haute de 1 3 pieds. Feu. le plus souv. pinnatifides, à lobes lancéolés, allongés, dentés en scie, le terminal plus grand. Fl. purpurines.

Var. b. integrifolia Krock. Feu. ovales-lancéolées, entières. Falaise.

Var. c. pinnatifida Kit. Feu. pinnatifides, à lobes égaux, le terminal n'étant pas plus grand. Croissanville.

♃. E2-A1. PC. Bruyères et bois découverts.

Cette plante fournit une teinture d'un beau jaune.

XXIX. CIRSIUM Tourn. (Cirse.) Involucre ovoïde, imbriqué d'écailles pointues et souv. épineuses. Fleurons hermaphr. égaux. Réceptacle plane, paléacé. Aigrettes longues, composées de poils plumeux, réunis en anneau à la base.

* *Feuilles décurrentes.*

1. c. PALUSTRE Scop. Carduus L. (C. des marais.) Tige simple, velue, haute de 2-6 pieds. Feu. décur-

rentes, linéaires-lancéolées, dentées-pinnatifides, très-épineuses sur les bords, velues en-dessous. Fl. purpurines ou blanches, assez petites, agglomérées en grappes terminales. Ecailles de l'involucre courtes, appliquées, mucronées. ♂. E. 2. 3. C. Marais, bois et prés humides.

2. c. LANCEOLATUM *Scop. Carduus* L. (*C. lancéolé.*) Tige rameuse, velue, haute de 2-3 pieds. Feu. décurrentes, pinnatifides, à lobes bifides divariqués, épineuses, velues en dessous, hispides en-dessus, Fl. grandes, rougeâtres, quelquefois blanches, ter-

minales. Ecailles de l'involucre garnies d'un duvet aranéeux, terminées par une longue épine ouverte. ♂. E-A. TC. Bords des chemins.

3. c. ARVENSE *Lam. Serratula* L. (*C. des champs.*) Tige rameuse, glabre. Feu. sessiles, un peu décurrentes à leur base, sinuées-pinnatifides, ondulées, à lobes bifides, épineuses, presque glabres. Fl. rougeâtres ou blanches, paniculées. Ecailles de l'involucre lancéolées, appliquées; les extér. un peu épineuses. ♃. E. TC. Champs, fossés, etc. Trop commun.

** *Feu. sessiles, non décurrentes.*

4. c. ERIOPHORUM *Scop. Carduus* L. (*C. cotonneux.*) Tige rameuse, sillonnée, velue, haute de 3-4 pieds. Feu. embrassantes, pinnatifides, à lobes linéaires, géminés, divergens, épineux, cotonneuses en-dessous, hérissées en dessus. Fl. rouges, terminales, très-grosses. Involucres sphériques, entourés d'un duvet aranéeux très-abondant, à folioles ouvertes, épineuses.
Var. *b. C. spathulatum* Morett. Ecailles de l'invol.

terminées par un prolongement dilaté au sommet, cilié, épineux.
♃. E. 2. 3. PC. Bords des chemins. Terr. calc. Pays de Bray, Alençon, Falaise, etc. J'ai trouvé la variété à Saint-Pierre-sur-Dives.

5. c. OLERACEUM *All. Cnicus* L. (*C. des lieux cultivés.*) Tige rameuse, glabre, haute de 2-3 pieds. Feu. radicales, grandes, ovales ou pinnatifides, dentées; les supér. sont cordiformes, sessiles, ovales ou pinnati-

fides , bordées de longs cils épineux. Fl. jaunâtres, terminales , rapprochées, accompagnées de bractées d'un vert pâle. Involucre à fol. lancéolées, épineuses. ♃. E3. A1. PC. Prés humides , bords des ruisseaux. Rouen , Falaise, Pont-l'Evêque, etc.

6. C. TUBEROSUM *All*. (*C. tubéreux.*) Souche épaisse , oblique , garnie de fibres épaisses , renflées à leur origine. Tige presque nue , simple , velue , haute de 2-3 pieds. Feu. embrassantes , pinnatifides , à lobes allongés , bifides , bordés de cils épineux, velues en-dessous. Fl. purpurines , solitaires (rarem. 2.), au sommet de la tige nue dans sa partie supér. Invol. arrondi , à écailles courtes, lancéolées , mucronées et ouvertes à la pointe. ♃. E2.3. R. Bois découverts. Falaise, Lisieux, Argentan.

7. C. ANGLICUM *Lob.* (*C.*

anglais.) Tige simple, le plus souv. uniflore, nue au moins dans le haut , cotonneuse. Feu. embrassantes , lancéolées , sinuées , dentées , bordées de cils épineux, velues-cotonneuses en - dessous. Fl. purpurines, terminales. Invol. à écailles imbriquées, linéaires-lancéolées, un peu garnies d'un duvet aranéeux. ♃. E. C. Prés humides.

8. C. ACAULE *All.* *Carduus* L. (*C. sans tige.*) Tige nulle ou très-courte. Feu. étalées en rosette, pinnatifides , dentées , épineuses , glabres. Fl. purpurine , solitaire , placée immédiatement au centre de la rosette de feu. ; quelquefois la tige s'allonge de 2-8 pouces et porte 2-3 fleurs. Involucre glabre , à écailles exactement appliquées. ♃. E. TC. Bords des chemins , pelouses.

XXX. CYNARA *L.* (*Artichaut.*) Involucre très-gros, ventru, imbriqué de folioles charnues à la base , épineuses au sommet. Réceptacle charnu, soyeux. Aigrettes longues , plumeuses.

1. C. SCOLYMUS *L.* (*A. commun.*) Tige forte, élevée , rameuse, cannelée. Feu. décurrentes, pinnatifides, tomenteuses en-dessous , à peine épineuses. Fl. larges d'un bleu violet ; terminales. Folioles de l'invol. obtuses, quelquefois comme échancrées à la pointe,

surtout les extér. ℐ. E². Généralement cultivé comme alimentaire. Ce n'est probablement qu'une var. de l'espèce suivante.

2. C. CARDUNCULUS *L. (A. Cardon.)* Vulg. *Cardon d'Espagne.* Tige droite,

rameuse. Feu. décurrentes, pinnatifides, épineuses, cotonneuses. Fl. d'un beau bleu. Involucre à fol. épineuses. ℐ. E. Cultivé comme le précédent. On mange les pétioles et les côtes des feuilles.

XXXI. CENTAUREA *L. (Centaurées.)* Invol. imbriqué, ventru, formé d'écailles foliacées et scarieuses, laciniées ou en pointe ciliée. Fleurons du disque hermaphr.; ceux de la circonfér. plus grands, stériles. Réceptacle hérissé de paillettes divisées en lanières soyeuses. Graines attachées au récept. par un style latéral. Aigrette à poils simples, inégaux, denticulés, libres à la base.

1. C. JACEA *L. (C. jacée.)* Tige droite, rameuse, haute de 1-2 pieds. Feu. lancéolées, hérissées, rudes, légèrement dentées; les infér. quelquefois pinnatifides. Fl. purpurines, rarement blanches, terminales, au sommet de rameaux anguleux. Ecailles de l'involucre terminées par un appendice ovale, cilié; les intérieures ovales, concaves, membraneuses, déchirées. Fleurons de la circonfér. rayonnans, longs, stériles, à 5 divis. linéaires.

Var. *b. angustifolia* Schrank. Tige grêle, velue. Feu. linéaires, entières dans le haut de la plante; les infér. pinnatifides, à longues dents étroites.

Var. *c. lata.* Reich. Tige élevée, anguleuse. Feu.

infér. sinuées-pinnatifides; les supér. amplexicaules, munies de grosses dents à leur base.

ℐ. E. A1. C. Prés, bois et côteaux.

2. C. NIGRESCENS *Willd.* (*C. noircissante.*) Cette espèce a les plus grands rapports avec la précédente et la suivante. Elle diffère du *C. jacea* par ses involucres plus bruns, à écailles terminées par des appendices étroits et longuement ciliés, et du *C. nigra* par ses fleurons extér. rayonnans et stériles. Les feu. varient de forme; tantôt elles sont entières, tantôt un peu pinnatifides. Fl. purpurines.

Var. *b. foliosa.* Tige courte, uniflore, garnie de

feu. étroites, dentées, très-nombreuses au-dessous de l'involucre.

♃. E. PC. Prés et côteaux. La var. *b.* à Falaise.

3. c. NIGRA *L.* (*C. noire.*) Même port que les deux espèces précédentes. Se distingue par ses involucres noirs, à écailles très-imbriquées et longuement ciliées et surtout par ses fleurs composées de fleurons tous hermaphr. et égaux. Feu. ovales lancéolées, un peu dentées; les radic. souvent pinnatifides. Plante d'un vert triste. Fl. purpurines, quelquefois blanches. ♃. E. PC. Prés et bois.

4. c. CYANUS *L.* (*C. bleuet.*) Vulg. *barbeau, bluet.* Tige grêle, rameuse, haute de 1-2 pieds, velue-blanchâtre. Feu. étroites, pinnatifides; les supér. linéaires, entières. Fl. bleues, quelquefois roses ou blanches, terminales. Fleurons extér. plus grands, rayonnans. Invol. à écailles bordées de cils noirâtres, membraneux. ⊙. E. C. Moissons des terr. calc.

5. c. SCABIOSA *L.* (*C. scabieuse.*) Tige droite, cannelée, rameuse dans le haut. Feu. pinnatifides,

scabres; lobes des infér. lancéolés, dentés, pinnatifides. Fl. purpurines, rarement blanches, assez grosses, Fleur. extér. plus grands. Invol. arrondi, velu, à écailles ovales, bordées de noir et ciliées au sommet. ♃. E. C. Moissons et bois découverts des terr. calc.

6. c. SOLSTITIALIS *L.* (*C. du Solstice.*) Plante d'un vert-blanchâtre, cotonneuse. Tige rameuse, souv. diffuse, haute de 1-2 pieds. Feu. infér. lyrées; les supér. lancéolées-linéaires, entières, décurrentes. Fl. jaunes. Ecailles de l'invol. terminées par une longue épine jaune, accompagnée à sa base de 4 petites. ⊙. E. R. Lieux secs, bords des chemins. Rouen, Gisors.

7. c. CALCITRAPA *L.* (*C. chausse-trape.*) Vulg. *chardon étoilé.* Tige ouverte, diffuse, haute de 1-2 pieds. Feu. pinnatifides, à lobes linéaires, dentés, velues. Fl. petites, rouges ou blanches, terminales et axillaires. Invol. glabre, à écailles terminées par une longue épine rougeâtre ou jaunâtre, accompagnée de 2-4 beaucoup plus petites à la base. ⊙. E3. A1. TC.

Lieux stériles, bords des chemins.

Employée comme fébrifuge.

XXXIJ. CENTROPHYLLUM *Reich.* (*Centrophylle.*)
Involucre ventru, à écailles intér. cartilagineuses, ciliées épineuses au sommet ; les extér. foliacées, nerveuses, pinnatifides et épineuses, simulant des bractées. Fleur. extér. stériles, plus grands. Graines tétragones, à style latéral. Réceptacle paléacé. Aigrette à poils raides, paléacés.

1. C. LANATUM *Reich.* *Carthamus* L. (*C. laineux*) Tige droite, rameuse au sommet, haute de 1-2 pieds, couverte de longs poils aranéeux. Feu. un peu velues, pinnatifides, à lobes étroits, garnie de dents épineuses ; les supér. embrassantes. Fl. jaunes, terminales. ⊕. Ex. 3. C. Lieux arides, bords des champs et des chemins des terr. calc.

XVIII. CARLINA L. (*Carline.*)
Involucre ventru à écailles imbriquées, les extér. foliacées, sinuées, épineuses ; les intér. étroites, allongées, scarieuses, colorées, simulant les fleurons extérieurs des fl. radiées. Réceptacle paléacé. Graines comprimées, pubescentes. Aigrette à poils extér. courts ; les intér. fasciculés et plumeux.

1. C. VULGARIS L. (*C. commune.*) Tige droite, souv. rameuse dans le haut, couverte d'un long duvet aranéeux. Feu. embrassantes, lancéolées, sinuées-pinnatifides, épineuses, velues en dessous. Fl. violacées ou roussâtres, terminales ; écailles intér. de l'invol. rayonnantes, jaunâtres, luisantes. ♂. Ex. A. TC. Lieux arides, bords des chemins.

IIIᵉ. Divis. CHICORACÉES *Juss.*

Fleurons tous en languette (*semi-flosculeuses*) et hermaphrodites. Réceptacle peu ou point charnu. Style articulé. — *Plantes à feu. alternes, le plus souvent pourvues d'un suc laiteux.*

† *Graines aigrettées.*

XXXIV. SONCHUS *L.* (*Laitron.*) Invol. oblong, ventru, resserré au sommet, à la maturité, à folioles inégales. Réceptacle nu. Graines comprimées, striées. Aigrette courte, sessile, denticulée. — *Fl. jaunes.*

1. S. OLERACEUS *L.* (*L. des lieux cultivés.*) Vulg. *laceron*. Tige rameuse, lisse, quelquefois munie de quelques poils glanduleux dans le haut. Feu. très-polymorphes, ovales, spatulées, ou lyrées, ou roncinées, ou même pinnatifides, auriculées, glabres, glauques en-dessous, ciliées, souv. presque épineuses sur les bords. Fl. en corymbe. Invol. glabre.

Var. *b. S. asper* Vill. Feu. bordées de dents épineuses, luisantes.

☉. E. TC. Lieux cultivés, jardins.

2. S. ARVENSIS *L.* (*L. des champs.*) Racine rampante. Tige ferme, fistuleuse, haute de 2-3 pieds, hérissée dans le haut de poils glanduleux noirâtres, nom-breux sur les pédoncules et les involucres. Feu. roncinées, denticulées, glabres, munies à la base d'oreillettes arrondies. Fl. assez grandes, en corymbe terminal. ♃. E. C. Champs et lieux humides.

3. S. PALUSTRIS *L.* (*L. des marais.*) Racine rameuse. Tige haute de 3-5 pieds, ferme, hérissée dans le haut de poils glanduleux noirâtres. Feu. nombreuses, rapprochées, roncinées-pinnatifides, embrassant la tige par deux oreillettes pointues (sagittées) assez longues. Fl. en corymbe, à pédonc. et involucr. hérissés, noirâtres. ♃. E. R. Lieux humides. Marais-Vernier, Gisors (*A. Passy*), Avranches, etc.

XXXV. LACTUCA *L.* (*Laitue.*) Invol. oblong-cylindrique, imbriqué de folioles inégales, scarieuses sur les bords. Réceptacle nu. Graines comprimées, surmontées d'une aigrette pédicellée, à poils mous et fugaces.

1. L. SATIVA *L.* (*L. cultivée.*) Tige rameuse, surtout au sommet. Feu. arrondies, sans aucunes épines, les supér. cordiformes. Fl. jaunes, petites, en corymbe multiflore, irrégulier. Graines à 7 stries. ☉. E. Cultivée.

Cette plante potagère

offre un grand nombre de variétés dont les plus généralement cultivées, sont ; *la laitue pommée*, *la l. frisée* et *la l. romaine ou chicon.* Son eau distillée et son extrait (*Thridace*) sont employés comme calmans et sédatifs.

2. L. SCARIOLA *L. L. sylvestris* Lam. (*L. sauvage.*) Tige haute de 3-5 pieds, droite, ferme, hérissée d'aiguillons. Feu. pinnatifides-roncinées, denticulées, épineuses sur la nervure médiane, verticales. Fl. petites, jaunes en panicule. ♂. E. C. Lieux arides, murailles. Rouen, Caen, Falaise, etc.

3. L. VIROSA *L.* (*L. vireuse.*) Cette plante n'est peut-être qu'une var. de la précédente, dont elle diffère par ses feu. horizontales, oblongues-lancéolées, obtuses ; sa tige est aussi presque lisse. ♂. E. C. Mêmes sta-

tions et mêmes localités que le *L. scariola.* Son suc est narcotique.

4. L. SALIGNA *L.* (*L. à feu. de saule.*) Tige étalée a la base, redressée, blanchâtre, lisse, haute de 1-3 pieds. Feu. infér. pinnatifides, à lobes linéaires, glabres, quelquefois un peu épineuses sur la nervure médiane ; les caulinaires linéaires, sagittées. Fl. petites, d'un jaune pâle, rapprochées de la tige et formant un épi très-allongé. ☉. E. C. Champs arides, côteaux secs, bords des chemins, terr. calc.

5. L. PERENNIS *L.* (*L. vivace.*) Tige rameuse, glabre, haute de 12-18 pouces. Feu. pinnatifides, à lobes linéaires, dentés, lisses. Fl. assez larges, délicates, d'un bleu-violacé, en corymbe lâche. ♃. E. C. Moissons des terr. calc.

XXXVI. CHONDRILLA *L.* (*Chondrille.*) Involucre cylindrique, à écailles linéaires appliquées, garni à sa base de folioles plus courtes. Réceptacle nu. Aigrette pédicellée, à poils simples.

1. C. MURALIS Lam. *Prenanthes L.* (*C. des murailles.*) Tige rougeâtre, glabre, fistuleuse, haute de 2-3 pieds. Feu. lisses, glau-

ques en-dessous, lyrées-roncinées, à lobes anguleux ; le terminal large, triangulaire. Fl. jaunes, petites, en panicule très-rameuse. Graines lisses, plus longues que le pédicelle de l'aigrette. ⊙. E. TC. Vieilles murailles et lieux ombragés.

2. c. JUNCEA *L.* (*O. jonciforme.*) Tige dure, rameuse, hérissée à la base, haute de 2-3 pieds. Feu. infér. roncinées ; les supér. li-néaires, entières, munies de quelques poils raides sur leurs bords à la base. Fl. jaunes, petites, éparses sur les rameaux qui sont effilés. Graines hérissées plus courtes que le pédicelle de l'aigrette. ♃. E. R. Bords des champs. Rouen, les Andelys, Villedieu, Dives, etc.

XXXVII. PRENANTHES *L.* (*Prénanthe.*) Involucre cylindrique, pauciflore, imbriqué, à folioles droites, garni à sa base de petites écailles serrées, ovales. Réceptacle nu. Graines fusiformes à aigrette simple, sessile.

* 1. P. PULCHRA *DC.* Crepis *L.* (*P. élégant.*) Tige droite, haute de 2-3 pieds, velue-visqueuse à la base. Feu. radicales spatulées ; les caulinaires sinuées-dentées, lancéolées, sagittées à la base, un peu rudes. Fl. jaunes en corymbe. Folioles de l'invol. étalées après la fleuraison. ⊙. E. R. Bords des champs et des chemins. Rouen.

XXXVIII. BARKHAUSIA *Mœnch.* (*Barkhausie.*) Involucre caliculé, à folioles serrées, comme carénées à la maturité ; folioles extér. courtes, lâches et inégales. Graines fusiformes prolongées au sommet en un pédicelle qui supporte une aigrette à poils simples, très-blancs.

1. B. FOETIDA *DC.* Crepis *L.* (*B. fétide.*) Plante hérissée de poils rudes et grisâtres, exhalant, par le froissement, une odeur forte et désagréable. Tige ferme, rameuse, haute de 10-18 pouces. Feu. pinnatifides-roncinées, à lobes anguleux dentés pointus ; les supér. comme laciniées, à découpures étroites. Fl. jaunes, rougeâtres en dehors, penchées avant la fleuraison, en corymbe irrégulier. Graines hérissées d'aspérités squamiformes. ⊙. E. C. Lieux secs, bords des chemins et murailles ; terr. calc.

2. B. TARAXACIFOLIA *D. C.* (*B. à feu. de pissenlit.*) Tige droite, sillonnée, hérissée

rongeâtre, rameuse au sommet, haute de 2-3 pieds. Feu. sinuées-lyrées, roncinées, peu hérissées; les supér. embrassantes et incisées à la base. Fl. jaunes assez grandes en corymbe terminal. Involucres couverts d'un duvet cendré. Graines légèrem. scabres. ☉. P.-E. TC. Moissons et prairies.

XXXIX. CREPIS *L.* (*Crépide.*) Les *Crepis* ont l'involucre caliculé et sillonné comme les *Barkhausia*, dont ils ne diffèrent que par leur aigrette sessile au sommet de la graine qui est comme tronquée.

1. C. BIENNIS *L.* (*C. bisannuelle.*) Cette espèce, souv. confondue avec le *Barkhausia taraxacifolia*, s'en distingue, au premier coup-d'œil, par ses involucres et ses pédicelles hérissés de poils noirâtres. Sa tige est aussi plus forte et plus élevée. Feu. roncinées pinnatifides, hérissées. Fl. jaunes en corymbe terminal. Graines striées, lisses, à aigrette sessile. ♂. E. C. Prés.

2. C. TECTORUM *L* (*C. des toits.*) Racine fibreuse. Tige rameuse, assez glabre, haute de 10-15 pouces. Feu. glabres, roncinées-pinnatifides; les supér. lancéolées-linéaires, sagittées à la base. Fl. jaunes en corymbe. Involucre pubescent-grisâtre. Graines striées, rugueuses. Aigrette plus longue que l'involucre. ☉. E. C. Toits, murailles, bords des champs.

3. C. VIRENS *L.* (*C. verdâtre.*) Racine fusiforme. Tige droite, striée, glabre, rameuse au sommet, haute d'un pied environ. Feu. roncinées à lobes écartés, le plus souv. glabres; les supér. pinnatifides et entières, sagittées à la base. Fl. jaunes en corymbe terminal. Invol. verdâtres, légèrem. pubescens, hérissés de quelques poils noirâtres, à fol. de la longueur de l'aigrette. Graines lisses.

Var. *b. C. diffusa* DC. Tige étalée, rameuse à la base.

Var. *c. C. scabra* Willd. Feu. hispides.

☉. E. C. Prés, bords des chemins.

4. C. AGRESTIS *W. Kit. C. stricta* DC. (*C. agreste.*) Tige droite, haute de 1-2 pieds, presque nue, à rameaux ouverts, lâches. Feu. radic. glabres, roncinées-pinnatifides, à lobes aigus, rarem. obtus, sagittées à la base; les caulin. peu nombreuses, linéaires et entières. Fl. jaunes, petites

15

en corymbes terminaux. Invol. pubescens, chargés de poils glanduleux. Graines lisses. ☉. E. PC. Lieux secs, prés arides. Caen, Falaise, Lisieux, etc.

XL. TARAXACUM *Hall.* (*Pissenlit.*) Invol. à 2 rangs de folioles, dont l'extérieur est plus court et souv. étalé ou réfléchi; toutes les fol. se renversent en-dehors à la maturité. Réceptacle nu, ponctué. Graines à aigrette pédicellée, composée de poils simples. — *Plantes acaules; hampes uniflores; fl. jaunes.*

1. T. DENS-LEONIS *Desf,* *Leontodon taraxacum L.* (*P. dent-de-lion.*) Hampe fistuleuse, nue, haute de 4-10 pouces, presque toujours glabre, ainsi que les feu., qui sont toutes radicales, roncinées, à lobes plus ou moins découpés, polymorphes. Fol. extér. de l'invol. réfléchies. Fl. larges.

Var. *b. laciniatum.* Lobes des feu. à découpures profondes, linéaires, très-étroites.

♃. P.-A. TC. Champs, prés, jardins partout.

Plante amère, apéritive et tonique On la mange en salade.

2. T. LÆVIGATUM *DC.* (*P. lisse.*) Hampe longue de 2-3 pouces, menue, terminée par une fl. plus petite que dans l'esp. précédente. Feu. courtes, profondém, roncinées-pinnatifides, à lobes étroits, recourbés,

vers la base de la feu. Folioles de l'involucre, le plus souv. chargées, vers la pointe dorsale, d'une petite protubérance calleuse; les extér. ouvertes. ♃. P. PC. Côteaux secs, pelouses, parmi les rochers, Falaise.

3. T. PALUSTRE *DC.* (*P. des marais.*) Hampe haute de 4 à 8 pouces, ne dépassant pas ordinairem. les feu., chargée souv. de quelques poils mous, aranéeux, resserrée au-dessous de l'invol., dont les fol. extér. sont appliquées et non réfléchies; caractère qui distingue cette espèce du *T. dens-leonis,* dont elle a le port et les feu. roncinées.

Var. *b. T. lanceolatum* Poir. Feu. lancéolées, étroites, à peine dentées.

♃. P. E. PC. Marais, fossés et prés humides. Falaise, Vire, etc.

XLI. HELMINTHIA *Juss.* (*Helminthie.*) Involucre double; l'intér. à 8 fol. imbriquées, égales; l'extér. à 5 fol. plus larges, ovales, lâches. Graines striées transversalement. Aigrette plumeuse, pédicellée. Réceptacle nu.

1. H. ECHIOIDES *Gærtn.*
Picris L. (*H. vipérine.*)
Plante hérissée de poils
durs, bifurqués, épineux,
tuberculeux à la base. Tige
rameuse, haute de 2-3 pieds.
Feu. embrassantes, ovales-
oblongues, quelquefois un
peu sinuées. Fl. jaunes,
terminales. ⊙. E. PC. Fossés, bords des chemins des
terr. calc. Le Havre, Caen,
Falaise, Lisieux, etc.

XLII. PICRIS *L.* (*Picride.*) Involucre ovoïde, caliculé ; folioles extérieures, lâches, inégales. Graines
striées transversalement. Aigrette plumeuse, sessile.
Réceptacle nu.

1. P. HIERACIOIDES *L.* (*P. éperrière.*) Plante couverte
de poils bifurqués au sommet. Tige droite ou un peu
diffuse, garnie de rameaux
ouverts, haute de 10-18
pouces. Feu. radicales allongées, sinuées-dentées ;
les caulin. presque entières, ondulées. Fl. jaunes,
assez grandes, en corymbe
terminal. ♃. E.-A. C. Côteaux et champs pierreux.

2. P. PYRENAÏCA *L.* (*P. des
Pyrénées.*) Diffère de l'espèce précédente, dont elle
n'est peut-être qu'une variété, par sa racine épaisse,
fusiforme, par sa tige plus
élevée, ferme, rameuse
seulement au sommet, par
ses feu. lancéolées, allongées, à dents ouvertes,
écartées et par ses fleurs
plus grandes, solitaires au
sommet des pédoncules,
qui sont couverts de poils
noirâtres, ainsi que les invol. Graines brunes, arquées, fort. ridées transversalem. ♃. E. A. R. Côteaux pierreux. Mortain,
Granville.

XLIII. HIERACIUM *L.* (*Épervière.*) Involucre
ovoïde, imbriqué de folioles inégales. Réceptacle alvéolé, nu ou chargé de quelques poils courts. Graines
coniques, striées. Aigrette sessile, composée de poils
simples ou denticulés, blancs ou roussâtres.

* *Tige feuillée.*

1. H. SABAUDUM *L.* (*E. de
Savoie.*) Tige droite, simple, dure, comme ligneuse
dans le bas, très feuillée,
velue, haute de 2-3 pieds.
Feu. ovales ou lancéolées,

dentées, plus ou moins velues; les supér. plus courtes, un peu embrassantes. Fl. jaunes, assez larges, en panicule ou en corymbe ombellé. Réceptacle profondém. alvéolé. Graines brunâtres. Involucre à peu près glabre.

Var. *b. lanceolatum* Monn. Feu. lancéolées, dentées, pâles en-dessous.

Var. *c. sylvestre* Monn. Feu. oblongues; les super. amplexicaules.

Var. *d. villosum* Monn. Tige et feu. très-velues.

Var. *e. umbrosum* Monn. Feu. nombreuses, larges, ovales, velues et molles.

Var. *f. angustifolium* Monn. Feu. étroites, presque linéaires.

♃. E2-A. PC. Bois, côteaux, rochers. Falaise, Cherbourg, Vire, etc.

2. H. UMBELLATUM *L.* (*E. en ombelle.*) Cette espèce, souv. confondue avec la précédente, en diffère par ses feu. supér., qui ne sont jamais cordiformes-embrassantes; sa tige est aussi le plus souv. glabre, ainsi que les feu. qui sont nombreuses, lancéolées-étroites. Les fl. sont jaunes, plus petites, en corymbe-ombellé. Graines noirâtres. Réceptacle légèrem. alvéolé.

Var. *b. grandiflorum.* Calathides peu nombreuses, larges. Falaise.

Var. *c. puberulum* Monn. Feu. étroites, un peu velues. Falaise.

Var. *d. ovatifolium* Monn. Feu. ovales-lancéolées, denticulées. Vire.

♃. EA. C. Bois et lieux secs.

3. H. SYLVATICUM *Gouan.* (*H. des bois.*) Tige simple, velue, surtout dans le bas, haute de 2-3 pieds, garnie de 3-5 feu. écartées, lancéolées, pointues, munies de quelques longues dents vers la base, molles. Les infér. atténuées en un long pétiole, très-velu. Fl. jaunes, portées sur des pédonc. rameux, en corymbe. Involucres garnis de poils courts.

Var. *b. maculatum.* Feu. tachées de brun en-dessus.

♃. E. C. Bois.

4. H. MURORUM *L.* (*E. des murailles.*) Se distingue du précédent, avec lequel on devra peut-être le réunir, par sa tige presque nue ou garnie seulement d'une ou deux feu. ordinairem. cordées, distantes des radicales, qui sont cordées à la base ou brusquement dilatées au sommet du pétiole. Fl. jaunes, en panicule

che. Pédonc. souv. bi-
fides.

Var. b. maculatum. Feu.
tachées de brun.

Var. c. villosum Monn.
Pétioles courts et feu. très-
velues. Rochers. Falaise.

Var. d. lanceolatum Monn,
Feu. ou peu atténuées vers
le pétiole.

Var. e. pictum Monn.
Feu. étroites, lancéolées,
à dents fines et longues, et
tachées de brun. Falaise.

♃. E. C. Côteaux et bois
secs, murailles.

** *Hampe nue.*

5. H. AURICULA L. (E. au-
ricule.) Hampe haute de 6-
10 pouces, glabre ou garnie
de quelques longs poils
épars qui se retrouvent sur
les bords et nervures des
feu., qui, du reste, sont
lisses et glauques; elles
sont lancéolées-spatulées,
à peine denticulées. La racine émet des rejets ram-
pans feuillés, velus. Fl.
jaunes, réunies en un petit
corymbe au sommet des
hampes. Invol. et pédonc.
hérissés de poils noirâtres.

Var. b. ramosum. Cala-
thides portées sur des pédonc. assez longs, rameux
et écartés. Falaise.

V. c. coarctatum. Cala-
thides à courts pédonc.
rapprochées en petite tête
serrée, comme ombellée.
Falaise.

V. d. monocalathium
Monn. Hampe uniflore.

♃. E. C. Prés, pelouses
et bords des fossés.

6. H. PILOSELLA L. (E. pi-
loselle.) Hampe uniflore,
haute de 4-10 pouces, nue,
velue-blanchâtre, accom-
pagnée à sa base de rejets
rampans et feuillés. Feu.
ovales-oblongues, glabres
en-dessus, couvertes en-
dessous de poils étoilés,
blanchâtres, et munies sur
les bords de longs poils simples qui se retrouvent quelquefois épars sur la surface
supér. Fl. jaune, solitaire
terminale. Invol. chargés
de poils noirâtres.

Var. b. lanceolatum Monn.
Feu. étroites, lancéolées,
allongées. Falaise.

Var. c. subnudum. Feu.
presque glabres en-dessous.
Falaise.

Var. d. H. Peleterianum
Mérat. Feu. assez grandes.
Calathides larges. Involucres couverts de longs poils
soyeux. Mantes.

♃. E. TC. Lieux secs,
bords des chemins, mu-
railles.

XLIV. HYPOCHÆRIS L. (Por...)
...que de follicules inégales. Réceptacle p...

à aigrette plumeuse, pédicellée, quelquefois sessile dans celles de la circonférence.

1. H. RADICATA *L.* (*P. à longues racines.*) Tige nue, souv. rameuse, glabre ou un peu hérissée dans le bas. Feu. toutes radicales, étalées en rosette, lancéolées-roncinées, ou à dents droites, hérissées. Fl. jaunes, terminales. Toutes les aigrettes pédicellées. ♃. P. E. C. Prés et bords des chemins.

Tige nue, simple ou peu rameuse, très-glabre, haute de 3-8 pouces. Feu. toutes radic., glabres ou légèrem. ciliées, allongées, étroites, sinuées-dentées, quelquefois comme roncinées. Fl. jaunes, petites, terminales. Graines de la circonfér. à aigrettes sessiles; les intér. pédicellées. ☉. P₂. 3. PC. Pelouses, côteaux secs, bords des chemins. Rouen, Falaise, Vire, etc.

2. H. GLABRA *L.* (*P. glabre.*)

XLV. TRAGOPOGON *L.* (*Salsifis.*) Involucre simple, composé de 8-10 fol. longues imbriquées, soudées à la base. Réceptacle nu. Graines striées, scabres. Aigrette plumeuse, pédicellée.

1. T. PRATENSIS *L.* (*S. des prés.*) Tige droite, rameuse, glabre ainsi que les feu. qui sont linéaires, embrassantes à la base, ondulées, tortillées au sommet. Fl. jaunes à fleurons aussi longs que l'involucre. Pédonc. cylindriques. ♂. E. C. Prés des terr. calc. Alençon, Séez, Falaise, etc.

précédent par ses pédonc. renflés sous l'involucre dont les fol. sont plus longues que les fleurons. Ses graines sont aussi moins tuberculeuses. ♂. E. PC. Prés et bords des chemins. Lisieux, Falaise, etc.

Le *T. porrifolium L.* Cercifis des jardiniers, est généralem. cultivé à cause de sa racine alimentaire; sa fleur est violette.

2. T. MAJOR *Jacq.* (*S. à gros pédoncule.*) Diffère du

XLVI. SCORZONERA *L.* (*Scorzonère.*) Involucre oblong, imbriqué de fol. inégales, scarieuses sur les bords. Réceptacle nu. Graines sessiles, amincies au sommet en un pédicelle qui soutient une aigrette plumeuse.

1. S. HISPANICA *L.* (*S. d'Espagne.*) Tige haute de

2-3 pieds, cylindrique, quelquefois un peu cotonneuse, divisée au sommet en rameaux florifères, peu nombreux. Feu. demi-embrassantes, ovales-lancéolées, entières ou peu dentées ; les supér. étroites prolongées en une longue pointe linéaire. Fl. jaunes, 5-6, terminales. Invol. à écailles lancéolées ; les extér. courtes, ovales. ♃. Et. 2. Cultivée à cause de sa racine, qui est un aliment très-sain. Employée aussi en médecine comme apéritive, pectorale et tempérante.

2.3. HUMILIS L. (*S. humble.*) Tige simple, presque nue, le plus souv. uniflore, cotonneuse. Feu. lancéolées-allongées, marquées de 3 5 nervures, velues, entières. Fl. jaunes. Invol. cotonneux à sa base, à fol. lancéolées ; les intér. obtuses. Pédonc. renflé, écailleux, velu.

Var. *b. ramosa.* Tige haute de 2 pieds, rameuse au sommet, 3-4-flore. Falaise.

Var. *c. linearifolia. S. angustifolia L.*? Feu. linéaires, étroites. Falaise.

♃. P. E. C. Prés et landes humides. J'ai trouvé la var. *b.* qui ressemble beaucoup à l'espèce précéd. dans des bois humides près de Falaise.

XLVII. **PODOSPERMUM** *DC.* (*Podosperme.*) Invol. du genre précéd. Réceptacle chargé de tubercules pointus, qui pénètrent dans un pédicelle creux et épais, placé à la base des graines. Aigrette sessile, plumeuse.

1. P. LACINIATUM *DC.* *Scorzonera L.* (*P. découpé.*) Tige rameuse, un peu étalée, couverte d'un duvet court, blanchâtre. Feu. pinnatifides, à lobes linéaires, pointus, le terminal lancéolé ; quelquefois elles sont seulem. linéaires. Fl. jaunes, terminales. Folioles de l'invol. farineuses, souv. chargées d'une petite pointe dorsale près du sommet. ♂. P2-E2. R. Bords des champs. Beaumont-le-Roger, Lisieux, Falaise.

XLVIII. **LEONTODON** *L.* (*Liondent.*) Invol. oblong, à fol. inégales, imbriquées. Réceptacle alvéolé, nu, ou légèrem. pubescent. Graines couronnées par une aigrette sessile à poils inégaux, les uns plumeux, les autres écailleux ou soyeux.

1. L. AUTUMNALE *L.* (*L. d'automne.*) Plante très-variable dans son port. Tige le plus souv. rameuse, éta-

lée, nue, glabre. Feu. allongées, plus ou moins pinnatifides, à lobes étroits,
linéaires, rarem. simples,
presque glabres. Fl. jaunes,
portées sur des pédonc. renflés, écailleux.

Var. *b. villosum. Apargia
pratensis* Link? Tige forte,
rameuse; feu. glabres; involucre couvert de poils
grisâtres. Falaise.

Var. *c. simplex* Dub. Tige
simple, uniflore.

Var. *d. linearifolium.* Feu.
linéaires, allongées, étroites, entières. Falaise.

♃. E3. A1. TC. Les var.
R. Bords des chemins et
pelouses.

2. L. HASTILE *L.* (*L. en fer
de lance.*) Hampe 1-flore,
nue, glabre. Feu. étalée
en rosette, lancéolées, si-
nuées-roncinées, glabres.
Fl. jaune, terminale; in-
vol. glabre. ♃. E3. A. R.
Prés marécageux, pelouses
humides des terrains argilleux. Rouen, Falaise, Li-
sieux, etc.

3. L. HISPIDUM *L.* (*L. hispide.*) Hampe 1 flore, haute
de 5-10 pouces, hérissée
(rarem. glabre), ainsi que
toute la plante, de poils
simples, bi ou trifurqués,
raides, blanchâtres. Feu.
allongées, oblongues-lan-
céolées, sinuées, roncinées
ou pinnatifides; variant
beaucoup. Fl. jaune, ter-
minale. ♃. E. A. U. Prés.

XLIX. THRINCIA *Roth.* (*Thrincie.*) Involucre de
8-10 fol. imbriquées, égales. Réceptacle nu, ponctué.
Graines du centre, atténuées au sommet en un pédicelle portant une aigrette plumeuse, celles de la circonférence comme tronquées, couronnées par des
écailles courtes formant une aigrette sessile, avortée.

1. T. HIRTA *Roth. Leontodon
L.* (*T. hérissée.*) Hampes
nues, uniflores, presque
glabres. Feu. toutes radicales, oblongues, sinuées-
dentées, ou un peu pinna-
tifides, hérissées de poils
simples ou bifurqués. Fl.
jaunes, terminales, à involucre le plus souv. glabre;
garni de quelques écailles
courtes à sa base.

Var. *b. cinerea.* Hampes
pubescentes; invol. cou-
verts de poils grisâtres. Falaise.

♃. E. A. G. Prés secs,
pelouses, bords des che-
mins, etc.

†† *Graines sans aigrette ou seulement couronnées par quelques écailles.*

L. **CICHORIUM** *L.* (*Chicorée.*). Invol. double ; fol. intér. égales, dressées, soudées à la base ; les extér. plus courtes, inégales, lâches. Réceptacle nu ou garni de poils épais. Graines anguleuses, terminées par 2 rangs d'écailles courtes, imbriquées.

1. c. **INTYBUS** *L.* (*C. sauvage.*) Tige droite, ferme, rameuse dans le haut. Feu. légèrement velues, roncinées, plus ou moins profondém. Fl. bleues ou blanches, axillaires, géminées, l'une sessile, l'autre pédonculée. ♃. E. C. Bords des champs et des chemins. Terr. calcaires.

Toutes les parties de cette plante acquièrent, par la culture, un grand développement. Elle est amère, stomachique et apéritive.

2. c. **ENDIVIA** *L.* (*C. endive.*) Cette espèce, dont on cultive un grand nombre de variétés sous les noms de *Chicorée*, *Scaro'e*, etc., diffère de la précéd. par ses feu. entières, oblongues, crénelées - dentées, quelquefois crispées. Fl. bleues, axillaires, sessiles. ⊛. E. Potagère.

LI. **LAPSANA** *L.* (*Lapsane.*) Invol. simple, imbriqué de fol. droites, serrées, munies à leur base de petites écailles ou fol. avortées. Réceptacle nu. Graines lisses, tronquées, caduques et sans aigrettes.

1. L. **COMMUNIS** *L.* (*L. commune.*) Tige haute de 1-3 pieds, rameuse, ferme, pubescente, souv. rougeâtre. Feu. infér. lyrées ; à lobe terminal large, arrondi, denté, comme pétiolées ; les supér. lancéolées, pointues. Fl. jaunes, en panicule terminale. ⊛. E. TC. Lieux cultivés.

2. L. **MINIMA** *All.* (*L. fluette.*) Cette plante est remarquable par ses hampes nues, rameuses, renflées et fistuleuses dans le haut, fermes, grêles et rougeâtres dans le bas. Feu. toutes radicales, ovales-lancéolées, munies de dents courbées vers le sommet qui est élargi. Fl. petites, d'un jaune pâle. Invol. à fol. nombreuses, resserré à la maturité des graines qui sont prismatiques et terminées par un rebord co-

riace. ◉. A. P2. 3. PC.   rages secs et sablonneux.
Bords des champs et pâtu- Rouen, Vire, Falaise, etc.

XLVII*. Fam. CAMPANULACÉES *Juss.*

Cal. 1-sépale, adhérent, à 5 lobes persistans, couronnant le fruit. Cor. 1-pétale, régulière, à 5 divis.
quelquefois irrégulières, et fendue profondém. en deux
parties. Etam. 5, insérées à la base de la cor. sur le
cal. Anthères biloculaires, oblongues, quelquefois rapprochées et soudées en tube. Style unique à stigm.
2-5-lobé, souv. muni de poils. Caps. à 2 5 loges polyspermes s'ouvrant par le sommet ou lateralement.
Embryon droit, entouré d'un périsperme charnu. —
Plantes herbacées à feu. alternes ; fl. en épis ou reunies en
têtes accompagnées de bractées.

† *Anthères rapprochées et soudées.*

1. LOBELIA *L.* (*Lobélie.*) Cal. à 5 divis. Cor. irrégulière, 1-pétale, tubulée infér., profondém. divisée
en 2 parties ou lèvres inégales ; la supér. à 2 lobes ;
l'infér. plus large, 3-lobée. Etam. 5, à anthères réunies. Ovaire infère. Stigm. obtus, bilobé. Caps. couronnée par le cal., à 2 3 loges s'ouvrant au sommet.

1. 1. URENS *L.* (*L. brûlante.*)   pér. lancéolées. Fl. bleues
Tige droite, simple, haute   en épi allongé. ◉. E. A. C.
de 10-18 pouces, anguleuse,   Landes et bruyères humi-
glabre. Feu. ovales, allon-   des. Rouen, Alençon, Fa-
gées, élargies au sommet,   laise, Vire, Cherbourg, etc.
dentées, glabres ; les su-

II. JASIONE *L.* Cal. à 5 lobes. Cor. 1-pétale, en
roue, à 5 divis. linéaires. Anthères connées, ou soudées au moins à leur base. Style saillant terminé par
un stigm. en massue velu et 2-lobé. Caps. à 2 loges
polyspermes, s'ouvrant au sommet. — *Fl. aggrégées en*
capitule entouré d'un involucre polyphylle.

1. J. MONTANA *L.* (*J. de*   cies à la base, ondulées sur
montagne.) Tiges rameuses,   les bords, hérissées de poils
diffuses, hispides. Feu. li-   blancs. Fl. bleues ou ra-
néaires-lancéolées, rétré-   rem. blanches, en capitules

arrondis, terminaux, portés sur de longs pédoncules.

Var. *b. maritima.* Tige basse, très-velue ainsi que les feu. qui sont courtes;

capitules larges. Roc de Granville.

☉. P. E. C. Côteaux arides et rocailleux.

†† *Anthères libres.*

III. PHYTEUMA *L.* (*Raponcule.*) Cal. anguleux, 5-lobé. Cor. tubuleuse, à 5 divis. profondes, linéaires, d'abord conniventes au sommet. Etam. 5, à anthères distinctes. Style unique, à stigm. 2-3-fide. Caps. arrondie, à 2-3 loges polyspermes s'ouvrant par 2-3 trous latéraux. — *Fl. réunies en épis serrés.*

1. P. SPICATUM *L.* (*R. en épi.*) Vulg. *épi à la Vierge.* Tige simple, haute de 10-15 pouces. Feu. radicales, pétiolées, cordiformes, doublement dentés ou crénelées, glabres; les supér. lancéolées, sessiles. Fl. blanches, rarem. bleuâtres en épi serré, cylindrique, accompagné de bractées linéaires. Stigm. bilobé, pubescent.

Var. *b. villosum.* Tige et feuilles couvertes de poils blancs.

♃. E. C. Bois et prés

ombragés. La var. *b.* R. Falaise, Vire.

2. P. ORBICULARE *L.* (*R. à têtes rondes.*) Souche émettant des tiges simples, hautes d'un pied. Feu. radicales, cordiformes-lancéolées, crénelées; les supér. linéaires, ciliées. Fl. bleues en tête serrée, arrondie. Bractées lancéolées. ♃. E. PC. Côteaux secs, pelouses des terr. calcaires, Environs de Rouen, Roche St.-Adrien, Caen, Falaise, etc.

IV. CAMPANULA *L.* (*Campanule.*) Cal. persistant à 5 lobes. Cor. en cloche, 5-lobée. Etam. 5, à filets dilatés à la base. Style filiforme, à stigm. 3-5-fide. Caps. tronquée, à 3-5-loges polyspermes, s'ouvrant latéralement par des trous ou déchirures.

* *Feu. radicales cordiformes ou réniformes.*

1. C. TRACHELIUM *L.* (*C. gantelée.*) Tige anguleuse, simple ou rameuse dans le

haut, rude, hispide, haute de 2-3 pieds. Feu. infér. cordiformes, pétiolées, profondém. dentées en scie, hérissées, les supér. lancéolées. Fl. grandes, bleues ou violettes, en grappes allongées, lâches, foliacées. Pédoncules pauciflores, munis d'une bractée. ♃. E. C. Bois.

2. C. RAPUNCULOÏDES *L.* (*C. fausse raiponce.*) Tige simple, haute de 1-2 pieds, rude. Feu. radicales, ovales-cordiformes, allongées, doublement dentées, rudes, les supér. lancéolées, à pointe allongée. Fl. d'un bleu-violacé en long épi, portées sur des pédonc. uniflores, munis d'une bractée, linéaire à leur base. Cal. à lobes réfléchis après la fleuraison. ♃. E. R. Bois et champs secs. Rouen, Bayeux, Forêt de Cerisy.

3. C. GLOMERATA *L.* (*C. à fl. agglomérées.*) Tige anguleuse, simple, hérissée, haute de 10-15 pouces. Feu. couvertes de poils blanchâtres, surtout en-dessous ; les infér. pétiolées, ovales-cordiformes, crénelées, les supér. ovales, sessiles, semi-amplexicaules. Fl. bleues, en capitules terminaux, et dans les aisselles des feu. supér. ♃. E. R. Côteaux secs et pelouses arides. Rouen, Argentan, Falaise, Trun, etc.

4. C. ROTUNDIFOLIA *L.* (*C.*

à *feu. rondes.*) Tiges grêles, étalées à la base, hautes de 10-15 pouces, glabres ainsi que les feu. dont les radic. sont réniformes, crénelées, pétiolées, les caulinaires linéaires. Fl. bleues ou blanches, en panicule ouverte, pauciflore. ♃. E. A. C. Côteaux, lieux pierreux, haies, bords des chemins.

Cette plante, dont les feuilles radicales sont souvent détruites, a été prise fréquemment, dans ce cas, pour la *C. linif. lin* W, qui est étrangère à notre province.

5. C. HEDERACEA *L.* (*C. à feu. de lierre.*) Tiges faibles, filiformes, étalées, longues de 4-6 pouces. Feu. pétiolées, délicates, cordiformes, à 5-7 lobes ou angles peu profonds, les caulinaires semblables. Fl. d'un bleu pâle, en cloche allongée, comme tubulées, portées sur de longs pédonc. filiformes. ☉. E. A. PC. Marais et prés humides. Falaise, Vire, Domfront, Mortain, etc.

Quelques auteurs ont regardé cette espèce comme devant constituer un nouveau genre, à cause des filets de ses étamines, à peine dilatés à la base, et de ses capsules s'ouvrant vers le sommet. C'est le *Wahlenbergia hederacea* de Reichenbach.

** *Feu. toutes lancéolées ou linéaires.*

6. c. **persicifolia** *L.* (*C. à feu. de pêcher.*) Plante glabre. Tige droite, simple, anguleuse, haute de 2-3 pieds. Feu. radic. ovales-lancéolées, pétiolées, crenelées, les caulinaires écartées, linéaires. Fl. bleues assez larges, en épi peu fourni. Cal. à lobes lancéolés, entiers. ♃. E. R. Bois des terr. calc. Evreux, Pont-Audemer.

7. c. **rapunculus** *L.* (*C. raiponce.*) Racine blanche, fusiforme. Tige droite, simple ou rameuse dans le haut, à peu près glabre, hauté de 2 3 pieds. Feu. radic. longuem. pétiolées, ovales-lancéolés, légèrem. crenelées, les sup. lancéolées-linéaires, sessiles. Fl. bleues ou blanches en panicule rapprochée. Cal. à divisions longues, linéaires, souvent munies de quelques dentelures. ♂. P. C. Haies et bois.

On mange à la fin de l'hiver les jeunes pousses et la racine en salade.

8. c. **patula** *L.* (*C. étalée.*) Tige droite, peu rameuse, anguleuse, garnie de rangées de poils blancs réfléchis sur ses angles. Feu. infér. oblongues-lancéolées, un peu crénelées, les supér. linéaires, comme décurrentes. Fl. d'un bleu-violacé, plus larges que dans l'espèce précéd.; en panicule ouverte, peu nombreuses. Lobes du calice linéaires, denticulés à la base. ♂. E. TR. Bois et haies. St.-Germain, près Condé-sur-Noireau.

V. PRISMATOCARPUS *L'Hérit.* (*Prismatocarpe.*) Cal. persistant, à 5 lobes. Cor. en roue, à 5 divis. ouvertes, planes. Etam. 5, à filets non dilatés à la base, portées sur 5 glandes. Style 1. Stigm. 3-lobé. Caps. longue, prismatique, à 2-3 loges, s'ouvrant latéralement vers le sommet.

1. p. **speculum** *L'Hérit.* *Campanula L.* (*P. miroir de Vénus.*) Tige rameuse à la base, étalée, diffuse. Feu. sessiles, ovales-oblongues, ondulées, crénelées. Fl. violettes, rarem. blanches, pédicellées, en panicule ouverte. Cal. profondém. divisé en 5 lanières sétacées égalant la corolle. ☉. E. TC. Moissons des terr. calc.

16

2. P. HYBRIDUS *Pers. Campanula L.* (*P. hybride.*) Tige droite, simple ou un peu rameuse à la base, hérissée, Feu. ovales, ondulées. Fl. violettes ou blanches, pe- lites. Cal. à lobes ovales- lancéolés, dépassant la co- rolle. ☉. P. E. PC. Même station que l'espèce précéd. Rouen, Caen, Alençon, Falaise, etc.

XLVIII°. Fam. ÉRICACÉES. *DC. Fl. fr.*

Cal. 1-sépale, persistant, à 3-4, le plus souv. 5 divis. Cor. 1-pétale, quelquefois à 4-5 lobes, souv. marcescente. Etam. 8-10, alternant avec les divis. de la cor. ou en nombre double, insérées à la base de la cor. ou du cal. Anthères 2-loculaires, bifides, souv. prolongées en 2 petites cornes. Ovaire unique, presque toujours libre. Style 1. Stigmate 1. Fruit (baie ou capsule) à 4-8 loges polyspermes, multivalves. Embryon droit renfermé dans un périsperme charnu. — *Tige ordinairement ligneuse. Feu. entières, alternes ou verticillées, souv. coriaces et persistantes.*

† *Ovaire supère; fruit capsulaire.* (Ericinées *Desv.*)

I. ERICA *L.* (*Bruyère.*) Cal. à 4 divis. souv. membraneuses. Cor. campanulée ou en grelot, à limbe 4-fide, marcescente. Etam. 8, à anthères bicornes. Style 1. Stigm. 1. Caps. 4-loculaire, à 4 valves cloisonnées au milieu.

1. E. CINEREA *L.* (*B. cendrée.*) Sous-arbrisseau rameux, à écorce grisâtre, haut de 1-2 pieds. Feu. filiformes, ternées, réunies en petits paquets, glabres. Fl. purpurines, rarem. blanches, petites grappes qui, par leur réunion, forment une panicule assez considérable. Cor. ovoïde en grelot, limbe 4-fide. Etam, inclures. Stigm. saillant. ♄. E. TC. Bois et landes.

2. E. CILIARIS *L.* (*B. ciliée.*) Sous-arbrisseau rameux, étalé, haut d'un pied environ, pubescent. Feu, ternées, petites, ovales-linéaires, blanches en-dessous, roulées sur les bords, ciliées. Fl. d'un rose-purpurin, grosses, en grelot allongé et resserré au sommet, formant une grappe serrée ou épi terminal, unilatéral, allongé. Anthères incluses, mutiques. Style

saillant. ♄. E3. A1. PG. Landes. Cherbourg, Avranches, Mortain, Falaise, etc.

3. **E. TETRALIX** *L.* (*B. qua- ternée.*) Sous - arbrisseau d'une couleur grisâtre, à rameaux grêles, velus, étalés, haut de 1-2 pieds. Feu. linéaires, verticillées par 4, hérissées de longs poils glanduleux. Fl. roses, quelquefois blanches, en capitule terminal. Cor. ovoïde. Anthères aristées et style inclus. ♄. E. TC. Bois humides et landes marécageuses.

4. **E. MULTIFLORA** *L.* (*B. multiflore.*) Sous-arbrisseau tortueux, à écorce rougeâtre, étalé, haut de 1-2 pieds. Feu. nombreuses, linéaires, lisses, sillonnées en-dessus, vertes et assez longues. Fl. rosées, en grappes allongées et serrées, terminales, quelquefois dépassées par une jeune pousse. Cor. courte campanulée. Anthères noires et style saillans. ♄. A1. TR. Lande aride à la pointe orientale de la grande île de Chausey.

5. **E. SCOPARIA** *L.* (*B. à balais.*) Arbrisseau à tige dressée, haut de 2-3 pieds, à rameaux grisâtres. Feu. linéaires, étroites, à bords roulés, glabres, verticellées par 3 ou 4. Fl. d'un vert-jaunâtre, petites, nombreuses, éparses, formant des grappes serrées. Etam. incluses. Style saillant. ♄. E. R. Landes marécageuses dans les environs d'Alençon, mais dans le département de la Sarthe.

II. CALLUNA *Salisb.* Erica *L.* (*Callune.*) Cal. double; l'intér. à 4 sépales colorés plus longs que la cor. qui est campanulée, 4-partite. Etam. 8, insérées sur le récept. Caps. 4-loculaire, à 4 valves cloisonnées à la suture.

1. **C. VULGARIS** *Salisb.* (*C. commune.*) Sous-arbrisseau, à rameaux, dressés, rougeâtres. Feu. petites, ovales, imbriquées sur 4 rangs et appliquées sur la tige, prolongées à leur base en un petit appendice libre, scabres sur les bords. Fl. purpurines ou blanches en longues grappes. Etam. incluses. Style long, saillant, à stigm. presque 4-lobé.

Var. *b. tomentosa.* Feu. couvertes de longs poils blancs. Mouen, près de Caen.

♄. E. TC. Bois et landes. C'est surtout cette bruyère que l'on emploie dans nos contrées pour faire des balais.

III. ANDROMEDA *L.* (*Androméde.*) Cal. à 5 divis. petit. Cor. ovale-urcéolée, à limbe réfléchi 5-denté. Etam. 10. Anthères bi-éperonnées à la pointe. Caps. 5-loculaire, à 5 valves. — *Feu. persistantes.*

1. A. POLIFOLIA *L.* (*A. à feu. de polium.*) Sous-arbrisseau haut de 8-10 pouces, rameux, glabre. Feu. lancéolées, étroites, roulées sur les bords, vertes en-dessus, d'un glauque blanchâtre en-dessous, au moins dans les jeunes. Fl. roses, terminales, portées sur des pédonc. aggrégés 2 fois plus longs que la cor. Caps. droites. ♄. P. R. Marais tourbeux. Heurteauville, près de Rouen.

IV. PYROLA *L.* (*Pyrole.*) Cal. à 5 div. Cor. profondément 5-partite, presque à 5 pétales. Etam. 10, à filets filiformes subulés. Anthères jaunâtres, bicornes. Style filiforme plus long que les étam. Stigm. en tête. Caps. à 5 loges, s'ouvrant à la base par les angles.

*1. P. ROTUNDIFOLIA *L.* (*P. à feu. rondes.*) Tige nue (scape), garnie seulement de quelques écailles, haute de 8-10 pouces. Feu. toutes radicales, glabres, pétiolées, rondes, entières ou légèrem. crénelées. Fl. blanches en grappe terminale. Style courbé en trompe, 2 fois plus long que l'ovaire. ♃. E. TR. Bois. Pays de Bray. (*F. Petit.*)

On a indiqué cette plante dans plusieurs localités de la province, mais tous les échantillons qui m'ont été adressés, appartenaient à l'espèce suivante, qui ne se distingue bien de celle-ci que par la forme et les proportions de son style.

2. P. MINOR. *L.* (*P. petite.*) Ressemble beaucoup à la précédente, dont elle diffère par une stature plus petite, des feu. plus ovales et surtout par son style droit et de la longueur de l'ovaire. ♃. P. PC. Bois couverts. Rouen, Tréprel, près de Falaise, Villers-Bocage, Lisieux, Bayeux.

†† *Ovaire infère; baie globuleuse.* (*Vacciniées DC.*)

V. VACCINIUM *L.* (*Airelle.*) Cal. petit. à 4-5 lobes. Cor. 1-pétale, à 4-5 divisions, souv. en grelot. Etam. 8-10. Anthères bicornes, quelquefois mutiques. Style 1.

Stigm. 1. Baie globuleuse, couronnée par le cal. persistant, à 4-5 loges renfermant des graines peu nombreuses.

1. V. MYRTILLUS *L.* (*A. myrtille.*) Sous-arbrisseau à tige rougeâtre, à rameaux verts anguleux. Feu. alternes, sessiles, ovales, dentées, glabres, caduques. Fl. rougeâtres, en grelot, solitaires, axillaires, pendantes. Baie bleue. ♄. P. C. Bois ombragés.

Les fruits de l'airelle, connus sous les noms de *morets*, *catelinettes*, sont agréables au goût; ils sont acidules et rafraîchissans.

2. V. OXYCOCCOS *L.* (*A. canneberge.*) Tiges ligneuses, couchées, filiformes, rougeâtres. Feu. ovales, entières, roulées sur les bords, glauques en-dessous, persistantes Fl. rosées, portées sur de longs pédonc. dressés, cor. divisée en 4 lobes allongés, réfléchis. Baie rouge. ♄. P. C. Marais tourbeux. Pays de Bray, Mortain, Bagnoles, Lessay, etc.

XLIXᵉ. Fam. MONOTROPÉES *Nutt.*

Cal. à 4-5 divis. pétaliformes, allongées, roulées, persistantes, quelquefois remplacé par des bractées ou nul. Cor. 1-pétale, persistante, profondém. 4-5-partite, comme polypétale. Etam. en nombre double des divis. de la cor. et insérées à leur base. Anthères uniloculaires, adnées aux filets. Ovaire supère. Style 1. Stigm. 1, en disque. Caps. 4-5-loculaire, à 4-5 valves cloisonnées au milieu. Graines entourées d'une pellicule qui leur donne l'apparence d'une samare.

I. MONOTROPA *L.* (*Monotrope.*) Caractères de la famille.

1. M. HYPOPITYS *L.* (*M. suce-pin.*) Plante glabre, entièrem. d'un blanc jaunâtre, ayant l'aspect de la cire, devenant noire et odorante par la dessication. Tige haute de 6-10 pouces, garnie d'écailles au lieu de feu. Fl. jaunâtres, en épi terminal; les supér. à 10 étam., les infér. à 8 étam. ♃. E. R. Parasite sur les racines du chêne, des pins. Rouen, Evreux, Bayeux, Falaise, Vimoutiers, etc.

3. COROLLIFLORES.

Cal. libre, à sépales plus ou moins soudés entr'eux (gamosépale). Pétales soudés en une corolle hypogyne. Étamines insérées sur la corolle. Ovaire libre.

Lᵉ. Fam. JASMINÉES *Juss.*

Fl. hermaphrodites, quelquefois polygames (*Fraxinus*). Cal. 1-sépale, tubuleux à la base, 4-5-lobé, quelquefois nul. Cor. 1-pétale, tubuleuse, régulière à 4-5 divisions, quelquefois nulle. Etam. 2 insérées sur la cor. Anthères introrses, biloculaires, s'ouvrant longitudinalement. Style 1, à stigm. 2-lobé. Fruit capsulaire ou baie à 1-2 loges renfermant 1-2 semences. Embryon droit, entouré d'un périsperme charnu ou corné. — *Arbres ou arbrisseaux, à feu. opposées et à pétiole articulé.*

† *Fruit charnu.*

I. LIGUSTRUM *L.* (Troêne.) Cal. très-petit, à 4 dents. Cor. 1-pétale, à tube court ; limbe ouvert, 4-fide. Etam. 2. Anthères saillantes. Style 1. Baie à 2 loges 2-spermes.

1. L. VULGARE *L.* (*T. commun.*) Arbrisseau à tige rameuse, haute de 4 8 pieds. Feu. opposées, lancéolées, glabres, persistantes dans les hivers doux. Fl. blanches en panicule ou thyrses latéraux et terminaux, opposés. Baie noire. ♄. P.TC. Haies.

II. JASMINUM *L.* (*Jasmin.*) Cal. 1-sépale, à 5 divis. Cor. tubuliforme, à limbe plane 5-fide. Etam. 2. Style 1. Stigm. bilobé. Baie à 2 loges monospermes.

1. J. OFFICINALE *L.* (*J. officinal.*) Arbuste originaire de l'Inde, et cultivé généralement, à rameaux flexibles, verts, allongés. Feu. opposées, ailées. Fl. blanches, odorantes, en panicules terminales. ♄. E.-A.

†† *Fruit capsulaire, &c.*

III. LILAC *Tourn.* Syringa L. (*Lilas.*) Cal. 1-sépale, à 4 dents courtes. Cor. 1-pétale, tubulée, à limbe ouvert, divisé en 4 lobes concaves. Etam. 2, incluses. Style 1. Stigm. bilobé. Caps. ovale, comprimée, à 2 lobes 2-spermes.

1. L. VULGARIS *Lam.* (*L. commun.*) Arbuste rameux à feu. cordiformes opposées, glabres. Fl. d'un bleu purpurin, ou blanches, nombreuses en grappes. Odeur suave. ♄. P. Originaire d'Orient et répandu dans tous les jardins.

On cultive aussi le *L. Persica* Lam. *Lilas de Perse,* arbuste plus petit, dont les feuilles sont lancéolées ou pinnatifides, selon les variétés.

IV. FRAXINUS *L.* (*Frêne.*) Fl. polygames. Cal. nul ou 1-sépale, à 3-4 divis. Cor. nulle ou à 4 div. profondes, simulant 4 pétales. Style 1. Stigm. 2-fide. Caps. ailée (*Samare*) pendantes, 1 loculaire, 1-sperme.

1. F. EXCELSIOR *L.* (*F. commun.*) Arbre élevé, à écorce unie dans la jeunesse. Feu. opposées, ailées avec impaire ; folioles opposées, lancéolées, dentées en scie, pointues, glabres. Fl. à pétales, en grappes, naissant avant les feuilles. Samares terminées par une aile membraneuse. ♄. P1. TC. Bois et haies.

LI°. Fam. APOCYNÉES *Juss.*

Cal. 1-sépale, à 5 divisions, persistant. Cor. 1-pétale, à 5 lobes réguliers, souv. munie à l'entrée de la gorge de 5 appendices ou écailles. Etam. 5, insérées au bas de la cor. tantôt libres, tantôt soudées par les filets ou les anthères. Ovaires 2, soudés. Styles 2, comme soudés, courts. Stigm. 1, capité. Caps. à 2 follicules, allongés, 1-loculaires, polyspermes. Semences nues ou aigrettées. — *Feu. opposées, entières.*

† *Graines aigrettées.*

1. CYNANCHUM *Pers.* (*Cynanque.*) Cal. à 5 divis. profondes. Cor. 1-pétale, à 5 lobes, obliques. Appendices formant couronne à l'entrée de la cor. et divisés en 5 lobes, soudés par leur base. Etam. 5. Caps. formée de follicules allongés, renfermant des semences couronnées par une aigrette plumeuse.

1. C. VINCETOXICUM *Pers.* *Asclepias L.* (*C. dompte-venin.*) Tige droite, glabre ou légèrem. pubescente, haute de 1-2 pieds. Feu. ovales, allongées, poin-tues, un peu cordiformes à la base, à pétiole court.

Fl. blanches ou un peu jaunâtres, en petites grap-pes pedonculées dans les aisselles des feu. supérieu-res. ♃. E. PC. Bois et co-teaux pierreux. Rouen, Le Havre, Falaise, Granville, etc.

†† *Graines non aigrettées.*

11. VINCA *L.* (*Pervenche.*) Cal. 1-sépale à 5 divis. Cor. 1-pétale, tubulée, à large limbe plane, divisé en 5 lobes obliquement tronqués; entrée de la cor. munie d'un rebord saillant pentagone. Etam. 5. Style 1. Stigm. capité. Graines nues.

1. V. MINOR *L.* (*P. à pe-tites fleurs.*) Tiges ligneuses couchées, rampantes; les florifères redressées. Feu. persistantes, vertes, lisses, opposées, ovales-oblongues, glabres, à courts pétioles. Fl. bleues, rarem. blanches, solitaires, axillaires, por-tées sur un pédonc. plus long que les feu. ♃. P. TC. Bois et haies.

2. V. MAJOR *L.* (*P. à gran-des fleurs.*) Cette espèce diffère de la précédente par ses tiges moins couchées, ses feuilles plus larges, un peu cordiformes à la base et à bord légèrem. cilié. Fl. bleues, larges, portées sur des pédonc. souv. plus courts que les feu. ♃. P-A. C. Bois et haies. Pont-Au-demer, Valognes, etc. Souvent cultivée.

LII°. Fam. GENTIANÉES. *Vent.*

Cal. 1-sépale, persistant, à 4-5 divis. Cor. 1-pétale, tubulée, régulière, à 4-5 lobes, souv. marcescente. Etam. 4-8, le plus souv. 5, insérées sur le tube de la cor. et incluses. Style 1. Stigm. simple ou 2-lobé. Caps. polysperme, simple, à 1-2 loges, 2-valves et quelquefois comme cloisonnées par les bords rentrans des valves. Semences petites, insérées sur les placenta suturaux. Embryon droit entouré d'un périsperme charnu. — *Plantes herbacées, à feu. le plus souv. opposées, glabres, entières et sessiles.*

Les gentianées renferment un principe amer très-prononcé qui les fait employer comme stomachiques et fébrifuges. Ces propriétés se retrouvent dans les racines, les tiges et les sommités.

† *Capsule uniloculaire.*

I. MENYANTHES *L.* (*Ményanthe.*) Cal. 1-sépale, 5-fide. Cor. infondibuliforme, à 5 lobes ouverts, hérissés intérieurem. de papilles allongées, piliformes. Etam. 5. Style 1. Caps. 1-loculaire, 2-valve. Semences arrondies, lisses, attachées au milieu des valves.

1. M. TRIFOLIATA *L.* (*M. trèfle d'eau.*) Plante aquatique, glabre. Tige simple, haute d'un pied environ, partant d'une souche épaisse rempante, articulée. Feu. ternées, portées sur un long pétiole, engaînant à la base, à 3 larges folioles ovales. Fl. blanches, un peu rosées, en épi terminal. ♃. P. C. Lieux marécageux, bords des eaux.

II. VILLARSIA *Gmel.* (*Villarsie.*) Cal. 1-sépale, profondém. 5-partite. Cor. en roue, à 5 divis. ciliées sur les bords, ouvertes. Etam. 5. Style court. Stigm. à 2 lobes crénelés. Caps. 1-loculaire. Semences comprimées, ciliées, attachées aux sutures de la caps.

1. V. NYMPHOÏDES *Vent. Menyanthes L.* (*V. fauxnénuphar.*) Plante aquatique, nageante. Feu. arrondies, cordiformes, très-entières, flottantes. Fl. jaunes, comme ombellées, portées sur de courts pédonc. ♃. E. R. Etangs et rivières. Rouen, Cherbourg, Alençon, etc.

III. CHLORA *L.* (*Chlore.*) Cal. 1-sépale, 8-partite. Cor. en tube court, à limbe à 8 lobes, ouverts et obtus. Etam. 8, insérées à l'entrée du tube de la cor. et alternes avec ses lobes. Style 1. Stigm. 4-lobé. Caps. 1-loculaire, bivalve. Graines nombreuses insérées aux bords rentrans et épaissis des valves.

1. **G. PERFOLIATA** *L.* (*C. perfoliée.*) Plante glauque et glabre. Tiges cylindriques, raméuses au sommet, hautes de 10 - 18 pouces. Feu. ovales, pointues, opposées et soudées par leurs bases, Fl. jaunes, terminales. ⊚. E. C. Côteaux secs, pelouses des terrains calc.

Les fleurs desséchées fournissent une teinture jaune.

IV. GENTIANA *L.* (*Gentlane.*) Cal. à 4-6 divis. le plus souv. 5. Cor. en tube ou en cloche, à limbe ayant 4 3 divis. accompagnées quelquefois d'appendices simples ou divisés. Etam. 4 5, décurrentes sur le tube de la cor. Anthères libres ou soudées en tube. Style 1, à 2 stigm. Caps. 1-loculaire, 2-valve.

* Corolle à 5 divisions.

1. **G. PNEUMONANTHE** *L.* (*G. des marais.*) Tige droite, grêle, glabre, rougeâtre dans le bas, simple ou un peu rameuse, haute de 10-15 pouces. Feu. opposées, lancéolées-linéaires, uninervées, à bords roulés, lisses. Fl. d'un bleu foncé, en tube, grandes, axillaires, terminales. Cor. nue à l'entrée du tube, à 5 divis. aiguës. 2C. A. PC. Marais tourbeux. Forges, Falaise, Lisieux, Valognes, etc. —

2. **G. GERMANICA** *Wild.* (*G. d'Allemagne.*) Plante glabre, d'un vert sombre. Tige rougeâtre, le plus souv. rameuse, haute de 6-10 pouces. Feu. ovales-lancéolées ; les caulinaires embrassantes et élargies à la base, entières, 5-ner-vées. Fl. d'un bleu-violet, à tube pâle et barbu à l'entrée, et 2 fois plus long que les dents du cal., qui sont lancéolées, un peu roulées sur les bords et souv. à peu près égales. Pédonc. longs, axillaires et terminaux. ⊚. E3. A1. R. Pelouses sèches des terr. calc. Chicheboville, près Caen.

3. **G. AMARELLA** *Linn.* (*G. amarelle.*) Plus grêle dans toutes ses parties que l'espèce précédente, à laquelle elle ressemble beaucoup. Souv. moins rameuse. Feu. plus longues et plus étroites. Fl. une fois plus petites, d'un violet-pâle, de même axillaires et terminales, mais moins nombreuses. Cal. à dents linéaires, distantes, un peu inégales entr'elles, presqu'aussi lon-

gas que le tube de la cor.

Var. *b. G. flava* May. Fl. blanchâtres, jaunissant par la dessication. Falaise.

⊙. A1. C. Prés secs, côteaux, bois découverts des terr. calc.

** *Coro'le à 4 divisions.*

4. G. CAMPESTRIS *L.* (*G. des champs.*) Cette plante ressemble beaucoup à la précédente, dont elle diffère par sa cor. plus grande, à 4 divis. et surtout par son calice, dont 2 des lobes sont larges, lancéolés, pointus ; les 2 autres sont très-petits. Sa tige est aussi plus basse. ⊙. A. R. Côteaux et landes. Falaise.

5. G. CRUCIATA *L.* (*G. croisette.*) Tiges épaisses, courbées à la base, hautes de 10-15 pouces. Feu. nombreuses, ovales-lancéolées, lisses, nervées, opposées, engainantes. Fl. bleues, petites, nombreuses, sessiles, verticillées. Cor. tubulée, nue, à 4 divisions. ♃. E. PC. Pâturages secs et montueux. Rouen, Alençon, Vimoutiers, etc.

†† *Capsule biloculaire.*

V. ERYTHRÆA *Rich.* Chironia DC. (*Erythrée.*) Cal. tubulé, anguleux, 5-fide. Cor. marcescente, à tube resserré, à limbe ouvert 5-lobé. Etam. 5. Anthères roulées en spirale après la fleuraison. Style 1. Stigm. 2, rapprochés. Caps. 2-valve, à 2 loges séparées par une cloison formée par les bords rentrans des valves. Semences attachées à 2 placenta latéraux.

1. E. CENTAURIUM *Rich.* Gentiana *L.* (*E. petite-centaurée.*) Tige tétragone, simple ou rameuse dichotome, haute de 6-12 pouces. Feu. infér. ovales-arrondies, trinervées ; les supér. lancéolées. Fl. roses, sessiles, axillaires et terminales, ou aggrégées en corymbe. Cal. 5 fide, à dents plus courtes que le tube de la cor. et muni à la base d'écailles bractéiformes.

Var. *b. fasciculata* Schm. Fl. nombreuses, réunies en corymbe serré.

Var. *c. palustris* Guép. Tige effilée, divariquée. Fl. écartées ; pédonc. très-allongés.

♂. F. TC. Prés, pelouses et bois. La var. *b,* sur les côteaux maritimes ; Granville, Cherbourg, etc.

Employée comme fébrifuge.

2. E. PULCHELLA *Fries.* (*E. élégante.*) Tige de 1-3 pouces, à rameaux dichotomes, très-nombreux, divariqués. Feu. ovales. Fl. d'un rose-vif, petites, pédicellées, terminales et solitaires dans les bifurcations des rameaux. Cal. sans bractées, à 5 dents appliquées, presque aussi longues que le tube de la cor. ☉. E.-A. C. Côteaux et champs montueux. Lieux où l'eau a séjourné l'hiver.

VI. EXACUM *Willd.* Cal. 4-fide. Cor. à tube renflé et à limbe 4-lobé. Etam. 4. Anthères non roulées en spirale après la fleuraison. Style 1. Stigm. capité, 2-fide. Caps. polysperme, 2-valve, à 2 loges formés par les bords rentrans des valves sur lesquels sont insérées les semences.

1. E. FILIFORME *Willd.* *Gentiana* L. (*E. filiforme.*) Tige simple ou rameuse, d'1-2 pouces. Feu, petites, ovales dans le bas; les supér. subulées. Fl. jaunes, très-petites, solitaires et terminales. Divis, du cal. courtes. Cor. ouverte. Caps. globuleuse. ☉. E2. 3. A1. G. Landes humides, bords des étangs.

2. E. PUSILLUM *DC.* (*E. nain.*) Tiges rameuses, dichotomes, de 1-2 pouces. Feu. lancéolées-linéaires, 3-nervées. Fl. petites, jaunâtres à courts pédonc. Cal. à div. étroites, subulées. Cor. fermée. Caps. allongée. ☉. E. TR. Lieux sablonneux, humides. Trouvé dans les environs d'Alençon par M. Dufour.

3. E. CANDOLLII *Bart.* (*E. de Decandolle.*) Tiges rameuses, diffuses, de 2-3 pouces. Feu. glauques, lancéolées, trinervées. Fl. roses, petites, ouvertes, portées sur des pédonc. beaucoup plus longs que les feu. ☉. E. TR. Bords des étangs. Alençon, Domfront.

LIII°. Fam. CONVOLVULACÉES. *Juss.*

Cal. 1-sépale, persistant, 4-5-lobé. Cor. 1-pétale, en cloche, à 4-5 divis. égales, souv. plissées. Etam. 5, insérées au bas du tube de la cor. Ov. simple, libre, entouré à sa base d'une glande annulaire. Style 1-2. Stigm. simple ou divisé. Caps. 1-4-loculaire, 1-4-valve.

Cloisons attachées aux sutures. Loges 2-spermes. Embryon roulé, entouré d'un périsperme mucilagineux. — *Tiges volubiles. Feuilles alternes.*

I. CONVOLVULUS *L.* (*Liseron.*) Cal. profondém. et égalem. 5-fide, nu ou entouré de 2 bractées foliacées. Cor. régulière, campanulée, 1-pétale, à 5 lobes plissés au milieu. Etam. 5, incluses. Style 1. Stigm. 2-fide. Caps. à 1-2 loges 2-spermes.

1. C. SEPIUM. *L.* (*L. des haies.*) Vulg. *Lignolet, Manchettes de la Vierge.* Tiges anguleuses, volubiles, glabres. Feu. cordiformes-sagittées, à lobes de la base tronqués, glabres. Fl. blanches, larges, portées sur des pédoncules axillaires, plus courts que les feu. et munis au sommet de 2 bractées foliacées, opposées, plus grandes que le cal. qu'elles enveloppent. ♃. E. TC. Haies et buissons. Racine purgative.

2. C. SOLDANELLA *L.* (*L. Soldanelle.*) Tiges couchées, rampantes, glabres. Feu. pétiolées, réniformes-arrondies, très-glabres. Fleurs grandes, purpurines, à cor. évasées, portées sur des pédonc. axillaires, uniflores, plus longs que les pétioles. Cal. entouré de 2 bractées ovales. ♃. E. C. Sables maritimes.

3. C. ARVENSIS *L.* (*L. des champs.*) Tiges faibles, grimpantes ou couchées, glabres ou légèrem. pubescentes. Feu. sagittées, pointues, à lobes de la base aigus. Fl. blanches ou rosées, surtout à l'extérieur, axillaires, solitaires au sommet d'un pédonc. pubescent plus long que les feuilles et muni de 2 petites bractées opposées, linéaires, très-courtes, écartées du cal., qui est nu. ♃. E. TC. Champs, bords des chemins et lieux cultivés.

II. CUSCUTA. *L.* (*Cuscute.*) Cal. 1-sépale, 4-5-lobé. Cor. 1-pétale, marcescente, globuleuse, en cloche, 4-5-lobée. Etam. 4-5, insérées à la base de la corolle et alternes avec ses lobes, quelquefois munies à leur base d'appendices denticulés. Style à 2 stigmates. Caps. 2-loculaire, globuleuse, s'ouvrant transversalement vers la base. Loges 2-spermes. Plante germant sans cotylédons. — *Herbes parasites, filiformes, s'accrochant aux plantes par des suçoirs ; feuilles avortées.*

1 °C. MAJOR *Bauh.* DC. (*C. à grandes fleurs.*) Tiges filiformes, volubiles, rougeâtres. Fl. d'un blanc-rosé, presque sessiles, en capitules serrés. Etam. nues à la base. Stigm. jaunes au sommet, plus courts que l'ovaire. ⊙. E. PC. Parasite sur les orties, les chardons et autres plantes élevées. J'en ai trouvé un échantillon fort remarquable, croissant sur une vigne, attaché à une grappe de raisin et pendant comme une longue barbe rougeâtre.

Cette espèce et la suivante portent le nom vulgaire de *Cheveux de la Vierge*, de *Saisonnette*, etc.

2 °C. MINOR *Bauh.* DC. (*C. à petites fleurs.*) Diffère de la précédente par ses tiges jaunes ou rougeâtres plus déliées, par ses fleurs moins nombreuses, absolument sessiles et par ses étamines munies à leur base d'appendices écailleux dentfoulés. Cor. rosée, à lobes ouverts. Stigm. rougeâtres plus longs que l'ovaire. ⊙. E. PC. Parasite sur les genêts, les bruyères, les millepertuis et autres plantes à tiges basses.

LIV°. Fam. BORRAGINÉES. *Juss.*

Cal. 1-sépale, 5-fide, persistant. Cor. 1-pétale, régulière, à 5 lobes ; entrée du tube nue ou fermée par 5 appendices saillans. Etam. 5. Anthères 2-loculaires, marquées de 4 sillons longitudinaux. Ovaire libre, divisé en 4 lobes ou noix (*cariopses*) 1-loculaires, 1-spermes. Quelquefois ces lobes sont cohérens et simulent un ovaire indivis, arrondi. Style simple, naissant au milieu des 4 lobes de l'ov. Stigm. simple ou 2-lobé. Semences attachées à la base des noix. Embryon droit, sans périsperme. — *Herbes à feu. alternes, hérissées de poils rudes. Fl. 1-latérales, en épis roulés en crosse avant l'épanouissement.*

Les borraginées sont mucilagineuses ; elles renferment du nitrate de potasse. On les emploie en médecine, comme émollientes et rafraîchissantes.

† *Entrée du tube de la cor. couronnée par 5 écailles ou appendices.*

I. BORRAGO. *L.* (*Bourrache.*) Cal. 5-fide, fermé après la fleuraison. Cor. en roue, à 5 divisions aiguës. Tube fermé par 5 écailles obtuses, échancrées. Style simple. Noix rugueuses.

1. B. OFFICINALIS *L.* (*B. officinale.*) Tige droite, rameuse, haute de 1-2 pieds. Feu. ovales, hérissées. Fl. bleues, ou blanches (rarement), en panicule ouverte. Anthères noirâtres. ⊕. E. TC. Cette plante, originaire d'Orient, est maintenant répandue dans les jardins, les lieux cultivés, les décombres, etc.

La décoction de la bourrache est mucilagineuse, adoucissante, très-employée dans les phlegmasies de la poitrine.

II. **CYNOGLOSSUM** *L.* (*Cynoglosse.*) Cal. 5-partite. Cor. en entonnoir, à limbe concave, divisé en 5 lobes courts. Tube fermé par 5 écailles convexes rapprochées. Etam. 5. Noix planes, rudes, attachées latéralement au style, qui est terminé par un stigm. 2-lobé.

1. C. OFFICINALE *L.* (*C. officinale.*) Vulg. *langue de chien, herbe au diable.* Tige droite, rameuse, velue, haute de 12-18 pouces. Feu. molles, velues, lancéolées, allongées, rétrécies à la base; les supérieures un peu cordiformes près de la tige, sessiles. Fl. d'un rouge foncé, terne, en épis lâches, nombreux. Noix fortement hérissées. ♂. E. C. Lieux incultes.

Plante pectorale; on lui attribue des propriétés narcotiques.

III. **ASPERUGO** *L.* (*Rapette.*) Cal. à 5 divis. inégales, dentées à la base. Cor. à tube court, fermé par 5 écailles convexes, rapprochées; limbe 5-lobé. Stigm. simple. Noix ovales, applaties, verruqueuses, cachées à la maturité par le calice comprimé et s'accroissant alors en forme de crêtes.

1. A. PROCUMBENS *L.* (*R. couchée.*) Tiges faibles, rameuses, couchées, hérissées de poils rudes et réfléchis. Feu. ovales, lancéolées, hérissées; les supér. (bractées), opposées. Fl. bleues, petites, axillaires, solitaires. ⊕. E. R. Lieux incultes, bords des champs. Le Tréport, Eu, l'Aigle.

IV. **ANCHUSA** *L.* (*Buglose.*) Cal. 5-fide. Cor. en entonnoir, à 5 lobes arrondis, à tube fermé par 5 écailles oblongues, proéminentes, rapprochées. Stigm. échancré. Noix ovoïdes, rugueuses, tronquées à la base.

1. A. ITALICA *Retz.* (*B. d'Italie.*) Plante hérissée de

poils blanchâtres. Tige droite, haute de 1-2 pieds. Feu. lancéolées, pointues, entières. Fl. bleues en épis d'abord geminés, formant ensuite un corymbe rameux. Entrée du tube de la cor. barbue. Cal. profondément divisé en 5 lobes étroits linéaires, de la longueur du tube de la cor. ♂. P. E. R. Lieux cultivés. Rouen, Elbeuf, Avranches, etc.

Mêmes propriétés que la bourrache.

2. A. SEMPERVIRENS *L.* (*B. toujours verte.*) Tiges droites feuillées, hérissées, hautes de 2-3 pieds. Feu. ovales, larges, pointues aux deux extrémités, vertes, hérissées, un peu sinueuses et denticulées sur les bords. Fl. bleues, en petits bouquets géminés, accompagnées de deux feuilles et portés sur des pédonc. axillaires, plus courts que la feuille. Cal. à 5 divis. profondes, ovales, hérissées, de la longueur du tube de la cor. Ecailles droites, légèrement papilleuses. ♃. E. R. Bords des champs, haies. Falaise, Avranches, S.-Lo.

V. LYCOPSIS *L.* (*Lycopside.*) Cal. 5-fide. Cor. en entonnoir, à tube courbe, fermé par 5 écailles fimbriées, conniventes. Stigm. échancré. Noix rugueuses, tronquées à la base.

1. L. ARVENSIS *L.* (*L. des champs.*) Vulg. *Grisette.* Tige droite, simple ou peu rameuse, hispide. Feu. lancéolées, allongées, ondulées, sessiles, hérissées. Fl. bleues, en épis terminaux. Ecailles et tube blancs. ☉. E. C. Champs et lieux cultivés. Terrains calc.

VI. MYOSOTIS. *L.* (*Scorpione.*) Cal. à 5 divis. Cor. hypocratériforme, à 5 lobes échancrés au sommet, à tube court fermé par 5 écailles convexes, glabres, rapprochées. Stigm. simple. Noix lisses ou bordées d'appendices dentés.

* *Noix bordées sur les angles d'appendices dentés.*

1. M. LAPPULA *L.* (*S. petite-bardane.*) Tige droite, rameuse dans le haut, velue, haute de 10-15 pouces. Feu. oblongues-lancéolées, sessiles, hérissées. Fl. bleues en épi, accompagnées de bractées. Noix verroqueuses, munies sur les angles d'une série d'aiguillons terminés par 3-4 petites pointes crochues. ☉. E. R. Lieux pierreux et incultes. Les Andelys.

** *Noix lisses.*

2. M. ARVENSIS *Roth.* (*S. des champs.*) Tige basse, velue, simple ou peu rameuse, portant quelquefois ses premières fleurs sessiles au milieu de la rosette des feuilles radicales. Feu. velues, oblongues-lancéolées. Fl. bleues, petites, ouvertes en épis grêles portées sur des pédonc. plus courts que le cal., qui est fermé après la fleuraison. Style court. ◉. P. TC. Champs, lieux secs, bords des chemins.

3. M. INTERMEDIA *Link.* (*S. intermédiaire.*). Tiges velues, hautes de 8-15 pouces. Feu. molles, velues, lancéolées, vertes. Fl. bleues, à limbe ouvert, purpurines avant l'épanouissement, en épis lâches, portées sur des pédoncules beaucoup plus longs que le cal., qui est fermé à la maturité. ♂. P3. E.C. Lieux cultivés, jardins.

4. M. COLLINA *Ehrh.* (*S. des collines.*) Tige grêle, simple ou rameuse dès le bas, ouverte, velue, haute de 2-3 pouces. Feu. oblongues, obtuses. Fl. bleues, très-petites, en épis grêles, portées sur des pédoncules plus courts que le cal. à lobes linéaires ouverts, même à la maturité, hé-

rissés de poils crochus. Style très-court. ◉. P. TC. Coteaux secs, murailles, etc.

5. M. VERSICOLOR *Roth.* (*S. versicolore.*) Tiges velues, droites, un peu rameuses. Feu. lancéolées, oblongues, pointues, comme opposées dans le haut. Fl. jaunes, bleues et purpurines, selon le degré de fleuraison, en épis grêles, allongés, portées sur des pédonc. plus courts que le cal., dont les lobes sont longs, linéaires, couverts de poils non crochus, ouverts même à la maturité. ◉. P2. -3. PC. Champs arides, pelouses montueuses. Falaise, Alençon, Les Andelys, etc.

6. M. PALUSTRIS *With.* (*S. des marais.*) Vulg. *Souvenez vous de moi.* Racine stolonifère. Tige droite ou un peu couchée à la base, hérissée de poils mous, étalés. Feu. oblongues, obtuses, trinervées. Fl. bleues rarem. blanches, assez larges, jaunes au centre, portées sur des pédonc. à peine plus longs que le cal., qui est campanulé, à 5 lobes un peu larges, étalés. ♃. P-A. TC. Fossés, bords des rivières.

7. M. LAXIFLORA *Reich.*
(*S. à fl. lâches.*) Tige droite,
couverte dans le bas de
poils longs, étalés, appliqués sur les rameaux et les
calices. Feu. lancéolées,
obtuses, trinervées, velues.
Fl. bleues ou blanches,
purpurines avant d'être ouvertes; limbe plane, à lobes
échancrés. Cal. campanulé
à dents profondes, étroites,
3-4 fois plus courts que les
pédonc., qui sont déliés,
écartés et inclinés après la
fleuraison. ♃. E. C. Marais
tourbeux, fossés. Falaise,
Mortain, etc. — Plante
souvent d'un vert jaunâtre.

8. M. CŒSPITOSA *Schultz.*
(*S. gazonnant.*) Racine fibreuse. Tiges arrondies,
souvent rougeâtres dans
le bas, garnie de quel-
ques poils couchés. Feu.
lancéolées, étroites, un
peu élargies et obtuses
au sommet, légèrem. hé-
rissees de poils appliqués.
Fl. bleues, petites, en épis,
à lobes arrondis, jaunes au
centre, portées sur des pédoncules un peu renflés au
sommet, étalés. Cal. cam-
panulé à 5 lobes obtus, ouverts. ♃. E. C. Prés-humides, bords des ruisseaux.

VII. SYMPHYTUM *L.* (*Consoude.*) Cal. 5-fide. Cor.

en cloche, tubuleuse, ventrue, à 5 lobes courts, presque fermés. Ecailles de l'entrée de la gorge oblongues,
rapprochées en cône. Stigm. simple. Noix lisses.

1. S. OFFICINALE *L.* (*C. officinale.*) Vulg. *Confière.*
Tige droite, rameuse, assez
grosse, hérissée. Feu. larges
lancéolées; les caulinaires
décurrentes. Fl. purpurines

ou d'un blanc jaunâtre en
épi lâche, terminal. ♃. P.
TC. Prés et fossés.

Employée comme adou-
cissante et émolliente.

†† *Entrée du tube de la corolle non garnie d'écailles.*

VIII. PULMONARIA *L.* (*Pulmonaire.*) Cal. campa-

nulé, pentagone, 5-partite. Cor. en entonnoir, à 5 lobes
un peu étalés et à gorge velue. Etam. 5, incluses. Stigm.
échancré, comme a-labié. Noix lisses, ovoïdes, tronquées à la base.

1. P. OFFICINALIS *L.* (*P.
officinale.*) Tige droite, hispide, haute de 8-12 pouces.
Feu. radicales, ovales-oblon-

gues, quelqf. pétiolées, un
peu cordiformes à la base,
hérissées, le plus souv. parsemées de taches blanchâtres;

les supér. sessiles, un peu embrassantes. Fl. bleues ou rougeâtres en corymbe terminal. Gorge de la cor. presque glabre. ♃. P. PC. Bois. Falaise, Domfront, Lisieux, etc.

Employée comme pectorale et vulnéraire.

2. P. ANGUSTIFOLIA *L.* (*P. à feu. étroites.*) Ressemble à la précédente. Ses feu. lancéolées, étroites, allongées, sont moins rudes, sa tige est un peu plus haute et la gorge de la cor. plus velue. Fl. bleues ou rougeâtres. ♃. P. R. Bois montueux. Rouen, Caen, Falaise.

IX. ECHIUM *L.* (*Vipérine.*) Cal. 5-fide. Cor. en entonnoir, à limbe évasé, divisé en 5 lobes inégaux. Etam. 5, droites. Style à stigm. 2-fide.

1. E. VULGARE *L.* (*V. commune.*) Vulg. *Buglose.* Tige droite, ferme, verte, parsemée de tubercules d'un rouge-noirâtre, portant des poils rudes, haute de 2 pieds environ. Feu. lancéolées, allongées, étroites, hispides. Fl. bleues, quelquefois roses ou blanches, en grappes latérales, courbées, nombreuses, formant un long épi terminal. ♂. E. TC. Lieux secs et pierreux, murailles.

On trouve souvent des individus dont les étamines sont longues et dépassent de beaucoup la corolle, c'est l'*E. pyrenaicum* de la Flore de Rouen.

X. LITHOSPERMUM *L.* (*Grémil.*) Cal. 5-fide. Cor. en entonnoir à 5 lobes irréguliers. Entrée du tube, munie de 5 renflemens gibbeux. Etam. 5, incluses. Stigm. 2-furqué. Noix osseuses, lisses ou ridées.

1. L. OFFICINALE *L.* (*G. officinal.*) Vulg. *herbe aux perles, thé.* Tige droite, arrondie, velue, simple ou rameuse au sommet, haute de 2-3 pieds. Feu. lancéolées, étroites, sessiles, hispides, à plusieurs nervures. Fl. d'un blanc-jaunâtre, petites, presque sessiles, comme axillaires, en épis terminaux. Fruits blancs, très-lisses. ♃. P.C. Haies et bords des bois. Terr. calc.

2. L. ARVENSE *L.* (*G. des champs.*) Tige dressée, hispide, peu rameuse, haute de 8-12 pouces. Feu. linéaires, velues, molles, uninervées. Fl. blanches, petites, en épi terminal. Noix ridées, grisâtres, et non luisantes. ⊕. P1. TC. Moissons.

XL. HELIOTROPIUM *L.* (*Héliotrope.*) Cal. profondém. 5-partite. Cor. hypocratériforme, à 5 lobes séparés par des plis ou de petites dents. Entrée du tube nue. Etam. 5. Stigm. pelté. Ovaire arrondi, indivis, formé de 4 noix cohérentes.

1. H. EUROPÆUM *L.* (*H. d'Europe.*) Tige droite, herbacée, à rameaux ouverts, velue, haute de 8- 10 pouces. Feu. pétiolées, ovales, obtuses, d'un vert grisâtre, pubescentes. Fl. blanches ou un peu bleuâtres, en épis serrés. 1-latéraux recourbés. ☉. E. R. Lieux sablonneux, moissons. Les Andelys.

LV°. Fam. SOLANÉES. *Juss.*

Cal. 1-sépale, régulier, le plus souvent persistant, à 5 divis. plus ou moins profondes. Cor. 1-pétale, caduque, à 5 lobes le plus souv. réguliers. Etam. 5, insérées à la base de la cor. Ovaire libre, simple. Style 1. Stigm. simple ou 2-lobé. Fruit capsulaire, 2-loculaire et 2-valve, ou baie avec réceptacles seminifères centraux. Graines petites, nombreuses. Embryon courbé en cercle ou en spirale. Périspermes charnus. — *Plantes herbacées ; feu. alternes.*

Les solanées sont presque toutes narcotiques et vénéneuses, surtout par leurs fruits. Les feu. de quelques espèces sont émollientes.

† *Fruit en baie.*

I. **LYCIUM** *L.* (*Lyciet.*) Cal. tubuleux, court, 5-fide. Cor. en entonnoir, à tube court, à limbe hypocratériforme, 5-lobé. Etam. 5, à filets velus à la base. Stigm. sillonné ou bilobé. Baie arrondie, 2-loculaire, polysperme. Graines insérées sur la cloison.

1. L. BARBARUM *L.* (*L. de Barbarie.*) Arbrisseau à rameaux longs, courbés, pendans, un peu épineux. Feu. oblongues-elliptiques, entières, finissant en pétiole. Fl. d'un rouge foncé, violacé, axillaires, solitaires, ou réunies en paquets peu nombreux. ♄. E. Naturalisé. Haies et jardins. Rouen. Villers-Bocage, Evreux, etc.

II. **SOLANUM** *L.* (*Morelle.*) Cal. 5-partite. Cor. en roue, à tube court, à limbe 5-lobé. Etam. 5, conniventes par leurs anthères qui s'ouvrent au sommet par deux pores. Baie arrondie, 2-loculaire, polysperme.

1. S. DULCAMARA *L.* (*M. douce-amère.*) Tige frutescente, flexueuse, grimpante, longue de 3-10 pieds. Feu. cordif., pétiolées, entières, ou ayant une ou deux découpures, en forme de lobes vers la base, glabres ou un peu pubescentes. Fl. violettes, à anthères jaunes, en grappes axillaires; lobes de la cor. réfléchis, munis à leur base de 2 points verdâtres nectarifères. Baies rouges. ♄. E. TC. Hai s.

Employée dans les maladies cutanées, comme sudorifique, détersive et résolutive.

2. S. NIGRUM *L.* (*M. noire.*) Vulg. *Mourelle.* Tige herbacée, rameuse, anguleuse, ouverte, haute de 10-18 pouces. Feu. pétiolées, ovales-rhomboïdes, anguleuses et souvent inégales vers la base, à bords sinués en dents larges, obtuses et peu profondes, à peu près glabres. Fl. blanches, en corymbes latéraux, pendans. Baies arrondies, noires à la maturité. Les feu. légèrem. froissées exhalent une odeur musquée.

Var. *b. S. miniatum* Dun. Rameaux rudes, pubescens; baies rouges. Cherbourg.

Var. *c. S. humile* Bernh. Tige basse, à angles scabres, peu rameuse, baies d'un jaune-verdâtre. Sables maritimes. Granville.

Var. *d. S. ochroleucum* Bast. Rameaux diffus; feu. pubescentes; baies jaunâtres, un peu transparentes à la maturité. Granville.

●. ♄-1.2.C. Lieux incultes, pied des murs.

On employe la Morelle en cataplasmes émolliens.

3. S. VILLOSUM. *Lam.* (*M. velue.*) Ressemble à l'espèce précédente, à laquelle plusieurs auteurs la réunissent. Tige rameuse, arrondie, velue. Feu. ovales-rhomboïdes à la base, à dents larges et profondes, pubescentes. Fl. blanches, en corymbe latéral, penché, portées sur des pédonc. très-velus. Baies jaunes, orangées. ●. A. R. Lieux incultes, décombres. Ferté-en-Bray, Dieppe.

4. S. TUBEROSUM *L.* (*M. tubéreuse.*) Vulg. *pomme de terre.* Racines fibreuses, chargées de gros tubercules oblongs ou arrondis, jaunes-rougeâtres ou violettes. Tige herbacée, rameuse. Feu. pinnatifides, à lobes irré-

guliers, inégaux, ovales, velues. Fl. blanches ou violettes, en corymbes dressés. ♃. E. Cette plante, si généralement cultivée, est originaire de l'Amérique. On en connaît un grand nombre de variétés.

III. PHYSALIS *L.* (*Coqueret.*) Cal. d'abord en cloche, 5-fide, puis renflé, vésiculeux, coloré à la maturité. Cor. en roue, 5-lobée. Etam. 5. Anthères droites, rapprochées. Baie globuleuse, 2-loculaire, entourée par le cal. Graines attachées à la cloison.

1.sp. ALKEKENGI *L.* (*C. alkekenge.*) Tige herbacée, rameuse, haute de 1-2 pieds. Feu. géminées, ovales, entières, pointues, longuem. pétiolées. Fl. blanches, solitaires, axillaires. Baie rouge, globuleuse, renfermée par un calice vésiculeux d'une belle couleur rouge. ♃. E. PC. Lieux cultivés, ombragés et humides. Evreux, Cambremer, Falaise, etc.

Les baies sont regardées comme diurétiques.

IV. ATROPA *Gaert.* (*Atrope.*) Cal. 5-partite, persistant. Cor. campanulée, à 5 lobes. Etam. 5, inégales. Baie globuleuse, 2-loculaire, portée sur le cal. Embryon roulé en cercle.

1. A. BELLADONA *L.* (*A. belladone.*) Tige droite, ferme, rameuse, pubescente, haute de 1-3 pieds. Feu. ovales, larges, entières, souvent pétiolées. Fl. assez grandes, d'un rouge-violacé sombre, axillaires. Baies arrondies, noirâtres à leur maturité. ♃. E. PC. Bois montueux, fossés, anciennes carrières. Rouen, Gisors, Vire, Argentan, Falaise, Saint-Hilaire-du-Harcouet, etc.

Les baies de la Belladone sont un violent poison. On l'emploie en poudre dans les toux convulsives, la coqueluche, etc. Son extrait, appliqué sur les yeux, a la propriété de dilater la pupille d'une manière remarquable.

†† *Fruit capsulaire.*

V. DATURA. *L.* Cal. grand, tubuleux, ventru, prismatique, 5-gone, 5-fide, caduc. Cor. infundibuliforme, plissée, très-grande, à 5 divis. Etam. 5. Style 1, Stigm. à deux lames. Caps. à 4 loges, dont 2 ont des cloisons qui n'atteignent pas le sommet.

1. D. STRAMONIUM *L.* (*D. stramoine.*) Vulg. *Pomme-épineuse.* Tige grosse, rameuse, haute de 2-3 pieds. Feu. pétiolées, ovales, larges, glabres, pointues, à dents ou angles allongés. Fl. blanches, en entonnoir plissé. Caps. 4-valves, rondes, hérissées de fortes pointes. ⊙. E. PC. Lieux cultivés, bords des chemins, décombres. Rouen, Bolbec, Coutances, Alençon, Domfront.

Narcotique; peu employée.

VI. HYOSCYAMUS *L.* (*Jusquiame.*) Cal. campanulé, 5-lobé, persistant. Cor. en entonnoir, à 5 lobes peu ouverts, inégaux, obliques. Caps. ovoïde, un peu comprimée, marquée d'un double sillon, s'ouvrant transversalement vers le sommet. Etam. 5.

1. H. NIGER *L.* (*J. noire.*) Vulg. *Hannebanne.* Plante exhalant une odeur nauséabonde. Tige rameuse, couverte de longs poils blancs, haute de 2 pieds environ. Feu. larges, molles, pubescentes, à dents profondes et pointues, comme pinnatifides. Fl. d'un jaune triste, d'un pourpre noirâtre au centre, et veinées de la même couleur sur les lobes de la cor., disposées en épis et dirigées d'un même côté. ♂. E. TC. Lieux incultes, bords des chemins.

On emploie la Jusquiame en cataplasmes, comme résolutive; son extrait est narcotique.

VII. VERBASCUM *L.* (*Molène.*) Cal. à 5 divis. Cor. en roue, à tube court et à 5 lobes inégaux, très-ouverts. Etam. 5., inégales, à filets le plus souv. barbus. Anthères réniformes ou oblongues. Caps. ovoïde ou globuleuse, polysperme, biloculaire, à 2 valves. Semences fixées à un placenta central. — *Plantes à feu. alternes le plus souv. cotonneuses; fl. en épis.*

La détermination des espèces de ce genre est d'autant plus difficile, qu'il offre beaucoup d'hybrides.

* Feuilles décurrentes.

1. V. THAPSUS *L.* (*M. de Thapse.*) Vulg. *Bouillon-blanc.* Tige velue, simple, haute de 2-6 pieds. Feu. ovales, cotonneuses, crénelées, décurrentes, surtout les supér. Fl. moyennes, jaunes, en épis serrés et formés de la réunion de petits bouquets de 3-4 fl. Etam. inégales; 3 plus courtes à filets couverts de

poils jaunâtres , 2 plus longues, presque glabres. Cor. à lobes oblongs. Anthères réniformes.

Var. *b. V. thapsoïdes* Schranck, Tige rameuse.

♂. E. C. Lieux arides , bords des chemins.

Les fleurs de cette plante et de la suivante sont employées comme émollientes et béchiques.

2. v. THAPSIFORME *Schrad.* (*M. thapsiforme.*) Plante couverte d'un duvet cotonneux plus épais que dans l'espèce précéd. Tige simple , haute de 2-3 pieds. Feu. ovales, crénelées, décurrentes ; les supér. se terminant en pointes allongées et rétrécies à la base ; les infér. comme pétiolées. Fl. jaunes, larges, en épi serré. Filets des 3 étam. supér. velus, jaunâtres , 1 52 infér. glabres. Lobes de

la cor. arrondis, les supér. plus petits. Deux des anthères oblongues. ♂. E. PC. Bords des chemins , fossés. Rouen , Vire, Falaise , etc.

3. v. PHLOMOÏDES *L.* (*M. phlomide.*) Plante couverte d'un duvet court d'un vert jaunâtre. Tige simple ou peu rameuse, haute de 2-4 pieds. Feu. ovales-lancéolées , crénelées, les radicales pétiolées , les supér. embrassantes et seulement décurrentes dans les terminales. Fl. jaunes, à lobes larges arrondis , en épis serrés, un interrompu dans le bas. Trois des étam. à filets barbus blanchâtres , les 2 autres plus grandes , presque glabres. Deux des anthères oblongues. ♂. E. R. Lieux incultes , bords des chemins. Rouen , Falaise.

** *Feuilles non décurrentes.*

4. v. FLOCCOSUM *Walldst.* et *Klt.* (*M. floconneuse.*) Plante couverte d'un duvet blanc , très-serré , floconneux , se détachant facilement. Tige droite, rameuse au sommet , haute de 2 pieds environ. Feu. très-cotonneuses en-dessus et en-dessous; les infér. ovales, courts pétioles , légèrem.

crénelés, les supér. sessiles, arrondies, acuminées, semi-amplexicaules , redressées. Fl. jaunes, petites, en panicule rameuse. Etam. à filets couverts de poils blanchâtres, ♂. E. PC. Lieux arides et pierreux. Rouen, Vire.

5. v. PULVERULENTUM *Vll.*

5. V. PULVERULENTUM. *Vill.*
(*M. pulverulenté.*) Diffère
de la précéd. par ses feuilles
à doubles crénelures, étalées, moins floconneuses et
souv. presque nues en-dessus. Les fleurs sont aussi un
peu plus larges. Etam. à
filets barbus, blanchâtres.
♂. E. C. Lieux incultes et
pierreux, bords des che-
mins.

Beaucoup d'auteurs ont
confondu le *V. floccosum*
avec le *V. pulverulentum* et
assigné à l'un les caractères
qui convenaient à l'autre.
Peut-être devrait-on les
réunir.

6. V. LYCHNITIS *L.* (*M.
Lychnide.*) Tige droite, rameuse au sommet, angu-
leuse, pubescente, haute de
2-3 pieds. Feu. ovales-lau-
céolées, crénelées, rétrécies à la base en pétiole, les
supér., sessiles, semi-em-
brassantes, pointues, nues
et presque glabres en-dessus, couvertes en-dessous
d'un duvet court et tomenteux, blanchâtre. Fl. d'un
jaune pâle, en épis rameux,
paniculés. Filets des étamines garnis de poils jaunâtres. Anthères jaunes.

Var. *b. V. album* Mœnch.
Fleurs blanches. Rochers
sous le château de Dom-
front.

♂. E. C. Lieux secs, sur-

tout dans les terres calc.
Rouen, Caen, Falaise, etc.

7. V. NIGRUM *L.* (*M. noire.*)
Vulg. *bouillon-noir.* Tige
d'un violet-noirâtre, anguleuse, souv. simple, chargée de houppes éparses de
poils rayonnans et rameux.
Feuilles crénelées, ovales,
quelquefois un peu cordi-
formes à la base, acumi-
nées, pétiolées, les supér.
sessiles ou munies de très-
courts pétioles, toutes d'un
vert-foncé et presque glabres en-dessus, tomen-
teuses et blanchâtres en-
dessous. Fl. jaunes en panicule, rameuse, formée
d'épis grêles. Pédonc. une
fois plus longs que le cal.
Etam. à filets garnis de
poils purpurins.

Var. *b. V. alopecurus.*
Thuill. Feu. ovales-allongées, non cordiformes à la
base, largem. crénelées.
Vire.

♂. E. C. Lieux stériles,
bords des chemins, pied
des murs. Varie beaucoup.

8. V. BLATTARIA *L.* (*M.
Blattaire.*) Tige haute de
2-3 pieds, cylindrique,
simple, garnie de poils
glanduleux. Feu. glabres,
crénelées, les infér. sinuées,
obtuses, les caulinaires aiguës, amplexicaules. Fl.

jaunes, solitaires, en long épi lâche. Caps. globuleuse, 2 fois plus courte que le pédonc. Filets des étam. velus purpurins.

Var. b. V. blattarioides L.,

Feu. un peu velues. Fl. 2-4, fasciculées, à pédoncules courts.

♂. E. C. Champs en friche, bords des chemins et des rivières.

LVI°. Fam. SCROPHULARIÉES. Rob. Brown.

Cal. 1 sépale, persistant à 4-5 divis. plus ou moins profondes, souvent irrégulières. Cor. 1-pétale, irrégulière, tantôt à 4-5 lobes inégaux, tantôt prolongée en éperon. Etam. 4, didynames, ou rarem. 2, par avortement des 2 plus courtes. Style simple, terminé par un stigm. plus ou moins bilobé. Ovaire libre, biloculaire, polysperme. Capsule biloculaire, s'ouvrant quelquefois par le sommet, à deux valves souv. bifides au sommet, tantôt parallèles à la cloison qui est simple ou double, tantôt opposées à la cloison dont elles emportent chacune une moitié adhérente au milieu de leur face interne. Graines attachées aux cloisons placentaires. Embryon droit renfermé dans un périsperme charnu. — *Plantes herbacées ; feuilles souv. opposées.*

Beaucoup d'espèces de cette famille noircissent en herbier, surtout celles qui appartiennent à la division des Rhinanthées.

† *Capsule à 2 deux valves parallèles aux cloisons.* — Personnées. DC.

I. DIGITALIS *L.* (*Digitale.*) Cal. persistant à 5 divis. inégales. Cor. 1-pétale, tubulée ou campanulée, à à limbe ouvert, oblique, à 5 lobes inégaux. Etam. 4, didynames. Stig. bilobé. Caps. ovoïde, pointue,

1. D. PURPUREA *L.* (*D. pourprée.*) Vulg. *Cliquets.* Tige droite, arrondie, velue, haute de 2-3 pieds. Feu. ovales, pointues, crénelées, velues, blanchâtres, molles, les infér. pétiolées. Fl. purpurines, tachetées intérieurement, rarement

tout à fait blanches, grandes, pendantes et disposées en un long épi unilatéral.

♂. E. TC. Côteaux pierreux, bords des chemins, champs en friche.

J'ai trouvé à Trépral près d e Falaise, deux individus monstrueux qui pré sentaient un état remarquable ; la fleur ordinaire était remplacée dans chaque calice par une petite panicule de fleurs le plus souvent avortées.

La digitale est vénéneuse; ses propriétés sont très-actives ; on emploie son extrait dans quelques maladies pour modérer la circulation, c'est aussi un puissant diurétique.

2. D. LUTEA *L.* (*D. jaune.*) Plante le plus souvent glabre. Tige arrondie, simple, hante d'un à 2 pieds. Feu. lancéolées, raides, pointues, dentées en scie. Fl. d'un jaune pâle, petites, nombreuses, en épi long et très-garni.

Var. *b. pubescens.* Plante garnie d'un duvet court.

♃ ou ♂. R. Bois montueux et pierreux. Rouen, Pont - Audemer, Évreux, pays de Bray. J'ai reçu la var. *b.* de mon ami, le docteur Boisduval, qui l'avait découverte dans les environs de Rouen.

II. GRATIOLA *L.* (*Gratiole.*) Cal. à 5 divis., muni de 2 bractées à sa base. Cor. tubulée, un peu tétragone ; à limbe comme à 2 lèvres, la supér. bilobée, l'infér. à 5 lobes égaux. Etam. 4, dont 2 stériles dépourvues d'anthères. Caps. ovoïde, biloculaire, à cloison simple.

1. G. OFFICINALIS *L.* (*G. officinale.*) Vulg. *herbe au pauvre homme.* Tige droite, simple, ou un peu couchée et rameuse à la base. Feu. sessiles, ovales-lancéolées, opposées, dentées vers le sommet, 3-5-nervées, glabres. Fl. d'un blanc jaunâtre, un peu rosées, axillaires, portées sur de longs pédonc. filiformes. ♃. B. PC. Bords des rivières et des étangs. Rouen, Alençon, Caen, Clécy, etc.

Cette plante est un violent purgatif.

III. SCROPHULARIA *L.* (*Scrophulaire.*) Cal. à sépale. à 5 divis. profondes, obtuses. Cor. globuleuse à limbe 5-lobé, inégal, plus ou moins resserré, bilabié. Etam. 4, didynames, avec le rudiment d'une 5e. avortée et placée en-dessus. Anthères uniloculaires. Caps. ovoïde, pointue, à 2 valves recourbées en-dedans et formant un placenta épais. — *Plantes herbacées à odeur désagréabl ; feuill.s opposées.*

1. s. AQUATICA *L.* (*S. aquatique.*) Tige droite, carrée, ailée sur ses angles par la décurrence des pétioles, haute de 3-4 pieds. Feu. opposées, cordiformes, pétiolées, crénelées, obtuses, quelquefois un peu auriculées à leur base, glabres. Fl. d'un rouge obscur, en grappe terminale, formée de bouquets opposés, écartés. ♃. E. TC. Bords des eaux.

2. s. NODOSA *L.* (*S. noueuse.*) Tige droite, carrée, un peu noueuse, haute de 2-3 pieds. Feu. cordiformes, pétiolées, pointues, doublement dentées en scie, glabres. Fleurs d'un pourpre noirâtre, en grappe terminale, formée de thyrses alternes rapprochés. ♃. E. C. Lieux humides et ombragés.

3. s. VERNALIS *L.* (*S. printanière.*) Tige droite, carrée, un peu arrondie,

fistuleuse, velue, haute de 2-3 pieds. Feu. cordiformes. assez larges, mais courtes, à dents profondes et surdentées, pubescentes, à pétioles velus. Fl. jaunâtres, en bouquets portés sur de longs pédonc. axillaires. ♃. P. R. Bois. Rouen, Pont-Audemer, Caen, Bayeux.

4. s. SCORODONIA *L.* (*S. à feu. de sauge.*) Tige droite, souvent rameuse, carrée, garnie de poils courts, haute de 2-3 pieds ; feu. allongées, profondém. échancrées en cœur à la base, doublement dentées, les infér. crénelées, pétiolées, velues, surtout en dessous. Fl. d'un brun-jaunâtre, portées sur des pédonc. rameux, divariqués, formant une longue grappe terminale. ♃. P3. E-A r. R. Lieux pierreux et baies du littoral de la Manche. Réville, Saint-Jean-le-Thomas, etc.

IV. LINARIA *Tourn. Anthirrhinum L.* (*Linaire.*) Cal. 1-sépale, persistant à 5 lobes profonds. Cor. personée, se prolongeant en éperon à sa base. Etam. 4, didynames, élargies à la base. Caps. 2-loculaire, s'ouvrant par deux trous bordés de dents.

Quelquefois les fleurs sont régulières, à 5 étamines, et munies de 5 éperons à la base ; cette monstruosité a reçu le nom de *Pélorie*; elle se rencontre aussi dans quelques labiées, dans les Aconits, etc.

Feuilles pétiolées, arrondies ou anguleuses.

1. ♃ *Cymbalaria Mill.* (L. cymbalaire.) Plante glabre, tige grêle, filiforme, couchée, diffuse. Feu. réniformes, alternes, à cinq crénelures ou lobes arrondis. Fl. d'un violet-bleuâtre, à palais jaune, rarem. blanches, solitaires, axillaires, portées sur de longs pédonc. Eperon court. ♃. P-H. C. Vieilles murailles. Rouen, Caen, Falaise, Valognes, etc.

2. L. spuria *Mill.* (L. bâtarde.) Tige couchée, rameuse, velue. Feu. ovales, arrondies, obtuses, un peu cordées vers la base, alternes, pétiolées, les supér. presque sessiles. Fl. jaunes à lèvre supér. violette, so-

litaires, portées sur des pédonc. axillaires, filiformes, velus. Eperon courbé. ⊙. E. TC. Lieux cultivés, sablonneux, bords des fossés.

J'ai trouvé cette espèce à l'état de *Pélorie*, dans les environs de Falaise.

3. L. elatine *Desf.* (L. élatine.) Tige couchée, filiforme, rameuse, velue. Feu. sagittées, aiguës, pétiolées, alternes, pubescentes. Fl. jaunes, à lèvre supér. violettes, solitaires, axillaires, portées sur des pédoncules déliés, glabres, plus longs que les feu., surtout au sommet des rameaux. Eperon droit. ⊙. E. C. Champs sablonn., moissons.

** *Feuilles sessiles, lancéolées ou linéaires.*

4. L. vulgaris *Mœnch.* (L. commune.) Plante glabre, un peu glauque. Tige droite, rameuse, haute de 10-18 pouces. Feu. nombreuses, linéaires-lancéolées, éparses. Fl. jaunes, à palais orangé, grandes, en épis terminaux, longs et serrés. Eperon long, droit, pointu. ♃. E. TC. Champs sablonneux, bords des chemins, murailles.

Fl. quelquef. pélorisées.

5. L. supina *Desf.* (L. couchée.) Tige diffuse, filiforme, haute de 5-8 pouces, pubescente au sommet. Feu. linéaires, glauques, éparses, dans le haut, les infér. verticillées par 4. Fl. d'un jaune pâle, en épi terminal peu fourni, quelquefois l'entrée du tube de la cor. est marquée de deux points d'un pourpre-noirâtre. Eperon long, un peu courbé. ⊙. E-A. PC. Terrains sablon-

neux, moissons, murailles. Rouen, Evreux, Nonancourt, pays de Bray, Grauville, Falaise.

6. L. ARENARIA *DC.* (*L. des sables.*) Tige rameuse, pubescente, visqueuse, haute de 3-6 pouces. Feu. infér. ovales-oblongues, obtuses, rétrécies en pétiole, verticillées par 4, les supér. lancéolées, pointues, éparses. Fl. jaunes, petites, portées sur de courts pédicelles, en grappes terminales, feuillées. ●. E. TR. Sables maritimes de la Manche. Gatteville, Néville, Gouberville, etc.

7. L. STRIATA *DC.* (*L. striée.*) Tige droite, un peu couchée à la base, rameuse, glabre, haute de 1-2 pieds. Feu. linéaires, glauques, les infér. verticillées, rapprochées, les supér. éparses. Fl. blanches ou jaunâtres, veinées de violet, en grappes ou épis allongés. Éperon conique, court, un peu obtus.

Var. *b. Antirrh. galioïdes* Lam. Feu. nombreuses, verticillées, rapprochées. Falaise.

Var. *c. L. stricta* Horn. Tige rameuse, élevée. Fl. jaunes. Saint-Lo. ♃. E.-A1.TC. Lieux secs et pierreux, bords des chemins. Commune dans le Bocage et le Cotentin.

8. L. ARVENSIS *Desf.* (*L. des champs.*) Tige rameuse, dressée, glabre dans le bas, couverte dans le haut et sur les calices de poils visqueux. Feu. linéaires, glabres, glauques, les supér. éparses, les infér. verticillées-quaternées. Fl. bleues, petites, en épis terminaux, courts. Eperon aigu, recourbé. ●. E. R. Champs. Saint-Lo, Coutances, (*De Gerv.*), Rouen.

9. L. MINOR *Desf.* (*L. naine.*) Tige rameuse, diffuse, velue, un peu visqueuse, haute de 4-8 pouces. Feu. ovales-lancéolées, rétrécies à la base, obtuses, pubescentes, éparses dans le haut. Fl. d'un blanc violacé mêlé de jaune, petites, axillaires, solitaires, portées sur des pédonc. longs, visqueux. ●. E. C. Moissons des terr. calcaires.

V. ANTIRRHINUM *L.* (*Mufflier.*) Cal. persistant, à 5 divis. profondes. Cor. 1-pétale, personée, renflée-gibbeuse à sa base, mais non prolongée en éperon, bilabiée; lèvre supér. à 2 deux lobes réfléchis, l'infér.

trilobée. Etam. 4, didynames. Caps. oblique, 2-locu-
laire, s'ouvrant au sommet par 2-3 trous.

1. A. MAJUS L. (*M. à grandes
fleurs.*) Vulg. *mufle-de-
veau*, *gueule-de-lion.* Tige
dressée, rameuse, pubes-
cente, haute de 1-2 pieds.
Feu. lancéolées, glabres,
opposées, les supér. alternes. Fleurs purpurines ou
blanches, grosses, pubes-
centes. Cal. à divis. courtes,
obtuses. Caps. glabres. ♂.
E. C. Vieux murs et jardins.

J'en ai trouvé un indi-
vidu dont la fleur avait un
limbe régulier à 5 lobes ouverts.

2. A. ORONTIUM L. (*M. rougeâtre.*) Tige droite, souv.
rameuse, velue, haute de
8-14 pouces. Feu. lancéo-
lées-linéaires, rétrecies en
pétiole, glabres, opposées
au moins dans le bas, Fl.
roses, ou rarem. blanches,
axillaires, solitaires. Divis.
du cal. linéaires, aussi longues que la cor. Caps. velues. ⊙. E. C. Moissons.

La capsule, percée de 3
trous, au sommet, à sa maturité, simule une tête de
mort en miniature.

VI. LIMOSELLA L. (*Limoselle.*) Cal. persistant, 5-
denté. Cor. 1-pétale, campanulée, à 5 divis. régulières.
Etam. 4, didynames, les deux plus courtes avortent
quelquefois. Stigm. globuleux. Caps. ovoïde, 2-valve,
séparée en 2 loges par une cloison incomplète qui n'atteint pas le sommet.

1. L. AQUATICA L. (*L. aquatique.*) Petite plante, acaule,
stolonifère ; glabre. Feu.
lancéolées - spatulées, longue de 1-2 pouces. Fl. très-
petites, d'un blanc rosé,
portée sur des pédonc. ra-

dicaux, uniflores, plus
courts que les feu. ♃. E. C.
Bords des étangs, des ma-
res et des fossés. Rouen,
Alençon, Cherbourg, Fa-
laise, etc.

†† *Capsule à 2 valves opposées à la cloison.*— Rhinanthées.

VII. BARTSIA L. (*Bartsie.*) Cal. tubuleux, non ventru, 4-fide. Cor. tubuleuse, bilabiée, lèvre supér. comprimée, concave, l'infér. réfléchie, 3-lobée. Anthères cotonneuses. Caps. ovoïde, comprimée. Graines anguleuses.

1. B. VISCOSA L. (*B. visqueuse.*) Plante couverte de
poils visqueux. Tige droite,

garnie de quelques ra-
meaux, haute de 10-15
pouces. Feu. lancéolées,

dentées, sessiles, opposées dans le bas de la plante, Fl. jaunes, axillaires. Style persistant. ⊙. E. PC. Prés et champs humides, Caen, Vire, Cherbourg, Bayeux, Alençon, Bernay, etc.

VIII. **RHINANTHUS** *L.* (*Rhinanthe.*) Cal. persistant, ventru, vésiculeux, comprimé, à 4 dents. Cor. tubuleuse, bilabiée, lèvre supér. en casque, comprimée, échancrée, l'infér. à 3 lobes, dont celui du milieu plus large. Caps. comprimée, 2-loculaire, polysperme. Cloison opposée aux valves. Graines comprimées.

1. R. CRISTA GALLI *L.* (*R. excreta.*) Vulg. *trompe-cheval.* Tige droite, un peu rameuse, glabre, tachetée de points noirs, haute de 10-15 pouces. Feu. opposées, lancéolées, sessiles, glabres, profondém. dentées en scie. Fl. jaunes, axillaires, en épi terminal, accompagnées de bractées d'un vert-pâle, ovales, à dents longues et pointues. Graines ailées.

Var. *b. R. hirsuta Lam.* Plante pubescente, peu tachetée. Cal. couvert de poils blancs. Rouen.

Var. *c. R. secunda.* De Bréb. mém. soc. Linn. de Norm. vol. 1. Tige entièrement d'un pourpre-noirâtre, grêle. Fl. dirigées du même côté, marquées de 2 points violets à l'entrée de la cor. Carènes du cal. un peu velues.

⊙. P. TC. Prairies. La var. *b.* est rare; j'ai toujours vu ses graines ailées, bien que quelques auteurs disent le contraire; la var. *c.* se trouve à Falaise sur les côteaux secs; elle ne fleurit qu'à la fin de juin.

IX. **PEDICULARIS** *L.* (*Pédiculaire.*) Cal. persistant, un peu ventru, à 5 dents dont la supér. très-petite. Cor. à deux lèvres; la supér. étroite, en casque, comprimée, l'infér. souv. plus longue, plane, trilobée. Caps. comprimée, arrondie, oblique, pointue au sommet, 2-loculaire, polysperme. Cloison opposée aux valves. — Feu. pinnées.

1. P. PALUSTRIS *L.* (*P. des marais.*) Tige droite, rameuse, anguleuse, rougeâtre, haute de 10-15 pouces. Feu. bi-pinnatifides, à lobes dentés, pétiolées, glabres. Fl. roses, quelquefois blanches, axillaires, terminales, rapprochées en épis. Cal. rugueux, souv.

velu, à deux lèvres découpées en crête. Casque tronqué, bidenté à sa base. ◉.
P. E. C. Marais tourbeux,
près humides.

2. P. SYLVATICA *L.* (*P. des
bois.*) Tige haute de 4-6
pouces, émettant à sa base
des rameaux étalés, cou-
chés, souvent plus longs
qu'elle. Feu. pinnatifides,
à lobes ovales, incisés-dentés. Fl. roses ou blanches,
axillaires, sessiles, rapprochées au sommet de la tige
et des rameaux. Cal. renflé,
oblong, à 5 dents découpées
irrégulièrem. Casque tronqué, terminé par 2 dents
aiguës. ◉. P 1-2. TC. Bois
et prés humides.

X. MELAMPYRUM *L.* (*Mélampyre.*) Cal. tubuleux, bilabié, 4 fide. Cor. tubuleuse, à deux lèvres, comprimées ; la supér. en casque, à bords repliés ; l'infér.
trilobée. Etam. 4, didynames. Anthères velues. Caps.
acuminée, oblique, comprimée, à 2 loges 1-spermes.
Cloison opposée aux valves.

1. M. ARVENSE *L.* (*M. des
champs.*) Vulg. *rougeole,
blé de vache.* Tige simple ou
garnie de quelques ra-
meaux latéraux, pubes-
cente, haute de 10-15 pouces. Feu. sessiles, lancéolées-linéaires ; les supér.
incisées-pinnatifides à la
base. Fl. rougeâtres, à gorge
jaune, en long épi abon-
damment fourni de brac-
tées, lancéolées, purpurines,
bordées de longues dents
sétacées. ◉. E. C. Moissons
des terr. calc.

2. M. CRISTATUM *L.* (*M. à
crête*). Tige rameuse, pubescente, haute de 6-10
pouces. Feu. linéaires-lancéolées, les supér. un peu
incisées à la base. Fl. purpurines ou blanchâtres, à
palais jaune, en épis terminaux, courts, serrés, entre-
mélés de bractées cordi-
formes, purpurines, bor-
dées de dents étroites,
comme ciliées. ◉. E. PC.
Bois et prés couverts des
terr. calc. Rouen, Evreux,
Gisors.

3. M. PRATENSE *L.* (*M. des
prés.*) Tige rameuse, faible,
glabre, haute de 8-12 pouces. Feu. lancéolées, en-
tières, les supér. un peu
incisées, comme hastées-
pinnatifides à la base, qui
est portée sur un très-court
pétiole Fl. jaunes, à tube
blanchâtre, axillaires, dirigées du même côté en
grappe terminale, lâche,

Cor. 2 fois plus longue que
le cal., dont les dents sont

étroites et appliquées. ⊙
E. TC. Bois et prés.

XI. EUPHRASIA *L.* (*Euphraise.*) Cal. tubuleux, à 2
divisions bifides. Cor. tubuleuse à 2 lèvres ; la supér. en
casque, échancrée, l'infér. à 3 lobes souv. échancrés.
Etam. 4. didynames. 2 ou 4 des anthères munies d'une
pointe à leur base. Caps. 2-valve, ovale, comprimée, à
deux loges polyspermes. Cloison opposée aux valves.

1. E. OFFICINALIS *L.* (*E.
officinale.*) Tige rameuse,
pubescente, haute de 5-10
pouces. Feu. opposées, les
supér. souv. alternes, ovales,
profondém. dentées, gla-
bres, sessiles. Fl. blanches,
rayées de violet et variées
de jaune, axillaires et terminales. Cor. ouverte, à
lobes échancrés. Caps. tronquée, comme échancrée.
Etam. non saillantes. An-
thères ciliées.

Var. *a. grandiflora*. Tige
haute, rameuse, velue. Cor.
une fois plus longue que le
cal. Feu. ovales.

Var. *b. fastigiata*. Tige à
rameaux grêles, redressés,
presque glabre, couleur
d'un pourpre-noirâtre. Fl.
petites, tachetées de violet.
Feu. étroites, à dents longues et aiguës.

Var. *c. foliacea*. Tige très-
rameuse, pubescente, gar-
nie de feuilles nombreuses,
ovales, assez larges, à dents
pointues. Fleurs moyennes,
blanches, axillaires, peu
nombreuses.

Var. *d. gracilis*. Tiges
grêles, très-longues, couvertes d'un duvet court.
Feu. petites, très-écartées.
Cor. petites, à tube une
fois plus long que le cal.

⊙. E. TC. Pelouses et
prés. La var. *b* dans les
lieux humides et sablon-
neux. Alençon, Falaise. Les
var. *c* et *d*, dans les lieux
ombragés. Falaise.

2. E. ODONTITES *L.* (*E.
dentée.*) Tige droite, rameuse, quadrangulaire,
munie de poils courts et réfléchis, haute de 8-12 pouces. Feu. lancéolées-linéaires, sessiles, dentées, pubescentes. Fl. rougeâtres,
en épis foliacés, terminaux,
allongés, unilatéraux. Cor.
resserrée, pubescente, lobes
de la lèvre infér. non échancrés. Etam. saillantes. Anthères toutes mucronées,
peu ciliées. ⊙. E.-Al. TC.
Lieux stériles et moissons.

* 3. E. LUTEA *L.* (*E. jaune.*)
Tige droite, rameuse, pu-

bescente, un peu visqueuse. Feu. linéaires, dentées, opposées, les supér. alternes, entières. Fl. jaunes, en épis foliacés terminaux. Cal. pubescent. Cor. à lobes denticulés. Etam. très-saillantes. Anthères glabres, orangées. ⊙. E. R. Côteaux arides. Honfleur, Saint-Lo (*Godey*).

XII. SIBTHORPIA *L.* (*Sibthorpie.*) Cal. à 5 divis. profondes. Cor. à tube court, à limbe ouvert, presque en roue, divisé en 5 lobes réguliers. Stigm. capité. Caps. bivalve, orbiculaire, comprimée, déhiscente au sommet. Cloison opposée aux valves.

1. s. EUROPÆA *L.* (*S. d'Europe.*) Petite plante à tige couchée, filiforme, rampante, velue. Feu. réniformes, chargées de poils épars, pétiolées, ayant de 5-9 lobes ou crénelures en leurs bords. Fl. très-petites, d'un blanc légèrem. rougeâtre, portées sur des pédonc. radicaux plus courts que les feu. ♃. E. A. PC. Lieux humides et pierreux, bords des sources, fossés. Mantes, Vire, Mortain, Domfront, Cherbourg, etc.

XIII. VERONICA *L.* (*Véronique.*) Cal. persistant à 4, rarem. 5 divis. Cor en roue, à 4 lobes dont un plus petit. Etam. 2. Style 1, persistant. Caps. comprimée, ovale, ou échancrée en cœur au sommet, biloculaire, 2-valve. Placenta distinct., formé de deux lames qui se divisent avec la cloison qui est opposée aux valves. — *Fl. le plus souv. bleues.*

* *Fleurs en grappes latérales.*

1. v. BECCABUNGA *L.* (*V. Beccabunga.*) Plante glabre. Tiges arrondies, fistuleuses, couchées, radicantes, redressées, haute d'un pied environ. Feu. opposées, pétiolées, ovales-arrondies, dentées, luisantes, un peu charnues. Fl. d'un beau bleu, en grappes latérales un peu lâches. Caps. cordiforme arrondie. ♃. E. TC. Lieux humides, bords des eaux. Employée comme diurétique et anti-scorbutique.

2. v. ANAGALLIS *L.* (*V. mouron.*) Plante glabre. Tiges fistuleuses, arrondies, droites, couchées et radicantes à la base, hautes de 1-2 pieds. Feu. opposées, demi-embrassantes, lancéolées, allongées, dentées en scie, pointues. Fl. d'un bleu pâle ou violacé, en

longues grappes latérales.
Caps. renflées. ♃. E. C.
Bords des eaux, rivières,
fossés.

3. v. scutellata L. (V. à
écussons.) Tige grêle, redressée, arrondie, glabre,
haute de 8-10 pouces. Feu.
opposées, demi-embras-
santes, linéaires, pointues,
garnies de dents à peine
sensibles, écartées et fen-
dues en deux petites dentelures dont une un peu plus
courte. Fl. d'un blanc-rosé,
ou bleuâtres et striées de
violet en grappes lâches,
axillaires.

Var. b. velutina Guép.
V. parmularia Poit. et Turp.
Tige velue et feu. pubes-
centes.

♃. P.-E. C. Marais, fos-
sés, prés humides. La var.
b. R. Falaise.

4. v. teucrium L. (V. teu-
criette.) Tiges étalées, velues, dures, longues de 4-8
pouces. Feu. opposées, ovales, pointues, munies de
grosses dents, surtout dans
les deux tiers inférieurs,
velues, blanchâtres en-dessous. Fl. d'un bleu vif,
striées de rouge, en grappes
latérales assez fournies. Cal.
à divis. linéaires, inégales,
velues. Caps. cordiforme, à
lobes rapprochés. ♃. P2-3.

PC. Pelouses, côteaux secs
des terr. calc. Rouen, Falaise, Caen, Dives, etc.

5. v. prostrata L. (V.
couchée.) Souv. confondue
avec la précéd. Elle est
moins velue. Ses feuilles
sont plus étroites et ses
grappes ou épis moins
longs. Cal. à divis. linéaires,
aiguës, glabres. Caps. cordiformes, à lobes écartés.
♃. P. R. Collines pierreuses.
Rouen, Evreux, Nonan-
court.

6. v. chamœdrys L. (V.
petit-chêne.) Vulg. véronique femelle. Tiges un peu
couchées à la base, hautes
de 6-10 pouces, remarqua-
bles par leurs entre-nœuds
munis alternativement de
2 rangées de poils opposés
qui sont comme une sorte
de décurrence des bords
des feuilles; celles-ci sont
presque sessiles, opposées,
cordiformes, dentées, ve-
lues. Fl. d'un beau bleu,
striées, en grappes axillaires, longues et lâches. Caps.
obcordée, large, plus courte
que les divis du cal. ♃. P2.
3. TC. Prés, pied des haies,
bords des chemins.

7. v. montana L. (V. de
montagne.) Tiges couchées,
rampantes à la base, velues;

longues de 6-10 ponces. Feu.
pétiolées, opposées, ovales,
un peu cordiformes, den-
tées, chargées de poils épars.
Fl. d'un bleu-pâle, striées
de rouge, en grappes latérales, lâches, pauciflores. Caps.
comprimées, réniformes,
larges, ciliées, dépassant
les divis. du cal. ♃ P₂. 3.
PC. Bois ombragés, prés
humides. Rouen, Falaise,
Vire, etc,

8. V. OFFICINALIS *L. (V.
officinale.*) Vulg. *véronique
mâle.* Tiges dures, cou-
chées, radicantes, pubes-

centes. Feu. pétiolées, opposées, ovales, dentées en
scie, pubescentes. Fl. d'un
bleu-pâle, en grappes serrées, latérales, solitaires
dans l'aisselle des feu supér.
Caps. cordiforme, compri-
mée, à lobes divergens,
plus longue que le cal.
Pédonc. court. ♃ Pa-Et
TC. Bois, champs en friche,
collines sèches, etc.

Cette plante, connue
aussi sous le nom de *thé
d'Europe,* est employée
comme stomachique, vul-
néraire et diurétique.

** *Fl. en épi terminal ou solitaires à l'aisselle des feu.
supérieures,*

9 V. SPICATA *L. (V. à épi.*)
Tige simple un peu couchée
à la base, redressée, velue,
haute de 10-15 pouces. Feu.
ovales-oblongues, velues,
retrécies en pétiole, un peu
coriaces; crénelées, les supér. étroites et plus courtes.
Fl. bleues en long épi terminal, assez épais. Divis.
de la cor. pointues.

Var. b. *Interrupta.* V.
squamosa *Presl. in Reich.*
Tige élevée; feu. supér. linéaires; épi interrompu
dans le bas; cal. plus long
que la caps.

♃ E. R. Bois secs et co-
teaux pierreux. Les Ande-
lys, Lisieux; Cherbourg.

10. V. SERPYLLIFOLIA *L. (V.*

à feu. de Serpol. t.) Plante
glabre. Tige couchée, ra-
meuse et radicante à la
base, redressée. Feu. op-
posées au moins dans le
bas, ovales, crénelées,
l'extrémité obtuse et en-
tière; pétiole court. Fl.
d'un bleu pâle, striées en
grappe terminale. ♃ P-A.
TC. Lieux frais, champs
en friche, bords des fossés.

11. V. ACINIFOLIA *L. (V.
à feu. de thym.*) Tige droite
simple ou peu rameuse,
pubescente, un peu vis-
queuse, haute de 2 5 pouces.
Feu. d'un vert-pâle, rou-
geâtres en-dessous; les infér. ovales-oblongues, obtuses; munies de quelques

crénelures, presque glabres, les supér. entières. Fl. bleues, en grappe courte terminale. Caps. cordiforme, à lobes arrondis, comprimée. Pédoncules courts, de la longueur des bractées. ⦿. P. R. Lieux cultivés. Rouen, Evreux, Alençon.

12. v. VERNA *L.* (*V. printanière.*) Petite plante haute de 2-4 pouces. Tige dressée, pubescente, le plus souv. simple. Feu. ovales-oblongues, dentées, quelquefois comme pinnatifides dans les supér., les florales entières, linéaires. Fl. d'un bleu pâle en petite grappe terminale, étroite. Pédicelle plus court que le cal. Caps. comprimée, obcordée, pubescente sur les bords, plus courte que les divis. du cal. ⦿. P. TR. Champs sablonneux, prés secs. Dieppe, Evreux.

13. v. PRÆCOX *All.* (*V. précoce.*) Tige droite, rameuse, ouverte, velue, haute de 2-6 pouces. Feu. infér. opposées, un peu pétiolées, cordiformes, velues, d'un vert-rougeâtre, à dents larges et obtuses; les supér. sessiles entières, ou seulem. un peu incisées à la base. Fl. bleues, pédonculées, axillaires. Caps. comprimée, ovale, échancrée, un peu plus courte que le cal. dont les divis. sont ovales, chargées de poils glanduleux. Pédic. plus courts que les feuilles ou bractées ⦿. P. R. Lieux cultivés. Pays de Bray, Evreux.

14. v. TRIPHYLLOS *L.* (*V. trilobée.*) Tige rameuse, étalée, redressée, pubescente, haute de 4-6 pouces. Feu. infér. cordiformes, opposées, velues, crénelées; les supér. à 3-5 lobes obtus, les florales trifides. Fl. bleues, solitaires, portées sur des pédonc. plus longs que le cal. dont les lobes sont ovales, obtus. Caps. obcordée, comprimée, ciliée de poils glanduleux qui se retrouvent sur toute la plante. ⦿. P. PC. Moissons. Rouen, Evreux, Vimoutiers.

15. AGRESTIS *L.* (*V. agreste.*) Tiges couchées, rameuses, velues, longues de 6-10 pouces. Feu. pétiolées, ovales, un peu cordiformes, fortement crénelées, presque glabres, les supér. alternes. Fl. bleues ou blanches, solitaires, axillaires, pédonculées. Lobes

du cal. oblongs, obtus, un peu plus longs que la caps. qui est réniforme, renflée, à loges 4-5 spermes. ⊙. P-E. TC. Lieux cultivés, moissons, jardins.

16. V. ARVENSIS L. (V. des champs.) Tiges rameuses, étalées, redressées, chargées de poils assez longs, haute de 4-9 pouces. Feu. opposées, pétiolées, ovales, un peu cordiformes, crénelées, obtuses, à peine hérissées de quelques poils courts; les supér. étroites et alternes. Fl. bleues, petites; axillaires, solitaires, presque sessiles, plus courtes que la feuille-bractée. Caps. obcordée, plus courte que les divis. du cal. qui sont inégales et lancéolées. Style ne dépassant pas les lobes de la caps. Var. b. V. polyanthos

Thuill. Tiges allongées portant des fleurs à l'aisselle même des feu. infér.

⊙. P-Ei. TC. Champs, prés secs, bords des champs, etc.

17. V. HEDERAEFOLIA L. (V. à feu. de lierre.) Tiges rameuses, couchées, velues; longues de 6-10 pouces. Feu. pétiolées, cordiformes, alternes, à 3-5 lobes, le terminal plus large; un peu hispides. Fl. bleues ou blanches, striées; axillaires, solitaires, portées sur des pédoncules plus longs que les feu. Caps. comprimée, arrondie, échancrée, plus courte que le cal. dont les divis. sont cordiformes, ciliées, rapprochées après la fleuraison. ⊙. P-F. TC. Lieux cultivés, moissons, jardins.

LVIIᵉ Fam. OROBANCHÉES. *Juss.*

Cal. monosépale tubuleux, accompagné de bractées, à 4-5 lobes, quelquefois divisé profondément en 3 découpures semblables à des bractées. Cor. tubuleuse, 1-pétale, irréguliere bilabiée. Etam. 4, dont 2 plus longues insérées sur la cor. et cachées sous la lèvre supér. Style 1; à stigm. 2-lobé. Caps. 1-loculaire; polysperme, à 2 valves chargées d'un ou 2 placenta en forme de nervure longitudinale. Embryon petit, caché dans un périsperme charnu. *Plantes parasites; Tiges garnies d'écailles tenant lieu de feuilles; Fl. en épis.*

1. OROBANCHE L. Cal. à 2 lobes bractéiformes, bifides, ou tubuleux, 4-5 fide, accompagné de 1-3 bract.

tées. Cor. tubuleuse, irrégulière, marcescente, bilabiée, à 4-5 divis. Lèvre supér. concave et échancrée.

Les orobanches sont d'une étude difficile. Il est indispen-
sable de connaître à quelles plantes appartiennent les
racines sur lesquelles elles croissent, et on ne doit admettre en herbier que des échantillons adhérant à ces
plantes qu'on desséchera en même temps.

* *Cal. profondém. divisé en 2 lobes bractéiformes, le
plus souv. bifides; une seule bractée.*

1. O. MAJOR *L. (O. ma-
jeure.)* Tige forte, haute
de 10-20 pouces; d'une
couleur fauve, couverte
d'écailles velues, surtout
à la base qui est renflée en
bulbe allongée. Fl. d'un
fauve-grisâtre, d'un violet
foncé en-dedans, velues en-
dehors, en long épi serré.
Cor. à 4 lobes crépus, ovales. Style velu. Stigm. à 2
lobes arrondis, écartés.
Etam. glabres, au moins
inférieur. Sépales à 2 lobes
égaux, lancéolés. ♉. E.
TC. Sur les racines du
Cytisus scoparius.

2. O. RAPUM *Thuil. (O.
radis.)* Tige renflée,
charnue et écailleuse à
la base, jaune-roussâtre,
haute d'un pied environ.
Fl. d'un rouge-jaune, 12-
15 en épi. Cor. à 2 lèvres
frangées, la supér. échancrée, l'infér. 3-lobée.
Stigm. à 2 lobes d'un jaune
orange. Filets des étam.
couverts dans le haut de

poils glanduleux qui se retrouvent sur toute la
plante. Sép. à 2 lobes
lancéolés-linéaires.

Var. b. *Ulicis,* Vanch.
Sur les racines de l'*Ulex
Europœus.* Mortain.

♉. E. C. Sur les ra-
cines du *Genista tinctoria.*
Falaise, Honfleur, Li-
sieux, etc.

3. O. MEDICAGINIS *Vauch.
(O. de la Luzerne.)* Plante
d'un jaune de paille, couverte de poils glutineux.
Tige haute de 8-10 pouces,
à peine renflée à la base,
munie de quelques écailles
brunes. Fl. d'un jaune-
roussâtre, allongées, retrécies à l'ouverture, à lèvre
infér. 3-lobée, recourbée
en dedans. Stigm. à 2
lobes réfléchis, d'un jaune-
violacé. Etam. à filets
glabres. ♉. E. R. Sur les
racines de la Luzerne cultivée. Alençon, Bayeux,
Avranches.

4. O. GALII *Duby* (O. du caille-lait.) Tige rougeâtre, droite, velue, écailleuse à la base où elle est peu renflée, haute de 8-12 pouces. Stipules brunes. Fl. violacées, à ouverture assez large, en épi fourni ; lèvre supér. voûtée et échancrée, l'infér. à 3 lobes arrondis. Etam. à filets un peu velus et recourbés au sommet ; anthères noirâtres avec une petite arête blanche. Stigmate à 2 lobes d'un rouge foncé. Sépales lancéolés irrégulièrement bifides, quelquefois entiers. ♃. E. PC. Sur les racines du *Galium mollugo*. Falaise, Lisieux, Avranches, etc.

5. O. MINOR *Sutt.* (O. mineure.) Tige rougeâtre, droite, velue, haute de 6-10 pouces, renflée à sa base et écailleuse. Fl. d'un jaune violacé, quelquefois d'un jaune légèrement bleuâtre, en épi peu allongé. Cor. arquée, peu ouverte, à lèvre supér. incisée-crénelée, l'infér. à 3 lobes égaux crénelés. Filets des étam. à peu près glabres. Stigm. incliné, à 2 lobes d'un rouge foncé, noircissans.

Var. *Trifolii repentis.*

Violette, petite. Trouvée à Bayeux par M. Chesnon. ♃. E. TC. Sur les racines du *Trifolium pratense*. Très-commun dans les champs où l'on cultive ce fourrage.

6. O. HEDERÆ *Vauch.* (O. du Lierre.) Tige renflée et écailleuse à la base, velue, rougeâtre, ferme, haute de 6-10 pouces. Fl. d'un blanc jaunâtre, en épi allongé, lâche dans le bas. Cor. à lèvre supér. entière, crénelée, l'infér. à 3 lobes arrondis. Etam. à filets presque glabres. Stigm. bifide à 2 lobes jaunâtres. Sépales le plus souvent entiers, lancéolés, finissant en une longue pointe sétacée. ♃. E. R. Je l'ai trouvée dans les rochers de St. Jean-le-Thomas près d'Avranches, sur des pieds de lierre. Diffère t-elle suffisamment de l'*O. minor* ?

7. O. LOTI. O. du lotier corniculé *Vauch.* (O. du lotier.) Cette espèce pourrait recevoir le nom de *Vulgaris*, car c'est la plus commune dans les terrains calcaires. Sa tige est droite, haute de 8-12 pouces, à peine renflée à la base, rougeâtre, un

peu velue dans le haut, garnie de longues stipules peu nombreuses. Fl. en épi allongé, jaunâtre et violacé, sur le limbe et en dedans, exhalant une légère odeur de gérofle. Lèvre supér. de la corolle à 2 lobes arrondis ; l'infér. trifide, bords fimbriés. Style presque glabre, violacé, saillant, terminé par un double stigmate d'un jaune-orangé. Lobes du cal. bifides.

Var. *b. hippocrepidis.* Plus petite. Cor plus violacée.

♃. E. TC. Sur les racines du *Lotus corniculatus* L. J'ai trouvé la var. *b.* à Falaise sur l'*Hippocrepis comosa L.*

8. O. CONCOLOR *Dub.* (*O. concolore.*) On distingue facilement cette espèce à la couleur jaune-paille de toutes ses parties. Sa tige est haute de 6-10 pouces, velue, elle rougit un peu en séchant ; ses écailles et ses bractées sont aussi un peu rougeâtres à leur sommet. Fl. jaune en épi court, assez serré. Cor. à lèvre supér. bilobée ; l'infér. 3-lobée, lobes larges, arrondis, ondulés, fimbriés. Sépales velus, bifides. Style saillant à 2

stigm. jaunâtres. ♃. E. R. Sur les racines de la *Scabieuse Colombaire*, ont M. Vaucher lui a donné le nom dans sa monographie. Falaise.

9. O. EPITHYMUM *DC.* (*O. du Thym.*) Tige droite, rougeâtre, velue-visqueuse, peu renflée dans le bas, garnie d'écailles allongées, haute de 6-10 pouces. Fl. d'un rouge-pâle, en épi lâche. Cor. garnie de poils glanduleux, à lèvre supér. arrondie, crénelée ; l'infér. trifide. Étamines velues, jaunâtres. Style glabre, rougeâtre, à stigm. bilobé d'un rouge-foncé. Sépales rarem. bifides. ♃. E. R. Sur les racines du serpolet. Rouen, Le Havre ; Argentan, etc.

Le nombre des Orobanches de cette division pourra s'augmenter par de nouvelles explorations dans notre province, mais peut-être aussi sera-t-on forcé d'adopter l'opinion de Schrank qui les réunit toutes sous le nom d'*O. polymorpha*, ce qu'on ne peut admettre, ce me semble, pour les espèces de la division suivante.

** *Cal. tubuleux campanulé, 4-5 fide ; 5 bractées.*

10. O. COERULEA *Vill.* O. *bleue.*) Tige simple, droite, ferme, pubescente, peu renflée à la base, pourprée-violacée, à écailles rougeâtres. Fl. d'un bleu-violacé, à palais blanc velu, en épi lâche, allongé. Cor. allongée tubuleuse, recourbée, à 2 lèvres, la supér. bifide, l'infér. 3-fide. Style beaucoup plus court que la cor. à stigm. fortement 2-lobé, jaunâtre. Cal. 1-sépale, 4-fide. ☉. E. PC. Sur les racines de l'*Artemisia vulgaris.* Rouen, Valognes,

Avranches, Falaise, etc

11. O. RAMOSA *L.* (O. *rameuse.*) Tige le plus souv. rameuse, tendre, velue, haute de 5-10 pouces, peu renflée à la base, garnie d'un petit nombre d'écailles. Fl. d'un blanc-jaunâtre, quelquefois un peu bleuâtre, en épis lâches. Cor. pubescente à 5 lobes. Style plus court que la cor. , à stigm. 2-fide. Cal. 4-fide. ☉. E. TC. Sur les racines du chanvre cultivé.

II. LATHRÆA *L.* (*Lathrée.*) Cal. campanulé 4-fide. Cor. 1-pétale, tubuleuse, 2-labiée, à lèvre supér. en casque, l'infér. 3-fide, réfléchie. Caps. 1-loculaire ; 2-valve. Etam. 4, didynames, sagittées, velues. Style 1, à stigm. capité, 2-lobé.

1. L. CLANDESTINA *L.* (L. *clandestine.*) Tige souterraine, rameuse, blanchâtre, garnie d'écailles courtes, épaisses et arrondies. Fl. droites, assez grandes, d'un bleu-violacé, disposées à l'aisselle des écailles en paquets sortant du sol. ♃. P. TR. Parties humides des bois, Environs de St. Hilaire-du-Harcouet.

2. L. SQUAMMARIA *L.* (L. *écailleuse.*) Racine rameuse, couverte d'écailles épaisses, charnues et serrées, émettant une tige haute de 4-8 pouces, simple, noirâtre, à écailles écartées. Fl. blanches ou purpurines, pendantes, en épi terminal, plus petites que dans l'espèce précéd. ♃. P. TR. Lieux humides et ombragés. Rouen, Elbeuf, Bernay.

LVIIIe Fam. LABIÉES. *Juss.*

Cal. 1-sépale, tubuleux, 5-fide, rarem. 10-denté, quelquefois bilabié. Cor. hypogyne, tubuleuse, irrégulière, le plus souv. à 2 lèvres, dont la supér. presque toujours bifide, et l'infer. 3-fide. Etam. 4, didynames placées sous la lèvre supér., 2 plus longues et 2 plus courtes, celles-ci avortent quelquefois. Anthères 1-loculaires. Ovaire simple à 4 lobes, supporté par un disque épais, hyppogyne. Style 1, terminé par un stigm. le plus souv. 2-fide. Fruit formé de 4 graines nues (*Cariopses*) attachées à la base du style au fond du cal. qui les enveloppe. Embryon droit. Perisperme nul. — *Tige 4-gone. Feuilles opposées. Fl. axillaires, opposées ou verticillées, quelquefois rapprochées en épis.*

Les Labiées sont toutes amères et aromatiques, elles sont employées comme toniques et fébrifuges, et en même temps comme stimulantes, propriété qu'elles doivent à l'huile essentielle qui est contenue dans les utricules des feuilles et des fleurs, et que l'on a reconnu renfermer du camphre.

† *Etamines 2, fertiles.*

I. LYCOPUS *L.* (*Lycope.*) Cal. tubuleux, 5-fide, à entrée nue. Cor. tubuleuse, à 4 lobes presque égaux, le supér. plus large, échancré. Graines lisses.

1. L. europæus *L.* (*L. d'Europe.*) Tige droite, rameuse, haute de 1-2 pieds. Feu. glabres, lancéolées, sinuées-dentées profondém. en scie. Fl. petites, de couleur blanche, en verticilles serrés. ♃. R. TC. Bords des eaux.

II. SALVIA *L.* (*Sauge.*) Cal. comme campanulé, bilabié, lèvre supér. trifide, l'infér. bifide, entrée nue. Cor. tubulée, à 2 lèvres dont la supér. en casque ou en faux, échancrée, l'infér. 3-lobée. Etam. 2. Anthères à 2 loges dont une fertile et l'autre avortée, attachées par un filament (*connectif*) recourbé, placé transversalement au sommet des étam. Style long.

1. S. pratensis *L.* (*S. des prés.*) Tige ferme, droite, cotonneuse dans le bas, haute de 12-18 pouces. Feu. ridées, fortement veinées, doublem. crénelées, les infér. pétiolées, cordiformes, allongées les supér. sessiles. Fl. d'un beau bleu, rarement blanches, verticillées et rapprochées en longs épis. Lèvre supér. de la cor. longue, comprimée, en

courbée en faux. Style saillant, profondém. 2 fide. 𝒯. E. TC. Les prés des terr. calc.

* 2. s. SCLAREA L. (S. Sclarée.) Tige forte, droite, velue, rameuse, haute d'un pied environ. Feu. ridées, presque cotonneuses, cordiformes, crénelées. Fl. bleuâtres ou blanches en verticilles rapprochés et terminaux, accompagnés de bractées purpurines, larges et terminées par un prolongement pointu. 𝒯. E. R. Coteaux secs. Elle a été trouvée, dit-on, à Verneuil;

J'en possède un échantillon venant de Dreux.

3. s. VERBENACA L. (S. à feu. de Verveine.) Tige étalée à la base, redressée, velue, haute de 10-15 pouces. Feu. ridées, sinuées, crénelées, presque glabres; les infér. pétiolées, ovales-oblongues; les supér. sessiles. Fl. bleues, petites, cachées par le cal. qu'elles dépassent à peine. Lèvre supér. de la cor. non comprimée, plus longue que le style. 𝒯. E-A. TC. Coteaux secs et herbeux, principalement des terr. calc.

†† *Etamines 4, didynames, ferti'es.*

III. AJUGA. L. (*Bugle.*) Cal. ovoïde, à 5 divis. presque égales. Cor. tubulée, à 2 lèvres dont la supér. très-petite presque nulle, échancrée; l'infér. à 3 lobes, dont celui du milieu plus grand, cordiforme. Graines réticulées.

1. A. REPTANS L. (*B. à rej ts rampans.*) Plante à peu près glabre. Tige droite, simple, haute de 6-8 pouces, émettant à sa base des rejets rampans. Feu. ovales-oblongues, crénelées, les florales non colorées. Fl. bleues, rarem. blanches, verticillées. 𝒯. P-E. TC. Prés et bois frais.

2. A. PYRAMIDALIS L. (*B. pyramidale.*) Plante

velue. Tige simple, ou rameuse dès la base, ouverte; haute de 6-8 pouces. Feu. ovales-oblongues, munies de grosses dents obtuses et écartées, les radic. très-longues, rétrécies à la base en pétiole, les florales entières colorées. Fl. bleues en verticilles situés aux aisselles des feuilles, dès le bas de la tige.

Var. b. A. genevensis. L.

Feu. infér. plus courtes que les premières couples florales. Fl. quelquefois roses ou blanches.

ß. P. E. C. Prés et champs sablonneux des terr. calc. La var. *b.* que quelques auteurs ont considérée comme une espèce distincte est la plus commune dans notre province. Je n'ai trouvé qu'une fois le type près de Falaise; il est remarquable par ses feuilles infér. très-allongées, atteignant presque la longueur de la tige. Cette différence est due à la stations.

3. *L.* CHAMÆPITYS Schreb. *Teucrium.* L. (B. faux *in.*) Plante velue, ayant une odeur de chanvre. Tige couchée, rameuse, longue de 4-8 pouces. Feu. infér. spatulées, pétiolées, entières ou peu dentées; les supér. profondém. divisées en 3 lobes linéaires. Fl. jaunes, petites, axillaires, solitaires. ☉ P. C. Lieux cultivés arides et sablonneux. Terr. calc.

IV. TEUCRIUM *L.* (*Germandrée.*) Cal. tubuleux ou campanulé, à 5 dents un peu inégales, quelquefois 2-labié. Cor. à tube court, à 2 lèvres dont la supér. très-courte et fendue en 2 lobes; l'infér. trifide, le lobe moyen très-grand.

1. *T.* SCORODONIA L. (*G. à feu. de sauge.*) Tige droite, ferme, velue, haute de 10-18 pouces, rougeâtre dans le bas. Feu. assez larges, cordiformes, oblongues, crénelées, ridées, pétiolées, velues. Fl. jaunâtres, en grappes axillaires, unilatérales. Cal. bilabié. ♃. E. TC. Bois et coteaux pierreux.

2. *T.* SCORDIUM L. (*G. Scordium.*) Plante velue, molle, exhalant une odeur forte, rappelant celle de l'ail. Tiges couchées à la base quelquefois un peu radicantes, redréssées, hautes de 8-15 pouces. Feu. oblongues, sessiles, dentées en scie. Fl. rougeâtres, axillaires, géminées. ♃. E-A1. PC. Lieux marécageux, bords des fossés. Rouen, Cherbourg, Pont-Audemer, Lisieux, etc.

3. *T.* CHAMÆDRYS L. (*G. petit-chêne.*) Tiges rameuses et diffuses à la base,

arrondies , velues , comme ligneuses , haute de 4-8 pouces. Feu. ovales-cunéiformes, crénelées-incisées, petiolées, vertes et lisses en-dessus. Fl. purpurines, rarem. blanches, axillaires. Cal. 5-fide. ♃. E. C. Coteaux stériles et bois découverts des terr. calcaires. Rouen, Le Hâvre, Falaise, etc.

4. T. MONTANUM L. (G. de montagne.) Tiges arrondies , ligneuses , rameuses, couchées, pubescentes. longues de 4-6 pouces. Feu. lancéolées, entières, vertes et glabres en-dessus , blanchâtres et tomenteuses en-dessous ;

à bords roulés. Fl. d'un blanc-jaunâtre , en têtes terminales, applaties. Cal. 5-fide. ♃. E. PC. Coteaux secs des terr. calc. Rouen, Le Hâvre, Caen ; Falaise, etc.

5. T. BOTRYS L. (G. botrys.) Tiges herbacées, rameuses ; velues, hautes de 5-10 pouces. Feu. pinnatifides, à lobes peu nombreux, linéaires, dont les infér. souv. trifides , pubescentes. Fl. purpurines, axillaires, géminées ou ternées. Cal. campanulé, 5-fide. ⨀. E. 5. C. Champs pierreux des terr. calc.

V. HYSSOPUS L. (Hyssope.) Cal. cylindrique, strié , à 5 dents égales. Cor. à lèvre supér. petite , échancrée ; l'infér. à 3 lobes dont le moyen, grand, crénelé, en cœur renversé,

1. H. OFFICINALIS L. (H. officinale.) Tige ligneuse, rameuse dans le bas , haute d'un pied environ. Feu. lancéolées-linéaires, entières, sessiles. Fl. bleues ou rougeâtres, unilatérales,

rapprochées en épi terminal. ♃. E. R. Coteaux pierreux. Baumont-le-Roger, Vernon, Mantes, Généralement cultivée. Pectorale et excitante.

VI. NEPETA L. Cal. tubuleux, à 5 dents ouvertes, inégales , entrée nue. Cor. tubuleuse, entrée ouverte, élargie ; lèvre supér. échancrée; l'infér. à 3 lobes, dont le moyen large, prolongé , concave , les latéraux courts et réfléchis.

1. N. CATARIA L. (N. chats. Tige droite, ferme, chataire.) Vulg. herbe-aux rameuse, pubescente ,

haute de 2-3 pieds. Fen. cordiformes, pétiolées, fortement dentées en scie, pubescentes, vertes en-dessus, blanchâtres en-dessous. Fl. blanches, un peu purpurines, disposées au sommet des rameaux et de la tige en épis formés de verticilles pédicellés. ℔. Et. C. Lieux pierreux et arides. Odeur forte.

3. CITRIODORA *Balb,* (*N. à odeur de citron.*) Plante blanchâtre. Tige droite, ferme, cotonneuse, haute de 1-2 pieds. Feu. cordiformes, pétiolées, profond,

crénelées, pubescentes en-dessus et cotonneuses en-dessous. Fl. blanches, ponctuées de pourpre, en épis courts, serrés. Lobes latéraux de la lèvre infér. de la cor. à peine réfléchis. Etam. plus courtes que le style. ℔. E3. R. Bois pierreux près de Falaise. Ce n'est peut-être qu'une variété de l'espèce précédente, dont cependant elle se distingue bien par ses feuilles munies de larges crénelures obtuses et par son odeur agréable de melisse.

VII. GALEOBDOLON *Huds.* Cal. campanulé à 5 dents inégales, aiguës. Cor. dépassant le cal. à lèvre supér. arquée, voûtée, entière ; l'infér. à 3 lobes ovales-lancéolés, l'intermédiaire plus long.

1. G. LUTEUM *Huds.* Galeopsis galeobdolon L. (*G. jaune.*) Tige droite, peu rameuse, hispide, haute de 10-15 pouces, émettant quelquefois à sa base de longs rejets couchés. Feu.

cordiformes, inégalem. dentées en scie, pétiolées, légèrem. velues, quelquefois tachées, les supér. sessiles. Fl. jaunes, verticillées. ℔. F. P. C. Bois et prés ombragés.

VIII. LEONURUS *L.* (*Agripaume,*) Cal. campanulé, 5 gone, à 5 dents égales, piquantes, à entrée nue. Cor. velue, à lèvre supér. voûtée, petite, l'infér. à 3 lobes à peu près égaux, l'intermédiaire tendant à se rouler. Etam. velues à la base. Anthères parsemées de points brillans.

1. L. CARDIACA *L.* (*A. Cardiaque.*) Tige ferme, carrée, rougeâtre, rameuse supérieurem., haute de 2-3

pieds. Feu. pétiolées, cunéiformes-allongées, à 3-5 lobes dentés dans les infér., entiers dans les supér. Fl. roses, cotonneuses., en verticilles axillaires, serrés. ♃. E. PC. Haies et décombres.

IX. MARRUBIUM *L.* (*Marrube.*) Cal. campanulé à 10 nervures ou stries, et à 10 dents dont 5 alternativement plus petites. Cor. à lèvre supér. linéaire, plane, dressée, 2-dentée, l'infér. à 3 lobes, dont l'intermédiaire plus large, échancré.

1. M. VULGARE *L.* (*M. commun*) Vulg. *Marinclin, Moriochemin.* Plante cotonneuse, blanchâtre. Tiges presque simples ou rameuses dès la souche, redressées, fermes, cotonneuses. Feu. arrondies, pétiolées, inégalemnt crenelées, ridées et blanchâtres. Fl. blanches, petites, en verticilles serrés, Cal. à dents sétacées, recourbées à la pointe. ♃. E2-A1. C. Bords des chemins, décombres, etc. Terr. calc.

X. BALLOTA *L.* (*Ballote.*) Cal. campanulé, à 10 nervures, à 5 angles et 5 dents égales, à entrée nue. Cor. à lèvre supér. voutée, crénelée, lèvre infér. à 3 lobes, le moyen plus grand, en cœur renversé, les latéraux un peu échancrés. Cariopses 3-angulaires.

1. B. FOETIDA *Lam.* (*B. fétide.*) Vulg. *Marrube noir.* Plante exhalant une odeur fétide. Tige droite, rameuse dans le bas, couverte d'un duvet court, haute de 1-2 pieds. Feu. pétiolées, ovales-cordiformes, inégalem. crénelées, un peu velues. Fl. purpurines, quelquefois blanches, en verticilles pédicellés, accompagnés de bractées sétacées, ciliées. Cal. évasé, à 5 lobes courts, terminés par une petite pointe. ♃. E. TC. Bords des chemins, haies, pied des murs.

XI. BETONICA *L.* (*Bétoine.*) Cal. tubuleux-conique à 10 nervures, à 5 dents aiguës, en forme d'arêtes, garni de poils intérieurem. Cor. à tube courbé, plus long que le cal. ; lèvre supér. dressée, plane, entière, l'infér. à 5 lobes étalés, l'intermédiaire plus large et échancré.

20

1. B. OFFICINALIS *L.* (*B. officinale.*) Tige simple, velue, dressée, haute de 12-18 pouces. Feu. cordiformes-ovales, allongées, crénelées, pétiolées. velues. Fl. rouges, quelquefois roses ou blanches, en verticilles rapprochés en épis terminaux interrompus inférieurem. Cal. glabre en dehors, à dents presque égales au tube de la cor.

Var. *B. hirta* Leyss. Cal. un peu velu, à dents une fois plus courtes que le tube de la cor.

♃. E. TC. Bois et landes. La var. *b.* a été prise souvent pour le *B. stricta* Ait.

XII. GALEOPSIS *L.* (*Galéopside.*) Cal. campanulé, à 5 dents épineuses, entrée nue. Cor. à tube allongé, dilaté à la gorge, à lèvre supér. en voûte un peu crénelée, l'infér. muni à la base de deux dents coniques, à 3 lobes dont le moyen plus large, crénelé.

1. G. GRANDIFLORA *Gmel.* G. och·oleuca Lam. (*G. à grandes fleurs.*) Tige droite, rougeâtre, pubescente, à entre-nœuds non renflés, haute de 8-15 pouces. Feu. ovales-lanceolées, pétiolées, à dents écartées, pubescentes. Fl. grandes, jaunes, quelquefois purpurescentes. Cor. 4 fois plus longue que le cal. dont les dents sont courtes et peu épineuses. ◉. E. G. Moissons des terr. non calc.

2. G. LADANUM *L.* (*G. ladanum.*) Tige droite, à rameaux nombreux, ouverts, pubescente, rougeâtre, non renflée aux entre nœuds, haute de 8-12 pouces. Feu. linéaires, entières ou à peine dentelées, couvertes de poils couchés. Fl. purpurines, en verticilles terminaux. Cal. couverts de poils blancs, à dents sétacées, piquantes. ◉. E. At. TC. Moissons.

3. G. TETRAHIT *L.* (*G. tetrahit*) Vulg. *Chanvrin.* Tige droite rameuse, hérissée de poils raides surtout au haut des entre-nœuds qui sont renflés, haute de 1-2 pieds. Feu. ovales-lancéolées, pétiolées, fortement dentées en scie, peu velues. Fl. rouges ou blanches. Cal. à longues dents épineuses presque aussi longues que la cor., verticilles rappro-

chés èn épis.

Var. *b. nigrisans.* Cal. noirâtres, munis de très-

longues dents:

⊕. E. TC. Moissons, bois découverts.

XIII. LAMIUM *L.* (*Lamier.*) Cal. nu, campanulé, à 5 dents ouvertes, aristées, à peu près égales. Cor. tubulée, renflée à la gorge; lèvre supér. en voûte, entière, l'infér. plus courte, à 3 lobes, dont les 2 latéraux, acuminés, petits, réfléchis, le moyen plus large, échancré. Anthères velues:

1. L. ALBUM *L.* (*L. blanc.*) Vulg. *Ortie blanche.* Tige droite, un peu couchée à la base, peu velue, haute de 10-15 pouces. Feu. cordiformes, pointues, profondém. dentées. Fl. blanches; quelquefois un peu rosées, en verticilles de 6-10. Cor. assez grande, velue en dessus. Anthères noires. Cal. tacheté. ♃. P-A. TC. Haies et lieux incultes.

2. L. PURPUREUM *L.* (*L. pourpre.*) Vulg. *Ortie rouge.* Tige couchée à la base, étalée, rameuse, redressée, haute de 6-12 pouces, presque glabre. Feu. cordiformes, obtuses, crénelées, ridées, pétiolées, pubescentes. Fl. pourpres, rarem. blanches, en verticilles rapprochés en têtes terminales feuillées. Tube de la cor. velu. Anthères pourpres. ⊕. ♂. P-H. TC. Lieux cultivés.

3. L. INCISUM *Willd.* L. hybridum Vill. (*L. découpé.*) Tige glabre, rameuse et couchée à la base, redressée, haute de 8-10 pouces. Feu. verdâtres, lisses, triangulaires, arrondies, un peu cordiformes, portées sur un pétiole dilaté au sommet, glabres, profondém. dentées, incisées lobées. Fl. pourpres petites, en verticilles terminaux garnis de feuilles. Cal. à dents égales au tube de la cor. Lèvre infér. plane. ⊕. E. PC. Lieux cultivés. Falaise, Saint Lo, Vimoutiers, Pont-Audemer. etc.

4. L. AMPLEXICAULE *L.* (*L. amplexicaule.*) Tiges rameuses, et diffuses à la base, redressées, glabres, hautes de 5-8 pouces. Feu. arrondies, profondém. et inégalem. crénelées-incisées, les supér. sessiles,

amplexicaules, plus larges, pubescentes. Fl. d'un rouge vif, petites, à tube long. Lèvre supér. de la cor. très arquée, velue. ☉. ♂. P-A. C. Lieux cultivés.

XIV. GLECHOMA L. (*Glécome*) Cal. strié, cylindrique, nu, à 5 dents setacées à la pointe. Cor 2 fois plus longue que le cal., dilatée à l'ouverture, à 2-lèvres dont la sup. 2-fide, et l'infér. à 3 lobes dont celui du milieu plus long et échancré. Anthères rapprochées 2 à 2 en forme de croix. Graines ovales, cylindriques, lisses.

ι. G. HEDERACEA *L.* (*G. lierre-terrestre.*) Vulg. *herbe Saint-Jean.* Tiges couchées, rampantes et rameuses à la base, redressées, simples, un peu velues. Feu. arrondies-réniformes, pétiolées largem. crénelées. Fl. bleues ou rougeâtres, réunies 3 ou 4 dans les aisselles des feu.

Var. *b. minor. G. micranthum* Bonn. Feu. petites, un peu cordiformes; Fl. purpurines, une fois plus longues que le cal. ♃. P-E. TC. Les haies. J'ai trouvé la var. *b.* dans un lieu marécageux près de Falaise.

XV. STACHYS L. (*Epiaire.*) Cal. anguleux, campanulé, à 10 nervures et 5 dents mucronées, à peu près nu intérieurem. Cor. à tube court, à lèvre supér. voûtée, échancrée, l'infér. à 3 lobes, les latéraux réfléchis sur les côtés, l'intermédiaire plus grand, échancré. Etam. déjetées en dehors après la floraison.

1. S. ALPINA *L.* (*E. des Alpes.*) Plante velue, haute de 2-3 pieds. Tige carrée, peu rameuse, droite. Feu. cordiformes, pétiolées, dentées en scie, un peu molles, velues, pointues, les infér. obtuses. Fl. rougeâtres, dépassant peu le cal. verticillées par 6-8. Cal. à 5 lobes mucronés. Graines ovoïdes. ♃. E. PC. Bois couverts. Rouen, pays de Bray, Le Havre, Evreux, Falaise, etc.

2. S. GERMANICA. *L.* (*E. d'Allemagne.*) Plante cotonneuse, blanchâtre surtout au sommet. Tige droite, carrée, haute de 2 pieds environ, couverte de longs poils soyeux et blanchâtres. Feu. ovales-lancéolées, pointues, dentées en scie, velues-coton-

neuses surtout sur les pétioles. Fl. purpurines, verticillées en épi terminal. Cal. laineux, à 5 dents acuminées. Graines arrondies. ♃. E. PC. Bords des chemins et des champs. Terr. calc. Caen, Le Havre, Gisors, Évreux, Bayeux, Avranches, Trun, etc.

3. s. SYLVATICA *L.* (*E. des bois.*) Vulg. *Ortie puante.* Plante exhalant une odeur désagréable. Tige droite, velue, rougeâtre, haute de 2-3 pieds. Feu. cordiformes, pétiolées, dentées en scie, pointues, velues, Fl. purpurines, tachetées de blanc sur la lèvre infér.; 2 fois plus longues que le cal. en verticilles de 6 à 8, formant un épi terminal un peu lâche. ♃. E. TC. Bois et lieux ombragés.

4. s. PALUSTRIS *L.* (*E. des marais.*) Tige droite, simple, carrée, hérissée de poils rudes et réfléchis, haute de 2 pieds environ. Feu. lancéolées-allongées, sessiles ou à peine pétiolées, un peu velues surtout sur le bord et la nervure médiane. Fl. purpurines, panachées de jaune, verti-

cillées en épi terminal. interrompu inférieurement. ♃. E. C. Bords des eaux et champs humides.

La racine peut être mangée comme les asperges.

5. s. RECTA *L.* (*E. dressée.*) Vulg. *crapaudine.* Tiges couchées à la base, redressées, un peu rameuses, hautes de 1-2 pieds, velues. Feu. ovales-oblongues, velues, dentées, les supér. sessiles un peu rudes. Fl. d'un blanc-jaunâtre, avec des lignes rougeâtres, verticilles de 6, formant un épi allongé interrompu infér. Cal. campanulé, à 6 lobes profonds terminés par une pointe un peu épineuse. ♃. E. PC. Coteaux secs. Rouen, Caen, Condé-sur-Noireau, etc.

6. s. ANNUA *L.* (*E. annuelle.*) Tige pubescente, droite, rameuse, haute de 6-10 pouce. Feu. d'un vert-pale, ovales-lancéolées, dentées, pubescentes, les infér. un peu pétiolées et crénelées. Fl. blanches ou un peu jaunâtres, assez grandes, en verticilles axillaires de 6. Cal. à 5 longues dents pointues. ☉. E3-A1 C.

Champs pierreux. Terr. calc.

7. 8. ARVENSIS *L.* (*E. des champs.*) Tige faible, droite ou un peu couchée à la base, velue, haute de 6-10 pouces. Feu. ovales-cordiformes, crénelées, obtuses, peu velues, pé-tiolées. Fl. rougeâtres, quelquefois blanches, tachetées, petites, dépassant à peine le cal. qui est à 5 dents profondes. Verticilles axillaires de 4-6 fl. ☉. E-A. TC. Lieux cultivés.

XVI. MENTHA *L.* (*Menthe.*) Cal. à 5 dents égales. Cor. un peu plus longue que le cal. presque régulièrem. divisé en 4 lobes à peu près égaux, le supér. plus large souv. échancré. Etam. droites et écartées.

Les Menthes sont toutes très-odorantes et le plus grand nombre est connu sous le nom vulgaire de *Baumes.*

     * Fl. en épis ou en capitules non foliacés.

1. M. SYLVESTRIS *L.* (*M. sauvage.*) Plante couverte de poils blanchâtres, Tige rameuse, droite, haute de 2-3 pieds. Feu. presque sessiles, oblongues-lancéolées, pointues, dentées profondément en scie, dents inégales et allongées en pointe, tomenteuses blanchâtres en-dessous. Fl. rougeâtres, en épis longs, serrés, terminaux. Pédicelles et calices très-velus. Etam. saillantes.

Var. *b. latifolia.* Feu. larges, ovales, obtuses, un peu ondulées sur les bords. *M. undulata* Willd? Carrouges.

♃. E3.-A1.. R, Prés humides, bords des eaux. Rouen, Falaise, Vire, Condé-sur-Noireau. etc.

2. M. ROTUNDIFOLIA *L.* (*M. à feu. rondes.*) Tige droite, rameuse, velue-cotonneuse, haute de 1-2 pieds. Feu. sessiles, un peu embrassantes, crispées, ovales, arrondies, obtuses, dentées en scie, (dents larges, courtes et presque en crénelures,) velues en-dessus, cotonneuses en-dessous. Fl. d'un blanc-rosé, en épis terminaux interrompus à la base. Pédicelles et cal. hérissés. Etam. tantôt incluses, tantôt saillantes. ♃. E2-A1. TC. Lieux frais.

3. M. VIRIDIS *L.* (*M. verte.*) Tige ferme, verdâtre, glabre ou chargée de quelques poils rares. Feu. sessiles, lancéolées, glabres, dentées en scie, dents longues et prolongées. Fl. petites, rougeâtres, en épis terminaux, interrompus infér. Pédicelles et base du cal. glabres ou légèrement hérissés. ♃. E. R. Lieux frais et pierreux. Vire, Falaise, etc.

4. M. PIPERITA *Huds.* (*M. poivrée.*) Ressemble beaucoup à la précédente, dont elle diffère par ses feuilles petiolées, plus allongées et ses épis plus obtus. Pédic. et cal. glabres, Etam. incluses. L'extrémité des dents du cal. est un peu hérissée. Son odeur est aussi moins forte et plus agréable. ♃. E. TR. Bords des eaux. Falaise.

On cultive cette espèce à cause des ses propriétés antis-pasmodiques et toniques, qualités communes à toutes les menthes, mais que celle-ci possède à un plus haut dégré.

5. M. AQUATICA *L.* (*M. aquatique.*) Cette espèce se distingue à ses fleurs disposées en capitules terminaux, arrondis et dépourvus de feuilles. Tige droite, rameuse, velue, haute de 2-3 pieds. Feu. pétiolées, ovales, inégalem. dentées en scie, plus ou moins velues, qquefois presque glabres. Fl. purpurines, verticillées. Etam. saillantes. Cal. et pédic. couverts de poils réfléchis.

Var. *b. M. canescens* Roth. Tige et feu. couvertes de poils blancs, laineux, surtout sur les pétioles et le haut des entre-nœuds.

Var. *c. albicaulis.* Tige d'un vert-blanchâtre, nervures des feu. blanches. Etam. incluses. Falaise. ♃. E-A₁. TC. Bords des eaux. La Var. *b.* a été trouvée dans les sables maritimes de la baie du Mont Saint-Michel par M. de Magny.

* * *Fl. en verticilles foliacés, écartés et décroissans vers le sommet.*

6. M. ARVENSIS *L.* (*M. des champs.*) Tige velue, peu élevée, haute de 6-10 pouces, à rameaux longs,

etalés et couchés. Feu. ovales, dentées, velues, d'un vert-blanchâtre, portées sur des pétioles courts; les infér. arrondies et presque entières. Fl. d'un blanc-rosé, nombreuses, en verticilles axillaires, assez rapprochés. Cal. court, campanulé, hérissé ainsi que le pédicelle de poils blanchâtres. Etam. incluses ou peu saillantes. ♉. E2-A1. TC. Champs humides.

7. M. SATIVA L. (*M. cultivée*). Ressemble beaucoup à la précéd. dont elle n'est peut-être qu'une var. ainsi que la suivante. Tiges le plus souv. simples, faibles, radicantes à la base, hautes de 1-2 pieds, couvertes de poils réfléchis. Feu. ovales, un peu obtuses, surtout les infér., peu velues. Fl. rougeâtres en verticilles axillaires, serrés, écartés. Cor. 2 fois plus longue que le cal. qui est tubuleux et à dents ciliées. Pédicelles rougeâtres légèrem. velus. Etam. incluses ou peu saillantes. ♉. E. C. Bords des eaux, lieux humides et pierreux.

Cette plante varie beaucoup.

8. M. PALUSTRIS *Mœnch.*

M. plicata Op. (*M. des marais.*) Tige simple, droite, radicante à la base, carrée, rougeâtre, hérissée de poils réfléchis surtout au sommet des entrenœuds, haute de 8-10 pouces. Feu. rapprochées, pétiolées, ovales-lancéolées, dentées en scie, souv. repliées et réfléchies. Fl. rougeâtres en verticilles axillaires peu nombreux. Cor. un peu hérissée, à lobes obtus. Cal. à dents aiguës, hérissé ainsi que le pédic. Etam. le plus souv. incluses. Style très-long. ♉. E3. R. Marais. Falaise.

* 9. M. RUBRA *Smith*. (*M. rougeâtre.*) Ce n'est peut-être qu'une variété du *M. gentilis.* L. Tige droite, flexueuse, rougeâtre, hérissée, haute de 1-2 pieds. Feu ovales, lancéolées, un peu aiguës, dentées en scie, à peine hérissées, presque sessiles, souv. rougeâtres et luisantes en-dessus. Fl. purpurines en verticilles axillaires, peu nombreux et écartés. Cal. à dents ciliées, base et pédicelles glabres. ♉. E3. PC. Bords des eaux, Caen, Les Andelys.

10. M. PULEGIUM L. (M. pouliot.) Tiges grêles, rameuses, ligneuses et couchées à la base, velues, hautes d'un pied environ. Feu. ovales, petites, obtuses, munies de quelques dents, presque glabres. Fl. roses ou blanches, en verticilles nombreux, peu écartés, disposés sur la plus grande partie de la longueur de la tige et des rameaux, accompagnés de feu. très-courtes vers le sommet. Cal. fermé par des poils après la floraison, hispide ainsi que les pédic. —Var. b. eriantha DC. Plante velue-blanchâtre; Cor. velue. Falaise.

♃. E3.-A1. TC. Bords des eaux, lieux humides où l'eau a séjourné pendant l'hiver.

XVII. THYMUS L. (Thym.) Cal. tubuleux, strié, bilabié, fermé par des poils après la floraison, quelquefois gibbeux à sa base ; lèvre supér. à 3 dents; l'infér. 2-fide. Cor. courte, à lèvre supér. échancrée, l'infér. à 3 lobes dont celui du milieu plus large, entier ou échancré.

1. T. SERPYLLUM L. (T. Serpolet.) Tiges rameuses, couchées, arrondies, ligneuses, velues, rougeâtres. Feu. petites, ovales-arrondies, entières, un peu velues, ou ciliées à la base. Fl. purpurines ou blanches, en petites têtes terminales. Cal. campanulé, coloré en pourpre-violet. Lobe moyen de la lèvre infér. de la cor. entière. Var. b. major DC. Tige ferme, redressée, légèrem. pubescente, feu. glabres munies de quelques longs poils sur les pétioles. Mortain. Var. c. lanuginosus Schk ? Plante couverte de poils grisâtres. Coteaux secs. Var. d. citriodorus DC. Plante ayant une odeur de citron.

♃. E. TC. Lieux secs, Pelouses, bords des chemins.

2. T. ACINOS L. (T. des champs.) Tiges couchées, rameuses, redressées, velues, haute de 5-10 pouces. Feu. petites, ovales-oblongues, rétrécies en pétiole, dentées, un peu velues au bord. Fl. purpurines ou blanches, verticillées par 5-6. Cal. rougeâtre, gibbeux à la base,

allongé, courbé, resserré, au sommet, à dents sétacées. Lobe moyen de la cor. un peu échancré. ⊚. E. C. Champs pierreux des terr. calc.

3. T. NEPETA Smith. Melissa L. (T. népéta.) Plante velue-blanchâtre. Tiges couchées à la base, rameuses, hautes de 1-2 pieds. Feu. ovales, rétrécies en pétiole, munies d'un petit nombre de dents vers leur milieu, dans les supér. ; les infér. sont plus longuem. pétiolées et plus dentées. Fl. rougeâtres, pâles, tachetées, disposées en petits bouquets axillaires. Dents du cal. à peu près égales. ♃. E3-A₁ C.

Coteaux secs, pierreux bords des chemins. Caen Falaise, Alençon, Lisieux, etc.

4. T. CALAMINTHA Scop. Melissa L. (T. calament.) Ressemble beaucoup au précédent, mais il est moins blanchâtre, sa tige est plus droite, ses feu. plus pétiolées et il en est surtout bien distinct par ses calices dont les 2 dents infér. sont 2 fois plus longues que les autres. Fl. rougeâtres, portées sur des pédonc. rameux, axillaires, formant des espèces de grappes terminales. ♃. E3. PC. Coteaux secs, bords des chemins. Rouen, Alençon, Clécy, etc.

XVIII. MELISSA Mœnch. (Mélisse.) Cal. campanulé, évasé au sommet et nu après la floraison, pubescente, à 2 lèvres dont la supér. plane tridentée, et l'infér. à 2 dents plus profondes. Cor. à lèvre supér. voûtée, échancrée, l'infér. à 3 lobes dont celui du milieu entier.

1. M. OFFICINALIS L. (M. officinalis.) Vulg. citronelle, herbe aux mouches. Tige droite, rameuse, peu velue, haute de 1-2 pieds. Feu. ovales-cordiformes, pétiolées, dentées, vertes, chargées de quelques poils couchés. Fl. blanches ou

un peu rosées, en petits bouquets axillaires et pédonculés, tournées du même côté. ♃. E. C. Haies et bords des chemins, Le Havre, Falaise, etc. Fréquemment cultivée, c'est un bon tonique antispasmodique

XIX. MELITTIS L. (Mélitte.) Cal. large, campanulé, à lèvre supér. aiguë, entière, l'infér. courte, 2-fide

Cor. grande, à 2 lèvres, la supér. plane, entière, l'infér. à 3 lobes larges, inégaux. Anthères en croix.

1. M. MELISSOPHYLLUM *L.* (*M. à feu. de mélisse.*) Tige simple, ferme, carrée, hérissée de poils ouverts, haute de 10-18 pouces. Feu. ovales, pétiolées, larges, fortem. dentées ou créne-lées, velues. Fl. très-grandes, blanches, avec des taches, rouges ou pur-purines surtout à la lèvre infér., solitaires aux ais-selles des feu. supér. ♃, P2-3 C. Bois.

XX. CLINOPODIUM *L.* (*Clinopode.*) Cal. strié, cylindrique, nu après la floraison, à 2 lèvres, la supér. 3-fide, l'infér. 2-fide. Cor. à tube court, dilaté à l'ouver-ture, à lèvre supér. droite, échancrée, l'infér. à 3 lobes dont celui du milieu plus large, échancré.

1. VULGARE *L.* (*C. com-mun.*) Tige droite, ra-meuse, velue, haute de 10-15 pouces. Feu. ovales, allongées, pétiolées, den-tées, velues. Fl. rouges ou quelquefois blanches, assez nombreuses, réunies en un ou deux verticilles terminaux, accompagnées de bractées sétacées, ciliées, ainsi que les dents du cal. ♃. E. TC. Bois décou-verts et bords des chemins.

XXI. ORIGANUM *L.* (*Origan.*) Cal. petit, campa-nulé, à 5 dents, fermé par des poils après la floraison. Cor. à tube comprimé, bilabiée, lèvre supér. droite, échancrée, infér. à 3 lobes à peu près égaux. Fl. accom-pagnées de bractées souv. colorées et formant de petits épis prismatiques.

1. O. VULGARE *L.* (*O. commun.* Vulg. *Marjolaine.* Tige droite, rougeâtre, ferme, velue, un peu rameuse supérieur., haute d'un pied environ. Feu. ovales, ou un peu cordi-formes, à peine dentées, pétiolées, velues. Fl. petites, rougeâtres ou blanches, en petits capi-tules arrondis, formant une panicule terminale.

Var. *b. O- thymiflorum* Reich. Plante basse, très-rameuse, couverte de poils blancs; Fl. rouges en petites têtes comme dans le serpolet.

♃. E2. 3. TC. Lieux in-cultes et arides. La var. *b.* que j'ai trouvée dans les environs de Falaise est fort remarquable par son aspect velu-blanchâtre.

L'Origan est excitant et stomachique. Cette espèce n'est pas la vraie *marjolaine* que l'on cultive dans quelques jardins.

XXII. BRUNELLA *Tourn. Prunella.* L. (*Brunelle.*) Cal. nu à l'entrée, à 2 lèvres, la supér. plane, tronquée, à 3 dents courtes, l'infér. 2-fide. Cor. à lèvre supér. voûtée, concave, l'infér. à 3 lobes dont celui du milieu plus large, et échancré. Filets des étam. terminés par 2 pointes dont une porte l'anthère.

1. **B. VULGARIS** *Mœnch.* (*B. commune.*) Tiges rameuses et couchées à la base, redressées, hautes de 6-10 pouces. Feu. pétiolées, ovales, légèrem. hérissées, obtuses, entières ou un peu dentées et même sinuées. Fl. violacées, quelquefois roses ou blanches, en épi allongé, terminal, serré, entremêlé de bractées réniformes, avec une petite pointe au sommet. Cor. à lèvre supér. droite. 2|. E. TC. Prés et pelouses.

2. **B. LACINIATA** *Lam.* (*B. laciniée.*) Tiges rameuses, couchées à la base, velues, hautes de 6-8 pouces. Feu. longuem. pétiolées, velues, les infér. ovales-allongées, dentées dans le bas, les supér. plus ou moins pinnatifides, à découpures allongées, entières-linéaires. Fl. jaunâtres, rarem. bleues, en

épis courts et terminaux. Cor. à lèvre supér. plus longue que dans le *B. vulgaris*. Lèvre supér. du cal. tronquée et munie de 3 dents apparentes. Bractées vertes, bordées de brun. 2|. E. C. Pelouses sèches des terr. calc. Rouen, Alençon, Falaise, etc.

3. **B. GRANDIFLORA** *Mœnch.* (*B. à grandes fleurs.*) Tige un peu couchée à la base. légèrem. velue, haute de 3-6 pouces. Feu. pétiolées, ovales, obtuses, le plus souv. entières, munies de quelques poils rudes et couchés. Fl. grandes, d'un bleu violet, en épi court et terminal. Cor. 4 fois plus longue que le cal. à lèvre supér. voûtée et fléchie en milieu. Lèvre supér. du cal. 3-dentée. Var. b. *P. hastæfolia* Brot. Feu. hastées et même inciseés à la base.

♃. ER. Côteaux secs des de Grisy , près de Falaise.
terr. calc. Monts d'Éraines ,

XXIII. SCUTELLARIA *L.* (*Scutellaire.*) Cal. court,

à 2 lèvres entières, se fermant après la floraison ; la supér.
munie en-dessous d'une écaille saillante , concave. Cor.
à tube allongé , courbé dans le bas , beaucoup plus long
que le cal. Lèvre supér. comprimée, 2-dentée à sa naissance, l'infér. plus large , échancrée.

1. S. GALERICULATA. *L.* aquatiques.
(*S. toque.*) Plante glabre,
tige carrée, droite, rameuse,
haute de 10-15 pouces.
Feuilles lancéolées, un peu
cordiformes à la base ,
courtes , pétiolées , munies
de dents inégales, peu profondes , entières vers la
pointe. Fl. bleues-violacées,
géminées, axillaires, unilatérales. ♃. E. PC. Lieux

2. S. MINOR. *L.* (*S. naine.*)
Tige faible, rameuse, haute
de 4-8 pouces. Feu. ovales-
cordiformes, allongées, entières ou un peu dentées à
la base , obtuses , glabres.
Fl. rougeâtres, petites, géminées, axillaires , unilatérales. ♃. E. PC. Lieux marécageux.

LIXᵉ. Fam. VERBENACÉES. *Juss.*

Cal. 1-sépale , tubuleux , à 5 dents , souv. persistant.
Cor. monopétale , caduque , tubuleuse , souv. irrégulière. Etam. 2-4, didynames. Ovaire sup. Semences
nues ou drapées , renfermant 2-4 graines osseuses. Embryon droit. — *Feu. opposées.*

I. VERBENA *L.* (*Verveine.*) Cal. à 5 dents, dont la

supér. très-courte, tronquée. Cor. à tube courbé et à
limbe à 5 lobes un peu irréguliers. Etam. 4, didynames.
Stigm. obtus. Semences 2-4, nues à la maturité, d'abord
réunies par un tissu utriculaire.

1. V. OFFICINALIS *L.* (*V.*
officinale.) Tige carrée ,
droite, rameuse, supérieur.
pubescente , haute de 1-2
pieds. Feu. infér. ovales cu-

néiformes , velues, ridées ,
crénelées , les supér. inci-
sées-multifides. Fl. petites,
blanches ou légèrement violacées , sessiles , en longs

épis filiformes au sommet
de la tige et des rameaux.
♈. E. TÇ. Lieux incultes ,

bords des chemins, pied des
murs,

LXe. Fam. UTRICULINÉES *Link*.

Cal. 1-sépale, bilabié , persistant. Cor. 1-pétale. hypogyne, irrégulière, bilabiée ou personée , prolongée en
éperon à sa base. Etam. 2. , incluses, insérées à la base
de la corolle. Anthères 1-loculaires. Style simple , très-
court , à stigm. bilabiellé. Caps. 1-loculaire, polysperme , s'ouvrant , soit au sommet , par une fente longitudinale , soit par un opercule. Placenta central. Embryon simple ou 2-cotylédoné ; point de périsperme. —
Herbes aquatiques ou des lieux marécageux , à feuilles ra-
dicales et à fleurs portées sur des hampes nues.

1. UTRICULARIA *L.* (*Utriculaire.*) Cal. 1-sépale ,
à 2 lèvres égales, entières. Cor. à tube court, personée ,
prolongée en éperon à sa base , lèvre supér. ayant un
palais proéminent. Etam. 2 , incluses, portant les anthères au sommet interne de leurs filets. Style 1, à stigm.
bilabié. Caps. globuleuse , polysperme , uniloculaire.
Placenta central. — *Herbes aquatiques , à feu. radici-*
formes , divisées et soutenues par des petites vésicules
pleines d'air.

1. U. VULGARIS *L.* (*U.*
commune.) Plante nageante,
à feuilles divisées en profondes découpures linéaires,
garnies de petites vésicules,
ou utricules remplies d'air.
Fl. jaunes, 4-8 , portées au
sommet ; d'abord penché,
d'une hampe nue , élevée
au-dessus de l'eau , haute
de 5 8 pouces. Lèvre supér.
de la cor. entière ; éperon
droit , conique , allongé ,
aussi long que la fleur.
Stigm. velu. ♈. E. C. Eaux

stagnantes , étangs, fossés.

2. U. INTERMEDIA *Hayne.*
(*U. intermédiaire.*) Plus petite dans toutes ses parties
que l'espèce précédente.
Feu. tripartites dichotomes,
à découpures sétacées. Fl.
jaunes , à palais rayé de
rongeâtre, 2-4 , au sommet
d'une hampe de 3-4 pouces.
Cor. à lèvre supér. 2 fois
plus longue que le palais ,
entière. Eperon conique.
Rejets chargés , les uns de

feuilles sans vésicules, les autres de radicules munies de ces petits flotteurs. ♃. E. R. Eaux stagnantes. Vire, Falaise, Argentan, etc.

3. U. MINOR *L.* (*U. naine.*) Cette espèce se distingue facilement à sa fleur petite et d'un jaune soufré, très-pâle. Feu. tripartites-dichotomes, à découpures linéaires, aristées. Hampe de 2-3 pouces, pauciflore. Lèvre supér. de la cor. fendue, éperon court, conique, obtus. Stigm. glab. ♃. E. TR. Eaux stagnantes. Marais de Plainville, près St.-Pierre-sur-Dives, Lessay, etc.

II. PINGUICULA *L.* (*Grassette.*) Cal. campanulé, 2 labié, à 5 divisions. Cor. bilabiée, ouverte, lèvre supér. à 2 lobes, l'infér. 3-lobée, prolongée en éperon à la base. Etam. 2, recouvertes par le stigm. terminé par 2 lamelles inégales. Caps. uniloculaire, presque 2-valve, polysperme. — *Herbes à feui radicales, grasses au toucher.*

1. P. VULGARIS *L.* (*G. commune.*) Feu. toutes radicales, ovales, obtuses, roulées sur les bords, d'un vert-jaunâtre, comme gluantes. Hampe haute de 4-6 pouces, terminée par une seule fleur d'un bleu-violacé, un peu pâle et velue en-dedans. Cor. à 5 lobes obtus, 2 à la lèvre supér., 3 à l'infér. Eperon droit, conique-cylindrique, de la longueur de la cor. ♃. P2. PC. Marais, prés tourbeux. Falaise, Lisieux, Gisors, Argentan, etc.

2. P. LUSITANICA *L.* (*G. de Portugal.*) Feu. toutes radicales, ovales-courtes, en rosette, grasses au toucher. Hampe garnie de poils épars, glanduleux, haute de 2-4 pouces, terminée par une petite fleur blanchâtre, rayée de pourpre, et à gorge tachée de jaune. Cor. à 5 lobes un peu échancrés. Eperon allongé, obtus, un peu courbé, plus court que la cor. ♃. Et. 2. R. Lieux marécageux. Alençon. Mortrée, Saint-Lo, Valognes, Marais Vernier.

LXI°. Fam. PRIMULACÉES *Vent.*

Cal. 1-sépale à 4-5 lobes. Cor. 1-pétale, (nulle dans le *G. aux*), hypogyne, à limbe 4-5 lobé. Etam. 4-5, insérées sur la cor. et opposées à ses lobes. Ovaire simple , sup. Style 1, à stigm. simple. Caps. 1-loculaire, polysperme , s'ouvrant au sommet par plusieurs valves ou en travers circulairement. Placenta central. Embryon droit entouré d'un périsperme charnu. — *Plantes herbacées , à feu. simples.*

I. HOTTONIA *L.* (*Hottone.*) Cal. 5-partite. Cor. 1-pétale, à tube court et à limbe plane , 5-lobé. Etam. 5 , presque sessiles, attachées au sommet du tube. Caps. globuleuse, terminée par un style persistant. Stigm. capité.

1. H. PALUSTRIS *L.* (*H. des marais.*) Plante aquatique à tiges longues et submergées. Feu. verticillées , profondém. pinnatifides , à lobes linéaires. Fleurs d'un blanc - rosé , disposées en 3 - 4 verticilles lâches , au sommet d'une hampe droite , fistuleuse, nue, élevée au-dessus de l'eau de 8-10 pouces. ♃. P. C. Mares et fossés. Terr. calc.

II. LYSIMACHIA *L.* (*Lysimaque.*) Cal. à 5 divis. Cor. 1-pétale, 5-lobée, en roue et à tube court. Etam. 5 , quelquefois réunies par la base des filets. Caps. globuleuse , s'ouvrant au sommet par 5 valves. — *Feu. opposées.*

1. L. VULGARIS *L.* (*L. commune.*) Vulg. *chasse-bosse.* Tige droite , ferme, pubescente , haute de 2-4 pieds. Feu. opposées , quelquefois ternées ou quaternées , ovales-lancéolées, presque sessiles. Fl. jaunes, en panicules terminales. Etam. réunies par la base. ♃. E. C. Bords des eaux.

2. L. NUMMULARIA *L.* (*L. nummulaire.*) Tiges couchées , rampantes , anguleuses. Feu. ovales-arron- dies, glabres, opposées, portées sur de courts pétioles. Fl. jaunes, assez grandes , axillaires , solitaires. Lobes du cal. ovales , comme cordiformes. Etam. réunies par leurs bases. ♃. E. T. C. Bords des fossés , lieux marécageux.

3. L. NEMORUM *L.* (*L. des bois.*) Tiges couchées, grêles, glabres , longues de 6-10 pouces. Feu. ovales , pointues, pétiolées, glabres. Fl. jaunes, solitaires, axillaires,

portées sur des pédonc. filiformes plus longs que les
feu. Etam. libres. Divis. du
cal. linéaires, étroites. Caps.
globuleuse, irrégulièrem.
débiscente au sommet en 2
ou 5 valves. ♃. E. C. Bois
humides.

III. ANAGALLIS *L.* (*Mouron.*) Cal. 5-fide. Cor. en
roue, à 5 lobes. Etam. 5, à filets velus. Style 1. Caps.
globuleuse, s'ouvrant en travers. (*Pyxide*). — *Feu. opposées, entières.*

1. A. PHOENICEA *Lam.* (*M.
rouge.*) Tiges rameuses à la
base, couchées, longues de
4-8 pouces. Feu. opposées,
quelquefois ternées, ovales,
sessiles, un peu obtuses,
ponctuées en-dessous, glabres, 3 nervées. Fl. rouges
ou blanches, axillaires, solitaires, portées sur des pédonc. filiformes 2 fois plus
longs que les feu. Pétales
entiers. Caps. à 5 stries. ☉.
E. TC. Moissons.

2. A. COERULEA *Schreb.* (*M.
bleu.*) Tiges rameuses, redressées, hautes de 4-6
pouces. Feu. opposées, sessiles, ovales, pointues, glabres, ponctuées en-dessous,
5-nervées. Fl. bleues, axillaires, portées sur des pédonc. un peu plus longs que

les feu. Pétales denticulés.
Caps. à 10 stries. ☉. E. PC.
Moissons des terr. calc.

Cette espèce ressemble
beaucoup à la précédente,
mais ses fleurs constamment
bleues et les autres caractères tirés du port de la
plante, et de la longueur des
pédoncules, empêchent de
les réunir.

3. A. TENELLA *L.* (*M. délicat.*) Tiges couchées, rampantes, filiformes, longues
de 2-4 pouces. Feu. arrondies, opposées, petiolées,
glabres. Fl. d'un blanc-rosé,
striées, solitaires, axillaires,
portées sur de longs pédoncules droits. Etam. barbues.
♃. E. C. Marais, prés hu-
mides.

IV. CENTUNCULUS *L.* (*Centenille.*) Cal. à 4 divis.
Cor. marcescente, en roue, à 4 lobes. Etam. 4. Style 1.
Caps. globuleuse, 1-loculaire, polysperme, s'ouvrant
en travers circulairement. (*Pyxide.*)

1. C. MINIMUS *L.* (*C. naine.*)
Tige droite, filiforme, peu
rameuse, haute d'un pouce
environ. Feu. ovales, en-

tières, très-petites, blanchâtres, un peu rosées, solitaires, sessiles. ☉. E. PC.
Lieux humides et sablonn.

V. PRIMULA *L.* (*Primevère.*) Cal. 1-sépale, en tube 5-gone, à 5 dents. Cor. infondibuliforme, à limbe 5-lobé, tube dilaté à l'entrée. Etam. 5, incluses. Style 1, inclus ou saillant. Caps. 1-loculaire, polysperme, s'ouvrant au sommet en 10 valves.

1. P. OFFICINALIS *Jacq.* (*P. officinale.*) Vulg. *Coucou.* Tige nulle. Feu. radicales, ovales, courtes, ridées, pubescentes, rétrécies brusquement en pétiole, un peu roulées sur les bords, obtuses. Fl. jaunes, inclinées, en ombelle terminale. Cor. à limbe court, concave. Cal. à dents obtuses, atteignant à peu près le sommet du tube. ♃. P. TC. Prés.

2. P. GRANDIFLORA *Lam.* (*P. à grandes fleurs.*) Vulg. *Pommerolle*, *Plumerolle.* Feu. radicales, ovales, allongées, rétrécies en long pétiole, obtuses, denticulées. Fl. assez grandes, d'un jaune soufré, quelquefois rougeâtres, portées sur des pédonc. radicaux, uniflores.

Cor. à limbe plane. Dents du cal. aiguës, égalant le tube de la cor.

Var. *b. umbellifera.* Fl. plus petites, en ombelle au sommet d'une hampe courte.

♃. P. TC. Bois et haies.

3. P. ELATIOR *Jacq.* (*P. élevée.*) Tige nulle. Feu. radicales, ovales-allongées, larges, rétrécies en long pétiole, dentées, pubescentes. Fl. jaunes, en ombelle. Cal. à dents aiguës, atteignant le milieu du tube de la cor., qui est dilatée à l'entrée et dont le limbe est plane et moins large que dans l'espèce précédente. ♃. P. R. Bois et prés ombragés, Rouen, Gisors, Honfleur, Falaise, etc.

VI. SAMOLUS *L.* (*Samole.*) Cal. adhérent, persistant, 5-fide. Cor. 1-pétala, hypocratériforme, 5-lobée, garnie à l'entrée de 5 écailles filiformes, alternes avec les lobes. Etam. 5. Ovaire semi-infère. Style 1. Caps. globuleuse, 1-loculaire, polysperme, s'ouvrant en 5 valves au sommet.

1. S. VALERANDI *L.* (*S. de Valerandus.*) Plante glabre, lisse. Tige droite, rameuse, haute de 10-15 pouces. Feu. ovales, obtuses, entières, alternes. Fl. blanches, petites, en grappes lâches. Pédonc. munis d'une petite bractée au-dessous de la fl. ♃. E. PC. Lieux humides, bords des fossés dans les marais.

On trouve quelquefois des pieds de cette plante attei-gnant jusqu'à 6 pieds de hauteur.

VII. GLAUX *L.* Cal. campanulé, 5-fide, coloré. Cor. nulle. Etam. 5, hypogynes. Caps. globuleuse, 1 loculaire, polysperme, 5-valve. Placenta central, globuleux. Style 1. stigm. 1.

1. G. MARITIMA *L.* (*G. maritime.*) Plante glabre, cou-chée, rampante, rameuse, glabre. Tiges longues de 3-6 pouces. Feu. nombreuses, opposées, ovales-lancéo-lées, entières, un peu épaisses. Fl. d'un blanc rosé, axillaires, solitaires, ses-siles. ♃. E. C. Lieux maré-cageux des bords de la mer.

LXIIe. Fam. GLOBULARIÉES. *DC.*

Cal. 1-sépale, tubuleux, 5-lobé. Cor. hypogyne, in-sérée dans le réceptacle, 1-pétale, tubuleuse, irrégu-lièrem. 5-lobée. Etam. 4, insérées au sommet du tube de la cor. et alternes avec ses lobes. Ovaire supér. Style 1. Stigm. 2-fide. Fruit 1-sperme, entouré par le cal. persistant. Ovule pendant. — Fl. réunies en tête, entourées d'un involucre imbriqué, polyphylle, insérées sur un récept. paléacé. — *Feu. alternes, simples.*

I. GLOBULARIA *L.* (*Globulair.*) Caractères de la famille.

1. G. VULGARIS *L.* (*G. commune.*) Plante glabre, tige simple ou un peu di-visée à la souche, qui est dure, comme ligneuse, haute de 4-8 pouces. Feu. radicales, ovales-spatulées, pétiolées, épaisses, munies d'une petite dent au fond d'une échancrure termi-nale, les caulinaires lancéo-lées, pointues, sessiles. Fl. bleues en tête globuleuse terminale. ♃. P. C. Pelouses, coteaux secs des terr. calc. Rouen, Falaise, Lisieux, Argentan, etc.

B. MONOCHLAMYDÉS.

Périanthe simple, les pétales étant nuls ou soudés avec l'enveloppe extérieure, qui peut être regardée comme un calice.

LXIII᷎. Fam. PLUMBAGINÉES. *Juss.*

Pér. double, persistant ; l'extér. (*invo'ucre? calice?*) 1-sépale, scarieux, tubuleux, entier ou 5 denté ; l'intér. corolliforme, à 5 divis. onguiculées. Etam. 5. insérées sur les onglets des divis. du pér. interne. Styles 5, à stigm. subulés. Caps. simple, 1 sperme, recouverts par le cal. Ovule renversé. Embryon entouré d'un périsperme farineux.

1. STATICE *L.* Pér. extérieur scarieux, plissé, entier, l'intér. à 5 divis pétaloïdes, coloré, persistant. Etam. 5, insérées sur les onglets des lobes du pér. int. Caps. monosperme, indéhiscente, entourée par le pér. Placenta central attaché au sommet de la caps.

* Fl. en panicule.

1. s. LIMONIUM *L.* (*S. Limonium.*) Tiges dures, nues, hautes de 8-12 pouces, rameuses, terminées en panicule, munies d'une écaille scarieuse à la base de chaque rameau. Feu. radicales, ovales-arrondies, larges, épaisses, glabres, un peu ondulées sur les bords, munies au sommet d'une petite pointe qui prend naissance à la surface infér. Fl. violettes, disposées en séries en-dessus des rameaux et formant une large panicule. ♃. E2. 5. C. Bords de la mer, sur la vase sablonneuse des embouchures des rivières.

2. s. OLEÆFOLIA *Pourr.* (*S. à feuilles d'olivier.*) Tiges droites, fermes, anguleuses, très-rameuses, hautes de 10-15 pouces. Feu. radicales, lancéolées, spatulées, allongées, terminées eü pointe, rétrécies en pétiole, à bords entiers cartilagineux. Fl. d'un rose-violacé, disposées en séries unilatérales ; elles sont géminées ou ternées, entourées d'écailles scarieuses dont l'extér. petite et mucronée. Panicule lâche et très-ouverte. ♃. E3. A1. R. Sables et rochers maritimes de la Manche. Auderville, Flamanville, Avranches, etc.

** Fl. en tête terminale.

3. s. ARMERIA *L.* (*S. armeria.*) Vulg. *gazon d'o-* lympe, *armelin.* Feuilles linéaires, étroites, glabres,

un peu obtuses, en touffes épaisses. Fl. roses ou blanches, en tête arrondie, portées sur une hampe nue, haute de 4-8 pouces. Involucre écailleux, scarieux, à divis. obtuses, plus courtes que les fl., prolongé en gaine sur la hampe.

Var. *b. maritima.* hampe pubescente.

♃. E. PC. Lieux sablonneux et montueux. Les Andelys, etc.

La Var. *b.* Pelouses et côteaux maritimes. Le Havre, Dives, Oystreham, Cherbourg, Granville, etc.

4. s. ARENARIA *Pers.* (*S. des sables.*) Cette plante, intermédiaire entre l'espèce précéd. et la suivante, n'est peut-être qu'une var. de la première. Elle s'en distingue par ses feuilles moins étroites, pointues, 3-nervées, sa hampe plus haute et ses divisions de l'invol. égalant ou même dépassant les fleurs. ♃. E. R. Lieux arides et sablonneux. Tourville, Les Andelys.

5. s. PLANTAGINEA *All.* (*S. à feu. de plantain.*) Feu. lancéolées, allongées, acuminées, glabres, 5-nervées, à bords membraneux, entiers. Fleurs purpurines en tête, portées sur une hampe simple, glabre, striée, haute de 8-12 pouces. Invol. à fol. extér. longues et pointues; les intér. obtuses, prolongé sur la hampe en gaine longue de plus d'un pouce. ♃. E. R. Lieux arides et sablonneux. Pont-de-l'Arche, Gisors, Les Andelys, Cherbourg, etc.

LXIV° Fam. PLANTAGINÉES. *Juss.*

Fl. hermaphr., rarem. monoïques. Pér. double, persistant; l'extér. 4-partite; l'intér. tubuleux, 1-pétale, hypogyne, resserré au sommet, à 4 divis., scarieux. Etam. 4, insérées à la base du pér. interne et alternes avec ses lobes. Anthères 2-loculaires. Style et stigm. 1. Ovaire supér. Caps. 1-4-loculaire, s'ouvrant en travers circulairement, ou 1-sperme, indéhiscente. Placenta libre, plane, ou tétraèdre. Embryon droit entouré d'un périsperme dur, presque corné. — *Plantes herbacées; fleurs en épis ou en capitules.*

I. PLANTAGO *L.* (*Plantain.*) Fl. hermaphr. Pér. externe à 4 divis.; l'interne 4-fide, persistant, globuleux, à limbe réfléchi. Etam. 4. Caps. à 2-4 loges s'ouvrant horizontalement.

1. P. MAJOR L. (P. à grandes feuilles.) Vulg. rond plantain. Feu. toutes radicales, ovales, larges, pétiolées, 7-nervées, glabres ou un peu velues sur les pétioles. Hampes cylindriques, ascendantes, hautes de 8-10 pouces. Fl. brunâtres en long épi cylindrique, serrées, accompagnées d'une bractée ovale, aiguë. Caps. 2-loculaire, polysperme. ♃. E. TC. Pâturages, bords des champs et des chemins.

J'ai trouvé des individus vigoureux, munis à la base de l'épi de grandes bractées foliacées. D'autres, au contraire, croissant dans des terrains arides, ont des feu. courtes, 3-nervées, des hampes d'un à 2 pouces, terminées par des épis pauciflores, c'est le *P. minima* DC. Fl. fr.

2. P. MEDIA L. (P. moyen.) Feu. toutes radicales, étalées en rosette, ovales, pubescentes, presque sessiles, 5-nervées. Hampe cylindrique, droite, velue, haute de 8-10 pouces. Fl. blanchâtres. Etam. à filets purpurins, épi cylindrique, épais, exhalant une odeur douce et agréable. Caps. à

deux loges 2-spermes. ♃. E. TC. Pelouses sèches, bords des chemins. Terr. calc.

3. P. LANCEOLATA L. (P. lancéolé.) Feu. toutes radicales, lancéolées, pointues, rétrécies en pétiole, pubescentes, 3-5-nervées, redressées. hampes nombreuses, anguleuses. Fl. blanchâtres en épis brunâtres, ovoïdes, plus ou moins allongés. Caps. à 2 loges 1-spermes. ♃. E. TC. Prés.

Varie beaucoup dans les proportions des feuilles et des épis.

4. P. MARITIMA L. (P. maritime.) Feu. toutes radicales, linéaires, charnues, semi-cylindriques, entières, glabres, longues de 4-6 pouces. Hampes pubescentes, ascendantes, cylindriques, hautes de 8-10 pouces. Fl. blanchâtres en long épi serré, étroit, allongé. Bractées charnues, obtuses, glabres, plus courtes que les fleurs. ♃. E. C. Lieux marécageux des bords de la mer.

5. P. GRAMINEA Lam. (P. à feu. de graminée.) Ressemble beaucoup au précé-

dent, dont il diffère par ses feuilles planes, plus larges, bordées de dentelures écartées, presque aussi longues que les hampes, et par ses épis plus épais, munis de bractées pointues, égalant les écailles extérieures du périanthe. ♃. E. PC. Mêmes stations que le *P. maritima*. Le Havre, Oystreham, Isigny, etc.

6. P. CORONOPUS *L.* (*P. corne de cerf.*) Feu. toutes radicales, nombreuses, étalées en rosette, pinnatifides à lobes linéaires, pubescentes. Hampes cylindriques, étalées, redressées, pubescentes, hautes de 5-8 pouces. Fl. blanchâtres en épi court serré, cylindrique. Caps. à 4 angles, à 4 loges 1-spermes. ☉. P. E. C. Pelouses sèches et sablonneuses.

Cette plante prend quelquefois dans les sables maritimes des dimensions très grandes.

7. P. ARENARIA *Waldst* (*P. des sables.*) Tige rameuse, herbacée, velue, haute de 6-10 pouces. Feu. opposées, linéaires, à peu près entières, velues, visqueuses, surtout à la base. Fl. blanchâtres, en capitules serrés, pubescens, portés sur des pédonc. axillaires de la longueur des feu. Bractées élargies, terminées en pointe foliacée dans les extér., plus longues que les lobes externes du périanthe. ☉. E. R. Lieux arides et sablonneux. Les Andelys, Evreux, Vénables, Tosny, etc.

11. LITTORELLA *L.* (*Littorelle.*) Fl. monoïques; les mâles longuem. pédonculées, à 4 divis. Etam. insérées sur le récept., à filets très-longs; les femelles sessiles, à 3 folioles aiguës. Pér. interne 1-sépale, resserré au sommet ou irrégulièrem. denté. Caps. 1-sperme, indéhiscente.

1. L. LACUSTRIS *L.* (*L. des étangs.*) Petite plante en touffes feuillées, sans tige. Feu. jonciformes, demi-cylindriques, longues de 2-6 pouces. Fl. verdâtres, solitaires, cachées au milieu des feuilles. ♃. E. C. Bords des étangs.

LXV. Fam. AMARANTHACÉES. *Juss.*

Pér. simple, 1-sépale, 3-5-lobé, persistant. Etam. 3, 5, hypogynes, libres ou réunies à la base. Anthères 1, loculaires. Ovaire supérieur. Style et stigm. 1-3. Caps 1-loculaire, s'ouvrant en travers circulairement (*Pyxide*), rarem. indéhiscente, le plus souv. 1-sperme. Graines attachées à un réceptacle central. Embryon recourbé, entouré d'un périsperme farineux. — *Plantes herbacées, à feu. alternes entières. Fl. en tête, en épis ou en panicules.*

I. **AMARANTHUS** *L.* (*Amaranthe.*) Monoïque. Pér. à 3-5 lobes, Fl. mâles : 3-5 étam. Fl. fem. ; Styles 3. Stigm. 3. Caps. 1-sperme, à 3 becs, s'ouvrant circulairement en travers.

1. A. BLITUM *L.* (*A. Blit.*) Tiges charnues, épaisses, couchées, rameuses, longues de 10-18 pouces. Feu. ovales, pétiolées, glabres, entières ou un peu échancrées au sommet, nervées. Fl. verdâtres, en paquets latéraux, axillaires, formant des épis au sommet des rameaux. ⊛. Es-A1. PC. Pieds des murs, décombres. Pont-Audemer, Domfront, Saint-Hilaire-du-Harcouet, etc.

2. A. PROSTRATUS *Balb.* (*A. couchée.*) Diffère de la précédente par sa taille un peu plus grande, ses feuilles ovales-rhomboïdées, terminées en pointe. Fl. d'un jaune-verdâtre, agglomérées en épis serrés, pointus, ⊛. E. R. Lieux pierreux, pied des murs. Alençon, Domfront.

LXVI°. Fam. CHÉNOPODÉES. *Vent.*

Pér. simple, 1-sépale, 5-partite, persistant. Etam. 3-5 insérées à la base du pér. Ov. supère. Styles et stigm. 1-3. Caps. 1-loculaire, indéhiscente, 1-sperme, ou graine nue ou enveloppée par le périanthe membraneux, quelquefois bacciforme. Embryon roulé en anneau ou en spirale autour d'un périsperme farineux. Fl. souvent hermaphr., quelquefois unisexuelles ou polygames. — *Tiges herbacées, rarem. frutescentes ; feuilles simples, sans gaînes ni stipules ; fleurs petites, verdâtres.*

Les plantes de cette famille sont en général émollientes et alimentaires.

I. **BETA** *L.* (*Bette.*) Fl. hermaphr. Pér. à 5 divis. écartées dans le haut, adhérant à la base de l'ov. Etam. 5. Styles 2. Graine réniforme entourée par le pér., qui simule une caps. à 5 côtes.

1. B. VULGARIS *L.* (*B. commune.*) Tige anguleuse, droite, rameuse; glabre. Feu. ovales-cordiformes, ondulées, plissées, glabre s Fl. verdâtres, réunies 3-5, ensemble, en panicules terminales.

Var. *a. hortensis*, (B. *cycla* L.)

Vulg. *poirée*; bien connue à cause de ses feuilles employées pour panser les vésicatoires et de ses pétioles qu'on mange sous le nom de *cardes*.

Var. *b rapacea*. Vulg. *betterave*. Racine charnue, blanche, rouge ou jaune.

Alimentaire et fournissant beaucoup de sucre.

♂. E. Généralement cultivée.

2. B. MARITIMA *L.* (*B. maritime.*)Tiges anguleuses, étalées-couchées à la base, glabres, hautes de 1-2 pieds. Feu. alternes, ovales, épaisses, succulentes, entières, un peu décurrentes sur le pétiole. Fl. verdâtres, solitaires ou géminées, en épis longs, grêles et interrompus.

♂. E-A. C. Sables maritimes.

II. SPINACIA *L.* (*Epinard.*) Fl. dioïques. Mâles : Pér. à 5 divisions. Etam. 5. Fem. Pér. à 2-4 divis. dont 2 plus grandes. Styles 4. Graine solitaire, recouverte par le pér. persistant, qui grandit après la floraison.

1. S. SPINOSA *Mœnch.* (*E. épineux.*) Tiges droites, rameuses, glabres, cannelées, fistuleuses, hautes de 3-4 pieds. Feu. pétiolées, sagittées, un peu incisées à la base, glabres. Fl. verdâtres en paquets axillaires. Pér. persistant, à lobes prolongés en 2-4 pointes ou cornes aiguës. ♂. E. Plante alimentaire généralement cultivée.

2. S. INERMIS *Mœnch.* (*E. sans épines.*) Cette plante, fréquemment cultivée avec la précédente, n'en diffère que par ses feuilles un peu plus ovales et ses fruits ovoïdes, dépourvus d'épines. Linné les avait réunies comme deux variétés d'une seule espèce, à laquelle il avait donné le nom de *S. oleracea.* ♂. E. Cultivée sous le nom d'*Epinard de Hollande*.

III. ATRIPLEX *L.* (*Arroche.*) Polygame, ou le plus souv. monoïque. Fl. hermaphr. Pér. 5-partite. Etam. 5. Style 1, avorté. Fl. fem. Pér. à 2 divisions appliquées

22

l'une contre l'autre, grandissant après la fleuraison et enveloppant la graine, qui est comprimée. Style à 2 stigm.

1. A. PORTULACOÏDES *L.* (*A. pourpier.*) Tiges dures, frutescentes, rameuses, étalées, blanchâtres. Feu. opposées, lancéolées-oblongues, obtuses, rétrécies en pétioles, charnues, d'une couleur blanchâtre-argentée. Fl. terminales disposées en épis rameux. ♄. E. C. Marais maritimes, Lieux vaseux à l'embouchure des rivières. Le Havre, Dives, Oystreham, Isigny, Avranches, etc.

*2. A. PEDUNCULATA *L.* (*A. pédonculée.*) Tige droite, simple ou garnie de quelques rameaux écartés, ouverts, haute de 8-10 pouces. Feu. lancéolées-ovales, obtuses, rétrécies en pétiole, argentées sur les 2 faces. Fl. en petites grappes axillaires ou terminales ; les femelles pédicellées à 3 lobes dont 2 latéraux en coin, élargis, pointus et divergens. ⊕. E. R. Bords de la mer. Environs de la ville d'En.

3. A. ALBA *Scop.* (*A. blanche.*) Tiges anguleuses, très-rameuses, étalées, hautes de 6-10 pouces. Feu. d'un vert glauque, blanchâtres, comme farineuses, ovales-

rhomboïdales, inégalement dentées ou incisées dans leur partie supér. principalem. Fl. en petits paquets axillaires et terminaux. Valves séminales, tuberculeuses sur les deux faces, munies de dents aiguës sur les bords, renfermant une graine comprimée. ⊕. E2-A1. C. Sables maritimes.

Cette espèce est l'*A. rosea L.* Ce nom, très-improprement destiné à exprimer une disposition, *en rosette* des graines, doit être changé.

4. A. LACINIATA *L.* (*A. laciniée.*) Tiges droites, quelquefois un peu couchées, rameuses, rougeâtres dans le bas, blanchâtres, presque cotonneuses aux extrémités supér., hautes de 8-15 pouces. Feu. opposées dans le bas, deltoïdes, pétiolées, sinuées-dentées, blanchâtres-farineuses, surtout en-dessous. Fl. agglomérées, axillaires et en épis terminaux. Valves séminales un peu tétragones, à angles latéraux tronqués, obtus. ⊕. E2-A1. R. Bords de la mer. Dieppe, Le Havre, Cherbourg, etc.

5. A. HASTATA L. (*A. hastée.*) Tige droite, anguleuse, herbacée. Feu. vertes, hastées-triangulaires, dentées profondément. Valves calycinales-fructifères, grandes, lisses, bordées de fortes dents, la terminale allongée. ⊛. E3-A1. Lieux incultes et bords de la mer.

Je n'ai pas la certitude que le véritable *A. hastata* de Linné ait été trouvé dans notre province. La plupart des auteurs ont décrit sous ce nom des plantes appartenant à quelqu'une des trois espèces suivantes.

6. A. PATULA L. *A. hastata.* Curt. et al. (*A. étalés*). Tiges anguleuses, rameuses, étalées, longues de 1-2 pieds. Feu. vertes ou légèrement chargées d'écailles blanchâtres-argentées, deltoïdes-hastées; les infér. opposées, inégalement dentées, les supér. lancéolées, presque entières. Fl. verdâtres en grappes axillaires et terminales. Valves calycinales-fructifères, larges, rhomboïdo-triangulaires, dentelées sur les bords et muriquées sur le disque. ⊛. E3-A1. C. Terrains incultes et sablonneux, principalem. au bord de la mer. Rouen, Le Hâvre, Courseulles, Lisieux, etc.

7. A. PROSTRATA *Bouch.* (*A. couchée.*) Diffère de la précédente, dont elle n'est peut-être qu'une var. due à un terrain stérile, par ses tiges couchées, plus grêles, ses feuilles plus petites et cependant fortem. auriculées-hastées et surtout par ses valves calycinales lisses, non garnies de dents épineuses sur leurs bords. ⊛. E3-A1. PC. Bords de la mer. Dieppe, Le Hâvre, Dives, Arromanches, Cherbourg, etc.

8. A. MICROSPERMA *Waldst.* et *Kit.* (*A. à petites graines.*) Tige droite, lisse, striée, munie de rameaux effilés, ouverts, haute de 2-3 pieds. Feu. vertes, larges, hastées-triangulaires, pétiolées, opposées, et à dents profondes, inégales dans le bas, alternes y lancéolées et presque entières dans le haut. Fl. verdâtres, en petits paquets axillaires écartés, formant de longs épis grêles, interrompus. Valves calycinales fructifères, triangulaires, entières sur les bords, ou seulement munies d'une petite dent à l'angle infér., non muriquées sur le disque, quelquefois un peu écailleuses. Graines lisses, petites. ⊛. E3-A1. C. Lieux incultes,

pied des murs, décombres. Falaise, Argentan, Evreux, etc.

9. A. HORTENSIS *L.* (*A. des jardins.*) Vulg. *arousse.* Cette plante, originaire de l'Asie et généralement cultivée comme alimentaire dans les jardins, où elle s'est naturalisée, se distingue par sa tige élevée, ses feuilles hastées-triangulaires, lisses, charnues, et ses valves séminales, larges ovales-arrondies, entières. ⊙. E3-A1. Il y en a une variété rouge dans toutes ses parties.

10. A. ANGUSTIFOLIA *Sm.* (*A. à feu. étroites.*) Tige herbacée, à rameaux nombreux, étalés, haute de 1-2 pieds. Feu. lancéolées-linéaires, les infér. quelquefois un peu hastées et dentées. Fl. verdâtres, petites, en grappes axillaires et ter-

minales. Valves calycinales-fructifères, hastées-rhomboïdales, entières, pointues, lisses, plus grande que la graine. ⊙. E3-A1. C. Bords des chemins et des champs, décombres.

11. A. LITTORALIS *L.* (*A. littorale.*) Tige droite, striée, très-rameuse, haute de 1-3 pieds. Feu. longues, linéaires, rétrécies en pétiole, entières, les infér. munies de dentelures profondes et écartées. Fl. d'un vert jaunâtre, en petits paquets axillaires et terminaux, formant de longs épis grêles au sommet des rameaux. Valves séminales ovales, sinuées, muriquées sur le disque. ⊙. E3-A1. PC. Bords de la mer et des grandes rivières, surtout à leurs embouchures. Rouen, Le Hâvre, Dives, Courseulles, etc.

IV. BLITUM *L.* (*Blite.*) Fl. hermaphr. Pér. 3-partite. Etam. 1. Styles 2. Fruit composé d'une seule graine recouverte par le cal. qui devient succulent et semblable à une baie.

1. B. VIRGATUM *L.* (*B. effilée.*) Tige faible, anguleuse, glabre, rameuse, haute de 10-15 pouces. Feu. alternes, lancéolées-triangulaires, pointues, dentées surtout à la base. Fl. verdâtres en paquets axillaires, sessiles, devenant rouges et succulens à la maturité, de manière à simuler une mûre ou une fraise. ⊙. E3. R. Lieux cultivés. Evreux.

V. CHENOPODIUM *L.* (*Ansérine.*) Fl. herm. Pér.
1 phylle, 5-lobé, persistant, mais ne s'accroissant point
après la fleuraison. Etam. 5. Style 2-fide. Stigm. 2-4.
Graine orbiculaire.

† *Feu. ovales ou rhomboïdales.*
* *Feu. anguleuses ou dentées.*

1. c. BONUS-HENRICUS *L.* (*A.
Bon-Henri.*) Tige épaisse,
rameuse, feuillée, glabre,
pulvérulente, haute de 1-2
pieds. Feu. triangulaires,
sagittées à la base, pétiolées,
quelquefois un peu velues.
Fl. verdâtres, nombreuses,
en grappes, formant par
leur réunion une panicule
ou épi épais, terminal, non
feuillé. ⊕. E.C. Bords des
chemins.

2. c. HYBRIDUM *L.* (*A. hy-
bride.*) Plante à odeur forte.
Tige droite, ferme, angu-
leuse, haute de 1-2 pieds.
Feu. cordiformes-triangu-
laires, munies de 3-4 grandes dents sur les côtés, longuem. pointues, glabres,
vertes des deux côtés. Fl.
verdâtres, en grappes ra-
meuses, axillaires et terminales. ⊕. E5-A1. R. Lieux
cultivés et sablonn. Rouen,
Lisieux, Falaise, etc.

3. c. INTERMEDIUM *Mert.* et
*Koch. Ch. urbicum Engl.
bot.* (*A. intermédiaire.*) Tiges anguleuses, striées de
vert et de blanc, fermes,

droites, hautes de 10-18
pouces. Feu. triangulaires-
hastées, un peu cunéifor-
mes à la base, bords profondément dentés. Fl. verdâ-
tres, en grappes rameuses,
non foliacées, redressées
contre la tige. Graines luisantes, un peu ponctuées.
⊕. E3-A1. R. Lieux incultes,
bords des chemins. Rouen,
Isigny, etc.

Le *Ch. urbicum L.* en
diffère par ses grappes plus
lâches et ses feuilles à dents
courtes; peut-être devra-t-
on les réunir.

4. c. MURALE *L.* (*A. des murailles.*) Tiges vertes, très-
rameuses, étalées, glabres,
hautes d'un pied environ.
Feu. ovales-rhomboïdales,
pétiolées, à dents inégales,
aiguës, minces, luisantes
en-dessus, un peu pulvé-
rulentes en-dessous. Fl. verdâtres, en grappes rameuses,
non foliacées, formant un
corymbe terminal. Graines
ponctuées, munies d'un rebord, non luisantes. ⊕. E3-
A1. C. Pied des murs, dé-
combres, bords des chemins.

5. c. RUBRUM *L.* (*A. rou-geâtre.*) Tiges droites, gla-bres, striées de vert et de rougeâtre. Feu. glabres, rhomboïdales-triangulaires, en coin à la base, à dents profondes, longuem. pétio-lées, un peu épaisses, char-nues. Fl. verdâtres, rou-geâtres à la maturité, en grappes feuillées, formées de glomérules gros et ar-rondis, serrés.◉.E3-A.P.C. Lieux humides et sablon-neux, bords des rivières. Rouen, Harfleur, Cour-seulles, Cherbourg, etc.

6. c. GLAUCUM *L.* (*A. glau-que.*) Tiges anguleuses, ra-meuses, étalées, rougeâtres, striées de vert et de blanc, longues de 10-15 pouces. Feu. ovales oblongues, si-nuées, ou munies de quel-ques angles obtus, vertes en-dessus, glauques-blan-châtres en-dessous. Fl. ver-dâtres, en grappes courtes, axillaires, moins longues que les feu. Graines lisses.◉.E.-A.C. Lieux incultes, dé-combres, sables maritimes. Pont-de-l'Arche, Caen, Avranches, etc.

*7. c. OPULIFOLIUM *Sehrad.* (*A. à feu. d'obier.*) Tige

** *Feu. ovales, entières.*

9. c. POLYSPERMUM *L.* (*A. olysperme.*) Tige striée,

droite, rameuse, striée de vert et de blanchâtre, pul-vérulente, haute de 2-3 pieds. Feu. rhomboïdales -deltoïdes, courtes, dentées inégalem., blanchâtres en -dessous; les supér. plus petites, mais semblables aux infér. Fl. d'un blanc verdâtre, en grappes foliacées, formant une panicule terminale. ◉. E3-A1. R. Lieux incultes et bords des champs. Alençon.

8. c. ALBUM *L. C. leucosper-permum* DC.(*A. blanchâtre*). Tige droite, simple ou peu rameuse, striée, haute de 2-3 pieds. Feu. rhomboï-dales-ovales, presque lan-céolées, munies de dents inégales, blanchâtres-pul-vérulentes surtout en-des-sous; les supér. presque en-tières. Fl. d'un vert blan-châtre, en grappes axil-laires, feuillées. Graines noires, luisantes.

Var. *b. C. concatenatum* Thuill. Rameuse, presque toutes les feu. entières, lan-céolées, grappes rameuses, allongées, chargées de petits paquets de fleurs écartées. ◉. E3-A1. TC. Lieux cul-tivés.

rameuse, étalée, couchée, glabre, striée; haute de 10-18

pouces. Feuilles pétiolées, ovales, entières, vertes, rougeâtres sur les bords. Fl. verdâtres, en grappes feuillées, grêles, axillaires et terminales. Graines noires, ponctuées, horizontales. ⊙. E. C. Lieux cultivés.

10. C. VULVARIA L. (*A. fétide.*) Plante exhalant une odeur de poisson gâté et couverte d'une poussière écailleuse, blanchâtre. Tiges rameuses, étalées, longues de 6-10 pouces. Feu. ovales-rhomboïdales, entières, pétiolées. Fl. d'un vert blanchâtre, en grappes terminales, ou placées aux aisselles des feu. supér. Graines noires, luisantes. ⊙. F3-A1. C. Lieux incultes, bords des chemins, pied des murs.

†† *Feu. linéaires ou presque cylindriques.*

11. C. FRUTICOSUM L. (*A. frutescente.*) Tige ligneuse, rameuse, haute de 2-3 pieds. Rameaux grêles, très-feuillés. Feuilles petites, nombreuses, linéaires-demi-cylindriques, charnues, glabres, obtuses. Fl. jaunâtres, axillaires, presque solitaires. ♄. E. TR. Lieux pierreux des bords de la mer ; embouchure de l'Orne près Oystreham.

12. C. MARITIMUM L. (*A. maritime.*) Tiges rameuses, herbacées, dures, étalées, longues de 10-15 pouces. Feu. linéaires, demi-cylindriques, charnues, pointues, glabres, d'un vert pâle. Fl. axillaires, 2-3 ensemble. Graines ponctuées. ⊙. E. A1. C. Lieux marécageux au bord de la mer.

VI. SALSOLA L. (*Soude.*) Pér. persistant, à 5 divis. chargées sur le dos, après la fleuraison, d'un appendice (*péraphylle*) scarieux. Etam. 5. Stigm. 2-3. Graine solitaire. Embryon entourant le périsperme.

Les espèces de ce genre fournissent par l'incinération la *soude* qui entre dans la composition de quelques savons.

1. S. KALI L. (*S Kali.*) Tige rameuse, ferme, étalée, couchée, velue, longue de 8-10 pouces. Feu. éparses, triquètres, subulées, épineuses. Fl. verdâtres, axillaires, solitaires, accompagnées de bractées courtes, divariquées, épineuses. ⊙. E. C. Sables maritimes.

2. s. TRAGUS *L.* (*S. épineuse.*) Ressemble à la précédente, dont elle diffère par ses tiges plus droites, moins diffuses, et par ses feuilles plus longues, filiformes, pointues. Fl. verdâtres, axillaires, solitaires, accompagnées de bractées droites, épineuses. ☉. R. R. Sables maritimes du Calvados.

VII. SALICORNIA *L.* (*Salicorne.*) Pér. entier, tubuleux-ovoïde, ventru, comprimé, à peine 5-denté. Etam. 1-2 saillantes. Style 1, court. Stigm. 2. Graine unique, recouverte par le périanthe.

1. s. HERBACEA *L.* (*S. herbacée.*) Tige herbacée, charnue, articulée, rameuse, haute de 6-10 pouces; articulations un peu comprimées, élargies et échancrées au sommet. Point de feuilles. Fl. verdâtres, en petits épis, naissant à l'aisselle des articulations supér. ☉. L.3-A.2. C. Lieux marécageux des bords de la mer.

Cette plante, connue sous le nom de *criste marine*, se mange confite dans le vinaigre.

VIII. POLYCNEMUM *L.* (*Polycnème.*) Pér. persistant, à 3 lobes. Etam. 3. Style 1, à 2 stigm. Caps. membraneuse, indéhiscente.

1. P. ARVENSE *L.* (*P. des champs.*) Tiges couchées, rameuses, pubescentes, longues de 6-8 pouces. Feu. linéaires, étroites, pointues, nombreuses, comme fasciculées. Fl. petites, axillaires, solitaires, sessiles, accompagnées de 2-3 bractées sétacées, scarieuses, blanchâtres. ☉. E. R. Terrains secs et sablonneux. Les Andelys.

LXVIIᵉ. Fam. POLYGONÉES. *Juss.*

Pér. libre, persistant, 1-phylle, à 5-6 divis. Etam. 6-9, insérées à la base du pér. Anthères 2-loculaires, à 4 sillons longitudinaux et s'ouvrant par une double fissure latérale. Ovaire supère. Styles et stigm. 2-3. Fruit (*cariopse*) comprimé ou 3-gone, nu ou recouvert par le pér., 1-sperme. Embryon latéral ou central. Périsperme farineux. — *Plantes herbacées; feu. alternes, embrassantes,* ou munies d'une gaîne scarieuse qui se prolonge entre la tige et le pétiole.

I. **POLYGONUM** *L.* (*Renouée.*) Pér. persistant, 1-phylle, à 4-5 lobes souv. colorés. Etam. 5-8. Style divisé en 2-3 stigm. Caps. (*cariopse*) ovoïde ou triangulaire.

* *Feuilles ovales-lancéolées ou linéaires.*

1. P. **BISTORTA** *L.* (*R. Bistorte*). Racine épaisse, noire, très-contournée. Tige simple, haute de 1-2 pieds. Feu. radicales, ovales-lancéolées, obtuses, en cœur à la base et décurrentes sur un long pétiole, glauques en-dessous ; les caulinaires cordiformes sessiles au sommet d'une longue gaîne. Fleurs roses en épi serré, cylindrique et terminal. ♃. P. PC. Prés humides. Falaise, pays de Bray, etc.

2. P. **AMPHIBIUM** *L.* (*R. amphibie.*) Plante offrant de grandes différences dans son port selon sa station. Dans les eaux profondes où elle croît le plus ordinairement, ses tiges sont flottantes, longues, lisses, munies de feuilles ovales-lancéolées, pétiolées, ciliées ; sur la terre, dans les lieux humides, la tige est droite, haute d'un pied environ, pourvue de feuilles lancéolées, étroites, pointues, hérissées, Stipules courtes, entières. Fl. roses en épis terminaux, serrés, ovoïdes, cylindriques. Etam. 5. Graines ovoïdes. ♃. E. C.

3. P. **LAPATHIFOLIUM** *Ait.* (*R. à feu. de patience.*) Tige droite, grosse, rameuse, renflée aux articulations, haute de 2-3 pieds. Feu. lancéolées-ondulées, larges, glabres, non tachées en-dessus, marquées en-dessous de petits points glanduleux, un peu roux. Gaînes (stipules) brunâtres, entières. Fl. verdâtres ou un peu rosées, en épis terminaux assez épais, courts, obtus. Pédoncules rudes. Etamines 6, non exsertes. Graines lenticulaires, applaties.

Var. *b. P. incanum Wild.* Feuilles blanchâtres-tomenteuses en-dessous.

⊙. E. C. Lieux humides, bords des champs, moissons.

4. P. **PERSICARIA** *L.* (*R. persicaire.*) Vulg. *curage.* Tige glabre, rameuse, haute de 1-3 pieds. Feu. lancéo-

lées, pointues, entières, rétrécies en un court pétiole,
glabres ou un peu pubes-
centes en-dessous, souv.
tachées de brun en-dessus.
Stipules munies de longs
cils. Fl. roses, rarement
blanches, en épis allongés,
assez serrés, terminaux. Pédonc. lisses. Etam. 6. Graines ovoïdes, applaties,
souv. un peu triangulaires.
●. E. TC. Lieux humides,
fossés, bords des rivières.

5. P. LAXIFLORUM *Weihe*.
(*R. à fl. lâches.*) Cette espèce est intermédiaire entre la précédente et les deux
suivantes. Tige grêle, rampante à la base, redressée,
haute de 8-12 pouces. Feu.
lancéolées. Stipules hérissées, longuement ciliées.
Fl. roses ou blanches en épis
grêles, allongés interrompus,
dressés, terminaux. Etam.
6. Graines 3-angulaires, un
peu applaties. ●. E2-A1. R.
Lieux humides, fossés et
marais. Lessay, Falaise,
Alençon, etc. Ses feuilles
sont insipides et non âcres
et brûlantes au goût.

6. P. HYDROPIPER *L.* (*R.
poivre d'eau.*) Tige conrbée
à la base, redressée, haute
de 1-à pieds. Feu. lancéolées, glabres, ondulées, non
maculées. Stipules lâches,
longuement ciliées. Fl. d'un

blanc-verdâtre, quelquefois
roses, en longs épis grêles,
interrompus, penchés.
Etam. 6. Graines applaties,
les terminales triangulaires.
●. E2-A1. TC. Bords des
rivières et des fossés.

Cette plante est remar-
quable par sa saveur âcre
et brûlante.

7. P. MINUS *Ait.* P. *pusillum. Lam. (R. fluette.*) Tige
couchée, rampante, ra-
meuse, relevée, haute de
6-10 pouces. Feu. étroites,
lancéolées-linéaires. Stipules longuement ciliées. Fl.
roses, petites, en épis grêles,
interrompus, droits. Etam.
5. Périanthe 4-fide. Graines
triangulaires. ●. E2-A1.
PC. Bords des rivières et
des étangs. Vire, Domfront,
Vassy, Bagnoles, etc.

8. P. AVICULARE *L.* (*R.
des oiseaux.* Vulg. *trai-
nasse.* Tige le plus souvent
couchée, rameuse, filiforme.
Feu. lancéolées-oblongues,
petites, à bords rudes et un
peu ondulés. Stipules blanchâtres, ciliées, comme déchirées. Fl. petites, verdâtres, purpurines au sommet, axillaires, réunies 2 ou
3 ensemble. Etam. 8. Pé-
rianthe 5-lobé. Graines triangulaires, ponctuées.

Var. *b erectum.* Tiges

droites , feuilles ovales-oblongues.

Var. c. *polygonemum*, Reich. Tiges grêles, dures, striées, couchées , longues de 2-3 pieds ; feu. souv. avortées.

☉. ♂. E. TC. Champs et bords des chemins ; la var. b, dans les moissons. J'ai trouvé la var. c dans des terrains humides et sablonneux, à Falaise.

9. P. MARITIMUM *L.* (*R. marit me.*) Tiges, dures, presque ligneuses, striées, cou-

chées, longues de 8-15 pouces. Feu. ovales-lancéolées, veinées , épaisses , roulées sur les bords , de couleur glauque. Stipules larges , veinées , rougeâtres à la base , blanches au sommet qui finit par se déchirer. Fl. verdâtres , bordées de blanc , axillaires. Graines triangulaires , lisses , non ponctuées. ♈. E. At. PC. Sables maritimes. Cherbourg, îles Chausey , Aromanches, etc.

** *Feuilles cordiformes ou sagittées-triangulaires.*

10. P. DUMETORUM *L.* (*R. des buissons.*) Tige arrondie , légèrement striée, grimpante. Feu. cordiformes-sagittées , pétiolées, glabres. Stipules presque nulles. Fl. verdâtres , axillaires, ou en grappes lâches, paniculées, latérales. Périanthe à 5 divis. dont 3 persistantes ont ont une carène ailée-membraneuse. Graines triangulaires. Etam. 8. Anthères blanches. ☉. E. PC. Haies et buissons.

11. P. CONVOLVULUS *L.* (*R. Liseron.*) Ressemble beaucoup à la précédente, dont elle diffère par ses tiges anguleuses, moins élevées, et les divisions du périanthe en carène, non prolongées

en aile membraneuse. Feu. sagittées, pétiolées. Graines triangulaires. Anthères violettes. ☉. E. TC. Moissons et jardins.

12. P. FAGOPYRUM *L.* (*R. sarrazin.*) Vulg. *blé-noir , carabin.* Tige droite , rougeâtre, lisse, fistuleuse, non grimpante. Feu. cordiformes, sagittées, molles, glabres, pétiolées ; les supér. sessiles. Fl. blanches , mêlées de rose, en grappes terminales. Pér. à 5 divisions. Graines 3-angulaires, lisses. ☉. E. Cultivé, surtout dans la Basse-Normandie.

Cette plante , originaire d'Asie, fournit une farine dont on fait du pain , de la bouillie et des *galettes.* C'est la principale nourriture des habitans d'une partie du Bocage. On cultive aussi dans la Manche le sarrazin de Tartarie , *P. tataricum*

L. , qui diffère de celui-ci par ses fleurs verdâtres et ses graines tuberculeuses-scabres , bilobées sur les angles.

II. RUMEX *L.* Pér. à 6 div. inégales, herbacées ; 3 extér. courtes, étroites, ouvertes , et 3 intér. larges, persistantes, appliquées sur le fruit, souv. chargées sur le dos de tubercules quelquefois colorés. Etam. 6. Styles 3. à stigm. déchiquetés. Capsule (*cariopse*) triangulaire , 1-sperme.

Quelques espèces sont dioïques.

* *Fleurs hermaphrodites.*

† *Divis. internes du pér. dentées.*

1. R. MARITIMUS *L.* (*R. maritime.*) Tige droite , lisse , anguleuse , rameuse , haute de 1-2 pieds. Feu. allongées, étroites , linéaires , pétiolées. Fl. nombreuses , verdâtres , en verticilles formant de longs épis terminaux. Divis. intér. du périanthe , bordées de dents sétacées , plus longues qu'elles, et chargées sur le dos d'un tubercule allongé. ⊛. E. PC. Lieux marécageux, principalement des bords de la mer. Rouen , Le Hâvre, Courseulles.

*2 R. PALUSTRIS *L.* (*R. des marais.*) Tige rameuse, anguleuse, lisse. Feu. lancéolées-linéaires, ondulées , allongées. Fl. verdâtres, nombreuses. en verticilles formant de gros épis termi-

naux. Divis. intér. du périanthe , tuberculeuses et munies sur les bords de dents sétacées plus courtes qu'elles. ♃. E. R. Bords des étangs et des rivières , environs de Caen ?

3. R. PULCHER *L.* (*R. violon.*) Tige ferme, anguleuse, à rameaux divariqués. Feu. infér. en forme de violon , pétiolées , obtuses ; les supér. étroites , presque sessiles. Fl. verdâtres, en verticilles un peu écartés , divis. intér. du pér. bordées de dents , une seule tuberculeuse. ♃. E. C. Bords des chemins, pied des murs.

4. R. ACUTUS *L.* (*R. à feu. aiguës.*) Vulg. *patience, doche.* Tige droite, rameuse, anguleuse , haute de 2-3

pieds. Feu. cordiformes, allongées, acuminées, les supér. lancéolées. Fl. verdâtres, en demi-verticilles, formant des épis paniculés. Pér. à divis. intér. lancéolées, tuberculeuses sur le dos, bordées de dents en cils. ℔. E. C. Lieux frais; prés couverts.

Sa racine est employée comme amère et astringente. Elle remplace celles de la vraie Patience, *R. patientia* L., qui ne croît pas dans notre province, mais que l'on cultive dans quelques localités sous le nom d'*épinards éternels*.

5. R. OBTUSIFOLIUS L. (*R. à feu. obtuses.*) Tige assez grosse, droite; anguleuse, rameuse, haute de 1-2 pieds. Feu. cordiformes, crénelées, les infér. obtuses, les supér. allongées et souvent assez pointues. Fleurs verdâtres, nombreuses, en verticilles formant des épis fournis, terminaux. Divis. intér. du pér. cordiformes, allongées, réticulées, munies de quelques dents ouvertes sur les bords vers la base. une d'entr'elles plus tuberculeuse que les autres. ℔. E. C. Lieux incultes, bords des chemins.

Cette espèce porte aussi les noms de *patience* et de *docho*, comme la précédente, avec laquelle on la confond souvent.

†† *Divis. internes du pér. entières.*

6. R. HYDROLAPATHUM *Huds. R. aquaticus* Fl. fr. (*R. aquatique.*) Tige très-forte, anguleuse, haute de 3-5 pieds. Feu. lancéolées, grandes (les radicales quelquef. longues de 2-3 pieds), atténuées en pétiole, ondulées et crénelées sur les bords. Fl. verdâtres, verticillées, en panicule terminale. Divis. intér. du pér. triangulaires, allongées, non ciliées, réticulées, chargées sur le dos d'un tubercule long et coloré. ℔. E. C. Bords des rivières et des étangs.

- Le *R. aquaticus* L. à les feu. radicales cordiformes et les valves du pér. non tuberculeuses.

7. R. CRISPUS L. (*R. crépu.*) Tige droite, arrondie, cannelée, seulem. rameuse au sommet, haute de 2-4 pieds. Feu. pétiolées, lancéolées, très-allongées, ondulées-crépues sur les bords. Fl. verdâtres, longuem. pédonculées, verticillées, en pani-

cule terminale. Divis. intér. du pér. ovales-arrondies, entières, non tuberculeuses. ♃. E. TC. Prés humides, fossés.

8. R. NEMOLAPATHUM *Ehrh.* L† (*R. des forêts.*) Tige souvent rameuse dès le bas, à rameaux divariqués, anguleuse, sillonnée. Feu. pétiolées, cordiformes-allongées, un peu ondulées sur les bords. Fl. verdâtres, petites, en verticilles, accompagnées de feuilles et formant de longs épis grêles, ouverts. Divis. intér. du pér. entières, linéaires-lancéolées, obtuses, chargées d'un tubercule coloré. ♃. E. C. Bois et chemins.

9. R. NEMOROSUS *Schrad.* (*R. des bois.*) Tige droite,

rameuse dans le haut, anguleuse, souv. rougeâtre, haute de 2-3 pieds. Feu. lancéolées, les infér. pétiolées. Fl. verdâtres, petites, verticillées, en longs épis grêles, non foliacés. Divis. du pér. oblongues, obtuses, entières, une seule principalem. chargée d'un tubercule saillant coloré.

Var. *b. R. sanguineus L.* Vulg. *sang-dragon.* Feu. un peu cordiformes à la base, à pétioles noirâtres et marquées de veines rouges rameuses.

♃. E. PC. Bois, prés et bords des chemins. La var. *b.* est souv. cultivée comme laxative. On la trouve le long des chemins, dans les décombres, les lieux incultes. Rouen, Lisieux, Falaise, etc.

** *Fleurs dioïques.* — *Saveur acide.*

10. R. ACETOSA *L.* (*R. oseille.*) Vulg. *surelle.* Tige striée, sillonnée, droite, haute de 2 pieds. Feu. infér. pétiolées, ovales-oblongues, obtuses, sagittées à la base, à oreillettes dirigées parallèlement vers le bas. Fl. verdâtres, verticillées en panicule terminale. Divis. intér. du pér. ovales, chargées d'un petit tubercule à la base. ♃. E. TC. Prés.

Cette plante, cultivée

comme potagère, est aussi très-employée en médecine; elle est rafraîchissante, dépurative, antiscorbutique,

11. R. ACETOSELLA *L.* (*R. petite-oseille.*) Vulgairement *petite surelle.* Tige droite, grêle, rameuse, rougeâtre, haute de 8-12 pouces. Feu. ovales-lancéolées, munies à la base de deux oreillettes étroites, divergentes. Fl. d'un vert-rougeâtre, en panicule rameuse. Divis.

intér. du pér. ovales, entières, non tuberculeuses. Stipules scarieuses, blanchâtres, laciniées. ♃. P. C. Champs sablonneux, côteaux pierreux.

12. R. scutatus *L.* (*R. à écussons.*) Tiges dures, couchées à la base, rameuses, hautes d'un pied environ. Feu. cordiformes ou lancéolées, sagittées à la base, à oreillettes divergentes, glauques, glabres. Fl. verdâtres, en longs épis grêles, formant une panicule lâche, rameuse. Divis. intér. du pér. arrondies, membraneuses, réticulées, non tuberculeuses. ♃. P. E. TR. Sur les vieux murs; Valognes, Domfront.

LXVIIIe. Fam. THYMÉLÉES. *Juss.*

Pér. 1-phylle, coloré, tubuleux, divisé au sommet en 4.5-lobes. Etam. insérées au sommet du pér. sur deux rangs et en nombre double des lobes. Ovaire sup. à un seul ovule. Style-1. Stigm. 1. Fruit 1-sperme, bacciforme ou capsulaire. Embryon renversé, entouré d'un périsperme mince et charnu. — *Feuilles alternes, dépourvues de stipules.*

I. DAPHNE *L.* Pér. tubuleux, coloré, à limbe 4-fide. Etam. 8. Style filiforme, court, terminé par un stigm. ombiliqué. Baie 1-loculaire, 1-sperme.

1. D. laureola *L.* (*D. lauréole.*) Vulg. *Laurette.* Arbuste à écorce grisâtre, haut de 2-3 pieds. Feu. lancéolées, glabres, persistantes, disposées au sommet des rameaux. Fl. d'un vert-jaunâtre, en petits bouquets axillaires. ♄. H 2. 3. C. Bois.

2. D. mezereum *L.* (*D. bois-gentil.*) Arbuste rameux, grisâtre, haut de 2-3 pieds. Feu. lancéolées, d'un vert pâle, un peu glauques en-dessous, non persistantes et paraissant après les fleurs; celles-ci sont roses, sessiles, disposées par paquets le long des branches. Baies rouges. ♄. H-3. R. Bois humides. Falaise, Lisieux.

L'écorce des Daphnés est caustique et rubéfiante; on en fait des sétons.

II. STELLERA *L.* (*Stellère.*) Pér. en entonnoir, 4-

fide au sommet. Etam. 8 , courtes. Style court. Fruit en
coque dure, luisante , terminée par une pointe courbée.

1. 8. PASSERINA *L*. (*L. passerina.*) Tige herbacée ,
grêle, droite, simple ou munie de quelques rameaux
très-dressés. Feu. linéaires,
éparses, sessiles, pointues ,
glabres. Fl. d'un blanc-jaunâtre , axillaires, sessiles ,
pubescentes en-dehors. ⊙.
E. PC. Moissons des terr.
calc. Rouen , Evreux , Falaise , etc.

LXIX. Fam. SANTALACÉES. *Juss.*

Pér. adhérant à l'ovaire , coloré intér. à 4-5 divis.
Etam. 4-5 insérées à la base du pér. et opposées à ses
lobes. Ov. infér. 1-loculaire , à 1-3 ovules attachés à un
placenta central. Style 1 , stigm. 1. Noix 1-sperme (par
avortement de 1-2 ovules), indéhiscente.

I. THESIUM *L.* (*Thésion.*) Caractères de la famille.

1. T. LINOPHYLLUM *L.* (*T.
à feu. de lin.*) Tiges nombreuses, couchées, redressées, longues de 6-10 pouces.
Feuilles alternes , linéaires,
épaisses , un peu canaliculées , 3-nervées. Fl. jaunâtres , petites , en panicule
ouverte, terminale, accompagnées de 2-3 bractées
placées sous le pér. Noix
pédicellée.

Var. *b. T. humifusum.* Fl.
fr. Tiges très - rameuses ;
couchées ; feuilles très-
étroites , pédicelles courts.
♃. E. TC. Pelouses et
côteaux secs des terr. calc.
La var. *b.* dans les sables
maritimes.

LXX. Fam. ÉLÉAGNÉES. *Rob. Br.*

Fl. dioïques ou hermaphrod. Les M. en forme de chaton à 3, 4 ou 5 étam. courtes. Fem. : Per. tubuleux , 1-
sépale , persistant à bord entier ou 2-4-fide. Ov. libre ,
1-loculaire , à un seul ovule. Style très-court, avec un
stigm. simple , linguiforme. Fruit en baie globuleuse ,
formée par le périanthe charnu ; 1-loculaire , 1-sperme.
Embryon droit. Périsperme, charnu et mince.

I. HIPPOPHAE *L.* (*Argoussier.*) Fl. dioïques. Fl.
m. en chaton , à 4 étam. Fl. fem.: pér. tubuleux , bi-

fide et fermé au sommet. Baie globuleuse, à 1 loge, 1-sperme.

1. **H. RHAMNOÏDES** *L.* (*A. faux nerprun.*) Arbrisseau très-rameux, à écorce grisâtre, épineux à l'extrémité des branches. Feu. linéaires-lancéolées, étroites, d'un vert-grisâtre en-dessus, argentées et chargées d'écailles rousses et rayonnantes en-dessous. Fleurs verdâtres, en petits groupes axillaires. Baies jaunâtres. ♄. E. PC. Lieux sablonneux maritimes. Honfleur, Dives, Merville, Oystreham, etc.

LXXI. Fam. ARISTOLOCHIÉES *Juss.*

Fl. hermaphr. Pér. tubuleux, 1-phylle, à limbe tantôt 3-lobé, tantôt terminé en languette. Étam. 6-12, épigines, libres et distinctes, ou soudées avec le style. Ov. 3-6-loculaire. Style court. Stigm. à 6 divis. rayonnantes. Caps. ou baie coriace, 6-loculaire, polysperme. Placentas latéraux. Embryon placé à la base d'un périsperme cartilagineux.

1. **ARISTOLOCHIA** *L.* (*Aristoloche.*) Pér. coloré, tubuleux, ventru à la base, en cornet au sommet, à limbe terminé à languette. Anthères 6, presque sessiles, insérées sur le style, qui est court. Stigm. à 6 divisions rayonnantes. Caps. hexagone, à 6-loges polyspermes.

1. **CLEMATITIS** *L.* (*A. clematite.*) Tige droite, simple, anguleuse, haute de 1-2 pieds. Feu. alternes, pétiolées, cordiformes, arrondies, entières. Fl. jaunâtres, pédoncules, 3 5 dans les aisselles des feu. ♃. E. G. Lieux pierreux, arides, haies et buissons. Rouen, Le Havre, Lisieux, Saint Pierre sur Dives, etc.

II. **ASARUM** *L.* (*Asaret.*) Per. coloré, campanulé, 3-lobe. Etam. 13, insérés sur l'ovaire. Anthères adhérentes aux filets dans le milieu de leur longueur. Style court. Stigm. à 6 divis rayonnantes. Caps 6-loculaire.

1. 1. **EUROPÆUM** *L.* (*A. d'Europe.*) Vulg. *cabaret, oreille d'homme.* Plante sans tige, à souche rampante à rameaux terminés ordinairem. par 2 feu réniformes

vertes, lisses et un peu concaves en-dessus, velues en dessous, portées sur de longs pétioles. Fl. petites, solitaires, d'un rouge-noirâtre, portées sur un court pédonc. placé près de terre à la bifurcation des feu. ♃. P. R. Bois. Pont-Audemer, Lisieux, Vimoutiers, etc.

Sa racine est émétique, et ses feuilles fournissent une poudre sternutatoire.

LXXIIe. Fam. EUPHORBIACÉES. *Juss.*

Fl. monoïques ou dioïques. Pér. 1-sépale, tubuleux, à limbe lobé. Fl. mâles à 4-16 étam. à filets souv. articulés, insérées sur le réceptacle. Fl. fem. Ov. supère sessile ou souvent pédicellé, portant 1-3 styles. Caps. à 2-3 loges. Ovules attachés par le sommet de leur angle interne. Graines solitaires ou géminées. Embryon entouré par un périsperme charnu.

Les Euphorbiacées ont presque toutes un suc laiteux, acre et caustique. Elles sont aussi purgatives.

I. **EUPHORBIA** *L.* (*Euphorbe.*) Fl. monoïques. Fl. mâles et fem. renfermées dans un même involucre ou pér. 1-sépale, turbiné ou campanulé, 4-5-lobé, muni entre chacun de ses lobes d'appendices glanduleux (*pétales L.*) pétaloïdes, coriaces, tronqués, peltés, ovales ou en croissant. Fl. mâles : étam. nombreuses, à filets articulés, accompagnés d'écailles ciliées à leurs bases. Anthères 2-loculaires. Fl. fem. solitaires, centrales, formées d'un ov. pédicellé, surmonté de 3 styles, 2-fides. Caps. à 3 coques 1 spermes. — *Plantes lactescentes ; fl. jaunâtres en ombelles à rayons rameux, munis à leurs bases de bractées opposées ou verticillées en collerette.*

* *Capsules tuberculeuses.*

1. E. PALUSTRIS *L.* (*E. des marais.*) Tige épaisse, ferme, rougeâtre, cylindrique, haute de 1-2 pieds, garnie de rameaux latéraux stériles. Feu. ovales-lancéolées, obtuses, entières. Ombelles à 5 rayons, augmentées de quelques rameaux florifères, placées au-dessous. Glandes arrondies. Bractées jaunâtres, obtuses. Caps. glabres, tuberculeuses. ♃. E. R. Marais, bords

des rivières. Rouen, marais
Vernier.

2. E. PLATYPHYLLOS *L.* (*E. à larges feu.*) Tige droite, cylindrique, simple et rougeâtre dans le bas, haute de 10-18 pouces. Feu. lancéolées, élargies au sommet, pointues, denticulées, glabres ou chargées, en-dessous principalem., de quelques longs poils épars. Ombelles à 5-rayons 2-3-fides. Glandes pétaloïdes, jaunâtres, arrondies, bractées, cordiformes. Caps. glabre, légèrem. verruqueuse. ⊙. E. C. Champs argileux, lieux arides, bords des chemins.

Terr. calc.

3. E. DULCIS *L. E. purpurata* Thuil. (*E. douce.*) Tige simple ou rameuse dès la souche, quelquefois un peu velue, cylindrique, haute de 10-15 pouces. Feu. lancéolées-oblongues, obtuses, rétrécies en pétiole, denticulées à peine, pubescentes, un peu glauques en-dessous. Ombelles à 5 rayons 2-fides. Glandes pétaloïdes, pourpres, ovales, entières. Caps. tuberculeuses, un peu pubescentes dans leur jeunesse. ♃. P-E. PC. Bois. Rouen, Gisors, Lisieux, Falaise, etc.

* * *Capsules non tuberculeuses.*

4. E. SYLVATICA *L.* (*E. des bois.*) Vulg. *lait de pie, herbe à la faulx.* Tige ferme, cylindrique, rougeâtre, comme ligneuse à la base, haute de 1-2 pieds, nue dans la partie infér. et garnie de feuilles nombreuses dans le haut-ovales-lancéolées, obtuses, coriaces : celles du jet florifère sont molles, velues et plus courtes. Ombelles à rayons nombreux, dichotomes. Glandes pétal. jaunâtres, fortement échancrées en croissant. Bractées arrondies, connées. ♃. P2. 3. TC. Bords des bois et des chemins.

L'*E. amygdalina* L. ne diffère point de cette espèce.

5. E. LATHYRIS *L.* (*E. épurge.*) Plante glabre et glauque. Tige cylindrique, droite, grasse, haute de 2-3 pieds. Feu. sessiles, lancéolées, entières, opposées, placées sur 4 rangs. Ombelles à 4-5 rayons dichotomes. Glandes pétal. en croissant, dont les cornes sont terminées par un appendice dilaté, obtus. Capsules grosses, sillonnées sur les angles. ♂. E. C. Lieux cultivés, décombres, etc.

Le suc de cette espèce sert à ronger les verrues. On emploie aussi au même usage celui des deux espèces suivantes.

6. E. HELIOSCOPIA *L.* (*E. réveil-matin.*) Vulg. *herbe aux verrues.* Tige simple ou rameuse inférieurem. cylindrique, ferme, haute de 8-10 pouces. Feu. cunéiformes, élargies au sommet, qui est arrondi et crénelé, alternes, glabres. Ombelles à 5 rayons trifides, ouverts. Bractées de même forme que les feu., mais plus grandes. Glandes pétaloïdes orbiculaires, entières. Caps. lisse et glabre. Graines réticulées, brunâtres. ◉. TC. Lieux cultivés.

7. E. PEPLUS *L.* (*E. peplus.*) Plante lisse et glabre. Tige droite, cylindrique, herbacée, rameuse, haute de 8-10 pouces. Feu. entières, ovales-arrondies, rétrécies en pétiole, alternes, délicates. Ombelles à 3-5 rayons dichotomes. Glandes pétal. en croissant à très longues cornes. Caps. carénées et sillonnées sur les angles. Graines ayant 4-5 séries de points enfoncés sur leurs côtés. ◉. E. TC. Lieux cultivés.

8. E. PARALIAS *L.* (*E. maritime.*) Plante glabre, glauque et très-feuillée. Tige dure, ferme, rougeâtre et quelquefois un peu rameuse à la base, haute de 10-15 pouces. Feu. nombreuses, comme imbriquées, éparses, lancéolées, fermes, entières, pointues. Ombelles à 5 rayons bifides. Bractées cordiformes. Glandes-pét. en croissant, jaunâtres. Caps. glabres, chagrinées et sillonnées sur les angles. ♃ g E. C. Sables maritimes.

* 9. E. SEGETALIS *L.* (*E. des moissons.*) Tige rameuse, droite, haute de 8-10 pouces, comme ligneuse dans le bas. Feu. lancéolées-linéaires, pointues, sessiles, éparses, glabres, entières. Ombelles à 5 rayons plusieurs fois dichotomes, bractées plus larges que hautes, presque cordiformes. Glandes pétaloïdes en croissant. Caps. glabres, chagrinées, surtout dans le haut. Graines réticulées, à points enfoncés, d'un gris blanchâtres. ◉. E. Moissons. Rouen. (*Fl. de R.*)

10. E. PORTLANDICA *L.* (*E. de Portland.*) Cette espèce regardée par quelques auteurs comme une var. de

la précédente, en diffère surtout par sa racine vivace. Sa tige est très-rameuse et très-garnie de feuilles ; celles ci sont glauques, lancéolées-ovales, élargies au sommet et mucronées, les supér. plus larges. Bractées mucronées, très élargies. Glandes pétal. en croissant à longues cornes. ♃. P3-A1. PC. Côteaux maritimes, parmi les rochers. Jobourg, Granville, Saint-Jean-le-Thomas, etc.

11. **E. GERARDIANA** *Jacq* (*E. de Gérard.*) Plante glabre et glauque. Tiges rameuses à la base ; fermes, feuillées, hautes de 10-15 pouces. Feu. lancéolées-linéaires, pointues, entières. Ombelles ayant des rayons nombreux, bifurqués. Bractées réniformes, arrondies, mucronées. Glandes pétal. à 3 angles obtus, non échancrées. Caps. glabres, un peu ponctuées sur les angles. Graines blanchâtres, lisses. ♃. PC. Côteaux secs, bords des chemins. Terr. calc. Rouen, Falaise, Argentan, etc.

—

12. **E. CYPARISSIAS** *L.* (*E. cyprès.*) Tiges fermes, rameuses à la base, et garnies vers le haut de rameaux stériles très-feuillés. Feu. linéaires, étroites, obtuses, sessiles, glabres. Ombelles à rayons nombreux bifurqués. Bractées larges et subcordiformes. Glandes pétal. en croissant. Caps. chagrinées scabres sur les angles. Graines lisses, d'un gris blanchâtre. ♃. P2. 3. TC. Lieux arides, terr. calc.

13. **E. ESULA** *L.* (*E. Esule.*) Tiges droites, hautes de 1-2 pieds, garnies de quelques rameaux stériles. Feu. lancéolées, sessiles, membraneuses, entières ou un peu denticulées au sommet, glabres. Ombelles de 6-8 rayons, plus quelques autres placés au-dessous du verticille. Bractées cordiformes. Glandes-pétal. jaunâtres en croissant. Caps. scabres-ponctuées sur les angles. Graines lisses, grisâtres. ♃. E. R. Bords des chemins. Rouen, Saint-Léonard et Sartilly près d'Avranches.

14. **E. TRISTIS** *M.B.E. intermedia* De Bréb. mém. soc. Linn. norm. (*E. triste.*) Cette plante que j'avais considérée comme une espèce nouvelle, me semble devoir être rapportée à l'*E. triste* M. B., que plusieurs auteurs regardent comme

une var. de la précédente. Elle en diffère surtout par l'absence de rameaux stériles et par la couleur d'un vert-roussâtre de toutes ses parties.

Tige ferme, simple ou rameuse à la base, haute de 6-10 pouces. Feu. glabres, lancéolées-linéaires, mucronées, les infér. obtuses. Ombelles à rayons nombreux, bifurqués, terminaux-verticillés et latéraux. Bractées larges, cordiformes, mucronées. Glandes-pétal. roussâtres en croissant. Caps. chagrinées sur les angles. Graines grisâtres, finem. ponctuées. ♃. E. TR. Côteaux secs, terr. calcaires. Monts d'Eraines, près de Falaise.

15. E. EXIGUA *L.* (*E. fluette.*) Tige rameuse, grêle, haute de 3-6 pouces, droite, quelquefois diffuse. Feuilles linéaires, étroites, sessiles, pointues, ou comme tronquées et mucronées, glabres, entières. Ombelles à 4-5 rayons plusieurs fois dichotomes. Bractées-lancéolées, aiguës. Glandes-pétal. en croissant, à longues cornes. Caps. un peu chagrinées sur les angles. Graines noirâtres, chargées de verrues blanches. ⊕. E. TC. Moissons.

16. E. PEPLIS *L.* (*E. péplide.*) Plante glabre, couchée, ayant souv. une teinte rougeâtre. Tige dichotome, longue de 3-6 pouces. Feu. petites, oblongues, auriculées du côté infér., pétiolées, entières, pourvues de stipules filiformes. Fl. axillaires et solitaires. Caps. glabres, très-lisses, blanchâtres. ⊕. E. R. Sables maritimes du Calvados et de la Manche.

II. MERCURIALIS *L.* (*Mercuriale.*) Fl. dioïques.
Pér. à 3 divis. Fl. mâles : Etam. 9-12, à anthères 2-loculaires. Fl. fem. : Styles 2, courts, à 2 stigm. Ovaire arrondi, 2-lobé, à 2 deux sillons à la base desquels se trouvent 2 filets courts, stériles. Caps. à 2 coques, à 2 graines. — *Plantes herbacées, non lactescentes.*

1. M. PERENNIS *L.* (*M. vivace.*) Racine longue et rampante. Tige haute d'un pied environ, velue-hérissée, simple. Feu. opposées, ovales lancéolées, dentées, pétiolées, hérissées, Fl. verdâtres, portées sur de longs pédonc. Caps. couvertes de poils rudes. ♃. P. C. Bois et haies.

2. M. ANNUA L. (*M. an-*
nuelle.) Vulg. *foiroude.* Racine fibreuse. Tige rameuse,
glabre, haute de 10-18 pouces. Feu. opposées, ovales-
lancéolées, dentées, pétiolées, glabres. Fl. verdâtres,
les mâles en épis grêles,
les femelles axillaires géminées, presque sessiles. Caps.
hispides. ⊙. E. TC. Lieux
cultivés.

III. BUXUS L. (*Buis.*)
pér. à 4 divis. entouré à la
base par une écaille 2-lobée.
Etam. 4 insérées sous un
rudiment d'ovaire. Fl. fém.
munies de 3 écailles à leur base.
Ovaire terminé par 3
styles et 3 stigm. hérissés. Caps.
à 3 loges cornues et 2-
spermes.

1. B. SEMPERVIRENS L,
(*B. toujours vert.*) Vulg.
buis. Arbrisseau atteignant
quelquefois une hauteur de
4-12 pieds, à rameaux 4-
gones. Feu. épaisses, op-
posées, ovales-entières, pér-
sistantes. Fl. jaunâtres, en
paquets axillaires. Caps.
tricornes. ♄ P. TC. Bois
et baies.
Son bois dur et jaunâtre
est très-estimé des tour-
neurs.

LXXIII_e. Fam. URTICÉES *Juss.*

Fl. Monoïques ou dioïques, quelquefois polygames.
Fl. mâles : Pér. tubuleux à 3-5 lobes plus ou moins
profonds. Etam. 4-6, insérées à la base du pér. et
opposées à ses lobes. Fl. fém. : Pér. à 1-4 divis. Ov.
supér. simple. Style 2 ou 1 bifurqué. Stigm. le plus
souv. 2. Fruit 1-sperme, couvert par une arille ou par un
pér. persistant qui quelquefois devient pulpeux, tantôt
nu, tantôt entouré par un réceptacle charnu. Embryon
droit ou courbé. Périsperme souv. nul. *Arbres ou herbes*
à feu. plus ou moins hérissées.

* *Fruit charnu.* (Artocarpées *DC.*)

I. FICUS L. (*Figuier.*) Monoïque. Fleurs nombreuses pédicellées, renfermées dans un réceptacle charnu, ombiliqué au sommet et fermé par de petites dents ou
écailles. Fl. mâles à pér. 3-5-fide. Etam. 3-5. Fl. fém.
Pér. à 3 lobes. Style 1. Stigm. 2. Fruit 1-sperme, entouré par la pulpe du réceptacle.

1. F. CARICA L. (*F. commun.*) Arbre à suc laiteux, à feu. palmées, cordiformes, 3-5-lobées, pétiolées, alternes et à fruit pyriforme. ♄ E. Généralement cultivé à cause de ses fruits.

II. MORUS *L.* (*Murier.*) Fl. monoïques en châtons distincts. Périanthe à 4 lobes concaves. Fl. F. Ovaire libre, à 2 stigm. Graines 1-2, recouvertes par le pér. ulpeux, bacciforme.

1. M. NIGRA *L.* (*M. noir.*) Arbre à feuilles alternes, inégalement cordiformes à la base, crénelées, rudes. Fl. verdâtres eu chatons axillaires. Fruit d'un rouge-no forméirâtre, de plusieurs baies agglomérées. ♄ E. Cultivé généralement.

Les fruits (*Mûrés*) fournissent un sirop employé dans les maladies de la gorge.

** Fruit non charnu Urticées (DC.)

III URTICA *L.* (*Ortie.*) Fl. monoïques rarement dioïques. Fl. M. en grappes. Pér. à 4 divis. Etam. 4, à filets courbés avant l'entier développement. Fl. Fem. en grappes resserrées ou en capitules. Pér à 2 ou 4 divis. Ovaire 1, sup. à 1 Stigm. capité. Graine unique recouverte par le pér. persistant.

Les espèces de ce genre sont des herbes à feuilles opposées, hérissées de poils canaliculés laissant exsuder une liqueur acre et vésicante renfermée dans une glande placée à leur base. *L'Urtication* ou l'irritation produite par les Orties était un moyen préservatif usité par les anciens médecins. Les fibres de leur écorce fournit une filasse employée pour faire descordes et même des tissus.

1 U. DIOICA *L.* (*O. dioïque.*) Tige droite, 4-gone, hérissée, haute de 2.5 pieds. Feu. cordiformes, dentées. Fl dioïques, verdâtres, en grappes rameuses, axillaires, plus longues que le pétiole. Pér. glabre. ♃. E. TC., Lieux incultes, buissous, décombres.

2. U. URENS *L.* (*O. brûlante*) Vulg. *Ort. grieche.* Tige arrondie, hérissée, rameuse, haute de 12-18 pouces. Feu. ovales, dentées en scie, trinervées. Fl. monoïques, en grappes plus courtes que les pétioles. Pér. hérissé. ☉. E. TC. Lieux incultes.

3. U. **PILULIFERA** *L.* (*O. d'pilules.*) Tiges arrondies, hérissées, un peu glauques, rameuses, droites ou étalées, hautes de 2-3 pieds. Feuilles ovales-lancéolées, quelquefois légèrem. cordiformes à la base, profon. dentées Fl. monoïques, verdâtres en chatons ou capitules globuleux, géminés. ●. E. R. Lieux incultes, pied des murs. Falaise, Langrune, etc.

IV. PARIETARIA *L.* (*Pariétaire.*) Fl. polygames, entourées au nombre de 3-5 (une mâle, les autres hermaphr.) dans un involucre à plusieurs divisions. Pér. 4-fide. Fl. herm : Etam. 4, à filets élastiques d'abord courbés et se redressant ensuite. Style 1. Stigm. 1. Graine renfermée dans le pér. allongé, connivent au sommet. *Feuilles alternes.*

1. P. **OFFICINALIS** *L.* (*P. officinale.*) Tige droite, le plus souv. simple, pubescente, haute de 1-2 pieds. Feu. lancéolées, trinervées, comme décurrentes sur le pétiole et prolongées au sommet en une longue pointe, pubescentes entières. Fl verdâtres, en petits paquets axillaires, rameux-dichotomes. ♃. E. R. Lieux pierreux, murailles. Cette plante est beaucoup plus rare que la suivante à laquelle on devra peut-être la réunir. Je ne l'ai recueillie, en Normandie, que dans les rochers qui sont au pied du château de Domfront.

La pariétaire est regardée comme émolliente et diurétique.

2. P. **DIFFUSA** *Mert* et *K. P. Judaica* L. ? (*P. diffuse.*) Tige diffuse, étalée, rameuse, velue, longue de 8-12 pouces. Feu. ovales, pubescentes, entières à la pointe. Fl. verdâtres en petits paquets axillaires et à fl. peu nombreuses, dont une centrale femelle, les autres hermaphr. ♃. TC. Vieilles murailles.

V. HUMULUS *L.* (*Houblon*) Fl. dioïques. Mâles en grappes paniculées, axillaires. Pér. 5-partite. Et. 5, à filets courts et à anthères allongées. Femelles placées à l'aisselle d'un périanthe 1 phylle, semblable à une écaille bractéiforme qui s'agrandit à la maturité et dont la réunion forme alors une espèce de cone foliacé. Ovaire terminé par 2 styles. Graine indéhiscente. *Herbe grimpante à feuilles opposées.*

1. LUPULUS *L.* (*H. grimpant.*) Tige volubile, sillonnée, scabre, très-longue, s'élevant à plus de 10 pieds. Feu. cordiformes, simples ou le plus souvent 3-5 lobées, dentées en scie, rudes. Fl. mâles verdâtres et à anthères jaunes, en grappes. Fl. fem. en chatons ou cônes foliacés, scarieux, axillaires. ♃. E. TC. Haies et bords des eaux.

Les fruits du Houblon qui sont principalement employés pour la confec-de la bière, renferment un principe amer énergique (*la lupuline*) préconisé dans les maladies qui exigent des toniques.

CANNABIS *L.* (*Chanvre.*) Fl. dioïques. Mâles à pér. 5 partite. Etam. 5. Anthères allongées, vesiculeuses. Fem. Pér. 1-phylle, oblong, ouvert latéralement. Ovaire 1. Styles 2. Caps. monosperme, globuleuse, à 2 valves.

1. c. SATIVA *L.* (*C. cultivé*) Vulg. *Chenevière, filasse.* Tige droite, simple, haute de 3-8 pieds et plus. Feu. digitées, dentées, rudes. Fl. verdâtres, en grappes axillaires. ⊕. E. Cultivé généralement à cause de son écorce qui fournit une filasse propre à faire des toiles fortes et des cordages. Ses graines, connues sous un nom de *chènevis*, servent à la nourritures des oiseaux ; elles contiennent une huile grasse abondante.

LXXIVme. Fam. JUGLANDÉES *DC.*

Fl monoïques. Males en chatons cylindriques placés à la partie supér. des rameaux de l'année précédente. Pér. en écaille calyciforme, divisée latéralement en 2 ou 6 lobes. Etam. 12-14, à filets courts. Fl. fém. se développant à l'extrémité des rameaux de l'année, au nombre de 1- 4, en petits bourgeons. Pér double ou simple, à 4 divis. adhérant à l'ovaire qui est infér. Styles 2, courts. Stigm. épais, laciniés au sommet. Drupe ovoïde, peu charnue renfermant une noix osseuse à 2 valves, divisé en 4 demi loges, monosperme. Se-

mence bosselée, comme cérébriforme , quadrilobée à
là partie infér. Embryon droit , sans périsperme ; cotylédons charnus , bilobés. Radicule supérieure.

I. JUGLANS *L.* (*Noyer.*) Caractères de la famille.

1. *J. REGIA L.* (N commun.)
Cet arbre originaire de
Perse, connu par sá culture
généralement répandue, a
peu de besoin d'une des-
cription ; ses feuilles sont
à 5-9 fol. ovales, glabres.
♄. E.
Le bois de cet arbre
est employé dans la mé-
nuiserie. La noix est comestible ; on en retire une
huile abondante que l'on
mange comme assaisonne-
ment. L'enveloppe de la
noix, le *brou*, qui fournit
une teinture brune , est en
outre regardée comme sto-
machique.

LXXVme. Fam. AMENTACÉES. *Juss.*

Fl. monoïques ou dioïques, rarem. hermaphrodites.
Fl. M. en têtes ou en chatons. Pér. 1-phylle, tubuleux
ou campanulé ou formé par une écaille staminifère.
Etam. insérées sur l'écaille du pér. à filets libres ,
rarem. 1 , monadelphe; Anthères biloculaires. Fl. F.
en chatons, fasciculées ou solitaires. Ov. libre , le plus
souvent simple. Style simple ou terminé par plusieurs
stigm. Graines nues ou caps. 1-loculaires , osseuses ou
membraneuses en nombre égal à celui des ovules. Périsperme nul. — *Arbres ou arbrisseaux à feu. alternes ,*
caduques, quelquefois munies dans leur jeunesse de deux
stipules à leur base.

Les Amentacées renferment la plus grande partie des
arbres de nos forêts ; leurs bois sont employés aux constructions, à l'ébénisterie et servent au chauffage. Leur
écorce contient un principe amer regardé comme fébrifuge et propre au tannage des cuirs. Les fruits de
quelques espèces renferment de l'huile et une fécule
abondante qui peuvent devenir comestibles.

Fleurs hermaphrodites.

1. ULMUS *Tourn.* (*Orme.*) Fl. aggrégées-fasciculées,

axillaires pédi-, cellées. Pér. campanulé 4-5-lobé, coloré persistant. Etam. 36. Fruit (*samare*) 1-sperme, comprimé, arrondi, membraneux-foliacé sur les bords.

1. U. CAMPESTRIS *L.* (*O. des champs.*) Vulg. *Ormeau.* Grand arbre à écorce grise, crevassée. Feu. velues-rudes, surdentées, ovales, inégalement prolongées à la base. Fl. d'un brun rougeâtre, naissant en paquets serrés et presque sessiles, avant les feuilles. Fruits foliacés, ovales-arrondis, échancrés au sommet, tout-à-fait glabres.

Var. *b. microphylla* Dub. Feuilles petites, incisées.

Var. *c. U. suberosa* Willd. Écorce des rameaux épaisse, et crevassée comme celle du liège.

Var. *d. U. major* Engl.

Bot. feuilles larges, très rudes.

♃. P. C. Haies, bords des chemins etc. — *Le bois d'Orme est très-estimé pour le charronnage.*

2. U. EFFUSA Willd (*O. à fleurs éparses.*) Cet arbre souvent confondu avec le précédent et que l'on trouve avec lui quelquefois dans les plantations, en diffère par ses fleurs lâches et longuement pédicellées, par ses fruits plus allongés et ciliés. ♃. P. R. Haies et promenades publiques. Caen, Gisors, Pays de Bray.

** *Fleurs monoïques.*

II. BETULA *Tourn.* (*Bouleau*) Fl. M. en chatons cylindriques, allongés ; écailles imbriquées par 3, dont celle du milieu plus grande, recouvrant 10-12 étamines. Fl. F. en long chatons, à écailles trilobées. Style 1. Ov. comprimé, d'abord biloculaire, ensuite 1-local. par avortement. Graines comprimées, bordées d'une membrane.

1. B ALBA. *L.* (*B. blanc.*) Vulg. *Rû.* Arbre à écorce rougeâtre dans la jeunesse devenant blanche en vieillissant, à rameaux grêles souvent pendans. Feu. pétiolées, pointues, surdentées, glabres. Fl. femelles en chatons soli-

taires, pendans. ♃. H3. TC. Bois.

2. B. PUBESCENS Ehrh. (*B. pubescent.*) Ressemble au précédent dont il diffère par ses jeunes pousses et ses feuilles pubescentes. Celles-ci sont moins

pointues et conservent leur pubescence même après leur entier dévelopement. Peut-être ne doit-il pas être séparé du Bouleau blanc. ♄. H3. R. Lieux humides Pays de Bray, Séez, etc.

III. ALNUS *Tourn.* (*Aune.*) Fl. M. et F. en chatons sur les mêmes rameaux, portés sur des pédoncules rameux. M. Chatons grêles, cylindriques, à écailles pédicellées, cordiformes, munies au dessous de 3 écailles plus petites arrondies, portant un périanthe 4-fide. Etam. 4. Chatons F. ovoïdes, à écailles coriaces et persistantes, 2-flores. Noix dure non bordée, à 2 loges monospermes.

1. A. GLUTINOSA *Gærtn.* *Betula alnus L.* (*A. glutineux.*) Arbre élevé, à écorce brune. Feu. pétiolées, arrondies, comme tronquées au sommet, munies en leurs bords de crénelures dentées, gluantes dans leur jeunesse. Les fruits persistent d'une année à l'autre. ♄. P. TC. Bords des rivières.

Le bois d'Aune pourrissant difficilement dans l'eau, est employé avec succès dans les constructions submergées.

IV. CORYLUS *Tourn.* (*Coudrier*) Fl. M. en chatons cylindriques, pendans, composés d'écailles deltoïdes, à 3 lobes dont l'intermédiaire recouvre les deux latéraux. Etam. 8 à anthères uniloculaires. Fl. F. réunies dans un bourgeon écailleux, sessile. Ovaire terminé par 2 styles. Fruit (noix) 1-spermé, ovoïde, lisse, entouré par une espèce de calice foliacé à bords laciniés.

1. C. AVELLANA *L.* (*O. noisetier.*) Arbrisseau à feu. arrondies, petiolées, pubescentes, munies de larges dents surdentées. Les chatons mâles se montrent dans l'hiver avant les feu. Du bourgeon formé par les fl. femelles sortent des styles rouges. Fruits (*noisettes*) bien connus, offrant plusieurs variétés. ♄. H2. 3. TC. Bois et haies.

V. CARPINUS *Mich.* (*Charme.*) Fl. M. en chatons lâches, formés d'écailles concaves, ciliées à leur base. Etam. 8-14, un peu barbues au sommet. Fl. F. en chatons composés de larges écailles foliacées, 3-lobées, 2-flores. Ovaire denticulé au sommet, d'abord 2-loculaire ; une des loges avorte à la maturité. Stigm. 2. Caps. osseuse, indéhiscente.

1. C. BETULUS *L.* (*C. commun*) Vulg. *charmille.* Arbre à écorce grisâtre, unie et à bois très-blanc. Feu. ovales-oblongues, pétiolées, surdentées, nerveuses, plissées. ♄. P. C.

Bois.
Lorsque le charme est employé en haies ou berceaux taillés, il prend plus particulièrement le nom de *charmille.*

VI. FAGUS *Tourn* (*Hêtre.*) Fl. mâles en chatons globuleux, serrés et pendans. Pér. à 6 lobes. Etam. 8. Fl. F. geminées et renfermées dans un involucre 4-lobé, muni d'épines molles. Pér. tomenteux, 6-lobé. Stigm. 5. Ov. trigone, à 3 loges dont 2 avortent. Noix triangulaire renfermant une ou deux graines.

1. F. SYLVATICA *L.* (*H. des bois.*) Vulg. *Fouteau.* Arbre élevé à écorce grisâtre. Feu. ovales, légèrement dentées, pu-

bescentes et soyeuses sur les bords et les nervures. ♄. P. C. Bois.
Le fruit du hêtre(*Faine*) fournit une huile estimée.

VII. CASTANEA *Tourn.* (*Châtaignier.*) Fl. M. en chatons longs, grêles et cylindriques, composés de fleurs en petits paquets espacés. Pér. 6-lobé profondém. Etam. 5-20. Fl. F. à la base des chatons mâles, à involucre globuleux hérissé d'épines en dehors et tomenteux en dedans. Styles 6. (quelquefois on y trouve des étam. avortées.) Péricarpe formé par l'involucre persistant et renfermant 1-6 noix (*châtaignes*) 1-2-loculaires.

1. C. VULGARIS *Lam.Fagus L.* (*C. commun.*) Grand arbre à écorce grisâtre, unie. Feu. oblongues-lan-

céolées, fortement dentées en scie, glabres. Fl. à odeur forte, nauséabonde. ♄. E. C. Cultivé principalement dans l'ouest du département de l'Orne et le sud de la Manche.

Son bois est estimé et ses fruits farineux et ali-

mentaires sont une ressource pour la nourriture des habitans de l'extrémité de notre Bocage.

VIII. QUERCUS *Tourn.* (*Chêne.*) Fl. M. en chatons grêles, filiformes, interrompus et pendans. Pér. découpé à 5-10 étamines. Fl. F. axillaires, sessiles. Pér. 1-flore, 6 fide entouré d'un involucre formé de nombreuses écailles soudées en une cupule hémisphérique. Ov. 3-loculaire, à 6 ovules. Style 1, à 3 stigm. Noix (*gland*) uniloculaire, 1-sperme, ovoïde, enchassée à sa base dans la cupule.

1. Q. ROBUR *L.* (*C. rouvre.*) Arbre élevé à écorce raboteuse et crévassée dans sa vieillesse. Feu. oblongues, sinuées assez inégalement, élargies au sommet, presque sessiles, glabres. Glands portés sur un long pédicelle, agglomérés et disposés en épi très-peu fourni. ♃. P. TC. Bois.

Tout le monde sait la valeur du bois de chêne pour les constructions. L'écorce des 2 espèces de notre province fournit le tan employé pour la préparation des cuirs.

2. Q. SESSILIFLORA *Smith.* (*C. à fl. sessiles.*) Vulg. chêne blanc. Arbre moins élevé que le précédent dont il se distingue par ses feu. pétiolées, plus allongées, sinuées régulièrement et surtout par ses fruits à peu près sessiles. ♃ P. C. Bois.

Le bois de ce chêne moins dur que le précédent semble avoir été jadis plus employé qu'il ne l'est maintenant. Comme il ressemble beaucoup à celui du châtaignier et qu'on le retrouve souvent dans les anciennes constructions, il a fait supposer l'existence d'anciennes forêts de châtaigniers dans des localités où il n'en reste plus de traces et même dans des terrains qui ne peuvent convenir à la culture de cet arbre.

*** *Fleurs dioïques.*

IX. POPULUS *Tourn.* (*Peuplier.*) Chatons cylindriques formés d'écailles déchirées au sommet. Fl. M. Etam. 8-30, sortant à la base des écailles d'un petit godet tronqué obliquement. Fl. F. Ov. 1, à 4 stigm. Caps. 2-valve, semblant biloculaire à cause des bords rentrés des valves. Semences nombreuses, munies d'une houppe soyeuse.

C'est surtout au bois des arbres de ce genre que l'on donne le nom de *Bois blanc.*

1. P. ALBA *L.* (*P. blanc.*) Vulg. *Ypréaux.* Arbre très-élevé, à écorce grise et raboteuse, à rameaux nombreux et étalés. Feu. cordiformes, à-peu près triangulaires, trilobées, dentées, glabres en dessus, chargées d'un duvet épais et blanc. Pétioles velus. ♄. P. C. Lieux frais.

2. P. TREMULA *L.* (*P. tremble.*) Arbre élevé à écorce verte et lisse dans la jeunesse. Feu. orbiculaires, dentées, glabres, d'un vert grisâtre, portées sur de longs pédoncules grêles, mobiles et glabres. Chatons à écailles velues. ♄. P. C. Bois humides.

3. P. NIGRA *L.* (*P. noir.*) Vulg. *bugle, bule,* *liard.* Arbre élevé, à écorce grisâtre. Jeunes rameaux toujours glabres, étalés. Feu. deltoïdes-triangulaires, prolongées en pointe au sommet, tronquées à la base, dentées óu crénelées, pétiolées, glabres. Chatons à écailles glabres. ♄. P. PC. Bords des eaux.

Ses jeunes bourgeons contiennent un principe résineux qui entre dans la composition de l'onguent *Populeum.*

4. P. FASTIGIATA *Poir* (*P. fastigié*) Vulg. *Peuplier d'Italie.* Ce peuplier généralement cultivé dans nos contrées est remarquable par ses rameaux effilés, dressés et comme parallèles au tronc. Aussi son port le distingue de tous les autres. ♄. P. Bords des eaux. La culture du Peuplier de Virginie, *P. Virginiana* Desf. est aussi très-répandue en Normandie. Ce bel arbre très-élevé, a des rameaux ouverts et des feuilles en cœur, glabres et longuement pétiolées.

X. **SALIX** *L.* (*Saule*) Fl. en chatons ovoïdes cylindriques, axillaires, composés d'écailles (*Périanthe*) entières, 1-flores, imbriquées, entourées dans leur jeunesse d'un autre grande écaille coriace, concave et caduque. Fl. M. Étam. 1-5, le plus souv. 2. Fl. F. Ov. simple, chargé d'un style à 2-4 stigm. Caps. 1-loculaire 2-valve. Semences nombreuses chargées d'aigrettes. — *Arbres ou arbrisseaux, à feu. alternes, munies à leur base de 2 stipules foliacées, caduques.*

La plupart des espèces de Saules sont connues sous le nom d'*osier*. Ils sont employés à faire des liens, et dans les vanneries. Leur étude est très-difficile ; leurs feuilles assez semblables varient beaucoup dans leurs proportions et ne paraissent pas en même temps que les fleurs.

* *Capsules glabres.*

1. S. ALBA L. (*S. blanc.*) Arbre élevé à rameaux droits pubescens, comme pruineux. Feu. lancéolées plus ou moins étroites, denticulées en scie, légèrement velues en dessus, soyeuses blanchâtres en dessous. Stipules lancéolées. Chatons allongés, portés sur des pédoncules munis de feu., presque glabres, ciliées. Etam. 2. Stigm. 2, épais, échancrés. Caps. ovoïdes, glabres, presque sessiles.

Var. b. *S. vitellina* L. Rameaux jaunes. Vulg. *osier jaune.*

. Var. c. *violacea.* Ecorce des jeunes rameaux d'un rouge violet.

♄. P. TC. Bords des eaux.

2. S. FRAGILIS L. (*S. fragile*) Arbre peu élevé à rameaux verdâtres, très-cassans, naissant à angle droit sur la tige. Feuilles lancéolées, allongées, brusquement terminées en pointe, serrulées, glabres, quelquefois un peu soyeuses en dessous dans leur jeunesse. Chatons longs portés sur des pédoncules foliacés. Caps. allongées, pédicellées, glabres. Stigm. 2-fides. Etam. 2. ♄. PC. Bords des rivières, bois humides.

3. S. TRIANDRA L. (*S. à trois étamines.*) Arbrisseau à tige d'un brun rougeâtre. Feu. ovales, lancéolées, dentées en scie, glabres, souvent

glauques en dessous, très-variables. Stipules non caduques, semi-cordiformes, crénelées. Chatons allongés paraissant en même temps que les feuilles, portés sur des pédoncules foliacés. Etam. 3. Caps.

ovoïdes-coniques, obtuses, glabres, pédicellées. Stigm. divariqués. ♃. P. PC. Bords des eaux. Rouen, Caen, Falaise, etc.

Le *S. amygdalina* L. ne diffère pas de celui-ci.

** *Capsules velues.*

4. S. **PURPUREA** *L. S. monandra* Hoffm. (*S. pourpre.*) Arbrisseau à rameaux d'un rouge violet. Feu. lancéolées, élargies au sommet, aiguës, planes, dentelées en scie, glabres et d'une couleur bleuâtre. Chatons sessiles, munis de bractées à leur base. Capsules sessiles, ovoïdes, pubescentes, style et stigm. courts. ♃. P. R. Lieux humides. Saint-Lo, Falaise.

5. S. **VIMINALIS** *L.* (*S. des vanniers.*) Arbre ou arbrisseau à rameaux longs et flexibles d'un vert-cendré. Feu. linéaires-lancéolées allongées, entières et tendant à se rouler sur les bords, couvertes en dessous de poils couchés, argentés, brillans. Stipules linéaires. Chatons sessiles, très-soyeux et à écailles brunes. Capsules velues, allongées, ovoïdes à la base, sessiles.

Etam. 2. Style allongé. Stigm. 2.

Var. *b. longifolia*. Feu. linéaires, très-longues.

♃. P. C. Bords des rivières.

6. S. **LANCEOLATA** *DC. Fries. S. acuminata* Sm. Koch. (*S. lancéolé.*) Il ressemble au précédent, mais ses feuilles sont plus larges et non argentées en-dessous. Elles sont oblongues-lancéolées, acuminées, arrondies à la base, entières ou crénelées légèrement et irrégulièrem. chargées en-dessous d'un duvet blanc épais, mais non argenté, à nervures saillantes. Chatons comme portés sur un court pédoncule muni de bractées. Capsules soyeuses, pédicellées, ovoïdes à la base, prolongées en une longue pointe. Style allongé. Stig. filiformes. Etam. 2. ♃. P. C. Bords des eaux, haies. Falaise, Vire, etc.

7. s. CAPRÆA *L.* (*S. marceau.*) Arbre à rameaux d'un vert grisâtre et quelquefois rougeâtre. Feu. très-variables, ovales, un peu crénelées, souvent ondulées sur les bords, terminées par une pointe un peu recourbée, presque glabres en dessus, glauques et tomenteuses en dessous. Stipules semi-orbiculaires, caduques. Chatons ovoïdes-allongés naissant avant les feuilles, droits, sessiles, foliacés à la base. Caps. pédicellées, coniques, allongées, soyeuses. Stigm. sessiles, ♄. P. TC. Bois et haies, bords des eaux.

8. s. CINEREA *L.* (*S. cendré*) Ressemble au précédent dont il diffère par ses rameaux assez gros, tomenteux, cendrés; par ses feuilles d'un vert-cendré et par ses bourgeons blancs et pubescens. Feu. ovales-lancéolées-allongées, acuminées, planes, serrulées, souv. ondulées, à peine pubescentes en dessus, tomenteuses hérissées en dessous. Chatons précoces, foliacés à la base. Caps. tomenteuses, ovoïdes, allongées, pédicellées. Stigm. sessiles, bifides. Etam. 2. ♄. P. TC. Bords des rivières, des fossés.

9. s. AURITA *L.* (*S. à oreillettes.*) Arbrisseau à rameaux ouverts et brunâtres. Feu. ovales, terminées par une pointe oblique un peu recourbée, ridées et nervées, ondulées et crenelées sur les bords, velues en dessous. Stip. réniformes. Chatons sessiles, courts, foliacés à la base. Caps. pédicellées, tomenteuses, allongées. Etam. 2. Stigm. sessiles, 2-fides.

Var. *b. S. ambigua* Ehrh. Feu. petites, elliptiques, le plus souv. entières, velues des deux côtés, surtout en dessous. Falaise.

♄. P. PC. Prés marécageux.

10. s. REPENS *L.* (*S. rampant.*) Petit arbrisseau à tige rampante à la base, brunâtre, haute de 1-2 pieds. Feu. ovales, oblongues, quelquefois lancéolées et même linéaires, rarement glabres; le plus souvent couvertes en dessous de poils soyeux-argentés, blanchâtres, à bords roulés, à pointe oblique recourbée et à nervures saillantes en-dessus. Chatons

sessiles droits; les fructifères pédonculés. Caps. ovoïdes, allongées, légèrem. tomenteuses, longuem. pédicellées. Stigm. bifides. ♄. P. C. Marais tourbeux.

Le Saule pleureur, *Salix Babylonica* L. , remarquable par ses longs rameaux filiformes et pendans, est originaire d'Orient et fréquemment cultivé.

On a découvert dans l'écorce des saules un principe nouveau , *la salicine*, que l'on regarde comme fébrifuge.

XI. **MYRICA** *L.* Fl. en chatons ovoïdes, composés d'écailles en croissant. Fl. M. Etam. 4 6. Anthères grosses , 4-valves. Fl. F. Ov. 1.Stigm. 2. Fruit (*drupe*) 1-loculaire , 1-sperme.

1. M. GALE *L.* (*M. galé.*) Petit arbrisseau rameux et odorant. Feu. oblongues-lancéolées , élargies au sommet, dentées et portées sur de courts pétioles ; elles sont chargées sur leur surface de petits points (*glandes*) résineux d'un jaune-doré très-brillant. Fl. naissant avant les feu. , en chatons à écailles luisantes. Fruits charnus, odorans. ♄. P. PC. Lieux marécageux. Rouen, Honfleur, Pont-Audemer , St.-Lo, Lessay , etc.

La famille des Amentacées renferme aussi le genre exotique *Platanus* dont 2 espèces sont assez naturalisées dans notre province, ce sont les *P. occidentalis* L ; et *P. orientalis* L, celui-ci a les feuilles beaucoup plus profondément découpées que le premier.

LXXVIme. Fam. CONIFÈRES *Juss.*

Fl. monoïques ou dioïques disposées en chatons. Fl. M. en chatons formées d'écailles portant un ; nombre fixe ou variable d'étam. à filets quelquefois nuls. Fl. F. en têtes ou en *cônes* formés d'écailles imbriquées qui s'accroissent après la floraison. Cupule(Pér.) double ou rarement simple , 1-flore , entourant l'ovaire. Pericarpe adhérant souvent aux écailles qui le recouvrent , indéhiscent, osseux ou coriace. Graine pendante, albumineuse. *Arbres ou arbrisseaux, presque toujours résineux,*

*à feu persistantes, glabres, alternes ou verticillées, souvent
munies à leur base d'une gaîne membraneuse.*

I. **JUNIPERUS** *L.* (*Génevrier*) Dioïque. Fl. F.
en chatons ovoïdes, formés d'écailles peltées, verticillées, pédicellées, portant chacune 4-8 anthères
sessiles, 1-loculaires. Fl. F. en chatons globuleux composés d'écailles peu nombreuses, ternées, munies à leur
base d'un ovaire à stigm. tubuleux, ouvert. Fruit bacciforme, formé par les 3 écailles devenant charnues et
contenant 3 noix osseuses.

1. **COMMUNIS** *L.* (*G.
commun.*) Arbrisseau à
rameaux étalés, inclinés
à l'extrémité, haut de 4-
10 pieds. Feu. linéaires,
piquantes, concaves, ses-
siles, glauques, opposées
3 à 3, ouvertes. Chatons
mâles jaunâtres à pollen
abondant. Fruit bacci-
forme, ferme, d'abord
vert et d'un bleu foncé à
la maturité. ♄. P. C.
Collines incultes, bois.

Les baies du génevrier
sont toniques et sudo-
rifiques.

Le génevrier est la seule
conifère qui croisse spon-
tanément dans notre
province, mais on en
cultive un grand nombre
d'autres dont je ne puis
donner la description sans
sortir des limites que j'ai
dû m'imposer. Je citerai
seulement le noms des plus
importantes.

Les Cyprès, les Pins,
Pinus sylvestris L. (P.
d'Ecosse) *P. maritima L.*
(P. maritime ou de Bor-
deaux), *P. laricio.* Poir.
etc. Le Sapin (*Abies
pectinata* DC), Le Mélèze,
(*Larix Europæa* DC),
l'If (*Taxus baccata* L.),
etc.

IIme. Classe. MONOCOTYLÉDONÉS ou ENDOGÈNES.

§ I. PHANÉROGAMES.

Tige (*Stipe*) dépourvue d'une véritable écorce,
formée d'une moëlle abondante parcourue par des fibres

éparses et non disposées concentriquement, n'ayant ni canal central médullaire, ni rayons de même nature, endurcie à l'extérieur, quelquefois souterraine et radiciforme, croissant seulement au sommet par un bourgeon terminal. Feu. souv. engaînantes, entières, simples, et à nervures parallèles ou rameuses dans les feu. lobées, mais jamais composées. Fl. distinctes, à périanthe le plus souv. unique, à disposition ternaire et sur deux rangs, ou si l'on veut : pér. double formé de deux rangées d'organes pétaloïdes ou calyciformes semblables. Embryon presque toujours à un seul cotylédon latéral. Radicule intérieure renfermée dans une poche ou *coléorhize* fibreuse. — *Plantes le plus souvent herbacées, levant au moment de la germination avec une seule feuille séminale.*

LXXVIIe Fam. HYDROCHARIDÉES. *DC,*

Fl. dioïques, renfermées dans une spathe. Fl. M, Spathe tantôt 1-flore, tantôt multiflore. Etam. i-13. Anthères 2-loculaires. Fl. F. Stigm. 3-6, bifides, sessiles sur un ov. infér. Péricarpe charnu à 1-6 loges, pulpeux intérieurement. Graines nombreuses. Embryon droit sans périsperme. — Périanthe à 6 lobes dont les trois intérieurs plus grands, pétaloïdes. — *Herbes aquatiques.*

I. HYDROCHARIS *L.* (*Morène.*) Dioïque. Fl. M. Spathe 2-lobée, 3-flore. Pér. à 6 divis. dont les 3 intér. pétaloïdes. Etam. 9. Fl. F. Spathe sessile, uniflore. Pér. muni de 6 appendices filiformes. Stigm. 6, cunéiformes, 2-fides. Caps. ovoïde, 6-loculaire, polysperme.

1. **H. MORSUS-RANÆ** *L.* (*M. grenouillette.*) Plante nageante, à tige stolonifère. Feu. fasciculées, orbiculaires, portées sur de longs pétioles, flottantes. Fl. blanches. ♃. E. C. Rivières, fossés, étangs. Terr. calc.

La *Vallisnérie* est indiquée

à tort par quelques auteurs comme croissant dans notre province. Ce sont des feuilles de *Sparganium* ; de *Potamogeton* ou de quelque autre plante aqua- tique, qui, déformées par les eaux courantes, ont pu être regardées comme ap- partenant à cette plante si curieuse.

LXXVIIIe. Fam. ALISMACÉES *Juss.*

Pér. à 6 divis. colorées, dont les 3 intérieures pé- taloïdes. Etam. 6-9, ovaires nombreux, surmontés chacun d'un style muni d'un seul stigm. Caps. in- déhiscentes, 1-spermes ou 2-valves et polyspermes. Embryon droit ou courbé, sans périsperme. — *Plantes aquatiques ; feu. engaînantes à la base : fl. verticillées ou en ombelles.*

1. BUTOMUS *L.* (*Butomé.*) Pér. à 6 divis. colorées, les 3 extér. plus courtes. Etam. 9. Ov. 6, portant chacun un style long et courbé. Caps. 1-loculaires, polys- permes, déhiscentes.

1. B. UMBELLATUS *L.* (*B. en ombelle.*) Vulg. *Jonc fleuri.* Hampe simple, nue, haute de 2-4 pieds. Feu. toutes radicales, longues, étroites, triquêtres à la base. Fleurs nom- breuses, d'un blanc rosé, longuement pédicellées, en ombelle au sommet de la hampe. Spathe de 3 fo- lioles. ♃. E. C. Rivières et fossés.

11. ALISMA *L.* (*Fluteau.*) Pér à 6 divis. dont les 3 extér. calyciformes, concaves, verdâtres, et les 3 intér. pétaloïdes. Etam. 6. Ov. nombreux, portant chacun un style obtus. Caps. indéhiscentes, 1-spermes.

1. A. PLANTAGO *L.* (*F. plantain d'eau.*) Hampe droite, arrondie, haute de 1-3 pieds, garnie de ra- meaux verticillés. Feu. toutes radicales, longuem. pétiolées, ovales-cordi- formes, entières, glabres, à 5 nervures, longitu- dinales. Fl. légèrement rosées, petites, en ver- ticilles assez écartés. Caps.

comprimées, triangulaires, obtuses, disposées en cercle.

Var. *b. angustifolia* DC. Feuilles lancéolées, étroites.

♃. E. TC. Mares, fossés, étangs.

2. A. RANUNCULOIDES *L.* (*F. fausse renoncule.*) Hampe de 6-10 pouces, munie vers son sommet de 1-2 verticilles de fl. Feu. toutes radicales, longuem. pétiolées, lanceolées-linéaires. Fl. d'un rose bleuâtre, délicates, portées sur de longs pédonc. Caps. nombreuses, pointues, réunies en une tête globuleuse, hérissée. ♃. E. PC. Lieux marécageux.

La racine de cette plante a une odeur forte et pénétrante, très-remarquable.

3. A. REPENS *Cav.* (*F. rampant.*) Peut-être cette espèce, comme le pensent quelques auteurs, n'est-elle qu'une variété de la précédente. Elle en diffère par sa stature plus petite (2-3 pouces), ses feuilles presque sessiles et linéaires et surtout par ses

hampes couchées radicantes, stolonifères. ♃. E. R. Sables humides, bords des étangs. Alençon, Argentan.

4. A. NATANS *L.* (*F. nageant.*) Plante nageante. Tige grêle. Feu. flotantes, ovales-elliptiques, obtuses, portées sur de longs pétioles. Fl. blanches, solitaires, assez larges, sortant de l'eau au sommet de longs pédoncules. Caps. oblongues, striées, divergentes, en cercle. ♃. E2-A1. PC. Mares, étangs, fossés, surtout dans le Bocage.

5. A. DAMASONIUM *L.* (*F. étoile.*) Hampe de 4-8 pouces de haut, garnie au sommet de 2 verticilles floraux écartés. Feu. pétiolées, ovales-allongées, cordiformes à la base, à 3 nervures longitudinales. Fl. petites, blanches, solitaires au sommet d'un pédonc. court. Caps 6, allongées, pointues, disposées en étoile. ♃. E. R. Rouen, Marais-Vernier, département de la Manche. (*de Gerv.*)

III. SAGITTARIA *L.* (*Sagittaire.*) Monoïque. Pér. à 6 divis., dont les 3 extér. persistantes, concaves, calyciformes, et les 3 intér. pétaloides, colorées. Fl.

mâles. Etam. 18-24. Fl. F. Oraires nombreux, placés
sur un réceptacle sphérique. Caps. 1-spermes, comprimées, bordées, indéhiscentes.

1. S. SAGITTÆFOLIA *L.*
(*S. à feu. en flèche.*) Plante
aquatique. Hampe droite,
nue, s'élevant au-dessus
de l'eau de 6-10 pouces.
Feu. longuem. pétiolées,
en forme de fer de flèche
à lobes lancéolés, pointus.
Fl. blanches, pédicellées,
formant 2-3 verticilles pauciflores. Caps. noirâtres
réunies en tête globuleuse.
♃, E. C. Rivières et
fossés.

Lorsque cette plante
naît dans une rivière à
courant un peu rapide,
les feuilles sorties de l'eau
conservent leur forme
sagittée, celles qui sont
parfois inondées ont un
limbe simplement ovale, et
celles enfin qui sont conti-
nuellement submergées,
perdent leur limbe et sont
réduites à un long ruban
linéaire, obtus, qui n'est
autre que le pétiole. J'ai
trouvé souvent des échan-
tillons présentant ces trois
conditions.

IV. **TRIGLOCHIN** *L.* (*Troscart.*) Pér. caduc à 6
lobes inégaux, dont les trois intér. plus grands, pétaloïdes. Etam. 6, très-courtes, à anthères extrorses.
Stigm. plumeux, sessiles. Ov. ?-6, connivens. Caps.
3-6, 1-spermes, redressées, soudées et simulant par
leur rapprochement une caps. à 3-6 loges, déhiscente
par la base.

1. T. PALUSTRE *L.* (*T.
des marais.*) Racine fi-
breuse. Plante glabre, ayant
l'aspect d'un jonc, à hampe
grêle, haute de 10-15
pouces, plus longue que
les feuilles qui sont toutes
radicales, longues, li-
néaires. Fl. rougeâtres,
petites, espacées, disposées
en un long épi grêle. Caps.
droites, sillonnées, allongées, 3-loculaires. ♂. E.
PC. Marais. Rouen, Fa-
laise, Argentan, Valognes,
etc.

2. T. BARRELIERI *Lois.*
(*T. de Barrelier.*) Racine
bulbeuse, entourée de
nombreuses fibres sèches,
débris d'anciens pétioles.
Hampe longue de 4-6
pouces dépassant à peine

les feu. qui sont linéaires, demi-cylindriques. Fl. rougeâtres, en épis courts, lâches et peu garnis. Caps. dressées, allongées, mais plus courtes que dans l'espèce précéd., à 3 loges. ♃. E. TR. Cette plante est indiquée par Roussel (*Fl. du Calvados.*) dans les marais d'Oystreham. Je l'ai reçue de Bretagne.

3. T. **MARITIMUM** *L.* (*T. maritime.*) Cette espèce ressemble beaucoup au *T. palustre*, mais elle en diffère par ses feuilles plus charnues, plus courtes en raison de la hampe, et surtout par ses capsules ovoïdes, à 6 loges, sillonnées. Les fl. sont en épi long et assez serré. ♃. E. C. Lieux marécageux maritimes, embouchures des rivières, etc.

LXXIXᵉ. Fam. POTAMÉES *Juss.*

Fl. hermaphr. ou monoïques (rarem. dioïques), entourées de spathes ou d'un pér. simple à 2-4 lobes plus ou moins profonds. Etam. 1-4, insérées sur le récept. ou sur l'axe de l'épi. Style 1 ou nul. Stigm. simple. Caps. indéhiscentes, 1-loculaires, 1-spermes. Ovules pendans. Périsperme nul. Embryon droit ou courbé. Radicule opposée au hyle. — *Herbes aquatiques, à feu. simples.*

1. **POTAMOGETON** *L.* (*Potamot.*) Fl. hermaphr. en épis, munis d'une double spathe à la base du spadix. Pér. 4-partite. Anthères 4, sessiles, alternes avec les divis. du pér. Ov. 4. Stigm. simple, sessile. — *Fl. verdâtres en épis.*

1. P. **NATANS.** *L.* (*P. nageant*) Tige arrondie, rameuse, variant de longueur selon la profondeur des eaux où elle croît. Feu. flottantes, coriaces, ovales-elliptiques, un peu cordiformes à la base, longuement pétiolées, entières ; les infér. on submergées, allongées ou réduites à un simple pétiole. Fl. en épi serré. Pédoncule moins long que les feu. Noix carénées. ♃. E. TC. Eaux stagnantes.

2. P. **OBLONGUS** *Vir.* (*P.*

oblong.) Tige arrondie, un peu noueuse, courte. Feu. d'une seule espèce, toutes ovales-oblongues, rétrécies brusquement en un pétiole un peu plus long qu'elles, coriaces, entières, quelquefois légèrement pointues. Fl. en épi court, porté sur un pédonc. le plus souvent courbé, dépassant peu la longueur du pétiole. Noix non carénées. ♃. E. PC. Lieux marécageux, non complètement inondés, parmi les mousses, aux bords des étangs, etc. Alençon, Falaise, Mortain, etc.

3. P. FLUITANS *Roth* (*P. flottant.*) Cette plante n'est peut-être, ainsi que la précéd. qu'une var. du *P. natans L.* Ses feuilles sont lancéolées, allongées, pointues, rétrécies en un long pétiole ; les supér. sont légèrem. coriaces et les infér. membraneuses-pellucides, entières; celles-ci ne sont jamais dépourvues de limbe comme cela arrive dans le *P. natans.* Noix à carènes aiguës. ♃. E. PC. Fossés, ruisseaux des bois. Vire, Falaise, Mortain.

4. P. PLANTAGINEUS *Du Croz.* (*P. plantain.*) Tige arrondie, rameuse, flexueuse. Feu. toutes membraneuses-pellucides, ovales, pétiolées, 2 fois plus longues que le pétiole, entières ; les supér. quelquefois un peu cordiformes à la base ; les infér. lancéolées. Epis comme terminaux. Noix tricarénées. ♃. E. R. Eaux limpides des marais. Plainville.

5. P. GRAMINEUS *L.* (*P. heterophyllus* Schreb. DC. (*P. gramen.*) Tige longue, grêle, articulée, rameuse. Feu. infér. submergées, membraneuses, sessiles, lancéolées-linéaires atténuées aux 2 extrémités, entières, les supér. ovales, coriaces, pétiolées, pointues. Fl. en épis épais. Noix ovoïdes, carénées. ♃. E. R. Eaux stagnantes. Alençon, Evreux.

6. P. LUCENS *L.* (*P. luisant.*) Tiges longues, rameuses, arrondies. Feu. grandes, veinées, membraneuses-pellucides, ovales, lancéolées, longues, légèrement denticulées, presque sessiles. Fl. en épi serré, porté sur un

pédonc. épais. Stipules grandes presque aussi longues que les entre-nœuds. Noix lunulées, carénées.

Var. *b. P. longifolius* Poir. Feu. longues de 8-10 pouces. Rivière de Dives. ♈. E. C. Etangs et rivières.

7. P. RUBESCENS *Schrad.* (*P. rougeâtre*). Tiges rameuses, arrondies. Feu. infér. lancéolées, membraneuses-pellucides, nervées, sessiles ; les supér. peu coriaces et à court pétiole ; toutes entières et d'un brun rougeâtre⊙ Stipules une fois plus courtes que les entrenœuds. Fl. en épi serré, porté sur un pédonc. long. Noix à carènes aiguës. ♈. E. R. Rivière d'Orne, Pont-d'Ouilly, Harcourt.

8. P. PRÆLONGUS *Wulf.* (*P. allongé.*) Tige grêle, arrondie, très-longue, rameuse. Feu. membraneuses-pellucides, nervées, lancéolées, étroites, allongées, pointues, demi-embrassantes à la base, entières. Stipules courtes. Fl. en épi court, serré porté sur un long pédonc. souv. plus épais que la tige. Noix lunulées, à

carènes aiguës. ♈. E. R. Rivière d'Orne. Pont-des-Verts, Pont-d'Ouilly, etc.

9. P. PERFOLIATUS *L.* (*P. à feu. embrassantes.*) Tige longue, rameuse, arrondie. Feu. membraneuses-pellucides, amplexicaules, ovales-cordiformes, espacées, nervées, obtuses, entières. Stipules très-courtes. Fl. écartées, en épi porté sur un long pédonc. Noix apiculées, lunulées, non carénées. ♈. E. C. Rivières.

10. P. CRISPUS *L.* (*P. crépu.*) Tige comprimée, rameuse, flexueuse. Feu. rapprochées, membraneuses, semi-amplexicaules, linéaires-oblongues, 3-nervées, denticulées et ondulées-crépues sur les bords. Stipules courtes. Fl. peu nombreuses en épis courts, portés sur des pédonc. cylindriques, non épais. Noix surmontées d'un bec allongé, elliptiques, comprimées un peu carénées. ♈. E. TC. Mares, fossés.

11. P. OBTUSIFOLIUS *Mert.* *et Koch.* (*P. à feu. obtuses.*) Tige comprimée, non ailée, rameuse. Feu. membraneuses, linéaires, allongées,

entières, obtuses, rétrécies à leur base, à 3 nervures. Stip. tronquées. Fl. en épis ovoïdes, portés sur des pédonc. axillaires courts. Noix ovoïdes, carénées, terminées par un bec court, obtus. ♉. E. TR. Etangs. Falaise.

* 12. P. ACUTIFOLIUS *Link. P. compressum* DC. (*P. à feu. aiguës*) Tige comprimée-ailée, rameuse. Feu. linéaires, nervées, entières, pointues au sommet. Fl. en épis ovoïdes, portés sur des pédonc. courts. Noix réniformes, à carènes aiguës. ♉. E. R. Fossés. Le Havre.

Cette espèce et la précédente ont été souvent prises pour le *P. compressus* L., qui en diffère par ses feuilles plus longues et mucronées, par ses longs pédoncules et ses fruits à carènes obtuses.

13. P. DENSUS *L.* (*P. serré.*) Tige grêle, rameuse, dichotome au sommet. Feu. pellucides, opposées, rapprochées, distiques, sessiles, semi embrassantes, ovales-lancéolées, acuminées, dentelées au sommet, 3-5-nervées. Fl. en épis ovoïdes très-courts, portés

sur des pédonc. souv. courbés et naissant à la bifurcation des rameaux. Noix ovoïdes, à bec court, à bords larges, carénés.

Var. *b. P. oppositifolius* DC. Feu. opposées, étroites, pointues, à peine denticulées.

Var. *c. angustissimus.* Feu. opposées, écartées, linéaires, étroites, finissant en une longue pointe, munies de dentelures écartées, très-fines. ♉. E. C. Mares, rivières, fossés. La var. *c.* TR. semblerait devoir constituer une espèce nouvelle. Je l'ai trouvée dans un fossé des environs de Falaise.

14. P. PUSILLUS *L.* (*P fluet.*) Tiges rameuses, fins, comprimées, Feu. linéaires, très-étroites, comme capillaires, pointues, 1-3-nervées, alternes. Fl. en épi grêle, interrompu, pauciflore, porté sur un pédonc. filiforme, allongé. Noix oblongues-elliptiques, carénées, à bec court, quelquefois solitaires par avortement. ☉. E. PC. Mares, fossés. Rouen, Le Havre, Falaise, Vire, Saint-Lo, etc.

15. P. PECTINATUS L. (P. pectiné.) Tiges longues, filiformes, rameuses, souv. très-feuillées. Feu. linéaires, étroites, longues, comme.sétacées, pointues, uninervées, engaînantes à la base, alternes et distiques. Fl. en épi grêle, interrompu, longuement pédonculé. Noix lunulées, lisses et carénées. ♃. E. R. Etangs, rivières. Falaise. — Il habite aussi quelquefois les eaux saumâtres.

16. P. MARINUS L. (P. marin.) Cette espèce que l'on devra peut-être réunir à la précédente, comme l'ont fait plusieurs auteurs, en diffère par ses feuilles plus nombreuses, moins régulièrement disposées et surtout par ses noix rugueuses, ridées, non carénées. ♃. E. C. Eaux saumâtres, embouchure des rivières. Le Havre, Caen, Isigny, Le Vey, etc.

II. RUPPIA L. (Ruppie.) Fl. hermaphr. disposées sur deux rangs le long d'un spadix solitaire. Périanthe caduc, 2-valve. Anthères 4, sessiles, 1-loculaires. Ovaires 4, d'abord sessiles, et se changeant à la maturité en noix 1-spermes, ovoïdes, portées sur de longs pédicelles.

1. R. MARITIMA L. (R. maritime.) Tige nageante, grêle, très-rameuse. Feu. alternes linéaires, étroites. comme sétacées, aiguës. Fl. en chatons axillaires, nues, formées chacune de 4 anthères sessiles, oblongues et de 4 ovaires, qui, plus tard, deviennent des capsules obliques dressées, portées sur de longs pédicelles filiformes. ☉. E A. R. Eaux saumâtres, Etangs et fossés sur les bords de la mer. Mares de l'Eure près du Havre.

2. R. ROSTELLATA Koch. (R rostellée.) Cette espèce est plus commune en Normandie que la précédente avec laquelle on l'a souvent confondue. Elle en diffère par la plus grande ténuité de toutes ses parties, par ses anthères à loges globuleuses, par ses capsules obliques, posées transversalement au sommet de pédic. et terminées par un bec plus allongé. ☉. E-A. C. Mêmes stations: Caen, Cherbourg, Lessay, etc.

III. ZANNICHELLIA *L.* (*Zannichelle.*) Spathe diaphane, entourant une seule fleur hermaphr. ou monoïque. Etam. 1. Styles 4-8, stipités, renfermés dans une fl. fem. en cupule membraneuse, tronquée. Stigm. pelté, membraneux. Caps. 1-spermes, stipitées, courbées, comprimées. — *Herbes aquatiques; fleurs verdâtres axillaires.*

1. Z. PALUSTRIS *L.* (*Z. des marais*) Tiges grêles, submergées, très-rameuses. Feu. linéaires capillaires, alternes dans le bas, opposées ou verticillées dans le haut de la plante. Fl. verdâtres, axillaires. Caps. 4-6, allongées, comprimées, un peu courbées, légèrement rugueuses sur la carène, terminées par le style long et presque droit, portées sur un court pédicelle. ⊛. E. C. Étangs, rivières, fossés.

2. Z. DIGYNA *Gay* in lit. (*Z. digyne.*) Cette espèce est plus délicate que la précédente dans toutes ses parties; ses feu. sont plus courtes et plus menues. Elle diffère essentiellement des autres espèces de ce genre par ses capsules comprimées, terminées par un long style grêle, légèrement courbé, aussi long qu'elles, par leur carène ailée, membraneuse d'abord, devenant enfin denticulée-épineuse. Elles sont le plus souv. géminées et pédicellées. ⊛. E. R. Eaux saumâtres. M. Gay a trouvé cette plante dans le Gavron, à Pirou (Manche.)

IV. ZOSTERA *L.* (*Zostère*) Fl. monoïques ou dioïques, unilatérales et cachées dans la gaîne de feuilles remplissant les fonctions de spathe. Fl. M, Etam. 1, placée à la base de la fl. fem. Fl. F. Per. campanulé. Ov. 2-6. Caps. 1-spermes, comprimées.

1. Z. MARINA *L.* (*Z. marine.*) Tige glabre, noueuse et radicante à la base. Feu. graminées, linéaires, obtuses, entières, engaînantes à la base. Semblable à une espèce de silique, la spathe s'ouvre latéralement, elle renferme un spadix qui porte une rangée d'anthères et d'ovaires. Caps,

1-sperme. Graine ellip-
tique sans périsperme.
♃. E-A. C. Cette plante
habite le fond de la mer.
Elle est souv. rejetée à
la côte, en grande quan-
tité avec les algues ; son
foin sert à emballer des
objets fragiles.

V. **NAYAS** *L.* (*Nayade.*) Fl. monoïques. M. Pér.
2-lobé ou nul. Etam. 1, à anthère 4-valve au sommet.
Fl. F. Pér. nul. Style 1. Stigm. 2-3. Caps. ovoïdes,
1-spermes. — *Herbes aquatiques.*

1. N. MAJOR *Roth. N.
marina L.* (*N. majeure.*)
Tiges droites, rameuses,
dichotomes, pellucides,
munies de pointes épi-
neuses, longues de 10-15
pouces. Feu. opposées,
ternées ou quinées, en-
gaînantes à la base, sans
nervures, sinuées-dentées-
épineuses. Fl. verdâtres,
axillaires ; les M. pédonculées et les fem. sessiles.
Caps. arrondies. ⊙. E.
R. Etangs, Rivières. Pont-
de-l'Arche. Alençon.

2. N. MINOR *L.* (*N.
fluette.*) Tige beaucoup
plus grêle que dans la
précéd., lisse, longue de
6-8 pouces. Feu. ramas-
sées au sommet des ra-
meaux, opposées ou ter-
nées, recourbées au sommet,
engaînantes à la base, denticulées épineuses. Fl. verdâtres, petites. Caps.
étroites, surmontées d'un
style filiforme, allongé.
⊙. E-A. R. Rivières.
Mêmes localités que la
précédente.

LXXX°. LEMNACÉES *Dub.*

Fl. monoïques, renfermées dans une spathe sessile,
monophylle, comprimée, mince, membraneuse. Fl. M.
1-2. Etam. 1, à filet cylindrique plus long que le
style. Anthères 2, rapprochées, globuleuses, 1-loculaires.
Fl. F. 1. Style court, cylindrique, à stigm. concave
tronqué. Ovaire ovoïde, comprimé 1-loculaire, renfermant 2-5 ovules droits. Caps. indéhiscente. Embryon
1-cotylédoné. Périsperme nul. — *Petites plantes formées de folioles lenticulaires flottantes sur les eaux, munies
de radicules à leur face inférieure.*

I. **LEMNA** *L.* (*Lenticule*) Vulg. *Lentille d'eau*. Voyez les caractères de la famille.

1 L. **TRISULCA** *L.* (*L. trilobée.*) Cette espèce diffère de ses congénères parce qu'elle croît en masses submergées, et n'est pas flottante à la surface des eaux. Folioles oblongues, lancéolées, pellucides, munies d'une nervure donnant naissance latéralement à d'autres folioles réunies 3 à 3. Stigm. 2-lobé. Radicule solitaire. ◉. P-E. C. Fossés.

2. L. **POLYRHIZA** *L.* (*L. à racines nombreuses.*) Radicules nombreuses partant du même point. Folioles arrondies, fermes, assez larges, rougeâtres en-dessous, cohérentes. ◉. P-A. PC. Fossés. Rouen, Caen, Falaise, etc.

3. L. **GIBBA**. *L.* (*L. gonflée.*) Radicule solitaire. Folioles rougeâtres, arrondies, convexes, comme hémisphériques, spongieuses et blanchâtres en-dessous. ◉. E-A. R. Mares, fossés. Vire, Saint-Lo, etc.

4. L. **MINOR** *L.* (*L. naine.*) Cette espèce, la plus commune de toutes, couvre quelquefois en entier la surface des eaux stagnantes pendant la plus grande partie de l'année. Folioles petites, ovales, arrondies, d'un vert gai, cohérentes par la base, légèrem. enflées en-dessous. Radicule solitaire. ◉. TC.

5. L. **ARRHIZA** *L.* (*L. sans racines.*) Folioles ovales, très-petites, souvent soudées 2 à 2, à peu près planes. Elles sont dépourvues de radicules en-dessous, on y voit une impression en forme de point qui est peut-être la base d'une radicule avortée. Ne serait-ce point un état incomplet de l'une des trois espèces précédentes? ◉. E-A. R. Eaux stagnantes. Falaise, Vire, Avranches.

LXXXIme. Fam. ORCHIDÉES. *Juss.*

Pér. à 6 divisions irrégulières, marcescentes, dont 3 extér. et 3 intér.; les cinq supérieures sont quelquefois conniventès, rapprochées, en forme de casque, la 6ᵉ qui

est infér. (*labelle* ou *tablier*) est ordinairement pen·
dante , plus large , de forme variée et souv. pourvue
en-dessous , à sa base , d'un prolongement creux nommé
éperon. Ovaire infér. , allongé , adhérant au pér.
Style unique , central portant les organes mâles et femelles à sa partie sup. en colonne (*gynostème*). Stigm.
visqueux , placé sur la face antér. du style. Etam. 3 ,
dont 2 latérales constamment avortées et réduites à des
rudimens. Anthère unique , placée à la partie ant. du
gynostème , à 2 loges distinctes souvent séparées. Pollen
en masses granuleuses ou solides , quelquefois pédicellées. Caps. 1-loculaire , à 3 valves réunies par 3 côtes
saillantes , persistantes. Semences nombreuses , membraneuses , insérées sur le milieu des valves. Embryon
très-petit , à radicule tournée vers le hyle. Périsperme
charnu. — *Plantes vivaces , à tige herbacée , simple ,*
munie de feu. engainantes , à racines composées de fibres
cylindriques , simples ou rameuses , ou le plus souv. de
tubercules arrondis , entiers ou palmés.

Les tubercules des orchidées contiennent une fécule
nutritive et adoucissante , connue sous le nom de *salep*.

I. ORCHIS *L.* Pér. irrégulier à 6 div. profondes; 5 supér.
souv. rapprochées en forme de casque , l'infér. (*labelle*)
lobée , rarem. simple , munie postérieurem. d'un éperon. Anth. à 2 loges , masses polliniques , pédicellées.

* *Tubercules palmés ou fasciculés.*

1. O. LATIFOLIA *L.* (*O.*
à larges feuilles.) Tubercules palmés , droits. Tige
droite , fistuleuse , ferme ,
haute de 10-15 pouces. Feu.
lancéolées , allongées ,
dressées , à gaine longue
et lâche , rarem. tachées
de brun. Fl. purpurines
ou roses en épi serré , entremêlées de bractées plus
longues qu'elles. Pét.
supér. connivens, les 2 latéraux ouverts , ascendans.
Labelle légèrem. trilobé,
à divis. latérales, refléchies
en arrière et dentelées ,
tacheté de pourpre foncé.
Eperon plus court que
l'ov. , large à l'entrée. ℔.
P3. E1. C. Prés humides ,
marais.

2. O. MAIALIS *Reich.* (*O.*
de mai.) Diffère du précéd.
par sa tige moins ferme,

à peine fistuleuse , ses feuilles ovales , plus courtes , étalées et non dressées, souvent parsemées de nombreuses taches d'un brun foncé , confluentes. Fl. purpurines plus larges , pointillées , en épi long, entremêlé de bractées plus longues qu'elles. Labelle arrondi , trilobé , crénelé , à lobe moyen un peu plus long. Eperon conique plus court que l'ov. ♃. P2.3.R. Prés. Falaise.

3. o. MACULATA *L.* (*O. taché.*) Tubercules palmés, droits. Tige pleine , haute de 10-18 pouces. Feu. ovales-oblongues ou lancéolées , les sup. comme linéaires , presque toujours chargées de taches brunes transversales. Fl. blanches ou roses avec des lignes courbes et des points purpurins, en épis allongés. Pét. intér. connivens , les 2 supér. écartés. Labelle large , trilobé , dentelé , à lobe moyen , petit , court , aigu , entier. Eperon un peu plus court que l'ovaire. Bractées ne dépassant pas les fleurs.

Var. *b. trilobata* , épi grêle ; fl. petites, labelle à 3 lobes profonds presque égaux. Caen , Falaise.

Var. *c. media.* Labelle à lobe moyen allongé, obtus ; les latéraux arrondis . entiers. Falaise.
♃. P3. E1. TC. Prés et bois.

4. o. ANGUSTIFOLIA *Lois.* *O. divaricata* Rich. *Var.* (*O. à feu. étroites.*)Tubercules divisés seulement en deux parties allongées , fusiformes , divariquées , longues quelquefois de 4 6 pouces. Tige haute d'un pied , fistuleuse. Feu. lancéolées-linéaires , étroites , canaliculées , peu nombreuses , dressées. Fl. d'un rose-pâle , en épi court , serré , entremêlées de bractées colorées qui les dépassent à peine. Pét. latéraux ouverts. Labelle cunéiforme , tacheté , à trois lobes peu sensibles , légér. dentelés , le moyen très-petit. Eperon conique un peu plus court que l'ov. —Feu. presque toujours sans taches.
♃. E1. R. Marais de Plainville près de Saint-Pierre-sur-Dives.

5. o. CONOPSEA *L.* (*O. à long éperon.*) Tige grêle , haute de 12-18 pouces. Feu. lancéolées-linéaires , longues. Fl. petites, purpu-

rines (quelquefois blanches), odorantes, en épi long, peu serré. Pét. latéraux, très-ouverts. Labelle à 3 lobes obtus à peu près égaux. Eperon delié, cylindrique, 2 fois plus long que l'ovaire, Bractées terminées en pointe fine, atteignant la fleur. ♃. P3. E1. C. Prés et coteaux.

6. O. **ODORATISSIMA** *L.* (*O. très-odorant.*) Tige droite, haute de 10-15 pouces. Feu. linéaires, canaliculées, pointues, très-longues. Fl. purpurines, petites, très-odorantes, en épi grêle, lâche et allongé. Labelle à 3 lobes, dont le moyen un peu plus large et en pointe. Eperon délié, de la longueur de l'ov. ou à peine plus long ♃. P3. F. TR. Prés. Rouen, Neuchatel.

7. O. **VIRIDIS** *All. Satyrium L.* (*O. à fleurs verdâtres.*) Tige droite, haute de 8-10 pouces. Feu. peu nombreuses, lancéolées, courtes, les inf. ovales. Fl. d'un vert jaunâtre en épi lâche. Pétales sup. connivens. Labelle, quelquefois rougeâtre, allongé, linéaire, terminé par 3 divis. aiguës, celle du milieu plus courte. Eperon très court, globuleux. Bractées dépassant ordinairement les fleurs.

Var. *b. brevibracteata.* Bractées obtuses ne dépassant par les fl. Falaise. ♃. P2. 3. C. Prés un peu humides.

8. O. **ALBIDA** *All. Satyrium L.* (*O. à fleurs blanchâtres.*) Tige haute de 8-12 pouces. Feu. infér. ovales-obtuses, presque spatulées, les supér. lancéolées. Fl. d'un blanc-verdâtre, odorantes, très-petites, en épi serré, allongé. Pet. supér. connivens, 2 latéraux ouverts. Labelle court à 3 lobes, le moyen obtus, un peu plus long que les 2 autres. Eperon court, obtus, 3 fois moins long que l'ov. ♃. P2. 3. TR. Bois découverts. Rouen, Falaise.

** *Tubercules entiers, arrondis.*

9. O. **MASCULA** *L.* (*O. mâle.*) Vulg. *Pentecôtes.* Ce nom vulgaire s'applique également à quelques-unes des espèces voisines. Tige droite, haute de

12-18 pouces. Feu lancéolées, obtuses, rapprochées de la base, le plus souv. tachées de noir. Fl. purpurines (rarem. roses ou blanches) en épi allongé. Pét. pointus, les 2 supér. ouverts et redressés. Labelle à 3 lobes obtus crénelés, le moyen bilobé, les 2 latéraux plus courts. Eperon droit, obtus, de la longueur de l'ov. ♃. P. TC. Prés.

10. O. LAXIFLORA *Lam.* (*O. à fleurs lâches.*) Tige droite, de 12-20 ponces, munie, au sommet, d'angles scabres, denticulés. Feu. lancéolées, étroites, dressées, pointues, pliées en gouttière. Fl. d'un pourpre foncé, (rarem. roses) en épi long très lâche. Pét. supér. obtus, écartés. Labelle à 3 lobes, les latér. larges, crénelés, rejetés en arrière, le moyen échancré, très-court, souv. presque nul. Eperon redressé, obtus, comme bilobé à l'extrémité un peu plus court que l'ovaire. ♃. P2. Prés humides; Rouen, Caen, Falaise, Argentan, etc.

11. O. PALUSTRIS *Jacq.* (*O. des marais.*) Ressemble au précédent dont il

diffère par sa tige moins élevée, lisse et non scabre au sommet, par ses feuilles un peu plus courtes et plus lâches, mais toujours pointues, par son épi moins lâche. Ses fleurs sont grandes, à pétales ouverts, à labelle large, crénelé, trilobé, le lobe moyen bien distinct, bifide, les latéraux très-larges et déjetés; le disque intermédiaire est d'un rose blanchâtre, chargé de points purpurins foncés. L'éperon est gros, bilobé à l'extrémité, souv. un peu crispé. ♃. P2. R. Prés humides.—Falaise.

12. O. MORIO *L.* (*O. bouffon.*) Tige droite, haute de 8-10 pouces. Feu. inférieures, lancéolées, étroites, obtuses, étalées; les supér. engaînantes, courtes et appliquées. Fl. purpurines (quelquefois roses ou blanches) en épi lâche, peu garni. Pét. supér. connivens, obtus, rayés longitudinalement. Labelle trilobé, crénelé; le lobe moyen court bifide, les 2 latéraux plus grands réfléchis en arrière. Eperon obtus, redressé, plus court que l'ovaire. Bractées colorées égales à l'ov. ♃. P2. TC. Prés, Pelouses et coteaux secs.

13. O. MILITARIS *L.* (*O. militaire.*) Tubercules ovoïdes, allongés. Tige haute de près de 2 pieds. Feu. ovales-oblongues, larges, rétrécies à la base. Fl. purpurines, pâles, en épi ample, cylindrique un peu lâche. Lobes supér. du pér. aigus, connivens. Labelle tacheté de points foncés, large, à 4 divis., 2 latérales linéaires, 2 interméd. larges, arrondies, entières et séparées par un sinus aigu où se trouve souv. une petite pointe. Eperon au moins une fois plus court que l'ov. Bractées courtes, comme avortées. ♃. P. PC. Bois des terr. calc. Rouen, le Hâvre, Falaise, Vimoutiers, etc.

14. O. FUSCA *Jacq.* (*O. brun.*) Cette espèce diffère de la précéd. par la couleur d'un pourpre plus foncé, d'un brun-violet de ses fleurs et par les divis. médianes du labelle qui sont crénelées ou dentelées. Lobes supér. du pér. moins aigus. Eperon et bractées 2 fois plus courts que l'ov. Labelle rose, à points scabres plus foncés. Epi gros, très-fourni. ♃. P. R. Bois et prés des terr. calc.

Rouen, Falaise, Trun, etc.

15. O. USTULATA *L.* (*O. brûlé.*) Cette espèce est une vraie miniature de l'*O. fusca.* Tige haute de 6-10 pouces. Feuilles ovales, un peu obtuses. Fl. d'un pourpre foncé, surtout au sommet de l'épi qui semble noirâtre; celui-ci est ovale et serré. Lobes supér. du pér. pointus, connivens. Labelle blanc, ponctué de pourpre à 3 lobes, dont l'interméd. plus long bilobé. Eperon courbé deux fois plus court que l'ov. qui est égal aux bractées. ♃. P. PC. Pelouses, prés et bois découverts des terr. calc.

1. 16. O. VARIEGATA *Lam.* (*O. panaché.*) Tige haute de 8 10 pouces. Feu. ovales lancéolées, étroites. Fl. d'un pourpre pâle, ponctuées, rapprochées en un épi court et serré. Lobes supér. du pér. pointus, connivens. Labelle non scabre, à 3 divis.; 2 latérales aiguës, la médiane plus longue à 2 lobes, denticulés, munis d'une petite pointe dans le sinus qui les sépare. Eperon subulé, droit, une fois plus

court que l'ov. Bractées lancéolées presque aussi longues que l'ov. ♃. P. TR. Bois et prés. Maltot près de Caen.

17. O. GALEATA *Lam.* (*O. en casque.*) Tige haute de 12-15 pouces. Feu. ovales-lancéolées, larges, un peu obtuses. Fl. d'un pourpre très-clair, en épi court, presque conique, un peu lâche. Divis. supér. du pér. courtes, pointues, conniventes. Labelle un peu velu, bordé de points formant des denticules, à 3 divis.; 2 latérales linéaires, l'intermédiaire plus longue, terminée par 2 lobes courts, arrondis, divergens, munis d'une petite pointe au fond de l'échancrure qui les sépare. Eperon de moitié plus court que l'ovaire. Bractées très-courtes, comme avortées. ♃. P. R. Bois et prés. Rouen, Gisors.

18. O. SIMIA *Lam.* (*O. Singe.*) Tige haute de 12-15 pouces. Feu larges, lancéolées. Fl. d'un pourpre pâle, ponctuées, en épi court, ovoïde. Divis. supér. du pér. conniventes en forme de casque. Labelle à 3 lobes linéaires, al-

longés, étroits, celui du milieu bifide avec une dent allongée dans son échancrure. Eperon de moitié moins long que l'ovaire. Bractée très-courte. ♃. P. R. Bois et prés des terr. calc. Rouen, Le Hâvre, Pont-Audemer.

19. O. CORIOPHORA *L.* (*O. punaise.*) Cette espèce est remarquable par l'odeur de punaise qu'exhalent ses fleurs. Tige haute d'un pied environ. Feu. d'un rouge sale, à labelle verdâtre. Divis. supér. du pér. pointues, conniventes. Labelle à 3 lobes denticulés; les 2 latéraux tronqués obliquement, celui du milieu un peu plus long, obtus. Eperon conique courbé vers la terre, moins long que l'ovaire qui est égal aux bractées. ♃. P3. PC. Prés argilleux; Rouen, Dives, Alençon, Séez, Falaise, etc.

20. O. CIMICINA *Breb.* Mss. (*O. cimex.*) Cet Orchis dont l'odeur, sans être désagréable, rappelle cependant légèr. celle de l'*O. cariophora*, en diffère sous beaucoup d'autres rapports. Tige haute de 10-15 pouces. Feu. lancéolées-linéaires, pointues; les

supér. dressées. Fl. d'un pourpre violacé, foncé, avec labelle de même couleur, nn peu pâle et ponctué à sa base. Epi lâche allongé. Divis. supér. du pér. pointues, conniventes. Labelle à trois lobes à peu près égaux, tronqués, inégalem. dentelés, le moyen un peu échancré; les latéraux rejetés en arrière, non tronqués obliquem. Eperon conique, droit, ascendant un peu plus court que l'ov. Bractées colorées aussi longues que l'ov. ♃. P3. R. J'ai trouvé cette nouvelle espèce en 1834, dans un pré des environs de Falaise.

21. O. PYRAMIDALIS *L.* (*O. pyramidal.*) Tige haute de 12-15 pouces. Feu. lancéolées. Fl. petites, purpurines (quelquefois blanches) en épi court, conique, très-serré. Divis. supér. du pér. ouvertes, plus grandes. Labelle à 3 lobes égaux et entiers, muni à sa base de deux appendices semblables à deux écailles relevées. Eperon grêle, au moins aussi long que l'ov. qui est égale en longueur par les bractées. ♃. P5. PC. Prés et bois découverts des terr. calc.

22. O. BIFOLIA *L.* (*O. à deux feuilles.*) Tige haute de 10-15 pouces. Feu. larges, ovales obtuses, rétrécies à leur base; radicales au nombre de 2 ou rarem. 3; les supér. petites, linéaires, non engaînantes. Fl blanchâtres, odorantes, en épi lâche. Divis. supér. du pér. ouvertes. Labelle linéaire, obtus, entier, verdâtre. Eperon grêle, 2 fois aussi long que l'ov. Bractées à peu près de la longueur de l'ov. ♃. P3. E1. C. Prés et bois.

23. O. HIRCINA *Crantz.* Satyrium. *L.* (*O. à odeur de bouc.*) Tige haute de 15-20 pouces. Feu. ovales-lancéolées. Fl. d'un blanc sale, fétides, en épi long, lâche. Divis. supér. du pér. conniventes. Labelle d'un vert-brun, taché de pourpre à sa base, à 3 lobes linéaires, les 2 latéraux petits, ondulés, celui du milieu long de près d'un pouce et demi, roulé, tronqué, comme rongé à son extrémité. Eperon très-court, obtus. Bractées une fois aussi longues que l'ov. ♃. E1. C. Collines, bords des chemins, bois découverts. Terr. calc.

II. OPHRYS *L.* Pér. irrégulier, à 6 divisions ou lobes, dont 2 supér. plus ou moins écartés. Labelle non prolongé en eperon à sa base. Stigm. placé en avant du style. Anth. biloculaire, terminale. Masses polliniques en granules angulaires. — *Tubercules entiers arrondis.*

1. O. ANTROPOPHORA *L.* (*O. homme pendu.*) Tige haute d'un pied environ. Feu. ovales lancéolées. Fl. petites, jaunâtres, en épi long, cylindrique, lâche. Divis. supér. du pér. conniventes. Labelle ferrugineux, glabre, à 3 lobes linéaires, celui du milieu plus long et bifide. Bractée plus courte que l'ov. ♃. P3. E1. R. Collines des terr. calc. Rouen, Honfleur.

2. O. MONORCHIS *L.* (*O. à un tubercule.*) Tige haute de 4-6 pouces, munie seulem. à la base de 2-3 feu. lancéolées. Fl. petites, d'un vert jaunâtre, en épi grêle, allongé, un peu en spirale. Divis. du pér. lancéolées. Labelle à 3 lobes linéaires dont les deux latéraux divariqués. Bractées de la longueur de l'ov. ♃. P3. E1. TR. Prés montueux. Rouen, Pays de Bray.

3. O. MYODES *Jacq.* (*O. mouche.*) Tige haute de 10-15 pouces. Feu. lancéolées, étroites. Fl. peu nombreuses, en épi lâche allongé. Divis. extér. du pér. verdâtres, les 2 latérales intér. filiformes, noirâtres. Labelle pubescent, d'un pourpre-noir, chargé d'une tache bleuâtre et glabre, à 3 lobes, celui du milieu plus long et terminé par 2 divis. pointues.

Var. *b. bombifera.* Labelle large, court, muni d'une petite dent dans l'échancrure des 2 divis. terminales. Falaise.

♃. P2. PC. Coteaux et pelouses des terr. calc.

4. O. ARANIFERA *Sm.* (*O. porte-araignée.*) Tige haute de 6-10 pouces. Feu. lancéolées, étalées. Fl. peu nombreuses, 3-5, en épi lâche. Lobes extér. du pér. lancéolés, verdâtres, les intér. plus courts, obtus, jaunâtres. Labelle d'un brun rouillé, velu avec deux petites lignes parallèles, glabres et de couleur plombée, convexe,

les bords réfléchis en-dessous, échancré au sommet et ayant à sa base deux petites protubérances saillantes en-dessus. ♃. P. C. Collines, pelouses et prés secs des terr. calc.

5. O. ARACHNITES *Hoffm.* (*O. fausse araignée.*) Tige haute de 8-10 pouces. Feu. lancéolées-oblongues, pointues, moins étalées que dans l'espèce précéd. Fl. peu nombreuses, 4-6, distantes, en épi lâche. Divis. du pér., ouvertes, d'un blanc verdâtre, oblongues, obtuses, les 2 intérieures très-petites. Labelle convexe, couvert de poils bruns soyeux, luisans, marqué vers sa base de quelques lignes anostomosées formant des polygones, à 3 lobes, arrondis ; celui

du milieu plus grand, terminé par 3 dents courtes obtuses. ♃. P. TR. Pelouses des terr. calc. Rouen, Honfleur.

6. O. APIFERA *Sm.* (*O. abeille.*) Tige haute de 10-15 pouces. Feu. oblongues-lancéolées. Fl. assez grandes, peu nombreuses, 4-6, en épi lâche. Divis. extér. du pér., ouvertes, lancéolées-ovales, roses ; les 2 intér. petites, linéaires, jaunâtres. Labelle velu, d'un brun ferrugineux marqué de lignes jaunes, arrondi, convexe, muni de 5 petits lobes réfléchis, celui du milieu recourbé en dessous en crochet. Gynostème en bec très-saillant. ♃. P. C. Coteaux et pelouses des terr. calc.

III. NEOTTIA *Sw.* (*Néottie.*) Pér. à divis. conniventes à la base, étalées à leur sommet. Labelle canaliculé, ventru à la base, non lobé, non muni d'éperon à sa base. Style aigu. Anthère à 2 loges placées sur les bords d'un style aigu. Pollen en masses granuleuses, sessiles. —*Fl. en épis tournés en spirale.*

1. N. SPIRALIS *W.* (*N. en spirale.*) Tubercules ovoïdes, allongés. Tige haute de 6-8 pouces, munie de quelques petites feu. étroites ; les radicales sont

ovales, allongées et naissent à côté de la tige. Fl. blanchâtres, odorantes, pubescentes ; en épi grêle allongé, tourné en spirale. Labelle denticulé. Bractées enveloppant l'ov. ♃. E3. A1. PC. Côteaux et pelouses sèches. Rouen, Falaise, Saint-Lo, etc.

2. N. ÆSTIVALIS *DC.* (N. d'été.) Cette espèce diffère de la précéd. par ses feuilles linéaires, canaliculées, allongées et accompagnant la tige, qui est souv. plus élevée et plus grêle, par l'époque de sa floraison et par sa station. ♃. E2. 5. R. Marais tourbeux. Honfleur, Falaise, Argentan, Avranches.

IV. EPIPACTIS *Sw.* Pér. à 6 divis. Labelle entier ou lobé, dépourvu d'éperon. Anthère persistante, à 2 loges, placée derrière le stigm. oblique qu'elle recouvre presque en entier. Pollen grenu en masses sessiles. —Racines fibreuses.

* Labelle lobé.

1. E. NIDUS AVIS *All.* Ophrys L. (E. nid d'oiseau.) Cette plante est remarquable par la teinte roussâtre ou fauve de toutes ses parties. Racine formée d'un paquet de fibres cylindriques entrelacées. Tige haute d'un pied environ, munie d'écailles engaînantes au lieu de feu. Fl. en épi cylindrique assez garni. Divis. supér. du pér. courtes et rapprochées. Labelle divisé en deux lobes obtus, divergens. ♃. P. R. Bois des terr. calc. Rouen, pays de Bray, Bayeux, Falaise, Auvillars.

2. E. OVATA *All.* Ophrys L. (E. double feuille.) Racine à fibres cylindriques, nombreuses et fort longues. Tige pubescente, haute de 12-15 pouces, offrant dans sa partie infér, 2 (rarem. 3) feu. opposées, larges, ovales-arrondies. Fl. verdâtres, en épi grêle, lâche. Divis. supér. du pér. courtes, ovales, ouvertes. Labelle linéaire, allongé fendu jusqu'au milieu de sa longueur en 2 lobes linéaires, obtus. ♃. P. C. Bois, haies et prés couverts.

** Labelle entier au sommet.

3. E. LATIFOLIA *All.* Serapias L. (E. à larges feu.) Tige haute de 1-2 pieds. Feu. infér. larges, ovales, arrondies; les supér. lancéolées, aiguës. Fl. d'un

vert-blanchâtre, prenant une teinte rougeâtre en vieillissant, pédicellées, pendantes, en épi allongé, souv. tournées du même côté. Labelle égal aux autres divis. du pér., terminé par un appendice pointu. Bractées étroites, plus longues que les ovaires, finement bordées de dentelures. ♃. E. PC. Bois. Rouen, Falaise, Alençon, Saint-Lo, etc.

4. E. MICROPHYLLA *Willd.* (*E. à petites feu.*) Tige haute de 8-12 pouces. Feu. petites, ovales. Fl. d'un pourpre foncé, exhalant une légère odeur de vanille, en épi un peu serré, tourné, d'un même côté, presque sessiles. Labelle concave, terminé par un appendice cordiforme, dentelé et pointu. Ov. ovoïde, pubescent. Bractées moins longues que les fl. ♃. E. R. Vimoutiers, Falaise, etc.

5. E. PALUSTRIS *Crantz. S. longifolia L.* (*E. des marais.*) Racine traçante. Tige haute de 12-15 pouces. Feu. allongées, lancéolées, étroites. Fl. d'un vert-blanchâtre, mêlé de pourpre, pédicellées, pendantes, en épi lâche.

Labelle grand, terminé par un appendice large, obtus, réniforme, crénelé. Ov. pubescens. ♃. E. C. Prés marécageux.

6. E. PALLENS *Sw. E. lancifolia DC.* (*E. pâle.*) Tige haute de 12-18 pouces. Feu. ovales-lancéolées. Fl. blanchâtres, marquées de jaune sur le labelle, grandes, sessiles et dressées. Divis. du pér. rapprochées, plus longues que le labelle qui est obtus, crénelé au sommet. Bractées ou feu. supér. plus longues que les ov. à la base de l'épi. ♃. P2. 3. R. Bois couverts des terr. calc. Rouen, Falaise, Briquebec, etc.

7. E. ENSIFOLIA *Sw.* (*E. en glaive.*) Tige haute de 12-18 pouces. Feu. allongées, en forme de glaive, pointues, disposées sur 2 rangs, fortem. nervées. Fl. blanches, dressées, sessiles, grandes, en épi allongé, peu fourni. Labelle court, obtus au sommet, rayé de pourpre. Bractées infér. plus longues que l'ov.; les supér. plus courtes. Ov. glabre. ♃. P2. TR. Bois des terr. calc. Rouen, Bois de Mortemer (pays de Bray.)

8. ᴇ. ʀᴜʙʀᴀ *All. Serapias L.*(E. rouge.) Tige haute de 12-15 pouces, pubescente dans le haut, grêle. Feu. lancéolées, allongées, étroites. Fl. grandes, purpurines, en épi lâche, peu fourni. Divis. du pér. écartées, lancéolées, aiguës. Labelle chargé de lignes ondulées, saillantes. Bractées plus longues que les ov. qui sont sessiles et pubescens. ♉. E. TR. Bois couverts. Eu ; trouvé à Lisieux, par M. Durand.

V. MALAXIS *Sw.* Pér. renversé à 6 divis. irrégulières, ouvertes. Labelle sans éperon, supér. concave, embrassant par sa base le gynostème qui est gibbeux et creusé en avant. Stigm. allongé, ailé au sommet, portant à son bord postérieur les loges de l'anthère. Pollen solide, divisé en masses.

1. ᴍ. ʟᴏᴇsᴇʟɪɪ *Sw. Ophrys L.* (M. de Loesel.) Racine bulbeuse, arrondie, écailleuse, souv. placée à la surface du sol. Tige nue, triquêtre, haute de 4 6 pouces. Feu. radicales, au nombre de 2, ovales-lancéolées. Fl. d'un jaune-verdâtre, petites, en épi lâche, peu fourni. Divis. supér. (infér. par le renversement de la fl.) étroites, linéaires. Labelle obtus, crénelé et recourbé au sommet. Ov. pédicellé. Bractées très-courtes. ♉. P3. Et. TR. Lieux marécageux. Marais de Blainville près de Caen, et de Plainville près de Saint-Pierre-sur-Dives.

VI. LIMODORUM *Tourn.* (Limodore.) Pér. à 6 divis. irrégulières, rapprochées, un peu lâches. Labelle ascendant, prolongé à sa base en un long éperon. Gynostème long, plane antérieurem. et convexe postérieurem. Anthère terminale, placée au-dessus du stigm. contenant 2 masses polliniques sessiles.—*Point de feuilles.*

1. L. ᴀʙᴏʀᴛɪᴠᴜᴍ *Sw. Orchis L.* (L. avorté.) Racine formée de fibres cylindriques, charnues. Tige haute de 15 20 pouces, munie d'écailles embrassantes, tenant lieu de feu. Fl. d'une couleur violette plus

ou moins foncée. répandue sur toute la plante, assez grandes, en épi lâche. Labelle concave, ovale, pointu, à éperon presque aussi long que l'ov. ♃. E.

R. Lieux montueux, ombragés. Saint-Clair-sur-Epte, Mont de Magny près de Gisors, où il a été trouvé par M. Passy, de qui je l'ai reçu.

LXXXII° Fam. IRIDÉES *Juss.*

Pér. adhérant à l'ov., à 6 divis. pétaloïdes, souv. inégales. Etam. 3, insérées à la base des divis. externes du pér. Anth. linéaires, extrorses. Ovaire infér. triloculaire, polysperme, terminé par un style quelquefois nul ou à 3 stigm. souv. membraneux ou pétaloïdes. Caps. trivalve. Graines attachées à l'angle interne des loges. Embryon entouré par un perisperme charnu. — *Feuilles alternes, ensiformes, engaînantes.*

II. IRIS *L.* Pér. à 6 divis. pétaloïdes, 3 externes étalées, grandes, larges, et 3 intér. plus petites, droites. Etam. 3, distinctes. Style court, portant 3 grandes lanières pétaloïdes, souv. échancrées qui semblent être les stigmates et sous lesquelles se trouvent les étam.

1. 1. PSEUDO-ACORUS *L.* (*I. faux-acore.*) Vulg. *pare, grande lâche.* Racine horizontale, noueuse, munie de fibres. Tige haute de 2-3 pieds. Feu. ensiformes, très-longues, engaînantes. Fl. jaunes, terminales, peu nombreuses. Divis. du pér. imberbes, les intér. plus petites que les lanières du stigm. ♃. E. TC. Bord des eaux.

2. 1. FŒTIDISSIMA *L.* (*I.* fétide.) Vulg. *Iris gigot.* Remarquable par l'odeur de viande un peu faisandée qu'exhalent ses feuilles froissées. Tige haute de 15-20 pouces. Feu. ensiformes ne dépassant pas la tige. Fl. d'un bleu triste, un peu grisâtre ou purparin, à 6 divis imberbes. Graines devenant d'un beau rouge. ♃. E1. C. Haies et buissons, bord des champs et des chemins.

On trouve fréquemment

cultivées dans les jardins et presque naturalisées sur les toits en chaume et les vieux murs, les *I. germanica* L. et *pumila* L. La première est une grande plante à larges fl. bleues, et la seconde, dont la tige atteint à peine 4-6 pouces;

a une fleur violette.

Le Turquier, dans sa flore de Rouen, indique dans ce même genre de station *l'Iris lutescens* Lam. dont la fl. est d'un jaune-blanchâtre, à tube court, entièrement caché dans la spathe.

LXII. IXIA *L.* Pér. à tube plus ou moins allongé, à 6 divis. égales, régulières, en cloche. Stigm. à 3 lobes filiformes, étalés; souv. bifides.

1. 1. BULBOCODIUM *L.* (*I. bulbocodis.*) Bulbe ovoïde d'un roux brun. Feu. radicales, 4-5, linéaires, caniculées, anguleuses, sortant d'une gaîne renfermant aussi un ou deux hampes courtes, uniformes. Fl. bleuâtres, purpurines ou blanchâtres, à tube court; à peine saillantes hors la spathe qui est formée de deux valves foliacées. ♃. Pl. R. Pelouses montueuses et maritimes; Roc de Granville. Jobourg.

LXXXIIIe Fam. NARCISSÉES *Juss.*

Pér. monophylle, tubuleux, adhérant à l'ov., à 6 divis. pétaloïdes, colorées, dont 3 extér. et 3 inter., d'abord entouré par une spathe membraneuse. Etam. 6 à filets le plus souv. libres. Ov. inf., style 1, à stigm. quelquefois 3-lobé. Caps. 3-loculaire, polysperme, à 3 valves seminifères dans leur milieu. Perisperme charnu. Embryon droit.

Les Narcissées croissant dans notre province ont toutes des racines bulbeuses, des feuilles radicales, engaînantes, linéaires, et des hampes uniflores.

I. NARCISSUS *L.* (*Narcisse.*) Pér. tubuleux, à limbe divisé en 6 lobes, entourant, à l'entrée du tube, un godet ou couronne (*Nectaire* L.) pétaloïde, cachant 6 étamines insérées sur le tube. Stigm. 3-fide.

1. N. PSEUDO-NARCISSUS *L.* (*N. faux-Narcisse.*) Vulg. *porillon, porion.* Feu. planes, linéaires, obtuses, glauques, naissant d'une gaîne membraneuse. Fl. jaunes, grandes, penchées, à couronne campanulée, ondulée-frangée, et d'un jaune plus vif, solitaires au sommet d'une hampe comprimée, longue de 8-12 pouces. ♃. P 1. C. Bois et prés.

Les fleurs de cette plante regardées comme antispasmodiques sont quelquefois employées en poudre dans la coqueluche.

2. N. POETICUS *L.* (*N. des poètes.*) Feu. ensiformes, obtuses, glauques, naissant d'une gaîne membraneuse. Fl. blanches, odorantes, inclinées, à lobes ovales et à couronne courte formant un anneau crénelé, jaunâtre, bordé d'une couleur purpurine, solitaires au sommet d'une hampe haute de 10-12 pouces. ♃. P 2. C. Prés. Rouen, Vimoutiers, etc. assez commun dans les vergers du pays d'Auge.

On cultive dans les jardins une variété de cette espèce, à fleurs doubles, bien connue sous le nom de *narcisses.*

II. LEUCOIUM *L.* (*Nivéole.*) Pér. à tube très court, à limbe campanulé, divisé en 6 lobes profonds, égaux, entre eux, épais et calleux à leur sommet. Stigm. simple.

1. L. VERNUM *L.* (*N. printanière.*) Feu. radicales, planes, linéaires, glauques, peu allongées. Fl. blanches, penchées, solitaires au sommet d'une hampe haute de 6-10 pouces. Etam. à anthères jaunâtres. Style en massue. ♃. P. Prés humides.

Cette plante, qui croît ordinairement dans les montagnes, a été retrouvée à Auvillars en Auge, par le Dr. Ozanne.

III. GALANTHUS *L.* (*Galantine.*) Pér. cylindracé, à tube très-court, à 6 divis. pétaloïdes, dont 4 intétieures, de moitié plus courtes que les extérieures et échancrées au sommet. Stigm. simple.

1. G. NIVALIS L. (G. perce-neige.) Feu. 2-3, linéaires, obtuses, glauques, naissant d'une gaine membraneuse. Fl. blanches, pendantes au sommet d'une hampe haute de 5-8 pouces.

Lobes intér. du pér. tachés de vert vers leur échancrure, et striées de la même couleur intérieurem. ♃. H2. PC. Prés humides. Rouen, Honfleur, Falaise, Vimoutiers, etc.

LXXXIVᵉ Fam. LILIACÉES Juss.

Fl. hermaphr. nues ou munies de spathe ou bractées. Pér. à 6 divis. pétaloïdes, libres, disposées par 3, sur deux rangs. Etam. 6, opposées aux divis. du pér., quelquefois insérées sur elles. Ov. simple, sup. Style 1. Stigm. 1-3. Caps 3-loculaires, à 3 valves septifères dans leur milieu. Graines nombreuses, attachées à l'angle interne des loges, entourées d'un tégument crustacé, membraneux ou spongieux. Embryon cylindrique, placé dans un périsperme charnu ou cartilagineux. — Plantes herbacées à racines le plus souv. bulbeuses. Feu. engaînantes ou sessiles, à nervures simples parallèles.

Les bulbes des liliacées, souv. comestibles à cause de la fécule qu'elles renferment, possèdent aussi un principe acre et excitant, qui les a fait employer quelquefois comme rubéfiantes. Quelques-unes sont regardées comme diurétiques et émétiques.

I. TULIPA Tourn. (Tulipe.) Pér. campanulé, à 6 divis. pétaloïdes, ovales, droites, non nectarifères à leur base. Etam. 6. Stigm. sessile, à 3 lobes épais. Caps. oblongue, trigone, 3-loculaire, 3-valve. Graines planes. — Racines bulbeuses.

1. T. SYLVESTRIS L. (T. sauvage.) Tige droite, cylindrique, haute de 12-15 pouces. Feu. lancéolées, étroites, canaliculées, glauques. Fl. jaunes, soli-

taire, terminale, penchée avant son épanouissement. Divis. du pér. pointues. Etam. un peu velues à leur base. ♃. P. R. Coteaux et prés montueux. Vimoutiers.

J'ai vu des individus ayant 2 et 3 fl. sur la même tige, d'autres avec un périanthe à 7 et 8 divis. et alors un même nombre d'étamines.

II. PHALANGIUM. *Tourn.* (*Phalangère.*) Pér. à 6 divis. pétaloïdes, plus ou moins ouvertes. Etam. 6, égales, filiformes, insérées à la base des divis. Style simple, terminé par un stigm. en massue, trigone. Caps. ovoïdes-globuleuses, un peu trigones. Graines anguleuses. — *Racines fasciculées.*

1. P. RAMOSUM. *Lam.* (*P. rameuse.*) Tige droite, nue, rameuse-paniculée, dure, haute de 1-2 pieds. Feu. toutes radicales, linéaires, allongées, étroites. Fl. blanches, petites, en panicule lâche. Style droit. ♃. P3. Eté. PC. Coteaux incultes des terr. calc. Caen, Falaise.

2. P. LILIAGO *Schreb.* (*P. lis.*) Cette espèce ressemble à la précéd. dont elle diffère par sa tige simple, portant une seule feuille, par ses fleurs plus grandes, en épi simple, écartées dans le bas et par son style incliné. ♃. E. TR. Bois montueux et herbeux découverts; Evreux.

3. P. BICOLOR *DC.* (*P. bicolore.*) Tige droite presque nue, rameuse au sommet, haute de 8-12 pouces. Feu. étroites, allongées, roulées. Fl. d'un pourpre clair en dehors et blanches en-dedans, peu nombreuse Divis. du pér. étalées. Etam. à filets pubescens. ♃. P. TR. Bois et coteaux. Roc de Granville, Evreux.

III. SCILLA *Sm.* (*Scille.*) Pér. à 6 divis. profondes, pétaloïdes, ouvertes ou rapprochées en tube. Etam. 6, à filamens glabres, filiformes, insérés à la base des divis. du pér. Style terminé par un stig. simple. Caps. ovoïde, à 3 loges, polysperme. — *Racine bulbeuse.*

1. S. NUTANS *Sm. Hya-einthus non-scriptus L. (S. penchée.)* Hampe nue, haute de 6-10 pouces. Feu. toutes radicales, linéaires, dressées. Fl. bleues(rarem. blanches), odorantes, disposées en épi penché, unilatérales, pendantes. Divis. du pér. rapprochées en tube et roulées en-dehors au sommet. Bractées violacées, doubles à la base de chaque pédoncule. ♃. P. TC. Bois et côteaux pierreux.

2. S. AUTUMNALIS *L. (S. d'automne.)* Hampe nue, haute de 6-8 pouces. Feu. toutes radicales, filiformes, roulées, souvent flétries au moment de la floraison. Fl. petites, purpurines, bleuâtres, (quelquefois blanches) droites, en épi court, pyramidal. Lobes du pér. ouverts, écartés. ♃. E3. A1. C. Collines sèches, parmi les rochers.

IV. MUSCARI *Tourn.* Pér. ovoïde, cylindrique ou renflée au milieu, resserrée en grelot, à 6 dents. Étam. 6, à filets subulés, glabres. Style terminé par un stigm. obtus. Caps. à 3 angles saillans et à 5 loges, 2-spermes, Graines arrondies. —*Racine bulbeuse.*

1. M. RACEMOSUM *Mill. Hyacinthus L. (M. à grappe.)* Hampe nue, droite, haute de 5-8 pouces. Feu. linéaires, canaliculées, étroites, lâches. Fl. bleues, petites, globuleuses, en épi serré, ovoïde, court. ♃. P. R. Lieux sablonneux et cultivés. Rouen, Caen.

2. M. COMOSUM *Mill. Hyacinthus L. (M. à toupet)* Hampe ferme, droite, nue, haute de 1-2 pieds. Feu. longues, canaliculées, épaisses. Fl. en épi long, très-lâche; les supér. bleues, très-petites, stériles, rapprochées en houppe et portées sur de longs pédonc. colorés; les infér. d'un bleu verdâtre ou rougeâtre, grosses, anguleuses, écartées, fertiles. ♃. E1. C. Champs cultivés, moissons. Rouen, Alençon, Argentan, Falaise, etc.

V. ORNITHOGALUM. L. (*Ornithogale.*) Pér. à 6 divis. pétaloïdes, marcescentes, conniventes, à la à la base, étalées au sommet. Etam. 6., dont 3 à filets filiformes et trois à filets dilatés à la base ; ceux-ci opposés aux divis. externes du pér. Stigm. capité, très-petit. Caps. ovoïde, un peu trigone. Graines arrondies. — *Fleurs blanches ou verdâtres.*

1. O. PYRENAICUM L. (*O. des Pyrénées.*) Hampe nue, droite, cylindrique, haute de 2-3 pieds. Feu. longues, caniculées, étalées, souv. flétries au moment de la floraison. Fl. d'un blanc jaunâtre, en épi droit très-allongé. ♃. E. PC. Bois découverts et champs des terr. calc. Falaise, Argentan, etc.

2. O. UMBELLATUM L. *(O. en ombelle.)* Vulg. *dame d'onze heures.* Hampe droite, haute de 6-10 pouces. Feu. linéaires, longues, caniculées. Fl. blanches, avec une large ligne verte sur chaque divis. du pér., peu nombreuses, en grappe terminale, simulant une ombelle ou corymbe par la longueur des pédonc. infér. ♃. P. C. Prés et lieux cultivés. Rouen, Falaise, Vire, etc.

Son nom vulgaire vient de ses fleurs qui s'épanouissent ordinairement à onze heures du matin.

3. O. NUTANS L. (*O. penché.*) Hampe haute de 8-10 pouces. Feu. planes, étroites, molles, longues, Fl. verdâtres, avec les divis. bordées de blanc, assez grandes, en grappe ou épi, peu nombreuses, d'abord droites, ensuite pendantes, portées sur des pédoncules épais, plus plus courts que les bractées, ♃. P. TR. Prés de lieux frais. Trouvé par M. Montaigu, à Bernières, près Caen.

VI. **GAGEA** *Salisb.* (*Gagée.*) Pér. caliciforme, à 6 divis. persistantes, conniventes à la base, ouvertes au sommet. Etam. 6, à filets filiformes non dilatés à la base. Stigm. simple, concave. Caps. trigone, trivalve et à 3 loges polyspermes. — *Fl. jaunes, en corymbe accompagné de bractées foliacées.*

1. G. LUTEA. *Gawl.* Ornithogalum L. (*G. jaune.*) Hampe haute de 6-8 pouces. Feu. le plus souvent

unique, radicale, linéaire-lancéolée, glabre, plus longue que la hampe. Fl. jaunes, glabres, pédonculées, en ombelle peu fournie. Bractées inégales, lancéolées, plus longues que les pédic. qui sont glabres et simples. Divis. du pér. lancéolées, obtuses. ♃. P. TR. Prés et lieux cultivés. Evreux.

2. O. VILLOSA *Dub.* (*G. velue.*) Hampe haute de 3-4 pouces, velue. Feu. 1-2, radicales, linéaires, étroites, plus longues que la hampe. Fl. jaunes en corymbe, portées sur des pédonc. quelquefois rameux, velus. Divis. du pér. lancéolées, pointues, pubescentes en-dehors. Bractées lancéolées, pubescentes, ciliées, souv. plus longues que les pédonc. ♃. P. TR. Champs et lieux cultivés. Environs de Caen.

VII. ALLIUM. *L.* (*Ail.*) Pér. à 6 divis. ouvertes, persistant. Etam., à 6 filets simples ou alternativ. dilatés et trifides. Style 1, à stigm. simple. Caps. trigone, à 3 loges profondém. séparées, polyspermes. Graines attachées à un axe central persistant. — *Fl. en ombelle terminale, souv. globuleuse, quelquefois remplacées par des bulbilles. Spathe à 2 valves en folioles. Odeur acre.* — *Racine bulbeuse.*

* *Etam. à filets simples.*

1. A. URSINUM *L.* (*A. des ours.*) Bulbe blanchâtre, allongée. Feu. toutes radicales, planes, ovales-lancéolées, pétiolées. Hampe triquètre, haute de 8-12 pouces. Fl. blanches, assez grandes, 6-10, pédonculées, en ombelle capsulifère. Spathe membraneuse, blanchâtre. ♃. P. C. Prés et bois humides, bords des eaux.

2. A. CARINATUM *L.* (*A. en carène.*) Tige droite, haute de 10-15 pouces, chargée de 2-3 feu. linéaires, étroites, planes, ou un peu en gouttière, souv. contournées. Fl. rougeâtres, peu nombreuses, pédonculées, entremêlées de bulbilles, en ombelle resserrée. Spathe à 2 valves inégales, longuement prolongées en forme de

corps écartées. Divis. du pér. linéaires-lancéolées, obtuses, de la longueur des étamines et dépassées par le style. ♃. E. P. C. Coteaux secs, bords des champs. Rouen, Caen, Falaise.

* A. INTERMEDIUM *DC.* (*A. intermédiaire.*) Tige droite, haute de 12-18 pouces, garnie de quelques feu. fistuleuses, semi cylindriques, striées. Fl. rougeâtres, portées sur de longs pédoncules, en ombelle, lâche, entremêlées de bulbilles peu nombreuses qui manquent quelquefois. Divis. du pér. tronquées, mucronées. Style très-court. Spathe à 2 valves, ventrues, fistuleuses au sommet 2 et 3 fois plus longues que l'omb. ♃. E.

TR. Champs cultivés. Alençon.

4. A. OLERACEUM *L.* (*A. des lieux cultivés.*) Tige cylindrique, droite, haute d'un pied, garnie d'un petit nombre de feu. courtes, fistuleuses, planes au sommet, sillonnées, un peu rudes. Fl. verdâtres, purpurines ou brunes, en ombelle lâche, peu fournie, entremêlée de nombreuses bulbilles. Spathe à 2 valves inégales, écartées, dont une fort longue. Divis. du pér. lancéolées, obtuses, rayées d'une couleur plus foncée. Etam. incluses, dépassées par le style. ♃. E. PC. Champs cultivés des terr. calc. Le Havre, Caen, Falaise, etc.

* * *Etam. à filets alternativem. trifides.*

5. A. SPHÆROCEPHALUM *L.* (*A. à tête ronde.*) Tige droite, cylindrique, haute de 10-18 pouces, garnie de quelques feu. fistuleuses, demi-cylindriques, menues, souv. desséchées au moment de la floraison. Fl. d'un pourpre foncé, pédonculées, en ombelle multiflore serrée en tête globuleuse, sans bulbilles.

Divis. du pér. peu ouvertes, lancéolées, obtuses. Etam. et style saillans. ♃. E. PC. Collines sèches et pierreuses. Rouen, Evreux, Caen, Falaise.

6. A. VINEALE *L.* (*A. des vignes.*) Vulg. *Aillet, Aillot.* Tige cylindrique, droite, haute de 1-2 pieds. Feu. fistuleuses, menues.

Fl. verdâtres ou purpurines, peu nombreuses, quelquefois nulles, alors l'ombelle qui est globuleuse est entièrem. composée de bulbilles, qui sont toujours en grand nombre, en tête très-serrée, souv. en végétation. Etam courtes. — Quelquefois la hampe est terminée par plusieurs têtes (2-3), bulbifères, rapprochées. ♃

E. C. Champs cultivés.

Plusieurs espèces de ce genre sont généralement cultivées dans tous les jardins, comme plantes potagères, telles sont : l'Ail cultivé (*A. sativum L.*), le Poireau (*A. porrum l.*), l'Oignon (*A. cepa L.*), la Ciboule (*A. schœnoprasum L.*), l'Echalotte (*A. ascalonicum L.*), etc.

LXXXV.° Fam. COLCHICACÉES *DC.*

Fl. hermaphrod. Pér. à 6 divis. pétaloïdes, colorées, Etam. 6, opposées aux divis. du pér. et insérées sur elles. Anthères extrorses. Ovaires 3, tantôt distincts, tantôt soudés de manière à former une caps. à 3 loges et à 3 valves dont les bords rentrans servent de cloisons. Graines nombreuses, attachées sur deux séries à l'angle interne des loges et enveloppées d'un tégument membraneux. Embryon cylindrique entouré d'un périsperme charnu.

I. **COLCHICUM** L. (*Colchique.*) Pér. allongé, tubuleux inférieurement et partant de la bulbe, à limbe campanulé, et à 6 divis. pétaloïdes, colorées, profondes, ovales, droites. Etam. 6, attachées à l'entrée du tube. Styles 3, très-longs, à 3 stigm. crochus. Caps. à trois lobes, soudés à la base, polyspermes.

1. C. AUTUMNALE *L.* (*C. d'automne.*) Vulg. *Safran bâtard.* Bulbe charnue, poussant à l'automne 1.5. fl. purpurines ou un peu violacées, assez grandes, s'élevant au-dessus du sol de 4-6 pouces. Feuilles enveloppant le fruit et ne se montrant qu'au printemps suivant, lancéolées, droites, larges et d'un beau

vert.

Var. b. *vernum* C.
Bauh. Fl. plus petites,
suivies immédiatem. par
les feu. Avril, Falaise.
♃. A. C. Prés humides.

Je n'ai trouvé qu'une seule
fois la var. *b.*

Cette plante vénéneuse
est employée comme diu-
rétique.

LXXXVI⁰ Fam. ASPARAGÉES *Juss.*

Fl. hermaphr. quelquefois monoïques ou dioïques.
Pér. libre ou adhérant à l'ov., à 4, 6 ou 8 divis. (le
plus souv. 6.) Etam. en nombre égal à celui des divis.
du pér. rarem. réunies en tube (dans le *Ruscus*), Ov.
unique. Style 1-4. Stigm. 3-4. Fruit (baie) sphérique,
à 3 4 loges, 1-3 spermes, quelquefois 1-loculaire par
avortement. Graines fixées à l'angle interne des loges.
Embryon entouré d'un périsperme charnu ou corné.
—*Herbes ou arbustes, à racines cylindriques, non bulbeuses. Feu. alternes, quelquefois verticillées.*

† *Fleurs hermaphrodites.*

1. ASPARAGUS L. (*Asperge.*) Pér. libre, à 6 divis.
profondes, pétaloïdes, dont les 3 extér., recourbées
au sommet. Etam. 6. Style 1. Stigm. 3-gone, Baie à
3 loges, 2-spermes ou monospermes par avortement.

1. A OFFICINALIS *L.* (*A.
officinale.*) Tige droite,
ferme, très rameuse,
haute de 2-4 pieds. Feu.
sétacées, molles, fasciculées. Fl. d'un vert jaunâtre, portées sur un pédoncule articulé, souv. dioïques. Baies sphériques,
d'un rouge vif. ♃. E. PC.
Lieux sablonneux, haies,
sables maritimes. Rouen,
Falaise. Lisieux, Vauville,

etc.

La variété cultivée est
bien connue par ses jeunes
pousses qui fournissent un
aliment estimé. L'asperge
est diurétique, et on y a
découvert un principe
nouveau *l'asparagine* que
l'on regarde comme un
calmant surtout dans les
excitations du système
vasculaire.

II. **PARIS** *L.* (*Parisette.*) Pér. à 6 divis. verdâtres, dont 4 extér. caliciformes, lancéolées, et 4 intér. linéaires, étroites, simulant une corolle. Etam. 8, ayant les anthères soudées dans la partie moyenne des filets. Stigm. 4. Baie à 4 loges 6-8-spermes.

1. P. QUADRIFOLIA *L.* (P. à quatre feuilles.) Tige droite, simple, cylindrique, haute de 6-10 pouces, portant dans sa partie supér. 4 feu. ovales, entières, glabres, verticillées. Fl. verdâtre, terminale, à divis. ouvertes, étalées. Baie tétragone, arrondie, noirâtre. ♃. P. PC. Bois.

On trouve, mais rarement, des individus ayant 3, ou 5, ou 7 feuilles ; dans ces cas le nombre des divis. du pér., des étam. et des stigm. présente quelquefois la même anomalie.

III. **CONVALLARIA** *L.* (*Muguet.*) Pér. pétaloïde, tubuleux ou campanulé-globuleux, à 6 dents. Etam. 6. Baie globuleuse à 3 loges 1-spermes.

1. C. POLYGONATUM *L.* (M. anguleux.) Tige droite, anguleuse au sommet, haute de 8-12 pouces. Feu. alternes, ovales-lancéolées, glabres, demi-embrassantes. Fl. blanches, cylindriques, renflées, assez grosses, à gorge verdâtre, axillaires, presque toujours solitaires. Baies bleuâtres. Etam. glabres. ♃. P. PC. Bois et haies.

2. C. MULTIFLORA *L.* (M. multiflore.) Tige cylindrique, inclinée supérieur. haute de 1-2 pieds. Feu. ovales-lancéolées, larges, amplexicaules, alternes. Fl. blanches, cylindracées. Pédonc. axillaires, rameux, chargés de 3-6 fl. Etam. couvertes de poils articulés. Baies rougeâtres. ♃. P. TC. Bois et haies.

Cette espèce et la précédente, sont connues sous le nom vulg. de *sceau-de-Salomon*.

3. C. MAIALIS *L.* (M. de mai.) Hampe faible, demi-cylindrique, naissant au milieu de 2 feu. radicales, lisses, lancéolées, grandes, engainantes à la base. Fl.

blanches, odorantes, en grelot, penchées, disposées en un petit épi lâche, unilatéral et terminal. ♃. P. C. Bois.

IV. MAYANTHEMUM *Roth.* (*Mayanthème.*) Pér. à 4 divis. profondes, étalées. Etam. 4. Style 1. Stigm. 2. Baie globuleuse, souv. tachetée avant la maturité, à 2 loges 1-spermes.

1. M. BIFOLIUM *DC. Convallaria L.* (*M. à 2 feuilles.*) Tige flexueuse, haute de 4-6 pouces, munie de 2 fen. alternes, cordiformes, retrécies à la base en un court pétiole, pubescentes en-dessous. Fl. blanches, petites, en épi lâche, terminal. Divis. du pér. roulées en-dehors. Baie roussâtre, tachetée. ♃. P. TR. Bois montueux. Bois de Mont-Buisson, dans le pays de Bray.

† *Fleurs dioïques,*

V. RUSCUS *Tourn.* (*Fragon.*) Pér. à 6 divis. étalées. Etam. 63 réunies en un tube ou godet anthérifère. Fl. fém. Style 1, à stigm. simple. Ov. sup. Fruit (baie) globuleux, à 3 loges 2-spermes.

1. R. ACULEATUS *L.* (*F. piquant.*) Vulg. *houx-frelon, petit houx, fesse-larron.* Sous-arbrisseau à tige arrondie, striée, rameuse, verte, haute de 1-2 pieds. Feu. (rameaux aplatis, dilatés, simulant des feu.) sessiles, alternes, ovales, pointues, piquantes, nerveuses, dures. Fl. verdâtres, solitaires, portées sur un court pédoncule qui naît au milieu des feuilles, munies d'une bractée à leur base. Baie globuleuse, d'un rouge vif. ♃. H5. C. Bois et haies.

La racine est employée comme diurétique.

VI. TAMUS *L.* (*Taminier.*) Fl. dioïques. Pér. campanulé, à 6 divis. ouvertes dans les fl. m., resserré dans les fl. fém. qui adhèrent à un ov. infér. Etam. 6.

Fl. Fém. Style 1, à 3 stigm. réfléchis. Fruit (baie) globuleux, à 3 loges 2-3-spermes.

1. T. COMMUNIS *L.* (*T. commun.*) Vulg. *sceau Notre-Dame, raisin du diable.* Racine tubéreuse. Tige faible, glabre, volubile, longue de 3-5 pieds. Feu. alternes, cordiformes, pétiolées, pointues, glabres. Fl verdâtres, petites, en grappe lâche et axillaire. Baies rouges. ♃. E. TC. Haies.

LXXXVIIᵉ Fam. JONCÉES *Mirb.*

Fl. hermaphr. Pér. libre, à 6 divis. le plus souv. glumacées ou écailleuses, rarem. pétaloïdes. Etam. 6 ou 3, opposées aux divis. du pér. Anthères 2-loculaires. Ov. sup. Style 1 à 3 stigm. Caps. 3-loculaire (quelquefois 1-locul. par avortement des cloisons), à 3 valves septifères en leur milieu. Loges polyspermes, ou seulement à 3 graines. Embryon cylindrique. Périsperme charnu. — *Tiges herbacées. Feu. engaînantes, cylindriques ou planes et graminiformes. Fl. accompagnées de bractées scarieuses.*

I. ABAMA *Adans.* Pér. à 6 divis. égales, profondes, pétaloïdes. Etam. 6 à filets barbus, persistans. Ov. pyramidal. Style court, à 3 stigm. Caps. 3 loculaire, 3-valve, polysperme.

1. A. OSSIFRAGA *DC. Anthericum L.* (*A. des marais.*) Tige grêle, dressée, un peu courbe à la base, simple, garnie de quelques feu. courtes. Feu. radicales, ensiformes, linéaires, étroites, longues, courbes, engaînantes latéralem. Fl. jaunes en épi terminal. ♃. E1. C. Lieux marécageux. Alençon, Domfront, Vire, Mortain, Falaise, etc.

II. JUNCUS *Micheli.* (*Jonc.*) Pér. à 6 divis. squammiformes. Etam. 3, ou le plus souv. 6. Style 1, à 3 stigm. longs, filiformes, velus. Caps. 3-loculaire,

3 - valve, polysperme. Graines attachées à une cloison placée au milieu des valves. — *Feu. le plus souv. cylindriques, glabres.*

* *Feuilles nulles ou radicales.*

1. J. CONGLOMERATUS *L.* (*J. à fl. agglomérées.*) Feu. nulles. Tige haute de 1-2 pieds, cylindrique, verte, droite, nue, striée, remplie d'une moëlle blanche. Fl. brunes, en corymbe latéral, serré, comme en capitule arrondi, sessile. Divis du pér. lancéolées, étroites, aiguës. Caps. ovoïdes, obtuses. Etam. 3. ♃. E. C. Lieux humides, marécageux, bords des rivières, des fossés, etc.

2. J. EFFUSUS *L.* (*J. à fl. étalées.*) Feu. nulles. Tige haute de 2-3 pieds, cylindrique, nue, verte, lisse, farcie de moëlle. Fl. brunes, pâles, un peu blanchâtres, en panicule lâche, latérale, à pédoncules longs, étalés. Divis. du pér. étroites, aiguës. Etam 3. Caps ovoïdes, allongées, tronquées, mucronées au sommet. ♃. E. C. Même station que l'espèce précéd. dont celle-ci diffère par son corymbe lâche et ses fl. de couleur pâle.

3. J. GLAUCUS *Ehrh.* (*J. glauque.*) Vulg. *Jonc des jardiniers.* Racine rampante. Feu. nulles. Tiges glauques, menues, striées, tenaces, munies à leur base de gaines écailleuses d'un brun-violâtre, presque noires. Fl. en panicule latérale, décomposée, dressée. Divis. du pér. subulées; les 3 extér. plus longues. Capsule - ovoïde, allongée, mucronée. Etam. 6.

Var. *b.* *J. longicornis* Bast. Bractée au sommet de la tige, très-longue. Thorigny. ♃. E. TC. Bords des fossés, landes humides.

4. J. ACUTUS *Lam.* (*J. aigu.*) Tige nue; cylindrique, assez grosse, haute de 2-3 pieds. Feu. cylindriques, fermes, piquantes. Fl. brunes en panicule épaisse, décomposée, terminale, accompagnée d'une spathe à 2 folioles ou bractées pointues ne dépassant pas les fl. Caps. roussâtres, luisantes, très-grosses, ovoïdes-arrondies, mucronées, plus longues que les divis. du pér. ♃. E. C. Lieux humides au bord de la mer.

5. J. MARITIMUS *Lam.* (*J. maritime.*) Racine longue, rampante, émettant une série simple et régulière de faisceaux de feuilles et de tiges ; celles-ci sont menues, cylindriques, droites, hautes de 1-2 pieds. Feu. engaînantes à la base, pointues au sommet. Fl. d'un brun pâle en panicule lâche, rameuse, terminale et paraissant latérale par le prolongement d'une des valves de la spathe qui dépasse les fleurs de plusieurs pouces en forme d'une feu. cylindrique, pointue. Etam. 6. Caps. petites, mucronées, égales aux divis. du pér. qui sont lancéolées, aiguës. ♃. E. TC. Lieux marécageux au bord de la mer.

Le *J. acutus* de Linné renferme cette espèce et la précédente.

6. J. SQUARROSUS *L.* (*J. rude.*) Remarquable par ses feu. toutes radicales, en touffe épaisse et ouverte, courtes, raides, dures, sétacées, un peu caniculées, engaînantes et scarieuses à la base. Tige droite, haute de 8-12 pouces. Fl. brunes en panicule terminale, rameuse, décomposées. Divis. du pér. lancéolées, scarieuses et blanchâtres sur les bords, égalant les caps. qui sont ovoïdes, allongées, mucronées. Etam. 6. ♃. E. PC. Landes humides, Forges, Falaise, Mortain, etc.

** *Tige feuillée.*

† *Feu. noueuses, par l'effet de diaphragmes qui séparent la moëlle qui les garnit intérieurement.*

7. J. ACUTIFLORUS *Ehrh.* (*J. à fl. aiguës.*) Tige dressée, haute de 2-3 pieds. Feu. noueuses, cylindriques, un peu comprimées. Fl. brunes, un peu rougeâtres, réunies, 5-10, agglomérées et formant une panicule large, terminale, rameuse décomposée. Divis. du pér. lancéolées, aiguës, égalant en longueur la caps. qui est fauve, ovoïde-oblon-

gue, pointue. Etam. 6. - 𝒴ℒ. E. TC. Bois et prés humides.

Le *J. repens* Req. trouvé à Cherbourg, paraît n'être qu'une var. de cette espèce à tiges rampantes, rameuses à la base et à panicule peu fournie.

8. J. ALPINUS *Vill.* (*J. des Alpes.*) ressemble au précéd. dont il diffère par sa tige plus droite, plus élevée; par ses fleurs plus petites, en capitules pauciflores (2 - 3- fl.) en panicule dressée, très-rameuse. Fl. brunes. Divis. du pér. pointues plus courtes que la caps. 𝒴ℒ. E. TR. Lieux marécageux. Alençon, Falaise.

9. J. LAMPOCARPUS *Ehrh.* (*J. à fruits luisans.*) Tige couchée à la base, redressée, haute de 8-12 pouces. Feu. noueuses, comprimées. Fl. d'un brun-noirâtre, en gloméruiles de 4-7, formant une panicule peu fournie, à rameaux inégaux. Divis. du pér. lancéolées, égales, les intér. scarieuses, un peu obtuses, plus courtes que la caps. qui est ovoïde-trigone, mucronée, noire, luisante. Etam. 6. 𝒴ℒ. E. C. Lieux humides, bords des chemins. Caen, Lisieux,

Falaise, Alençon, etc.

10. J. OBTUSIFLORUS *Ehrh.* (*J. à fl. obtuses.*) Tige droite, haute de 1-2 pieds. Feu. longues, noueuses, cylindriques, un peu comprimées. Fl. d'un brun-jaunâtre, pâle, réunies 5-7 en glomérules serrés, courts, portés sur des pédonc. rameux, divariqués-réfléchis, formant une panicule ouverte, peu allongée. Divis. du pér. égales, lancéolées, obtuses, de la longueur de la capsule ovoïde - trigone, pointue. 𝒴ℒ. E. C. Marais, fossés, surtout des terr. calc. Rouen, Caen, Falaise, etc.

11. J. ULIGINOSUS *Roth.* (*J. des marais.*) Tiges renflées à la base, souv. radicantes, en touffes, hautes de 4-8 pouces. Feu. sétacées, canaliculées, à peine noueuses. Fl. d'un brun rougeâtre, pâle, en petits capitules serrés, de 3-8 fl. formant une panicule irrégulière, peu rameuse. Divis. du pér. inégales, plus courtes que la caps. les extér. pointues; les intér. obtuses. Etam. 3. Caps. ovoïde, allongée, obtuse, mucronée.

Var. *b. prolifer.* Capitules

foliacés et prolifères.
Var. *c. J. fluitans* Lam.
Tiges très-longues, rougeâtres, flottantes; capitules
3-flores, feu. noueuses.
Var. *d. J. supinus* Roth.
Tiges courtes, simples;

capitules pauciflores.
Granville, Cherbourg 4
Caen, Honfleur.
♃. E. C. Lieux marécageux. La var. *a* dans
les eaux stagnantes.

† † *Feu. canaliculées, non garnies de nœuds.*

12. J. BULBOSUS *L. (J. bulbeux.)* Racine rampante, horizontale. Tiges droites, comprimées, raides, hautes de 8-12 pouces. Feu. linéaires, canaliculées, étroites. Fl. d'un brun-verdâtre, solitaires, en panicule dressée, décomposée. Divis. extér. du pér. pointues, les intér. un peu plus courtes et obtuses. Etam. 6. Caps. ovoïdes, presque globuleuses, obtuses, plus longues que le pér. ♃. E. R. Lieux humides, fossés maritimes. Caen, Cherbourg.

13. J. GERARDI *Lois. (J. de Gérard.)* Diffère de l'espèce précéd. par un port plus délicat, une tige plus élevée, plus grêle et des feu. d'un vert plus clair. Sa panicule est plus lâche. Les divis. du pér. obtuses, moins brunes sur les bords et de la lon-

gueur de la caps. qui est un peu plus allongée. ♃. E. TR. Prés humides, allées des bois. Falaise, Lisieux.

14. J. BUFONIUS *L. (J. des crapauds.)* Tiges gazonnantes, filiformes, faibles, rameuses-dichotomes dans leur partie supér., hautes de 3-10 pouces. Feu. très-fines, linéaires, un peu canaliculées. Fl. d'un vert-blanchâtre, latérales, solitaires ou géminées, sessiles. Divis. du pér. longuement acuminées, scarieuses, blanchâtres, avec une ligne verte dorsale, plus longues que la caps. qui est ovoïde-oblongue, obtuse. Etam. 6. ⊛. E. TC. Lieux humides, fossés, bords des mares.

15. J. TENAGEYA *L. F. (J. inondé.)* Tiges droites, filiformes, raides, rameuses, dichotomes au sommet,

hautes de 4-8 pouces. Feu. sétacées, courtes, peu nombreuses, planes. Fl. brunes, solitaires, sessiles, disposées en séries unilatérales sur les rameaux terminaux. Panicule lâche, divariquée. Divis. du pér. pointues, égales à la caps. qui est ovoïde, globuleuse, obtuse. Etam. 6. ☻. E. C. Lieux inondés l'hiver, landes humides.

16. J. PYGMÆUS *L.* (*J. pygmée.*) Tige rameuse,

un peu étalée, grêle, haute de 2-4 pouces. Feu. linéaires, canaliculées, peu nombreuses. Fl. verdâtres, allongées, réunies en petits capitules latéraux et terminaux. Divis. du pér. étroites, égales, aiguës, resserrées, plus longues que la caps. qui est allongée, trigone. Etam. 3. ☻. E. TR. Lieux humides, sablonneux. Bord de l'étang des Rablais, près d'Alençon.

III. **LUZULA** *DC.* (*Luzule.*) Pér. à 6 divis. scarieuses, squammiformes. Etam. 6. Style 1, à 3 stigm. Caps. 1-loculaire, 3-valve, à 3 graines fixées à la base des valves. — *Feu. planes, chargées de longs poils blancs, épars.*

1. L. MAXIMA *DC.* (*L. élevée.*) Racine rampante. Feu. linéaires, larges, (4-6 lignes), longues, velues sur les bords, coriaces, calleuses au sommet; les caulin. engaînantes. Tige haute de 1-3 pieds. Fl. brunes, entourées à la base de bractées scarieuses, en petits capitules portés sur des pédonc. rameux, inégaux, formant un corymbe terminal, décomposé, à rameaux étalés, penchés. Divis. du pér. très-pointues. Caps.

noirâtre, trigone, acuminée, de la longueur du pér. ♃. P. PC. Bois montueux. Vire, Falaise, Mortain, Beaubec, etc.

2. L. VERNALIS *DC.* (*L. printanière.*) Racine stolonifère, fibreuse. Tiges en touffes, faibles, hautes de 8-12 pouces. Feu. linéaires, planes, assez larges, (4-5 lignes) velues surtout sur les bords et à l'entrée des gaînes. Fl. brunes, en corymbe terminal, lâche, solitaires, portées

sur des pédonc. simples ou rameux, inégaux, divergens, penchés. Divis. du pér. brunes, à bords blanchâtres, scarieux, pointues, plus courtes que la caps. qui est ovoïde, pyriforme, un peu obtusé. ♈. P1. C. Bois.

3. F. FORSTERI *DC.* (*L. de Forster.*) Racine fibreuse. Tiges en touffes, filiformes, hautes d'un pied environ. Feu. linéaires, étroites (1 ligne environ), velues. Corymbe terminal, lâche, formé de fl. brunes, solitaires, portées sur des pédonc. inégaux, rameux, redressés et non étalés. Divis. du pér. brunes, scarieuses sur les bords, longuem. acuminées, plus longues que la caps. qui est ovoïde, pointue. ♈. P2. PC. Bois. Rouen, Falaise, Vire; etc.

4. L. CAMPESTRIS *DC.* (*L. champêtre.*) Racine rampante. Tiges droites, ou un peu penchées au sommet, haute de 6-12 pouces. Feu. large de 1-2 lignes, linéaires, velues, surtout à l'entrée des gaînes. Fl. brunes, ramassées en épillets sessiles ou pédonculés. Divis. du pér. brunes, scarieuses sur les bords, acuminées, plus longues que la capsule qui est trigone, un peu globuleuse, jaunâtre, obtuse et mucronée.

Var *b. L. multiflora* Lej. Tiges droites, élevées. Fl. en épillets ou capitules portés sur des pédonc. dressés, formant ombelle.

Var. *c. L. congesta* Lej. Épillets des fl. sessiles, réunis en un capitule lobé, terminal.

♈. P. Prés, pelouses et bois découverts. Les 2 variétés qui ont été regardées comme des espèces distinctes, par quelques auteurs, méritent à peine d'être indiquées, car je les ai trouvées souv. réunies sur le même pied.

LXXXVIIIᵉ Fam. AROIDÉES *Juss.*

Fl. monoïques, sessiles, disposées autour d'un spadix simple, entouré d'une spathe monophylle. Pér. nul.

Fl. M. Etam. nombreuses, insérées sur le spadix. Fl. F. Ov. 1-loculaires, polyspermes. Style 1, à stigm. simple. Embryon droit, entouré d'un périsperme charnu. —*Herbes acaules, à feu. radicales.*

I. ARUM *L.* (*Gouet.*) Fl. monoïques. Spathe monophylle, roulée en cornet renflé à la base, entourant un spadix allongé, terminé en massue, nu au sommet, chargé au milieu de plusieurs rangées d'anthères sessiles, et au-dessous de 2 ou 3 rangs d'étamines avortées en forme de glandes aristées. Les ovaires sont placés à la base du spadix. Stigm. velu. Baie uniloculaire, à 1-2 graines.

Le spadix des *Arum*, à une certaine époque de la floraison, acquiert une chaleur considérable.

1. A. VULGARE *Lam.* (G. commun.) Vulg. *Vachottes. Pied de Veau.* Racine tubéreuse. Hampe haute de 6-8 pouces. Feu. larges, pétiolées, hastées-sagittées, glabres. Spathe d'un blanc-verdâtre. Spadix jaunâtre ou violacé. Baies rouges.

Var. b. *A. maculatum L.* Feu. tachées de noir, d'un vert vif; Spathe bordée de violet purpurin, carénée; fl. plus précoces.

♃. P. C. Haies.

Cette plante est rubéfiante. Sa racine contient beaucoup de fécule.

LXXXIX⁰ Fam. TYPHACÉES *Juss.*

Fl. monoïques, réunies en chatons globuleux ou cylindriques, unisexuels. Pér. à 3 divis. ou nul. Fl. M. Etam. 3. Fl. F. Ov. 1, libre, sup., 1-sperme, à ovule pendant. Style 1. Stigm. 1-2. Embryon droit, entouré d'un périsperme charnu ou farineux. — *Herbes aquatiques, à tiges dépourvues de nœuds. Feu alternes, ensiformes, engaînantes.*

I. TYPHA *L.* (*Massette.*) Fl. monoïques, disposées en deux chatons cylindriques, allongés; les M. terminales, à 3 étam. réunies à la base en un seul filet. Pér. à 3 divis. filiformes. Fl. F. à Pér. nul, en chaton placé au-dessous des fl. mâles. Fruit (cariopse) 1-sperme, porté sur un pédicelle entouré de poils nombreux en aigrette, remplaçant le pér. — Vulg. *queues de renard*, *quenouilles*, *pompons*.

1. T. LATIFOLIA L. (*M. à larges feu.*) Tiges hautes de 4-6 pieds. Feu. ensiformes, aplaties, très-longues, larges de près d'un pouce. Chatons mâles et fém. contigus, gros et épais, l'infér. (Fém.) d'un brun rougeâtre. Spathes 2-caduques. Pollen jaunâtre, très-abondant. ♃. E, C. Marais, étangs.

2. T. MEDIA *Schl.* (*M. moyenne.*) Tige haute de 3-5 pieds. Feu. linéaires, aplaties, plus courtes que la tige. Fl. en chatons cylindriques, longs et grêles, distincts séparés par un intervalle. Le chaton fém. brun. Spathes caduques. ♃. E. C. Marais, étangs, fossés. Rouen, Honfleur, Lisieux, Falaise, etc.

• 3. T. ANGUSTIFOLIA L. (*M. à feu. étroites.*) Feu. linéaires, étroites (2 lignes), canaliculées, plus longues que la tige, chatons cylindriques, écartés par un intervalle d'un pouce; celui à fl. fém. d'un brun clair. ♃. E. R. Marais, étangs, fossés. Marais-Vernier, Honfleur.

II. SPARGANIUM L, (*Rubanier.*) Fl. monoïques, en chatons globuleux, latéraux. Pér. à 3 divis. squammiformes, fugaces. Fl. M. supér. Etam. 3. Fl. fém. à style long. Stigm. simple. Fruit sec, sessile, turbiné, non entouré par une aigrette. — *Fl. verdâtres.*

1. S. RAMOSUM *C. Bauh.* (*R. rameux.*) Tige ferme, cylindrique, un peu flexueuse, haute de 2-3 pieds. Feu. ensiformes, droites, longues, engaînantes, carénées, à bords courbés, comme triquêtres, planes dans le haut. Chatons globuleux sessiles et placés sur les rameaux terminaux de manière à former une sorte de panicule; les fém. peu nombreux. ♃. E. C. Fossés, étangs.

2. S. SIMPLEX *Roth.* (*R. simple.*) Cette espèce res-

semble beaucoup à la précédente dont elle diffère surtout par ses chatons sessiles, disposés le long d'un axe simple, non rameux. Sa tige est un peu moins élevée. Ses feu. sont plus étroites, triquêtres dans le bas, planes dans le haut. Le chaton infér. est souvent pédonculé. ♃. E. C. Marais, fossés, étangs.

3. s. NATANS *L.* (R. nageant.) Tiges flottantes, souv. très-longues, selon la profondeur des eaux où elles croissent. Feu. planes, étroites, longues, lisses, nageantes. Pédonc. ou axe terminal simple. Chatons peu nombreux, 2-3 fém., un seul mâle, terminal, à étam. longues.

Var. *b. emersum.* Tige courte; feu. alternes, dressées, ouvertes. Falaise. ♃. E. TR. Etangs, mares. Rouen, Falaise. La var. dans des localités humides, non inondées.

XC⁰ Fam. CYPÉRACÉES *Juss,*

Fl. glumacées, hermaphr. ou diclines, disposées en épis. Pér. formé par une seule écaille ou glume univalve. Ov. libre, simple. Etam. 3. Anthères cordiformes à la base. Style divisé en 2 ou 3 stigm. Fruit (akène) triangulaire ou comprimé, 1-sperme, indéhiscent, souvent entouré à sa base de poils ou de soies (rudimens de périanthe), Embryon très petit à la base d'un périsperme farineux. — *Herbes vivaces, à tiges cylindriques, ou triquêtres; le plus souv. dépourvues de nœuds. Feu. linéaires, à gaines entières.*

1. CYPERUS *Tourn.* (Souchet.) Fl. hermaphr. Epis comprimés, distiques, formés d'écailles 1-flores, imbriquées sur deux rangs. Etam. 3. Style caduc, à 2-4 stigm. Fruit nu à la base

1. c. LONGUS *L.* (S. long,) Racine longue, rampante, odorante. Tige droite, triquêtre, haute de 2-3 pieds. Feu. longues, linéaires, carénées, scabres. Epis d'un jaune-rougeâtre, linéaires, grêles,

portés sur de longs pédonc. rameux, formant une ombelle terminale, décomposée, entourée de 3-5 bractées foliacées, longues. Ecailles étroitement imbriquées, scarieuses, tronquées. Stigm. 3. Fruit ovoïde-oblong, triquètre, légèrem. mucroné. ♃. E. 3.C. Prés humides, bords des rivières. Caen, Alençon, Evreux, Falaise, Cherbourg, etc.

2. c. **FLAVESCENS** L. (S. *jaunâtre*.) Racine fibreuse. Tige haute de 3-6 pouces, droite ou un peu étalée, légèrem. triquètre. Feu. linéaires, carénées, étroites. Epis jaunâtres, comprimés, lancéolés, presque sessiles, formant une ombelle terminale, peu fournie, à rayons inégaux. Bractées 3, foliacées, assez

longues. Ecailles serrées, imbriquées, obtuses. Stigm. 2. ●. E3. PC. Landes marécageuses, bords des étangs. Alençon, Falaise, Vire, Gisors, Saint-Lo, etc.

3. c. **FUSCUS** L. (S. *brun.*) Racines fibreuses. Tiges gazonnantes, étalées, d'un vert clair; triquètres, peu fermes, hautes de 4 à 8 pouces. Epis d'un brun noir, rapprochés, linéaires, divergens, comme denticulés, par un léger écartement de la pointe des écailles, en ombelle terminale, inégale, accompagnée de 3 bractées foliacées dont une ou deux souv. très-longues. Ecailles pointues, noirâtres, à nervure verte. Stigm. 3. ●. E3. A1. PC. Marais.

II. SCHOENUS L. (*Choin.*) Fl. hermaphr. Ecailles florales, imbriquées (non distiques) en épis fasciculés; les infér. stériles. Etam. 2-3. Style quelquefois persistant. Stigm. 2-4. Fruit le plus souv. entouré de soies à sa base, rarem. nu.

1. s. **NIGRICANS** L. (C. *noirâtre*.) Racine fibreuse. Tiges en touffes tenaces, lisses, nues, hautes de 1-2 pieds, garnies à leur base de gaines noirâtres, feu-

dues. Feu. radicales, sétacées, triquètres, glauques ainsi que les tiges. Fl. noirâtres, ramassées en un seul capitule terminal, accompagné de 2 bractées dont une plus longue, subulée. Fruit lisse, blanchâtre, triquètre, obtus, entouré de soies courtes à sa base. Stigm. 3. ♃. E. PC. Marais tourbeux. Caen, Honfleur, Falaise, Lisieux, Cherbourg, etc.

2. s. ALBUS *L.* (*C. blanchâtre.*) Racine fibreuse. Tiges filiformes, triquètres, feuillées, haute d'un pied environ. Feu. planes ou canaliculées, carénées, étroites, courtes. Epis blanchâtres, fasciculés, réunis en 1-3 corymbes dont 1 terminal, les autres placés au-dessous portés sur des pédonc, sortant des gaines des feu. supér. Ecailles ovales aiguës. Bractées dépassant à peine les corymbes. Fruit ovoïde, mucroné, entouré de soies nombreuses. Stigm. 3. ♃. E. PC. Marais. Rouen, Forges, Alençon, Vire, Mortain, etc.

3. s. FUSCUS *L.* (*C. brun.*) Cette espèce ressemble beaucoup à la précéd., surtout quand la maturité a rendu roussâtres les épis du *S. albus.* Elle en diffère par ses corymbes brunâtres, moins tronqués endessus, par ses bractées

dont une au moins dépasse les épis fasciculés en longue pointe foliacée de 1-2 pouces, et par ses feu. plus étroites. ♃. E. TR. Marais de Briouze.

4. s. COMPRESSUS *L.* (*C. comprimé.*) Cette plante a le port d'un *Carex.* Racine rampante, longue. Tiges droites, triquètres, hautes de 6-8 pouces, feuillées dans le bas. Fl. planes, linéaires, plus courtes que la tige. Epi terminal roussâtre, formé de 10-12 épillets rapprochés, alternes, disposés sur deux rangs, munis chacun d'une bractée à leur base. Ecailles florales d'un roux brun, scarieuses sur les bords. Graines entourées de 4-5 poils longs, denticulés. Stigm. 2. ♃. E. PC. Marais, prés humides. Pays de Bray, Falaise, Argentan, etc.

5. s. MARISCUS *L.* (*C. des marais.*) Racine rampante. Tige ferme, fistuleuse, articulée, feuillée, haute de 2-5 pieds. Feu. longues, carénées, triquètres au sommet, très coupantes à cause des dentelures aiguës qui se trouvent sur les bords et la

carène. Epillets roussâ-
tres, courts et ramassés en
petits bouquets, au som-
met de pédonc. très-rameux,
partant des gaines des feu.
supér., et formant par
leur réunion une longue
panicule. Stigm. 2. Fruit
non entouré de soies à sa
base. ♃. E. PC. Marais.
Caen, Lisieux, Honfleur,
Lessay, etc.

III. SCIRPUS *L.* (*Scirpe.*) Fl. hermaphr. Ecailles
florales, toutes fertiles, étroitement imbriquées en
épis. Etam. 2-3. Style à 2-3 stigm. Fruit nu, ou entouré de soies hypogynes, plus courtes que les écailles.

* Plusieurs épis sur chaque tige.

1. s. SYLVATICUS *L.* (*S.
des bois.*) Tige droite,
haute de 1-2 pieds, foliacée, fistuleuse, articulée,
triquêtre au sommet. Feu.
linéaires, larges, engaî-
nantes, scabres sur les
bords. Epillets ovoïdes,
courts, d'un vert-noirâtre,
nombreux, fasciculés, portés sur des pédonc. rameux,
qui forment une large pa-
nicule décomposée, ter-
minale, accompagnée de
3-5 longues bractées foliacées. Stigm. 3. Fruit trigone. ♃. E. C. Prés humi-
des, bords des ruisseaux.

2. s. MARITIMUS *L.* (*S.
maritime.*) Tiges droites,
feuillées, triquêtres, nues
et scabres dans leur partie
supér. hautes de 2-3 pieds.
Feu. très-longues, rudes
sur les bords et la carène.

Epis très-gros, ovoïdes,
d'un brun-ferrugineux,
portés sur des pédonc. inégaux, simples, en une sorte
d'ombelle assez ramassée,
accompagnée de 3 brac-
tées foliacées, longues,
inégales. Ecailles trifides
au sommet. Stigm. 3, longs.
Var. *b. monostachyus.*
Un seul épi sessile. Falaise.
♃. E. C. Fossés, bords
des rivières.

3. s. LACUSTRIS *L.* (*S.
des étangs.*) Tige cylindrique, nue, lisse, grosse,
verte, spongieuse, haute
de 4-6 pieds, et plus.
Epis ovoïdes, oblongs,
roussâtres, portés sur des
pédoncules simples et ra-
meux, formant une cyme
terminale ou ombelle ac-
compagnée d'une bractée
allongée, simulant un pro-

longem. de la tige. Style caduc. Stigm. 3. Fruit trigone, entouré de 6 soies.

Var. *b. capitatus.* Epis agglomérés en tête, presque sessiles.

♃. E. TC. Rivières, étangs.

4. s. GLAUCUS *Sm.* (*S. glauque.*) Cette espèce ressemble à des individus grêles de l'espèce précéd. Tige glauque, menue, ferme, un peu contournée, haute de 1 - 2 pieds. Epis roussâtres, fasciculés, en cyme termin. accompagnée de 2 bractées qui la dépassent à peine. Ecailles florales, ciliées - fimbriées, hérissées de points rudes. Stigm. 2. Soies 6. ♃. E. TR. Marais. Sainte - Mère - Eglise (*De Gerv.*). Je l'ai trouvé dans les marais de Percy, près de Saint - Pierre - sur - Dives.

5. s. TRIQUETER *L.* (*S. triquêtre.*) Tiges droites, simples, nues, lisses, triquêtres, hautes de 2 - 3 pieds. Feu. peu nombreuses, engaînantes, situées au bas de la tige. Epis roussâtres, ovoïdes, courts, sessiles et pédonculés, ramassés en une ombelle inégale ou un capitule latéral, situé un peu au-des-

sous du haut de la tige. Ecailles florales, ovales, munies d'une pointe courte, naissant au - dessous du sommet qui est échancré. Stigm. 2. Fruit entouré de soies hypogynes. ♃. E. R. Bords des rivières, marais. Caen, Rouen. (*Fl. R.*)

6. s. PUNGENS *Vahl.* S. *tenuifolius DC.* (*S. piquant.*) Racine rampante. Tiges hautes de 8 - 12 pouces, grêles, un peu feuillées à la base, triquêtres, lisses, endurcies à leur pointe terminale. Feu. pourvues d'une longue gaîne, menues, triquêtres, lisses et pointues comme la tige. Epis ovoïdes, bruns, peu nombreux (1-3), sessiles, latéraux fasciculés, placés au - dessous du sommet de la tige. Ecailles florales, un peu aristées; les infér. échancrées. Stigm. 2. Fruit comprimé, entouré de 3 soies. La pointe de la tige et des feu. est scabre. ♃. E. TR. Cette espèce a été trouvée par M. Gay, dans les marais maritimes de Pirou (Manche.)

7. s. SETACEUS *L.* (*S. setacé.*) Racine fibreuse. Tiges grêles, filiformes, nues, glauques, en petites

touffes, haute de 3-6 pouces, munies à la base d'une gaîne prolongée en une petite pointe foliacée. Epis ovoïdes, petits, sessiles, réunis 1-3, au sommet de la tige, et dépassés par une bractée sétacée qui les fait paraître latéraux. Ecailles florales, ovales-arrondies, obtuses, rougeâtres, avec la nervure verte. Stigm. 3. Fruit dépourvu de soies à sa base, ovoïde, marqué de stries longitudinales. ⬤. E. C. Lieux inondés, allées des bois humides.

8. s. SAVII *Ten.* (*S. de Savi.*) Ressemble beaucoup au précédent par sa tige sétacée, grêle, et la disposition de toutes ses parties, mais la bractée qui dépasse les épis est plus courte. Ses écailles florales à peine rougeâtres, sont scarieuses, blanchâtres, munies de 5-7 nervures ou stries longitudinales de chaque côté de la médiane. Les fruits sont marqués de nombreux points enfoncés, disposés longitudinalem. ⬤. E. TR. Découvert par M. Gay dans des marais, au bord de la mer près de Lessay (Manche.)

* * *Epi unique sur chaque tige.*

9. s. PALUSTRIS *L.* (*S. des marais.*) Racine rampante, stolonifère. Tiges nues, droites, fermes, un peu spongieuses intérieurement. cylindriques, lisses, munies à leur base d'une gaîne tronquée, haute de 1-2 pieds. Point de feu. Epi brun terminal, ovoïde-allongé. Ecailles florales, ovales, brunes, avec une nervure dorsale verte; les infér. petites. Fruit ovoïde-arrondi, comprimé, entouré de soies. Style à base renflée, persistant. Stigm. 2. ♃. E. TC. Marais, prés humides, fossés.

10. s. UNIGLUMIS *Link.* (*S. à une glume.*) Racine rampante. Tiges grêles, filiformes, un peu dures, lisses, striées, hautes de 10-15 pouces, souv. penchées, à gaîne tronquée. Feu. nulles. Epi noirâtre, allongé, peu serré, terminal. Ecailles flor. lancéolées, obtuses, brunes, à bords scarieux blanchâtres, l'infér. plus courte, fort large, arrondie, em-

brassant toute la base de l'épi, à nervures médianes verdâtres, très-étroites. Fruit ovoïde, comprimé, un peu triquètre, muni de 2 soies, surmonté par la base renflée du style persistant. ♃. E. TR. Je l'ai trouvé dans les marais de Plainville, près Saint-Pierre-sur-Dives.

11. S. MULTICAULIS *Sm.* (*S. à tiges nombreuses.*) Racine rampante. Tiges en touffes, courbées, hautes de 6-12 pouces, nues, striées, munies à la base d'une gaine tronquée. Point de feu. Epi brun, ovoïde, terminal, souv. un peu oblique, quelquefois vivipare. Ecailles flor. lancéolées, obtuses, les infér. égales aux autres. Fruit trigone, allongé, brun, surmonté par la base dilatée du style. Stigm. 2-3. Soies 3-6. ♃. E. C. Marais.

12. S. BÆOTHRYON *Ehrh.* (*S. des tourbières.*) Racine fibreuse. Tiges sans feu., en petites touffes, grêles, filiformes, lisses, hautes de 4-8 pouces, à gaines tronquées à leur base. Epi brun, ovoïde-lancéolé, court, pauciflore. Ecailles

flor., brunes, lancéolées, légèrem. scarieuses; les 2 infér. presque aussi longues que l'épi entier qu'elles entourent. Fruit trigone, ovoïde, terminé par la base renflée, persistante du style. Stigm. 3. Soies 6.

Var. *b. S. campestris* Roth. Tige courte; épi 2-flore; écailles infér. aussi longues que l'épi.

♃. E. PC. Marais tourbeux. Le Havre, Caen, Lisieux, Falaise, Vire, etc.

13. S. CÆSPITOSUS *L.* (*S. gasonnant.*) Diffère de l'espèce précéd. principalem. par ses gaines écailleuses, tubuleuses, prolongées par une petite foliole courte, canaliculée. Racine fibreuse. Tiges en touffes épaisses et tenaces, hautes de 3-8 pouces, lisses, striées, raides. Epis roussâtres, courts, pauciflores (2-5 fl.), terminaux. Ecailles flor. obtuses; une des 2 infér. allongée, mucronée, aussi longue que l'épi. Fruit brun, ovoïde, arrondi, trigone, entouré de 6 soies. Style caduc. Stigm. 3. ♃. E. R. Marais tourbeux, landes humides. Caen, Mortain, Sourdeval, Lessay, etc.

14. s. FLUITANS *L.* (*S. flottant.*) Tiges flottantes, feuillées, molles, radicantes, longues, feu. planes, linéaires, étroites, longues, engaînantes et scarieuses à la base. Pédoncules axillaires, longs de 2-3 pouces, portant un petit épi verdâtre, ovale, court, terminal. Style caduc, à 2 stigm. Fruits trigones, blanchâtres, dépourvus de soies. ♃. E. C. Mares, fossés.

15. s. ACICULARIS *L.* (*S.*

épingle.) Racine fibreuse. Tiges filiformes, très-déliées, comme capillaires, hautes de 2-4 pouces, munies à leur base de gaînes tronquées, terminées par un petit épi oblong, verdâtre, à écailles pointues; les infér. plus longues que les autres. Style caduc, à 3 stigm. Fruit 3-gone, entouré de quelques soies courtes. ⊙. E-Ar. PC. Marais, lieux inondés, bords des étangs. Evreux, Alençon, Domfront, Vire, Saint-Lo, etc.

IV. **ERIOPHORUM** *L.* (*Linaigrette.*) Fl. hermaphr. Ecailles florales, paléacées, imbriquées en épis multiflores. Etam. 3. Style 1, à 3 stigm. Fruits entourés de nombreuses soies blanches, qui, après la floraison, sont beaucoup plus longues que les écailles. — Vulg. *Joncs à coton.*

* *Plusieurs épis sur chaque tige.*

1. E. LATIFOLIUM *Hoppe.* (*L. à larges feu.*) Tige feuillée, triquêtre, lisse, haute de 1-2 pieds. Feu. engaînantes, linéaires, larges de 2-3 lignes, courtes, planes, triquêtres au sommet, scabres sur les bords. Epis bruns, ovoïdes, penchés, portés au sommet de la tige sur des pédonc. filiformes, scabres, inégaux. Bractées foliacées, inégales. Ecailles brunes,

lancéolées, scarieuses. Soies une fois plus longues que les épis. ♃. P. C. Marais, prés humides.

2. E. ANGUSTIFOLIUM *Reich. DC.* (*L. à feu. étroites.*) Tige feuillée, triquêtre, lisse, haute de 1-2 pieds. Feu. longues, engaînantes, linéaires, étroites, dures, carénées-canaliculées, triquêtres au sommet, un peu rudes sur les bords.

Epis bruns, ovoïdes, gros, placés au sommet de la tige sur des pédonc. longs, inégaux, pendans. Ecailles lancéolées, un peu pointues. Soies a fois plus longues que les épis. Quelquefois un épi solitaire sort de la gaîne de la feu. supér., porté sur un pédonc. très-long. Bractées foliacées, inégales.

Var. *b. E. Vaillantii.* Poit et Turp. Pédonc. plus courts que les épis. Soies très-longues.

♃. P. PC. Marais, prés tourbeux. La var. *b.* à Falaise.

3. *e.* GRACILE *Roth.* (*L. grêle.*) Tige triquêtre, grêle, presque nue, haute de 10-15 pouces. Feu. très-étroites, menues, canaliculées, triquêtres. Epis brunâtres, petits, peu nombreux (2-4), peu penchés, portés au sommet de la tige sur des pédonc. simples, courts. Ecailles flor. rougeâtres. Fruits à 3 angles aigus. Soies courtes. ♃. P. TR. Marais tourbeux. Forges-les-eaux (*F. petit.*)

*** Epi unique, terminal.*

4. *e.* VAGINATUM *L.* (*L. engaîné.*) Racines fibreuses. Tiges en touffes, hautes de 1-2 pieds, triquêtres, lisses, droites, garnies dans leur longueur de plusieurs gaines renflées au sommet. Limbe des feu., étroit, triquêtre, pointu. Epi ovoïde, grisâtre, terminal; sans bractées. Ecailles florales, scarieuses. Soies plus longues que l'épi. ♃. P. R. Marais tourbeux. Forges; Sourdeval; La Haie-du-Puits (Manche.)

V. CAREX *L.* (*Laîche.*) Fl. monoïques, rarem. dioïques, entourées d'une écaille, tenant lieu de pér. réunis en épis androgyns ou unisexuels. Etam. 3. (rarem. 2.) Urcéole capsulaire, entourant d'abord l'ovaire et ensuite la semence, percé au sommet d'un trou, par où sort un style très-court, à 2 ou 3 stigm. filiformes, velus.

Plusieurs espèces qui croissent dans les prés, sont connues sous le nom vulg. *d'herbes sûres.*

§ 1. *Plusieurs épis distincts , 1-séxuels ; les supér. mâles.*

† *Stigm.* 3.

* *Plusieurs épis mâles. Fruits glabres.*

1. C. RIPARIA *Curtis.* (*L. des rives.*) Tiges droites, feuillées, triquêtres, rudes dans leur partie supér., hautes de 3 à 5 pieds. Feu. larges , longues , scabres sur les bords et la carène, triquêtres à la pointe. Epis M. 2 à 3 , rapprochés , anguleux , noirâtres, pointus, à écailles lancéolées , avec une nervure dorsale, verte. Epis F. 3 à 4 , longs , écartés , l'infér. pédonculé , les supér. sessiles, cylindriques accompagnés de longues bractées. Caps. striées, lisses , ovoïdes-lancéolées, terminées par une pointe bifurquée , divariquée ; écailles d'un brun clair , lancéolées , longuem. mucronées. ♃ P. C. Bords des rivières , fossés, étangs. Quelquefois les épis fém. ont quelques fl. mâles à leur sommet.

2. C. PALUDOSA *Good.* (*L. des marais.*) Racine rampante. Tiges hautes de 1 à 2 pieds , triquêtres, scabres sur les angles. Feu. longues , larges , planes-carénées, glauques, rudes sur les bords , coupantes. Epis M. 3 à 4 , réunis au sommet des tiges, allongés, à écailles obtuses , brunes, avec une nervure médiane verte. Epis F. accompagnés de longues bractées folia-cées ; droites , l'infér., porté sur un court pédon-cule , à écailles lancéolées, acuminées, moins larges que les fruits , et munies d'une nervure dorsale verte. Caps. serrées, striées, lisses, ovoïdes - lancéolées, termi-nées par un bec court , fendu en deux dents droi-tes , conniventes. ♃ P. C. Prés humides , fossés , marais.

3. C. KOCHIANA *DC.* (*L. de Koch.*) Cette espèce ressemble beaucoup à la précédente ; mais elle est plus grêle. Sa tige triquêtre, scabre sur les angles , a des feu. plus étroites ; les épis M. seulem. , au nom-bre de 2 , ont leurs écailles

très-acuminées; les épis F. 2-3 sont grêles, allongés, à écailles infér. prolongées en pointe acérée, denticulée à son sommet. Les caps. sont ovoïdes-allongées, terminées par un bec bifide. ♃. P. R. Fossés, marais près du Havre.

4. C. VESICARIA *L.* (*L. à fruits vésiculeux.*) Racine rampante. Tiges hautes de 2 pieds, triquêtre, scabre. Feu. longues, assez larges, carénées, scabres, sur les bords, d'un vert non glauque. Epis M. 2 à 3, réunis, allongés, pointus, à écailles jaunâtres, bordées de blanc, obtuses. Epis F. 2-3, dressés, cylindriques, les infér. pédonculés, souv. pendans, accompagnés de longues bractées foliacées, scabres. Caps. vésiculeuses, striées, d'un vert-jaunâtre, terminées par un long bec, bifide au sommet, plus longues que les écailles qui sont étroites, lancéolées,

pointues, roussâtres, avec une nervure dorsale verte, et un bord blanchâtre. ♃. P. TC. Lieux humides, bords des fossés, des étangs.

5. C. AMPULLACEA *Good.* (*L. à fruits gonflés.*) Racine rampante. Tige haute de 1 à 2 pieds, à 3 angles arrondis, lisses, seulem. un peu rude entre les épis. Feu. glauques, droites, étroites, carénées-caniculées, rudes sur les bords. Epis M. 2, grêles, à écailles rougeâtres, pâles, bordées de blanc. Epis F. 2 à 3, dressés, cylindriques, avec de longues bractées étroites. Caps. d'un vert pâle, jaunâtres, globuleuses, lisses, serrées, divergentes, à bec bifide, plus larges et un peu plus longues que les écailles qui sont lancéolées, avec une nervure médiane verdâtre. ♃. P. C. Marais, bords des étangs.

** *Plusieurs épis mâles. Fruits velus ou scabres.*

6. C. FILIFORMIS *L.* (*L. filiforme.*) Racine rampante. Tiges hautes de 2 à 3 pieds, déliées, filiformes, arrondies, lisses. Feu. droites, longues, étroites, caniculées, roulées, presque lisses. Epis M. 2-3, distans, grêles. Epis F. 1 à 2, dressés, ovoïdes-

allongés ou cylindriques, sessiles ou à pédonc. court, renfermé dans la gaîne d'une longue bractée. Caps. ovoïdes, à bec bifurqué, laineuses, de la longueur des écailles qui sont brunes, avec une longue pointe hispide. ♃ P. TR. Tipuyée dans les marais de Lessay, par M. Gay.

7. c. HIRTA L. (*L. hérissée*.) Très - remarquable par ses feu. velues, surtout sur leurs gaînes. Racine ligneuse, rampante. Tige haute de 1 à 2 pieds, triquêtre, un peu rude seulem. dans le haut, feuillée. Feu. d'un vert pâle, planes, un peu rudes sur les bords. Épis M. 2 à 3, rapprochés, à écailles velues. Épis F. 2 à 3, distans, à pédonc. courts, accompagnés de longues bractées. Caps. striées, velues, un peu lâches, terminées par un long bec bifide, plus longues que les écailles qui sont étroites, glabres, longuem. acuminées, rougeâtres, avec une nervure dorsale verte.

Var. *b. glabriuscula*. Épis M. glabres. Gaînes des feu. à peine pubescentes. Falaise.

♃ P. C. Lieux humides, prés, bords des chemins.

8. c. GLAUCA Scop. (*L. glauque*.) Racine rampante. Tige presque triquêtre, lisse, haute de 1 à 2 pieds, souv. penchée. Feu. glauques, planes, roulées sur les bords, scabres. Épis M. dressés, à écailles allongées, obtuses, brunes, avec une nervure médiane jaunâtre. Épis F. 2 à 3, pédoncules, cylindriques, pendans à la maturité, accompagnés de longues bractées, munies à leur base d'oreillettes d'un rouge brun. Caps. ovoïdes, obtuses, un peu pubescentes, se colorant en brun à la maturité. Écailles allongées, obtuses, rougeâtres, avec une nervure dorsale, prolongée en une petite pointe.

Var. *b. tenuis*. Planté grêle. Tige capillaire terminée par un seul épi mâle, placé au-dessus de 2 fl. fém. isolées, distantes, sessiles, remplaçant les épis fém.

♃ P. TC. Bois et prés, secs et humides. La var. *b.* TR. se trouve dans les bois près de Falaise. J'ai aussi rencontré souvent une variété tout opposée, à épis rameux.

* * * *Epi mâle unique. Fruits glabres.*

9. C. PENDULA *Huds.* C. maxima Scop. DC. (*L. à épis pendans.*) Tiges hautes de 3 à 4 pieds, droites, feuillées, triquêtres, rudes entre les épis. Feu. longues, glauques, striées, raides, planes, carénées, rudes sur les bords. Epi M. grêle, terminal. Epis F. 3 à 6, longs de 6 à 7 pouces, cylindriques, pendans, les infér. pédonc., atténués à la base. Caps. petites, serrées, ovoïdes, à bec court. Ecailles d'un rouge brun, ovales, mucronées par le prolongement de la nervure dorsale verte. ♃. P. C. Bords des eaux, fossés. Commune principalement dans le pays d'Auge.

10. C. PSEUDO-CYPERUS *L.* (*L. faux souchet.*) Racine fibreuse. Tige triquêtre, haute de 1 à 2 pieds, droite, très-rude sur les angles, principalem. dans le haut. Feu. larges, planes, striées, plus longues que les tiges, d'un vert gai. Epi M. petit, grêle. Epis F. 3 à 5, assez rapprochés, cylindriques, épais, longs d'un pouce, d'un vert pâle, pendans,

portés sur des pédonc. longs et déliés, accompagnés de longues bractées foliacées. Caps. serrées, striées, ovoïdes - allongées, triquêtres, ouvertes - réfléchies, avec une longue pointe bifide. Ecailles ovales, dépassées par une longue arête sétacée. ♃. P. PC. Lieux humides, bords des étangs et des fossés.

11. C. PALLESCENS *L.* (*L. pâle.*) Racine fibreuse, émettant des touffes assez épaisses. Tiges hautes d'un pied environ, droites, feuillées, triquêtres, rudes sur les angles. Feu. d'un vert pâle, planes, rudes sur les bords, à gaines pubescentes. Epi M. pâle. Epis F. 2 à 3, ovoïdes, rapprochés, d'abord droits, ensuite pendans, l'infér. porté sur un pédonc. plus long, et accompagné d'une bractée foliacée dépassant les supér. Caps. d'un vert pâle, striées, lisses, ovoïdes, obtuses, à bec tronqué entier. Ecailles ovales pointues. ♃. P. C. Prés et bois humides.

12. C. DRYMEJA *L.* C.

patula Scop. *DC.* *(L. des bois.)* Racine rampante et fibreuse. Tiges hautes de 1 à 2 pieds, feuillées, grêles, penchées au sommet, triquètres, lisses. Feu. larges, planes, lisses, scabres sur les bords, carénées. Epi M. grêle, aigu. Epis F. écartés les uns des autres, verdâtres, grêles, allongés, pendans a la maturité, portés sur des pédonc. filiformes, scabres. Caps. d'un vert-pâle, lâches, ovoïdes, terminées par un long bec bifide. Ecailles ovales, à nervure prolongée en pointe scabre, rudes sur le dos. ♃. P. C. Bois humides.

13. C. **TETROSTACHYS** *Ehrh.* C. *Strigosa* Good. *(L. à épis grêles.)* Cette espèce a le port et la couleur d'un vert pâle de la précédente, dont elle diffère par les caractères suivans : ses tiges plus courtes, sont un peu étalées; ses feu. sont larges, comme plissées; les épis femelles, sont beaucoup plus longs (3 à 4 pouces), plus déliés; les caps. sont triquètres, allongées, à pointe simple, obtuse, tronquée obliquement. Ecailles membraneuses, à nervure dorsale verte, ni scabre, ni

prolongée au-delà de la pointe. ♃. P. TR. Bois humides. J'ai trouvé cette espèce près de Falaise. M. Anjubault l'a aussi recueillie près d'Alençon, mais dans le Maine.

14. C. **PANICEA** *L.* *(L. Panic.)* Racine rampante. Tige droite, haute d'un pied, triquètre-arrondie, lisse. Feu. glauques, planes-carénées, courtes, rudes sur les bords. Epi M. noirâtre. Epis F. 2 à 3, écartés, à courts pédicelles, grêles, cylindriques, devenant brunâtres. Fruits lisses, ovoïdes, ou légèrem. triquètres, peu serrés, à bec court, obtus, tronqué, entier. Ecailles d'un violet-noirâtre, avec la nervure dorsale verte, et les bords blanchâtres. ♃. P. TC. Prés humides.

15. C. **DEPAUPERATA** *Good.* *(L. appauvrie.)* Racine rampante. Tige triquètre, droite, lisse, haute d'un pied ou un peu plus. Feu. planes, molles, rudes sur les bords, plus courtes que la tige, à longues gaines. Epi M. grêle, cylindrique, pointu, roussâtre. Epis F. 2 à 5, distans, pauciflores, portés sur des

pédonc. droits, rudes. Caps. 2 à 5, grosses, triquêtres-ovoïdes, ventrues, terminées par un bec long, grêle, bifide au sommet, une fois plus longues que les écailles qui sont ovales, pointues, scarieuses sur les bords. ♃. P. TR. Bois humides, près d'Alençon.

16. c. LIMOSA *Linn.* (*L. des lieux bourbeux.*) Tige faible, courbée à la base, triquêtre, sillonnée, lisse ou un peu rude dans le haut. Feu. glauques, étroites, striées, rudes sur les bords. Epi M. grêle, roussâtre, pointu, à écailles aiguës. Epis F. 2, ovoïdes, portés sur de longs pédonc. penchés à la maturité. Caps. triquêtres-ovoïdes, lisses, d'un vert-bleuâtre, pointues et entières au sommet. Ecailles ovales-allongées, d'un rougeâtre luisant, avec une nervure dorsale verte. ♃. P3. TR. Marais tourbeux. Vesly, Lessay (Manche.)

17. c. DISTANS *Linn.* (*L. à épis distans.*) Racine fibreuse. Tiges en touffes, triquêtres, lisses, hautes de 1 à 2 pieds. Feu. courtes, planes, lisses. Epi M. oblong, épais, noirâtre.

Epis F. 2 à 3, écartés, oblongs, cylindriques, portés sur des pédonc. à moitié cachés dans les gaines de bractées longues de 2 à 3 pouces, rudes. Caps. ovoïdes, nervées, d'un vert pâle, avec une pointe courte, rude et bifide. Ecailles ovales, roussâtres, avec une nervure dorsale verte, se terminant en une pointe courte. ♃. P. C. Prés humides.

18. c. BINERVIS *Sm.* (*L. à 2 nervures.*) Cette espèce ressemble à la précédente, mais sa tige est beaucoup plus forte, plus ferme, elle est longue de 2 à 3 pieds, ses épis sont aussi plus longs, l'inférieur est porté sur un très-long pédicelle; les fruits sont ovoïdes, luisans, avec une nervure verte, saillante de chaque côté, les écailles sont ovales, mucronées, noirâtres, avec une nervure dorsale verte, se terminant en une pointe aristée. ♃. P3. C. Landes et bruyères sèches. Alençon, Falaise, Mortain, etc. — Feuilles d'un vert foncé. J'ai trouvé des individus dont l'épi M. était terminé par quelques fl. femelles.

19. c. LÆVIGATA *Sm. C. biligularis DC.* (*L. lisse.*) Racine ligueuse et fibreuse. Tige haute de 2 à 3 pieds, triquêtre, lisse, Feu. d'un vert clair, longues, larges, planes, carénées, remarquables par. 2 larges ligules membraneuses placées à l'entrée de leur gaîne, l'une appliquée sur la feu., l'autre opposée. Epi M. cylindrique, en massue, à écailles d'un roux pâle. Epis F. 2 à 3, longs, épais, cylindriques; l'infér., porté sur un long pédonc. Bractées rudes. Caps. triquêtres, vertes, lisses, 3-nervées, allongées, terminées par une pointe bifide, Ecailles ovales, mucronées, rougeâtres, blanches sur les bords. ♃. P2. 3. PC. Bois humides. Caen, Falaise, Vire, Mortain, etc.

20. c. FULVA *Good. (L. fauve.*) Racine fibreuse, Tiges en touffes épaisses, hautes d'un pied, triquêtres, lisses dans le bas, rudes vers le sommet. Feu. à gaînes blanchâtres à la base, dressées, d'un vert pâle, lisses, assez larges, planes, striées, rudes vers la pointe. Epi M, linéaire-lancéolé, fauve. Epis F. 2 à 3, distans, ovoïdes; les

infér. pédonculés; le supér. sessile. Bractées scabres, très-courtes, presque nulles dans les épis supér. Caps. d'un brun-jaunâtre, ovoïdes-lisses, luisantes, gonflées, striées, terminées par un bec droit, un peu rude, bifide au sommet. Ecailles rousses, obtuses, avec une nervure dorsale verte, et les bords blanchâtres.

Var. *b. C. xanthocarpa Degl.* Bractées dépassant la tige. Fruits jaunâtres. TR. Falaise.

♃. P2. PC. Prés humides, marais. Alençon, Falaise, etc.

21. c. HORNSCHUCHIANA *Hop. (L. de Hornschuch.*) Racine rampante. Tige haute d'un pied et demi, droite, lisse, quelquefois rude au sommet. Feu. de moitié moins longues que les tiges, dressées, planes, étroites, lisses, rudes dans leur partie supér. Epi M. lancéolé, rétréci à la base, brunâtre, à écailles bordées de blanc. Epis F. 3, ovoïdes-cylindriques, l'infér. plus allongé, pédicellé; les supér. sessiles ou à court pédicelle enveloppé dans une gaîne à bractée courte ou nulle. Caps. ovoïdes, striées, d'un

vert pâle, à bec obtus, non bifide. Ecailles ovales, un peu obtuses, plus courtes que les fruits, brunes, à nervure médiane verte, et à bords blanchâtres. ℆. P₂. 5. R. Marais. Falaise.

22. c. extensa *Good.* (*L. étirée.*) Racine fibreuse. Tige haute de 10 à 15 pouces, droite, lisse, triquêtre. Feu. glauques ou d'un vert grisâtre, étroites, dressées, un peu rudes au sommet. Epi M. à écailles rousses, obtuses, quelquefois accompagné à sa base d'un autre petit épi M. Epis F. 2 à 3, ovoïdes rapprochés, sessiles à la base de longues bractées. Caps. ovoïdes, striées, à 5 nervures, à bec court, presque nul, bidenté, plus longues que les écailles ovales et mucronées. ℆. P₂. R. Marécages maritimes. Avranches, Pirou, Lessay (Manche). Trouville (Calvados), etc.

23. c. flava *L.* (*l. jaune.*) Racine fibreuse. Tige haute de 10 à 15 pouces, droite, triquêtre, lisse. Feu. planes, larges, lisses, rudes vers le sommet. Epi M. grêle, linéaire, roussâtre. Epis F. 2 à 3, ovoïdes-globuleux, d'un vert pâle, rapprochés; les infér., pédonculés. Bractées foliacées, plus longues que la tige. Caps. globuleuses, jaunâtres et divariquées à la maturité, terminées par un long bec plus ou moins courbé. Ecailles rougeâtres, allongées, obtuses, mucronées, bordées de blanc, plus courtes que les fruits.

Var. *b. longifolia.* Epis écartés, feuilles une fois plus longues que la tige. TR. Bois humides. Falaise.

℆. P. TC. Lieux humides. Prés, fossés, etc.

24. c. oederi *Retz.* (*L. de OEder.*) Beaucoup d'auteurs regardent cette plante comme une var. de l'espèce précéd.; elle en diffère cependant par plusieurs caractères importans. Sa tige est haute de 3 à 5 pouces, étalée. Les épis F., au nombre de 4 environ, sont très-rapprochés de l'épi M., qui est ovoïde, plus épais. Les caps. sont divariquées à bec droit. ℆. Et. C. Bords des étangs, marais sablonneux.

· · · · Epi mâle unique. Fruits pubescens.

25. c. TOMENTOSA L. (L. à fruits tomenteux.) Racine rampante. Tige filiforme, triquêtre, haute d'un pied, lisse ou un peu rude au sommet. Feu. glauques, canaliculées, étroites, rudes, molles, Epis F. 1 à 2, cylindriques, sessiles; le supér., rapproché de l'épi M. qui est oblong-lancéolé, jaunâtre. Caps. globuleuses, couvertes d'un duvet blanchâtre, comme feutré, terminées par un bec très-court, bifide, plus longues que les écailles qui sont ovales-acuminées. ♃. Pa. 3. R. Bois et lieux sablonneux, humides. Rouen, Alençon.

26. c. PILULIFERA Linn. (L. à pilules.) Racine fibreuse. Tiges faibles, triquêtres, étalées, arquées, grêles, rudes. Feu. carénées planes, rudes. Epi M. linéaire, très-petit. Epis F. 2 à 3, rapprochés, arrondis. Bractées sans gaîne. Caps. velues, globuleuses, ovoïdes, avec un bec court, moins longues que les écailles qui sont oblongues, aiguës. ♃. P. C. Bois secs et découverts.

27. c. PRÆCOX Jacq. (L. précoce.) Racine rampante. Tige haute de 5 à 8 pouces, isolée, triquêtre, lisse. Feu. courtes, courbées, étalées, rudes. Epi M. ovoïde-allongé, en massue roussâtre. Epis F. 2 à 3, arrondis, rapprochés, à pédic. caché dans la gaîne des bractées. Caps. ovoïdes-triquêtres, pubescentes, à bec court, émoussé. Ecailles ovales, brunes, avec une nervure dorsale verte. ♃. P. C. Bruyères, bois, pelouses.

28. c. HUMILIS Leyss. (L. humble.) Petites touffes épaisses, tenaces. Tiges longues de 2 à 3 pouces, lisses, légèrement triquêtres. Feu. plus longues que les tiges, étroites, courbées. Epi M. blanchâtre. Epis Fém. pauciflores, cachés par des bractées membraneuses non foliacées. Caps. ovoïdes, velues, appointies aux deux extrémités. Ecailles d'un brun foncé, ovales, obtuses, un peu aristées. ♃. P. R. Collines sèches des terr. calc. Rouen, Caen, Falaise, etc.

† † *Deux stigmates.*

29. c. ACUTA *L. C. gracilis* Curt. (*L. aiguë.*) Cette espèce ressemble au *C. paludosa* et au *C. riparia.* Racine rampante. Tige haute de 2 à 3 pieds, triquêtre, scabre. Feu. longues, larges, scabres, coupantes sur les bords. Epis M. 2 à 3. Epis F. 3 à 4, allongés, cylindriques, écartés, pédicellés, pendans à la maturité. Bractées foliacées, aussi longues que la tige. Capsules ovoïdes-arrondies, terminées par un bec très-court, entier, perforé, égales aux écailles ovales, pointues, brunes, à nervure dorsale verte.

Var. *b. linearis.* Un seul épi mâle au sommet, muni dans le bas de fl. fem. Grisy près de Falaise.

℔. P. C. Marais, fossés, prés humides; la var. *b.* est remarquable par son épi unique, porté au sommet d'une tige grêle ou d'un long pédicelle radical.

30. c. STRICTA *Good.* (*L. raide.*) Racine rampante. Tige de 2 à 3 pieds, triquêtre, scabre. Fen. raides, dressées, longues,

d'un vert glauque, rudes sur les bords; les radicales ont des gaînes molles, déchirées en filamens en réseau. Epis M. 1 à 2. Epis F. 3, cylindriques, droits, longs de 2 pouces, souv. mâles au sommet, presque sessiles, rapprochés; l'inf. à court pédicelle. Caps. serrées, ovoïdes, comprimées, sur 3 rangs, striées, lisses, verdâtres, avec une pointe émoussée, ouverte, plus grandes que les écail. qui sont brunes, ovales-allongées, avec une nervure dorsale verte. ℔. P. C. Lieux aquatiques, étangs, fossés, prés inondés.

31. c. CÆSPITOSA *L.* (*L. gazonnante.*) Racine rampante. Tige haute de 8 à 15 pouces, droite, faible, triquêtre, rude dans le haut. Feu. glauques, étroites, canaliculées, rudes vers le sommet. Epi M. unique, plus long que les F. qui sont oblongs-cylindriques, au nombre de 3 à 4, un peu écartés; les infér., courtem. pédicellés, à la base d'une bractée non engaînante, et munie de 2 petites oreillettes noirâ.

tres. Caps. disposées sur 6 rangs serrés, ovoïdes, comprimées, obtuses, lisses, verdâtres, plus grandes que les écailles qui sont ovales, obtuses, noires, avec une nervure médiane d'un vert clair. ♃. P. C. Marais, étangs et prés humides.

32. c. TRINERVIS *Degl.* (*L. à 3 nervures.*) Racine rampante. Tige haute de 6 à 10 pouces, triquètre, lisse, dépassée par des feu. glauques, repliées, sétacées, striées, lisses en-dessous, rudes en-dessus. Epis M. 1 à 2, grêles. Epis F. rapprochés, 3 à 4, ovoïdes-allongés. Caps. serrées, comprimées, ovoïdes, à bec court et tronqué, lisses, chargées de 3 à 6 nervures, à peu près de la longueur des écailles qui sont brunes, ovales-lancéolées, avec une nervure dorsale verte, et les bords un peu membraneux. ♃. P3. R. Lieux marécageux maritimes. Trouvé par M. Gay, près de Pirou. (Manche.)

§ 2. *Epi ou panicule spiciforme formée de la réunion de plusieurs épillets multiflores.*

(a) *Epillets androgyns, mâles au sommet.*

33. c. PANICULATA *L.* (*L. paniculée.*) Racine fibreuse, formant des touffes épaisses. Tiges nombreuses, hautes de 2 à 3 pieds, triquètres, scabres sur les angles. Feu. longues, carénées, rudes sur les bords. Epi paniculé à rameaux ouverts. Caps. ovoïdes, bordées dans le haut, denticulées en scie, comme ciliées, prolongées en un bec courbé, bidenté. Ecailles ovales-acuminées, roussâtres, bordées de blanc, et à nervure dorsale verte.

Var. *b. subsimplex.* Epi à peine rameux, à épillets écartés. Falaise, Pirou. ♃. P2. C. Marais, bords des étangs.

34. c. PARADOXA *Willd.* (*l. paradoxale.*) Cette espèce vient comme la précéd., en larges touffes, à tiges nombreuses. Elles sont étalées, hautes de 1 à 2 pieds, triquêtres, rudes dans le haut seulement. Feu. canaliculées, dressées, rudes sur les bords. Epis de 2 sortes de formes; ceux

qui se montrent les premiers sont serrés, courts et presque simples ; tandis qu'ils fleurissent, on voit sortir du bas des tiges, d'autres épis paniculés, lâches. Caps. ovoïdes - arrondies, striées, planes en-dessous, à bords supérieurs, denticulés-ciliés, avec un bec particulier bifide. ♃. P-El. PC. Marais tourbeux. Falaise, Vire, Mortain, etc.

35. c. TERETIUSCULA *Good.* (*L. arrondie.*) Cette espèce ressemble aux deux précédentes, dont elle diffère par ses tiges triquêtres-cylindracées, et surtout par sa panicule resserrée, cylindrique, en forme d'épi non rameux, long de 1 à 2 pouces. Caps. ovoïdes-trigones, planes en-dessus, convexes en-dessous, atténuées au sommet qui est bidenté, dépassant les écailles ovales, aiguës. ♃. P. R. Marais tourbeux. Vire, Pirou.

36. c. MURICATA *L.* (*L. muriquée.*) Racine fibreuse. Tige grêle, nue, triquêtre, scabre vers le sommet, haute de 1 à 2 pieds. Feu. planes, étroites, rudes sur les bords dans leur partie

supér. Epi simple composé de 6 à 8 épillets, rapprochés, les infér. un peu distans. Bractées sétacées, courtes. Caps. verdâtres, étalées horizontalement, lisses, ovoïdes, planes en-dessus, avec les bords denticulés, prolongés en pointe bifide, un peu plus longues que les écailles qui sont ferrugineuses, lancéolées, avec une nervure dorsale verte. ♃. P. C. Bois humides, fossés aux bords des chemins.

37. c. DIVULSA *Good.* (*L. écartée.*) Cette espèce diffère bien peu de la précéd. Sa tige est plus grêle, plus base et plus rude. Ses feuilles ont une gaine blanchâtre, scarieuse, ridée; l'épi est plus interrompu inférieurem., quelquefois un peu rameux à la base. Caps. planes-convexes, à bords marginés, scabres, bifides au sommet. Ecailles un peu plus courtes, rousses, à nervure verdâtre. ♃. P. C. Bois frais, haies.

38. c. VULPINA. *L.* (*L. jaunâtre.*) Racine fibreuse. Tige forte, épaisse, droite, à 3 angles aigus, coupans, haute de 2 à 3 pieds. Feu.

carénées, larges, scabres. Epi ovoïde, court, interrompu dans le bas, formé de plusieurs paquets d'épillets rapprochés. Bractées sétacées. Caps. verdâtres, divergentes à la maturité, ovoïdes-comprimées, à bec scabre, bifide, dépassant à peine les écailles rousses, ovales, acuminées-aristées.

Var. *b. nemorosa* DC. Bractée infér. foliacée, plus longue que l'épi. 𝒴. P2. 3. C. Bois humides, fossés.

39. C. INTERMEDIA *Good.* C. *disticha* Huds. (L. intermédiaire.) Dans cette espèce, les épis supér. et infér. sont femelles, et les intermédiaires mâles. Racine rampante. Tige triquêtre, scabre, haute de 1 à 2 pieds, nue supérieurem. Feu. étroites, rudes sur les bords et la carène. Epi brunâtre, composé de 10 à 20 épillets rapprochés, imbriqués. Bractées ovales, scarieuses. Caps. ovoïdes-comprimées, divergentes, prolongées en un bec aplati, scabre, bifide, plus longues que les écailles qui sont ovales, brunes, scarieuses sur les bords. 𝒴. P. C. Marais, bords des étangs.

40. C. ARENARIA L. (L. des sables.) Racine rampante, très-longue, stolonifère. Tige triquêtre, un peu rude, courbée, haute de 4 à 10 pouces. Feu. planes, assez larges, scabres. Epi jaunâtre, oblong-allongé, pointu, composé de 6 à 8 épillets rapprochés. Bractées courtes, aiguës. Caps. ovoïdes, comprimées, terminées par un bec aplati, à bords membraneux et scabres, bifide au sommet, égales aux écailles qui sont ovales, acuminées, roussâtres, scarieuses sur les bords. 𝒴. P. Commune dans les sables maritimes.

41. C. DIVISA *Huds.* (L. divisée.) Racine rampante. Tige grêle, triquêtre, scabre, nue, haute de 1 à 2 pieds. Feu. étroites, carénées, scabres. Epi ovoïde, serré, brunâtre, composé de 4 à 6 épillets ovales, serrés, accompagné à sa base d'une bractée acérée, longue. Caps. ovoïdes, ailées, redressées, bifides au sommet, égales aux écailles qui sont brunes, scarieuses, avec une nervure dorsale verte, prolongée en une arête conite. 𝒴. P. PC. Bords des eaux,

prés marécageux, lieux Le Havre, Honfleur, voisins de la mer. Caen, Saint-Lo, etc.

(b) *Epillets androgyns, femelles au sommet.*

42. c. REMOTA *L.* (*L. à épis écartés.*) Racine fibreuse, émettant des touffes épaisses. Tiges grêles, faibles, molles, triquêtres, lisses, un peu rudes au sommet, hautes d'un pied. Feu. étalées, étroites, très-longues, menues, carénées, lisses, rudes à la pointe. Epillets 8 à 10, ovoïdes, d'un vert pâle, très-écartés, solitaires et sessiles à l'aisselle d'une longue bractée foliacée, semblable aux feu. Caps ovoïdes, terminées par une pointe bifide, un peu rude. Ecailles ovalés, pointues, blanchâtres, à nervure dorsale verte. ♃. P. TC. Lieux humides, bords des fossés.

43. c. STELLULATA *Good.* (*L. à fruits étoilés.*) Racine fibreuse. Tiges triquêtres, rudes au sommet, hautes de 6 à 10 pouces. Feu. d'un vert clair, étroites, canaliculées, raides, rudes. Epillets 3 à 5, ovales-arrondis, sessiles, rapprochés, accompagnés de courtes bractées sétacées. Caps. étalées en étoiles à leur maturité, d'un vert pâle, ovoïdes, planes en-dessous, prolongées en un bec aplati, scabre, bifide. Ecailles jaunâtres, avec les bords blanchâtres. ♃. Ps. C. Lieux marécageux.

44. c. CANESCENS *L. C. curta* Good. (*L. blanchâtre.*) Racine fibreuse, émettant des touffes épaisses. Tiges grêles, faibles, triquêtres, un peu rudes, hautes de 10 à 15 pouces, Feu. glauques, très-longues, étroites, planes. Epillets blanchâtres, ovoïdes, courts, sessiles, peu écartés, au nombre de 4 à 6. Bractées courtes, presque nulles, Caps. ovoïdes, d'un vert blanchâtre, lisses, striées, veinées, légèrem. rudes, à bec court, bifide, dépassant les écailles ovales, acuminées, blanchâtres, membraneuses, avec une nervure dorsale verte. ♃. P. R. Lieux marécageux, ombragés. Falaise, Vire, etc.

45. c. OVALIS *Good.* (*L. ovale.*) Racine fibreuse,

Tiges hautes de 8 à 15 pouces, triquêtres, arrondies, lisses, nues, dans leur partie supér. Feu. planes, étroites, lisses, rudes vers la pointe. Epillets bruns, ovoïdes, obtus, 4 à 6, rapprochés. Caps. ovoïdes, aplaties, marginées, bifides au sommet, égalant en longueur les écailles qui sont ovales, acuminées, brunes, blanchâtres et scarieuses sur les bords supér. Bractées analogues aux écailles. ♃. P. TC. Prés humides, bords des chemins.

✝ 46. c. schreberi *Willd.*

(*L. de Schreber.*) Ressemble à l'espèce précédente, dont elle diffère surtout par sa racine rampante et ses épillets étroits, pointus. Feu. petites, canaliculées, étroites, lisses, rudes vers le sommet. Epillets réunis au nombre de 4 à 5. Caps. ovoïdes, à bec court, non marginées, de la longueur des écailles qui sont ovales-lancéolées, pointues, d'un brun rougeâtre, avec une nervure dorsale verte. ♃. P. R. Lieux arides, sablonneux, collines herbeuses, Caen, Avranches.

§ III. *Epi unique. Fleurs solitaires.*

☞ 47. c. pulicaris *L.* (*L. aux puces.*) Racine fibreuse. Tige droite, cylindrique, grêle, lisse, haute de 6 à 8 pouces. Feu. canaliculées, sétacées, un peu scabres vers la pointe. Epi androgyn, composé de 15 à 20 fl., dont les supér. mâles.

Caps. oblongues-triquêtres, lisses, atténuées en pointe à leurs deux extrémités, pendantes et brunes à leur maturité. Ecailles brunes, ovales-lancéolées, persistantes. ♃. P. 3. C. Prés et bois marécageux.

XCI°. Fam. GRAMINÉES *Juss.*

Fl. glumacées, hermaphr., quelquef. unisexuelles ou polygames. Pér. formé de 1 à 3 (le plus souv. 2) enveloppes florales. La première externe : *Glume* (*Calice* L. *Lépicéna* Rich.) composée de 1 à 2 valves opposées, renfermant une ou plusieurs fleurs ; la deuxième, *Balle* (*corolle* L. *calice* Juss.) offrant 2 valvules ou paillettes opposées, dont l'une extérieure plus grande, embrasse l'autre qui est intérieure et plus mince ; la troisième enveloppe enfin. qui ne se rencontre que dans certaines espèces est la *Glumelle* (*Lodicule* P. B., *G. ariellule* Desv.) formée de deux très-petites écailles ou paléoles charnues, glabres ou velues. Etam. 1 à 3 (le plus souv 3), hypogynes, à longs filets chargés d'anthères bifurquées à leurs deux extrémités. Ov. 1, libre, surmonté de 2 stigm. longs, plumeux ou en pinceau. Fruit (*Caryopse*) monosperme, nu ou entouré par la balle persistante. Embryon petit, à la base d'un périsperme farineux. —*Herbes a racine fibreuse ou rampante. Tige (Chaume.) cylindrique, fistuleuse, rarem. pleine, offrant de distance en distance des nœuds pleins et renflés. Feu. alternes, linéaires, à gaine le plus souvent fendue longitudinalem., ou tubuleuse et soudée, couronnée à son entrée d'un petit collier membraneux ou formé de poils, nommé Ligule.*

Les graminées présentent dans toutes leurs parties des propriétés nutritives et adoucissantes ; leurs racines qui renferment un principe mucilagineux, sucré, sont employées en médecine. Leurs tiges et leurs feuilles donnent les meilleurs fourrages. Les fruits contiennent une fécule abondante, et sont presque partout la base de la nourriture de l'homme ; on en obtient aussi par la fermentation, des boissons alcooliques estimées.

§ 1. *Epillets multiflores disposés en panicule.*

1. BROMUS L. (*Brome.*) Glume multifl., 2-valve. Balle à 2 paillettes ; l'extér. plus grande, concave, portant une arête droite au-dessous de son sommet, le plus souv. échancré ou bifide ; l'intér. entière, concave en dehors, ciliée. Stigm. latéraux. Epillets oblongs, ovoïdes, en panicule. — *Racine fibreuse.*

1. 2. * asassus Desf.* (*B. bres. Feu. fermes, pubescépais.*) Chaume.chaut de 2 centes, à gaine sillonnée, à 3 pieds, à nœuds gla- velue. Panicule lâche,

penchée. Epillets ovoïdes, comprimés, pubescens, de 8 à 12 fleurs, devenant lâches. Valv. extér. de la glume ovale, pointue, l'intér. mucronée. Valvule extér. de la balle ovale, obtuse, bifide, à arête l'égalant en longueur. ⊛. E. PC. Champs secs, lieux cultivés.

2. B. SECALINUS L. (B. faux-Seigle.) Chaume haut de 1 à 3 pieds, à nœuds pubescens. Feu. scabres, velues, surtout en-dessus, à gaînes striées, glabres. Panicule ouverte, penchée à la maturité. Epillets ovoïdes, allongés, glabres, de 8 à 10 fleurs devenant un peu écartées, à arêtes courtes, ⊛. E. C. Champs, moissons.

3. B. MULTIFLORUS Weig. (B. multiflore.) Chaume haut de 2 à 3 pieds, à nœuds pubescens. Feu. molles, pubescentes, à gaînes infér. velues, Panicule lâche, légèrem. penchée. Epillets oblongs-lancéolés, chargés de poils couchés, de 10 à 14 fl. Glume à valves aiguës. Balle à paillette extér. ovale, obtuse, bidentée, munie d'une arête droite aussi longue qu'elle. ⊛. E.

R. Champs et prairies. Caen, Mortain, etc.
Cette espèce doit peut-être être réunie à l'une des précédentes.

4. B. MOLLIS L. (B. mollet.) Chaume haut de 1 à 2 pieds, légèrem. pubescent au sommet. Feu. molles, velues ainsi que les gaînes. Panicule droite, à pédic. velus, Epillets ovoïdes, aigus, pubescens, quelquefois presque glabres, de 8 à 10 fl. Paillette extér. de la balle, scarieuse sur les bords, obtuse, bidentée, portant une arête égale à sa longueur.

Var. b. compactus. Panicule resserrée, compacte. Caen.

Var C. B. arenarius. Thomine. Mém. soc. Linn. (a v. Chaume long de 3 à 4 pouces. Epillets glabres, presque sessiles. Sables maritimes, Sallenelles, Arromanches, Saint-Jean-le-Thomas. ●. E. TC. Champs et prés. La var. b R. m'a été communiquée par M. Montaigu.

5. B. ERECTUS Huds. (B. droit.) Chaume de 2 à 3 pieds. Feu. infér. ciliées, velues, étroites, roulées à gaînes velues; les supér,

32

plus larges, glabres. Panicule droite, resserrée, à pédic. dressés, rudes. Epillets rougeâtres, lancéolés-linéaires, pubescens, de 6 à 10 fl. Paillette externe de la balle acuminée, bifide, à arête courte, l'interne glabre. ♃. E. C. Prés secs. Rouen, Caen, Argentan, Alençon, Falaise, etc.

6. B. RACEMOSUS *L. B. pratensis* Ehrh. (*B. en grappe.*) Chaume droit, haut de 1 à 2 pieds. Feu. larges, planes, velues, à gaines sillonnées, pubescentes, surtout les infér. Panicule étalée, diffuse, légèrem. penchée. Epillets de 6 à 9 fl. verdâtres, ovoïdes-oblongs, glabres, luisans. Paillette extér. de la balle, ovale, obtuse, à 2 dents courtes, munie d'une arête aussi longue qu'elle.

Var. *b. B. elongatus* Gaud. Gaines glabres; l'infér. seule un peu pubescente.

♀. E. TC. Prés.

7. B. ARVENSIS *L. (B. des champs.*) Chaume de 1 à 2 pieds, lisse, de médiocre grosseur. Feu. longues, étroites, velues surtout en-dessus, à gaines sillonnées, pubescentes. Panicule assez fournie, penchée, à longs pédonc. rameux, grêles. Epillets linéaires, glabres, panachés de blanc et de violet. Arête noirâtre de la longueur de la paillette extér.; bifide au sommet. ●. E. C. Champs.

8. B. ASPER *L. (B. rude.*) Chaume de 2 à 6 pieds, pubescent. Feu. carénées, larges, scabres, ciliées, pubescentes en-dessous, à gaines très-velues. Panicule ample, lâche, penchée, à longs pédic. rameux. Epillets verdâtres ou violacés, linéaires, de 8 à 10 fl. Paillette extér. de la balle, couverte de quelques poils couchés, étroite, bifide au sommet, munie d'une arête moins longue qu'elle. ♃. E. C. Bords des bois, haies, fossés.

9. B. GIGANTEUS *L. (B. géant.*) Cette espèce, malgré son nom, est plus petite que la précéd. à laquelle elle ressemble. Ses feu. sont larges, striées, lisses, glabres ainsi que les gaines. La panicule est lâche et penchée, les épillets de 4 à 6 fl. sont lancéolés, glabres, verdâtres. L'arête est une fois plus longue que la paillette extér. de la balle.

Var. b. *depauperatus.*
Tige faible de 10 à 18 pouces; panicule peu fournie;
épillets de 2 à 3 fl.; arête
très-longue. Falaise.

℞. F. ♃. Bois et haies.
La var. b. se trouve dans
les lieux très-ombragés.

10. B. STERILIS *L.* (*B.
stérile.*) Chaume de 1 à 2
pieds, glabre. Feu. molles,
pubescentes, ainsi que les
gaines infér. Panicule étalée, penchée, à longs pédicelles, semi-verticillés.
Épillets longs de près de 2
pouces, étroits, pointus,
pendans, comprimés, de
6 à 10 fl. distantes, munies
d'arêtes plus longues que
la balle. ⊙. P. E. TC. Lieux
stériles, champs, murailles,
etc.

11. B. TECTORUM. *P.* (*B.
des toits.*) Chaume d'un
pied environ, rude, velu.
Feu. et gaines pubescentes,
molles. Panicule penchée,
unilatérale, resserrée, à
épillets étroits, pubescens,
de 5 à 6 fl., plus courts
que dans l'espèce précéd.
Arête égale à la paillette
externe de la balle. ⊙. E.
PC. Lieux stériles, mu-
railles, champs sablonneux.

12. B. MADRITENSIS *L.* (*B.

de Madrid.*) Chaume de 1
pied, droit, glabre. Feu.
raides, pubescentes ainsi
que les gaines, quelquef.
presque glabres. Panicule
droite, resserrée, à épillets
de 5 à 6 fl., étroits, souv.
rougeâtres, portés sur des
pédonc. rudes, grêles,
renflés au sommet. Arêtes
de la longueur des balles.
⊙. P. R. Murs et côteaux
secs. Granville, Avranches,
etc.

13. B. MAXIMUS *Desf.* (*B.
à longues barbes.*) Chaume
de 2 à 3 pieds, droit, pubescent dans le haut. Feu.
velues, ciliées. Gaines
infér. couverte de poils.
Panicule ample, resserrée,
d'abord droite, puis un peu
penchée. Épillets longs,
verdâtres, portés sur de
longs pédonc. velus, rudes,
renflés au sommet. Arêtes
près de 2 fois plus longues
que les balles. ⊙. P. PC.
Côteaux et vieilles mu-
railles. Caen, Falaise, etc.

Cette espèce est réunie
par plusieurs auteurs à la
précédente, mais elle semble devoir en être distinguée
par son port et surtout par
ses épillets qui avec les
arêtes ont de 2 à 3 pouces
de longueur.

II. FESTUCA *L.* (*Fétuque.*) Glume à 2 valves inégales, aiguës, multiflores. Balle à 2 paillettes lancéolées, très-aiguës, dont l'intérieure plus grande, acuminée ou terminée par une arête.

Les fétuques diffèrent des *bromes* par leur arête qui part du sommet de la paillette de la balle, et des *paturins* par leurs épillets plus allongés, aigus aux deux extrémités, et leurs balles presque toujours terminées par une arête.

* *Balle terminée par une arête plus longue qu'elle.*

* 1. F. MYUROS *L. F. ciliata* Pers. DC. (*F. queue-de-rat.*) Chaumes en touffes à la base, hauts d'un pied environ. Feu. étroites, roulées. Panicule resserrée, allongée, dressée, dirigée d'un seul côté. Epillets de 3 à 5 fl. Glume à valves courtes. Balle à valvules inégales, aristées, l'extér. velue et ciliée. Etam. 1. ⚫. E. R. Côteaux secs et pierreux. Evreux, Alençon.

2. F. PSEUDO-MYUROS *S. Willem. F. myurus* DC. (*F. fausse-queue-de-rat.*) Chaumes de 1 à 2 pieds, grêles, penchés au sommet. Feu. roulées, sétacées. Panicule allongée (5 à 6 pouces), unilatérale. Epillets de 5 à 6 fl. Glumes à valves inégales, courtes. Valvules de la balle scabres, longuem. aristées.

Etam. 1. ⚫. E. TC. Champs secs, murailles.

3. F. SCIUROIDES *Roth. F. bromoïdes* DC. (*F. queue d'écureuil.*) Chaume de 6 à 10 pouces, grêle, droit. Feu. sétacées, roulées, pubescentes en-dessus. Panicule droite, serrée, unilatérale, longue de 2 à 3 pouces, écartée de la feu. supér. Epillets linéaires-lancéolés d'un vert foncé, de 3 à 6 fl. Glume à valves courtes, acuminées. Arête rude, allongée. Etam. 1. ⚫. E. C. Pâturages secs, côteaux arides.

4. F. UNIGLUMIS *Ait.* (*F. uniglume.*) Ressemble aux espèces précédentes, mais sa panicule peu écartée de la feu. supér., à gaîne renflée est plus garnie, plus serrée; ses arêtes sont plus droites, plus raides et

souvent un peu violacées. Les pédicelles sont dilatés et comprimés. La valve externe de la glume est

très courte, presque nulle. Etam. 3. ⊙. E. R. Sa les maritimes de la Manche. Réville, Gatteville, etc.

— Balle terminée par une arête courte ou nulle.

5. F. RUBRA L. (F. rougeâtre.) Racine rampante. Chaumes droits, de 1 à 2 pieds. Feu. roulées ; sétacées, les supér. planes, pubescentes, striées. Gaîne sillonnées. Epillets de 5 à 7 fl. aristées, souv. violacées, portés sur des pédonc. rameux, formant une panicule assez fournie, un peu resserrée. Arête 2 fois plus courte que la valvule de la balle.

Var. b. maritima. Chaume courbé à la base. Panicule serrée ; arête courte. Epillets quelquefois vivipares.

♃. Fy. G. Prés et côteaux incultes. La var. b., lieux voisins de la mer.

6. F. SABULICOLA L. Duf. (F. des sables.) Cette espèce n'est peut-être qu'une var. de la précéd., dont elle se rapproche beaucoup surtout de la var. b., mais elle en diffère par ses épillets tomenteux ou laineux, à fl. plus nombreuses. On devra peut-

être y rapporter le F. cinerea DC. ♃. E. PC. Lieux sablonneux - maritimes du Calvados.

7. F. DURIUSCULA L. (F. raide.) Racine fibreuse émettant des touffes gazonnantes, à chaumes raides anguleux. Feu. sétacées, roulées, un peu scabres. Panicule droite, unilatérale, étalée à la floraison. Epillets de 4 à 6 fl. aristées, le plus souv. glabres, longs de 3 à 4 ligues.

Var. b. F. dura Host. Feu. courtes, fermes, un peu glauques ; arêtes longues de 2 ligues.

Var. c. F. glauca Lam. Feu. glauques, allongées.

Var. d. F. hirsuta Host. Epillets pubescens.

Var. e. F. dumetorum Lam. Chaumes élevés ; feu. pubescentes en-dessus.

♃. E. C. Pelouses, collines sèches. Les variétés c et d croissent principalement sur les côteaux pierreux, sur les collines. Falaise, Pont d'Ouilly, Hars court , Saint-Lo , etc. des futaies.

8. F. HETEROPHYLLA *Lam.* (*F. hétérophylle.*) Cette espèce pourrait peut-être encore être réunie aux nombreuses var. de la précéd. : elle en diffère par la hauteur de ses chaumes (2 à 4 pieds), par ses feu. dout les radicales sont longues, roulées, capillaires , et les caulinaires planes et assez larges. Epillets de 5 à 7 fl. terminées par une arête égale à la valvule. ♃. E. PC. Prés et bords des bois. Rouen , Falaise , Vire , etc.

9. F. OVINA *L.* (*F. des brebis.*) Racine fibreuse. Chaumes de 6 à 10 pouces, grêles , en touffes , souv. anguleux au sommet. Feu. capillaires , un peu rudes , vertes ou glauques. Panicule resserrée , composée d'épillets petits (1 à 2 lignes) de 4 à 5 fl. verdâtres violacées , glabres , à arête courte.

Var. *b. F. tenuifolia* Sm. Feu. longues , capillaires , déliées ; chaumes arrondis au sommet ; épillets mutiques. ♃. E. TC. Prés secs, côteaux arides. La var. *b.* se trouve assez fréquemment sur des pelouses rases et moussues, à l'ombre.

10. F. ELATIOR *L.* (*F. élevée.*) Racine fibreuse. Chaume droit, haut de 2 à 4 pieds. Feu. planes , striées , rudes , auriculées à leur base, glabres. Panicule rameuse , lâche , unilatérale. Epillets linéaires-oblongs , obtus, de 5 à 9 fl. Chaque à valves aiguës , inégales. Balle à valvule externe le plus souv. mutique. ♃. P. TC. Prés.

11. F. ARUNDINACEA *Schreb.* (*F. roseau.*) Ressemble beaucoup à la précéd., mais en diffère par sa taille plus élevée , ses feu. plus larges et plus striées ; par ses panicules , par ses épillets à fl. moins nombreuses , et enfin par ses balles munies d'une petite arête. ♃. E. R. Prés marécageux. Falaise, Alençon, Plainville.

12. F. LOLIACEA *Curt.* (*F. ivraie.*) Cette espèce a encore de grands rapports avec le *F. elatior*, mais elle est plus petite et en diffère principalement par sa panicule qui est simple, droite , formée d'épillets distiques, alternes , mutiques et à peu près sessiles. ♃. P. PC. Prés.

13. F. INERMIS DC, Bromus L. (F. sans arête.) Racine rampante. Chaume glabre, droit, haut de 2 à 3 pieds. Feu. larges, glabres. Panicule droite, étalée, à épillets droits, linéaires, formés de 10 à 12 fl. écartées, le plus souvent mutiques. [symbol] E. TR. Prés humides. Le Hâvre.

III. MOLINIA *Mænch. Festuca* DC. (*Molinie.*) Panicule à épillets coniques de 2 à 4 fl. écartées. Glume à valves membraneuses, l'infér. plus petite. Valvules de la balle, ventrues à la base, coriaces, l'extér., entière, roulée, mutique. Stigm. plumeux, colorés.

1. M. CŒRULEA *Mænch. Melica* L. (*M. bleuâtre.*) Racine fibreuse. Chaumes droits, de 1 à 2 pieds, raides, munies d'un seul nœud à sa base, souvent renflée. Feu. planes, à 9 nervures et à ligule poilue. Panicule resserrée, droite. Epillets panachés de vert et de violet, de 2 à 3 fl. écartées. [symbol] E. C. Bois, bruyères.

2. M. SYLVATICA *Breb.* herb. *Brodiæum sylvaticum* Link. (*M. des bois.*) Chaumes droits, hauts de 3 à 5 pieds, à un seul nœud à leur base renflée, comme bulbeuse. Feu. larges, planes, rudes, à 11 - 15 nervures. Panicule très longue, rameuse et à pédicelles allongés, non resserrée. Epillets petits, de 2 à 3 fl. panachées de vert et de violet. [symbol] E 2. 3. R. Bois humides. Caen, Vire, Le Hâvre, etc.

IV. ARUNDO L. (*Roseau.*) Panicule polygame. Glume de 3 à 5 fl., à valves lancéolées, entourées de poils longs et soyeux. Fl. infér. mâle et stérile. Valvules de la balle plus longues que la glume; l'infér. lancéolée, étroite; la supér. bicarénée. Style long, à stigm. velus.

1. A. PHRAGMITES L. (R. à balais.) Racine longue, rampante. Chaume droit, haut de 3 à 6 pieds et plus, assez gros, cylindrique, scabre. Feu. larges, acuminées, rudes et coupantes sur les bords, à ligule poilue. Panicule souv. colorée en violet, ample, très fa-

meuse, à épillets lancéolés-subulés. Glume le plus souv. 3-flore, à longs poils soyeux, saillans. Pédicelles hispides.

Var. *A. nigricans* Mér. Chaume court. Fl. presque toujours mâles, d'un violet noirâtre. Glumes uniflores à valves acérées. Caen, Falaise, Rouen.

♃. E. TC. Bords des eaux, fossés, marais.

V. DACTYLIS *L.* (*Dactyle.*) Glume à valves inégales, carénées, aiguës. Epillets de 2 à 5 fl. en panicule agglomérée. Balle à 2 paillettes inégales, l'externe carénée, munie d'une petite arête au-dessous du sommet, l'int. bidentée et bicarénée.

1. D. GLOMERATA *L.* (*D. agglomeré.*) Jeunes pousses comprimées. Chaume de 1 à 3 pieds, droit. Feu. planes carénées, scabres sur les bords, à ligule membraneuse, lacérée. Panicule à rameaux inférieurs écartés, divergens, portant des épillets agglomérés en paquets terminaux, resserrés et unilatéraux. ♃. P. E. TC. Prés.

VI. KŒLERIA *Pers.* (*Kœlérie.*) Epillets réunis en une panicule spiciforme. Glume 2-valve, à 2 ou 4 fl. Valvule externe de la balle acuminée ou terminée par une soie courte.

1. K. CRISTATA. *Pers.* *Aira* L. (*K. en crête.*) Chaume droit, haut de 8 à 12 pouces, le plus souv. glabre. Feu. étroites, courtes; les infér. pubescentes, ciliées. Panicule longue, en forme d'épi un peu interrompu dans le bas. Epillets de 3 à 4 fl. Valvules divergentes, l'ext. finement trinervée.

Var. *b. pubescens*. K. albescens DC. Gaines, dessus des feuilles et chaumes pubescens. Balles très-aiguës.

♃. E. Côteaux et prés secs; Rouen, Falaise, etc. La var. est commune dans quelques contrées littorales du Calvados et de la Manche, à Dives, Sallenelles, Cherbourg, Genets, etc.

VII. POA *L.* (*Paturin.*) Epillets mutiques, en panicule. Glume à 3-5 fl. (rarem. plus) imbriquées, arrondies à la base. Valves membraneuses sur les bords, l'extér. plus courte. Valvules de la balle le plus souv. pubescentes ou laineuses à leur base (glabres dans le *P. rigida*); l'extér. comprimée, ovale-lancéolée ; l'intér. ciliée, souv. 2-bifide.

1. P. PRATENSIS *L.* (*P. des prés.*) Racine rampante. Chaumes lisses, droits, hauts de 1 à 2 pieds. Feu. glabres, à gaines lisses, à ligule courte, tronquée. Valvules pubescentes à la carène, 5-nervées. Epillets de 2 à 5 fl. Panicule pyramidale, étalée, égale.

Var. *b. anceps.* Gaud. Chaume court, un peu comprimé ; feu. larges et courtes. Falaise.

Var *c. P. angustifolia* L. Feu. infér. étroites, roulées-sétacées.

♃. P. B. C. Prés, bords des chemins.

2. P. SEROTINA *Ehrh.* (*P. tardif.*) Racine fibreuse. Chaume droit, lisse, haut de 1 à 2 pieds. Feu. étroites, rudes, striées, à gaine lisse et à ligule allongée, obtuse. Panicule pyramidale, lâche, à pédicelles scabres. Epillets de 2 à 3 fl. jaunâtres au sommet. Valvules peu nervées. ♃. E. R. Prés marécageux.

3. P. TRIVIALIS *L.* (*P. commun.*) Chaumes faibles, couchés à la base, redressés, hauts de 1 à 2 pieds, rudes. Feu. planes, carénées, scabres sur les bords et sur les gaines. Ligule courte, tronquée. Panicule diffuse. Epillets verdâtres de 2 à 5 fl. ♃. E. TC. Prés.

4. P. NEMORALIS *L.* (*P. des bois.*) Racine rampante. Chaumes lisses, faibles, grêles, à nœuds noirâtres. Feu. planes, étroites, glabres, comme auriculées, à ligule presque nulle. Panicule étroite, penchée, allongée, peu fournie. Epillets de 2 à 3 fl. verdâtres, brunes au sommet. Valvule peu velue, à 5 nervures légères.

Var. *b. glauca* Gaud. Panicule resserrée. Epillets et feu. glauques.

Var. *C. coarctata* Gaud. Panicule droite, resserrée; chaume raide. Sur les murs.

Var. *d. montana* Gaud.

Panicule pauciflore ; épillets assez gros . 5 flores ; chaume grêle. Pont d'Ouilly.

♃. E. C. Bois et lieux secs.

5. P. ANNUA *L.* (*P. annuel.*) Racine fibreuse. Chaumes feuillés, comprimés, étalés, glabres , hauts de 6 à 10 pouces. Feu. glabres, étroites. Panicules à rameaux ouverts , géminés. Epillets ovoïles , de 3 à 6 fl. verdâtres. Valvules pubescentes sur la carène. ☉. P-A. TC. Presque toute l'année dans des lieux incultes et cultivés.

6. P. BULBOSA *L.* (*P. bulbeux.*) Racine fibreuse. Chaumes droits , hauts de 6 à 8 pouces, renflés, comme bulbeux à leur base. Feu. courtes , planes , à gaînes entières et à ligule allongée. aiguë. Panicule diffuse. Epillets d'un vert violacé , à 5 fl. environ , réunis à la base par des poils soyeux.

Var. b. *vivipara.* Fl. vivipares.

♃. P. C. Murs.

7. P. COMPRESSA *L.* (*P. comprimé.*) Racine rampante. Chaumes comprimés , coudés à la base, re-

dressés , hauts de 6 à 10 pouces, glabres. Feu. glanques , carénées , à gaîne non fendue dans le bas et à ligule obtuse. Panicule courte , resserrée. Epillets de 5 fl. un peu glanques , légèrem. velues à leur base. ♃. E.C. Murailles , bords des champs arides.

8. P. PROCUMBENS *Sm.* (*P. couché.*) Racine fibreuse. Chaumes en touffes, étalés , couchés à la base , puis redressés , feuillés , longs de 4 à 10 pouces. Feu. assez larges , planes , glabres. Panicule resserrée , unilatérale, à pédic. courts, scabres. Epillets de 5 fl. allongées ; valves obtuses, fortem. 5-nervées. ☉. E. P.C. Prés salés des bords de la mer. Dieppe , Le Hâvre , Courseulles , etc.

9. P. RIGIDA *L.* (*P. raide.*) Racine fibreuse. Chaumes raides , étalés , redressés , genouillés , un peu rameux à la base , glabres. Feu. étroites , glabres. Panicule unilatérale, raide. Epillets linéaires , distiques , alternes , à fl. un peu écartées , verdâtres , membraneuses au sommet. ☉. E. C. Lieux secs , bords des champs.

VIII. GLYCERIA R. *Brown*. (*Glycérie*.) Panicule rameuse, à épillets linéaires, cylindriques, oblongs, Glume de 2 à 10 fl. à valves convexes, l'infér plus courte. Balle à 2 valvules, l'exter. obtuse, tronquée, mutique, à 5 ou 7 nervures, l'inter. plus petite, concave, ciliée, 2-dentée. Stigm. plumeux.

1. G. AQUATICA *Wahlenb.* Poa L. (*G. aquatique.*) Racine rampante. Chaume haut de 4 à 6 pieds, gros, droit. Feu. planes, larges, longues, rudes sur les bords. Panicule très rameuse, divariquée, à longs pédicelles. Épillets nombreux, verdâtres, de 5 à 10 fl. Valvules obtuses, à 7 nervures. 2/. E. C. Fossés, bords des rivières, marais.

2. G. FLUITANS R. Br. Festuca L. (*G. flottante.*) Racine rampante. Chaume couché à la base, redressé, fragile, haut de 1 à 2 pieds. Feu. longues, planes ou canaliculées, molles, nageantes, à ligule tronquée. Panicule très-longue, droite, unilatérale, formée d'épillets de 7 à 10 fl. grêles, cylindriques, d'un vert blanchâtre, lisses, redressés sur les rameaux. Pédicelles d'abord courts solitaires. Valvules obtuses, à 7 nervures. 2/. E. TC. Fossés.

3. G. MARITIMA *Wahlenb.* Poa Huds. (*G. maritime.*) Racine rampante. Chaumes courbés à la base, quelquef. redressés, hauts de 8 à 15 pouces. Feu. nombreuses dans le bas, planes ou roulées, lisses, glabres, à ligule courte, entière. Panicule le plus souv. serrée, formée d'épillets de 5 à 12 fl. quelquefois colorés en violet. Valvules légèrem. 5-nervées.

Var. b. P. distans L. Ligule plus courte, bifide. Épillets à fl. moins nombreuses, écartées.

2/. E2. 5. G. Prés maritimes, embouchure des rivières. Dieppe, Le Hâvre, Courseulles, Isigny, etc.

4. G. AIROIDES Reich. Poa Kœl. DC. Aira aquatica L. (*G. Canche.*) Racine rampante. Chaumes couchés à la base, dressés, hauts de 10 à 18 pouces. Feu. planes, glauques, obtuses, à ligule courte, lancéolée. Panicule pyramidale, à ra-

meaux verticillés. Epillets Valvules extér. 3-nervées. de 2 à 3 fl. souv. violacées. ♃. E. Mares, fossés.

IX. BRIZA *L.* (*Brise,*) Panicule lâche, formée d'épillets multiflores, ovales-arrondis à fl. distiques et mutiques. Glume à 2 valves convexes, égales. Valvules de la balle, obtuses, l'extér. tronquée, arrondie, à 5 ou 7 nervures, l'intér. concave, ciliée, 2-dentée. Stigm. plumeux.

1. B. MEDIA *L.* (*B. moyenne.*) Vulg. *Amourette, tremblotte, langue de femme.*) Racine rampante. Chaumes droits, hauts de 1 à 2 pieds. Feu. planes, rudes sur les bords, à ligule très-courte, tronquée. Epillets de 5 à 9 fl., ovales-arrondis, presque cordiformes, souv. rougeâtres, portés sur de longs pédicelles flexueux et très-déliés. Balles plus longues que les glumes.

Var. *b. lutescens.* Epillets à fl. moins nombreuses et d'un blanc-jaunâtre, Marais de Plainville.

♃. E. G. Prés.

2. B. MINOR *L.* (*B. naine.*) Plante verdâtre dans toutes ses parties. Racine fibreuse. Diffère en outre de la précéd. par sa panicule à épillets plus nombreux, triangulaires, plus petits, de 5 à 7 fl., par sa ligule longue, acuminée et par ses glumes plus longues que les balles. ⊙. E. PC. Moissons, Falaise, Lisieux, etc.

X. DANTHONIA *DC.* (*Danthonie,*) Glume renferm. 3 à 5 fl., à valves égales, ovoïdes, longues, concaves. Balle à valvules velues à leur base, l'extér. tridentée au sommet, chargée d'un rudiment d'arête.

1. D. DECUMBENS *DC. Festuca. L.* (*D. inclinée.*) Chaumes étalés, un peu couchés, ensuite redressés, longs de 6 à 12 punces, raides. Feu. planes, rudes, un peu velues, surtout sur la gaine. Panicule droite, resserrée, composée de 3 à 4 épillets, solitaires, remarquables par leurs grandes glumes. ♃. E. C. Prés secs, bruyères.

XI. AVENA *L.* (*Avoine.*) Panicule à épillets hermaphr. Glume renfermant 2 à 8 fl., à valves comprimées inégales. Balle à 2 valvules souv. velues à la base; l'extér. chargée sur le dos d'une arête genouillée, l'intér. pointue, ciliée. Stigm. plumeux.

Fleurs pendantes.

1. **A. SATIVA** *L.* (*A. cultivée.*) Chaumes droits, feuillés, hauts de 2 à 3 pieds. Feu. assez larges, glabres, un peu rudes. Panicule lâche, à épillets verdâtres, pendans, de 2 à 3 fl. glabres, dont une surtout munie d'une longue arête roussâtre à la base. Fruits noirs ou blanchâtres. ☉. E.

Cette espèce fréquemment cultivée, sert principalement à la nourriture des chevaux. On en tire aussi le *gruau*, ainsi que des quatre suivantes qui sont souv. mêlées à celle-ci ou même cultivées séparément.

2. **A. NUDA** *L.* (*A. nue.*) Plus petite que la précédente. Épillets à 3 fl. dépassant les glumes. Arêtes non tortillées. Balles caduques. ☉. Cultivée.

3. **A. ORIENTALIS** *L.* (*A. d'Orient.*) Chaume haut de 3 à 4 pieds. Panicule fournie, longue, resserrée, unilatérale. Épillets à 2 fl. plus courtes que la glume et dont l'infér. seule est chargée d'une arête; la fl. supér. est mutique. ☉. E. Cultivée.

4. **A. BREVIS** *Roth.* (*A. courte.*) Chaume haut de 2 à 3 pieds. Panicule un peu resserrée. Épillets courts, à 2 ou 3 fl. toutes aristées, égale à la glume, obtuses. Valves externes, obtuses, bidentées et un peu velues au sommet; à 7 nervures. ☉. E. R. Cultivée.

5. **A. STRIGOSA** *Schreb.* (*A. rude.*) Chaume haut de 1 2 pieds. Panicule peu fournie, penchée, unilatérale. Épillets à 2 fl. glabres, ne dépassant pas les glumes dont les valves sont 7-nervées. Valvule extér. de la balle terminée par 2 longues pointes aristées, noirâtres, droites, et chargée sur le dos d'une arête tortillée de même couleur.

33

Pédic. scabres. ●. E. PC. Mêlée aux précédentes. Falaise, Vire, Mortain, etc.

6. A. FATUA *L.* (*A. folle.*) Vulg. *Avron.* Chaume haut de 3 à 4 pieds. Feu. longues, assez larges, glabres, scabres. Panicule ample, penchée. Epillets de 2 ou 3 fleurs plus courtes que les glumes. Balles couvertes à leurs base de poils jaunâtres. Valvule externe portant une longue arête genouillée, noirâtre dans le bas. ●. E. TC. Moissons.

L'*A. sterilis L.* qui a des épillets de 4 à 5 fl., n'est peut-être qu'une variété de celle-ci.

? * *Fleurs droites.*

7. A. PRATENSIS *L.* (*A. des prés.*) Racine fibreuse. Chaume de 10 à 15 pouces, muni d'un seul nœud. Feu. et gaînes, rudes, glabres. Panicule simple, resserrée. Epillets allongés, panachés de violet et de blanc, à cause des bords scarieux des glumes qui sont plus courtes que les fl. au nombre de 5 à 7. f Arêtes tortillées, noirâtres. ℔. E. C. Prés secs et élevés, surtout sur les sols calcaires.

8. A. PUBESCENS *l.* (*A. pubescente.*) Racine rampante. Chaume haut de 2 à 3 pieds. Feu. et gaînes velues. Panicule droite, resserrée. Epillets panachés de blanc et de violet, de 2 à 3 fl. velues, dépassant les glumes. Arêtes noirâtres. ℔. E. PC. Prés et bois découverts des terr. calc. Rouen, Caen, Falaise, etc.

9. A. THOREI *Dub.* (*A. de Thore.*) Chaume haut de 2 à 3 pieds. Feu étroites, longues et roulées, couvertes ainsi que les gaînes et les nœuds de poils mous, blanchâtres, réfléchis. Panicule droite, resserrée. Epillets d'un vert blanchâtre, composés de 2 fl, ne dépassant pas les glumes. Valvule externe de la fl. infér., chargée d'une arête courte, les autres acuminées, entières, non aristées. ℔. E. TR. Bois, haies, bruyères. Vire.

10. A. FLAVESCENS *L.* (*A.*

jàunàtre.)Racine rampante. Chaume genouillé à la base, redressé, haut de 12 à 18 pouces. Feu. velues, planes, à ligule ciliée. Panicule fournie, dressée à pédicelles rameux, flexueux. Epillets jaunâtres, petits, de 2 à 3 fl. plus longues que la glume. Valvule extér. de la balle à 5 nervures, chargée d'une arête et terminée par deux pointes sétacées. ♃. E. C. Prés secs, bords des chemins.

XII. ARRHENATHERUM *P. Beauv.* (*Arrhénathère.*)
Fl. polygames. Glume renfermant 2 fl.; la supér. hermaphr. à valvule extér. portant près de son sommet une arête droite, courte; l'infér. mâle, stérile à valvule extér. chargée vers sa base d'une longue arête genouillée.

1. A. ELATIUS *Guep.* Avena L. (*A. élevé.*) Vulg. *Fromental.* Chaume droit, glabre, haut de 2 à 3 pieds. Feu. planes, assez larges, glabres, rudes, à ligule courte. Panicule droite, étalée. Epillets panachés de violet et de blanc.

Var. b. praedatorium ; Avena bulbosa W. Vulg. *Chiendent à chapelets.* Racine renflée en séries de tubercules arrondis. Nœuds souv. pubescens.

♃. E. TC. Prés et moissons.

XIII. HOLCUS *L.* (*Houque.*) Fl. polygames. Glumes à 2 fl. pédicellées, velues à leur base; l'infér. hermaphr. mutique; la supér. mâle, ayant une arête dorsale.

1. H. LANATUS *L.* Avena Kœl. DC. (*H. laineuse.*) Racine fibreuse. Chaume haut de 2 à 3 pieds. Feu., gaînes et nœuds velus. Panicule d'abord resserrée, ensuite étalée, panachée de blanc et de rougeâtre. Glumes velues. Arête de la valvule très-courte, courbée. ♃. P. TC. Prés.

2. H. MOLLIS. *L.* Avena Kœl. DC. (*H. molle.*) Racine rampante. Feu. scabres et gaînes glabres. Nœuds pubescens. Panicule resserrée, verdâtre. Glumes

glabres , à carène hérissée. Arête genouillée, dépassant beaucoup les glumes. ♃ E. PC. Bois et moissons.

XIV. AIRA L. (*Canche.*) Glume biflore, à 2 valves uninervées , scarieuses sur les bords. Valvule extér. de la balle , portant vers sa base une arête dorsale presque toujours droite. — *Panicule le plus souv. étalée , à pédic. déliés.*

* *Fleurs pédicellées dans la glume.*

1. A. CESPITOSA *L.* (*C. gazonnante.*) Vulg. *herbe sûre.* Chaume droit , haut de 2 à 4 pieds. Feu. sillonnées , scabres , en touffes raides. Ligule longue, acuminée , souv. bifide. Panicule étalée , très-longue. Epillets violacés portés sur des pédic. scabres. 2 fl. dont l'une portée sur un pédicelle velu. Valvules lacérées au sommet. Arête droite , courte. Fl. quelquefois vivipares.

Var. *A. parviflora* Thuill. Fl. plus petites , verdâtres, pédicelles moins rudes. Bois de Falaise.

♃ E. C. Bois et prés humides.

2. A. ULIGINOSA *Weihe.* (*C. des marais.*) Racine fibreuse. Chaumes presque nus , hauts de 1 à 2 pieds. Feu. linéaires,très-étroites, roulées , sétacées-capillaires , rudes , en touffes très-épaisses. Ligule bifide. Fl. violacées dont l'une portée sur un pédicelle de moitié aussi long que les valvules extér. qui sont comme 5-dent es et chargées d'une arête genouillée plus longue que les glumes. ♃ E2. R. Marais , bords des étangs. Vire , Lessay.

3. A. FLEXUOSA *L.* (*C. flexueuse.*) Chaumes de 1 à 2 pieds, presque nus. Feuilles glabres , courtes , très-étroites , à ligule tronquée. Panicule à rameaux longs , ouverts , flexueux. Epillets violacés (verdâtres dans les lieux ombragés) munis de 2 fl. dont l'une portée sur un pédic. plus court que la moitié de la valvule extér. de la balle , qui est chargée d'une arête genouillée 2 fois plus longue qu'elle.

Var. *b. A. montana* L. Panicule plus resserrée , glumes blanchâtres au sommet.

secs, parmi les rochers.

♃. E. C. Bois et côteaux

* * *Fleurs sessiles dans la glume.*

4. A. CARYOPHYLLEA *L.* (*C. cariophyllée.*) Racine fibreuse. Chaumes un peu courbés à la base, redressés, hauts de 6 à 15 pouces. Feu. sétacées, courtes, à ligule lancéolée, longue, bifide. Panicule étalée. Épillets blanchâtres à 2 fl. plus courtes que les glumes qui sont acuminées, denticulées, dépassées par une arête droite. Valvule infér. bifide.

Var. *b. A. multiculmis* Dumort. Chaumes élevés, en touffes ; feu. et gaînes rudes, panicule ample. Moissons ; Falaise.

Var. *c. divaricata.* Chaumes étalés, panicule très-divariquée, rougeâtre.

◉. P. E. C. Champs et côteaux secs.

5. A. CANESCENS *L.* (*C. blanchâtre.*) Chaumes très-grêles, hauts de 4 à 8 pouces. Feuilles sétacées, courtes ; à ligule obtuse. Panicule resserrée, blanchâtre. Valvule extér. de la balle chargée d'une arête articulée au milieu, renflée au sommet, un peu plus longue que les glumes. ◉. P. R. Lieux secs et sablonneux. Rouen, Caen, Pirou.

6. A. PRÆCOX *L.* (*C. précoce.*) Chaumes en touffes, hauts de 4 à 6 pouces. Feu. sétacées. Panicule resserrée, presque spiciforme, d'un vert-blanchâtre ou un peu rougeâtre. Fl. à peu près égales aux glumes qui sont dépassées par l'arête genouillée que porte la valvule extér., bifide. ◉. P. C. Lieux secs et montueux.

XV. AIROPSIS *Desv.* (*Airopside.*) Glume à 2 valves égales, obtuses, concaves, lisses-brillantes, renfermant 2 fl. mutiques d'abord incluses. Valvules de la balle tronquées, plus courtes que la glume. —*Fl. en panicule.*

1. A. AGROSTIDEA *DC.* (*A. agrostis.*) Racine rampante. Chaumes couchés et radicans à leur base, redressés,

hauts de 6 à 15 pouces. Feu. planes, à ligule allongée. Panicule lâche, étalée. Epillets violacés. ♃. E. R.

Lieux herbeux et humides, bords des étangs. Domfront. Saint-Hilaire-du-Harcouet.

XVI. MELICA *L. (Mélique.)* Glume à 2 valves ovoïdes, scarieuses, convexes ; l'extér. plus courte, renferm. 1 à 2 fl. hermaphr., et quelquefois le rudiment d'une fl. pédicellée. Valvules cartilagineuses, mutiques, glabres ou hérissées de poils. Paléoles tronquées. Stigm. plumeux.—*Fl. en panicule ou en grappe.*

1. M. CILIATA *L. (M. ciliée.)* Chaumes droits, trigones, hauts de 1 à 2 pieds. Feu. étroites, un peu roulées, rudes, glauques, glabres, ou légèrem. pubescentes. Panicule à rameaux courts, resserrée en épi, blanchâtre. Balle couvertes de longs poils blancs. ♃. E. R. Lieux secs et pierreux. Les Andelys, Château-Gaillard.

2. M. UNIFLORA *L. (M. uniflore.)* Racine rampante. Chaumes dressés, faibles, hauts d'un pied environ. Feu. toutes caulinaires, planes, rudes, chargées de quelques poils épars. Panicule lâche, peu fournie, à longs rameaux étalés, déliés. Epillets uniflores, violacés, ovoïdes. Balles glabres. ♃. E. C. Bois.

§ II. *Epillets uniflores, pédicellés, en panicule quelquef. spiciforme, ou en épis digités.*

XVII. LEERSIA *Schreb. (Léersie.)* Glume nulle. Balle fermée après la floraison, formée de 2 valvules comprimées, carénées, mutiques. — *Panicule très-lâche.*

1. L. ORYZOIDES *Sw. (L. faux-riz.)* Chaumes hauts de 2 à 3 pieds, dressés, un peu rameux à la base. Feu. larges, striées, très-rudes, à gaines comprimées, scabres, la supér. renflée et

renfermant souv. la panicule, même après la floraison. Panicule lâche, étalée à fl. d'un vert-jaunâtre, comprimées, hispides. Valvule externe, trinervée. ♃. E3. A1. R. Prés humides, bords des rivières, des étangs. Caen, Falaise, Vire, Evreux, etc.

XVIII. AGROSTIS *L.* (*Agrostide.*) Panicule à épillets uniflores. Glume à 2 valves acuminées, mutiques. Balle à une ou 2 valvules membraneuses, plus courtes que la glume, munies à leurs bases de poils en 1 ou 2 faisceaux ; l'extér. plus grande, mutique ou aristée. Stigm. plumeux.

1. A. SPICAVENTI *L.* (*A. épi-du-vent.*) Chaume haut de 1 à 2 pieds, droit. Feu. glabres. Ligule longue, laciniée. Fl. petites, rougeâtres, et quelquefois jaunâtres, très-nombreuses, en panicule ample, fournie, un peu penchée, portées sur des pédic. demi-verticillés, très deliés. Valvule extér. pourvue d'une arête capillaire fort longue. Anthères ovales-arrondies. ⊛. E. C. Moissons.

2. A. INTERRUPTA *L.* (*A. interrompue.*) Chaume haut de 8 à 15 pouces, droit. Feu. étroites, glabres, on peu rudes sur les bords. Fl. petites, en panicule resserrée, étroite, interrompue, longue de 2 à 4 pouces, portées sur des pédic. dressés. Valvule extér. munie d'une longue arête. ⊛. E. TR. Champs sablonneux. Rouen, Caen, Evreux.

3. A. CANINA *L.* (*A. des chiens.*) Chaumes grêles, rameux et radicans à leur base, hauts d'un pied environ. Feu. radicales et des jeunes pousses étroites et nombreuses, les supér. planes et à ligule longue. Fl. violacées en panicule à pédic. rameux trichotomes, flexueux, d'abord divergens, puis redressés. Balle à une seule valvule munie d'une arête dorsale partant près de la base.
Var. b. *A. pallida* Schrk. Fl. jaunâtres ; arête courte. ♃. E. C. Landes, prairies humides. J'ai trouvé la var. b. sur les bords de l'étang de Vrigny, près d'Argentan.

4. A. SETACEA *Curt.* (*A. sétacée.*) Racine fibreuse. Chaume haut de 10 à 15 pouces, droit ou un peu courbé à la base. Feu. glauques, courtes, rudes,

lés radic. sont filiformes, très-fines. Ligule longue. membraneuse, déchirée au sommet. Fl. légèrem. violacées ou blanchâtres, en panicule à pédic. scabres. Glume à valves inégales, rudes sur le dos. Balle plus courte que la glume, à valvule extér. terminée par deux dents fines et allongées, chargée d'une arête genouillée partant de sa base et plus longue que la glume. ♃. E. R. Landes. Caen, Lessay.

5. A. STOLONIFERA L. (A. stolonifère.) Racine rampante, stolonifère. Chaumes hauts de 1 à 2 pieds, droits ou courbés et radicans à leur base. Feu. étroites, courtes, à ligule allongée. Fl. verdâtres en panicule redressée, à pédic. rameux, hispides, ouverts. Balle à 2 valves, souvent mutiques.

Var. b. A. alba L. Feu. molles ; panicule lâche, conique, blanchâtre.

Var. c. A. gigantca Roth. Chaume de 2 à 3 pieds, feu. larges, très-rudes ; panicule allongée, verdâtre, resserrée. Prés humides.

Var. d. A. aristata. Valvule aristée.

Var. e. compacta. Panicule courte, resserrée. La Hagu :.

Var. f. A. compressa Willd. A. dubia DC. Panicule étalée. pâle. Arête basilaire, très-courte. ♃. E. C. Landes, près, bords des chemins.

6. A. VULGARIS With. (A. commune.) Cette espèce est difficile à distinguer de la précédente, cependant elle semble en différer par sa panicule ovoïde-oblongue, par ses pédic. non hispides, presque lisses, et surtout par sa ligule tronquée, très-courte. Balle à 2 valvules. Fl. quelquefois vivipares.

Var. b. aristata, A. rubra L. Valvule extér. aristée. Fl. violacées.

Var. c. A. pumila L. Fl. courtes, arrondies, mutiques. Chaumes hauts de 3 à 6 pouces. ♃. E. C. Champs et landes.

7. A. MARITIMA Lam. (A. maritimo.) Chaumes courbés et radicans à la base, redressés, longs de 8 à 15 pouces, garnis de feu. nombreuses, rapprochées, courtes, raides, rudes et roulées au sommet. Panicule resserrée, spiciforme.

Valvules de la balle hérissée sur la carène. — Ligule laciniée au sommet. ♃. E.

R. Sables maritimes. Dieppe, Courseulles.

XIX. MILIUM *L.* (*Millet.*) Glume à 2 valves presque égales, arrondies, ventrues. Balle à 2 valvules plus courtes que la glume, coriaces, cartilagineuses, persistant autour du fruit, mutiques ou munies d'une arête caduque. —*Fl. en panicule lâche.*

1. M. EFFUSUM *L.* (*M. étalé.*) Chaume droit, lisse, haut de 2 à 3 pieds. Feu. larges, planes, molles, glabres, à ligule longue, embrassante, laciniée au sommet. Fl. vertes, en panicule lâche, très-étalée, pauciflore. Pédic. déliés, flexueux, en verticilles incomplets. Balle mutique. ♃. P. PC. Bois.

2. M. PARADOXUM *L.* (*M. paradoxal.*) Chaume droit, glabre, haut de 2 à 3 pieds. Feu. planes, rudes, à ligule courte. Fl. blanchâtres à leur sommet, en panicule lâche, étalée, pauciflore, portées sur des pédic. flexueux, inégaux. Glume à valves trinervées, allongées. Valvules chargées d'une arête longue de 3 à 4 lignes. Semences noirâtres. ♃. E. TR. Bois montueux. Rouen, Evreux, Pont-Audemer.

XX. GASTRIDIUM *P. Beauv.* Glume à 2 valves lancéolées, allongées, inégales, ventrues et cartilagineuses à la base, plus longues que la balle qui est à 2 valvules courtes recouvrant le fruit; l'extér. tronquée au sommet et aristée. —*Panicule spiciforme.*

1. G. LENDIGERUM *Gaud.* *Milium* L. (*G. lentifère.*) Racine fibreuse. Chaumes rameux à la base, droits, hauts de 8 à 12 pouces. Feu. courtes, rudes, à ligule allongée, bifide. Fl. d'un vert jaunâtre, portées sur des pédicelles très-rameux, et réunis en une panicule resserrée, spiciforme, soyeuse, au milieu de laquelle se font remarquer les renflemens luisans des bases des glumes. ☉. E. PC. Champs. Falaise, Pont-Audemer, Barfleur, etc.

XXI. **CALAMAGROSTIS** *Roth.* Glume à 2 valves comprimées, lancéolées, mutiques, plus longues que la balle dont les 2 valvules sont entourées à la base de poils très-longs et quelquefois accompagnés du rudiment d'une 2e. fl. Valvule extér. souv. aristée. — *Panicule.*

1. C. EPIGEIOS *Roth. Arundo* L. (*C. terrestre.*) Racine rampante. Chaumes hauts de 3 à 5 pieds, rudes vers leur partie supér. Feu. larges, rudes sur les bords et en-dessous, à ligule longue, laciniée. Fl. violacées, en panicule ample, resserrée. Glumes comprimées, acuminées-subulées. Poils égalant la glume et plus longs que l'arête dorsale qui part du milieu du dos de la valvule extér. qui est 4-nervée, bifide. ℔. E2. 3. C. Bois et lieux marécageux.

* 2. C. LANCEOLATA *Roth. Arundo calamagrostis* L. (*C. lancéolé.*) Cette espèce est souv. confondue avec la précédente; elle en diffère par ses chaumes moins élevés et rameux à la base,

par ses feu. plus étroites, par les poils de la fl. plus courts que la glume et plus longs que la balle. L'arête, dont la valvule extér. est munie est scabre, très-courte, presque nulle. ℔. E. TR. Bois humides. Rouen, Le Hâvre.

3. C. ARENARIA *Roth. Arundo* L. (*C. des sables.*) Racine rampante. Chaumes droits, hauts de 2 à 3 pieds. Feu. glauques, longues, raides, roulées en-dessus, piquantes au sommet. Fl. d'un blanc-jaunâtre, en panicule resserrée en un long épi cylindrique. Balle à valvules mutiques, munies de poils courts à leur base. ℔. E. C. Sables maritimes.

XXII. **STIPA** *L.* (*Stipe.*) Glume uniflore, à 2 valves lancéolées, comprimées, aiguës. Balle plus courte que la glume, à 2 valvules, dont l'extér. roulée, bifide, portant une longue arête caduque, articulée à sa base.

1. S. PENNATA *L.* (*S. empennée.*) Chaumes hauts de 1 à 2 pieds. Feu. droi-

tes, longues, roulées, jonciformes. Fl. en panicule étroite et pauciflore, remarquables par leur arête plumeuse, blanchâtre, longue de 6 à 10 pouces, nue et tordue à sa base. ♃.

P. TR. Lieux pierreux et montueux. Evreux, les Andelys; Brèche - au - Diable, près de Falaise (*Lair.*)

XXIII. CYNODON *Rich.* (*Chiendent.*) Glume uniflore, à 2 valves ouvertes, lancéolées, mutiques, plus courtes que la balle qui est composée de 2 valvules, dont l'extér. très-grande, ovoïde.—*Fl. en épis linéaires, réunis en une sorte d'ombelle.*

1. C. DACTYLON *Pers.* Panicum. L. (*C. digité.*) Racine longue, rampante, stolonifère. Chaumes géniculés, rameux, redressés. Feu. glauques, courtes, le plus souv. un peu velues en-dessous et sur les gaînes, à ligule poilue. Fl. violacées, unilatérales, en épis linéaires, en ombelle d'abord resserrée, puis étalée. ♃. E. PC. Lieux sablonneux. Rouen, Quevilly, sables maritimes de la Manche.

XXIV. DIGITARIA *Hall.* Paspalum Lam. (*Digitaire.*) Fl. géminées dont l'une plus longuem. pédicellée. Glume uniflore à 2 ou 3 valves dont l'extér. squamiforme, très-petite, presque nulle. Balle à 2 valvules égales, ovoïdes-oblongues, cartilagineuses, mutiques. —*Epis linéaires, alternes, rapprochés de manière à former une panicule digitée.*

1. D. SANGUINALIS *Kœl.* Panicum. L. (*D. sanguine.*) Chaumes couchés et rameux à la base, redressés, hauts de 8 à 15 pouces. Feu. planes, linéaires-lancéolées, molles, velues ainsi que les gaînes. Epis violacés, au nombre de 4 à 7, très-longs, divergens. Glumes glabres, excepté sur les bords qui sont longuem. ciliés. ⊙. E3. C. Lieux cultivés. Rouen, Evreux, etc.

2. D. FILIFORMIS *Kœl.* (*D. filiforme.*) Cette espèce est plus petite que la précédente, ses chaumes sont couchés. Ses feu. et ses gaînes sont glabres; celles-ci ont quelques poils près de la ligule. Les épis

I

sont plus courts et moins nombreux(2 à 3). Ses glumes sont velues entre leurs nervures. ⊙. E3. At. PC. Champs. Les Andelys, Caen, Falaise, Condé-sur-Noireau, etc.

La couleur violacée des épis se retrouve souv. sur toutes les parties de la plante dans ces 2 espèces.

XXV. **POLYPOGON** *Desf.* Glume uniflore, à 2 valves à peu près égales, comprimées, aristées, plus longue que la balle dont la valvule extér. est munie d'une arête terminale. —*Fl. réunies en une panicule spiciforme, quelquefois lobée.*

1. p. MONSPELIENSE *Desf. Alopecurus* L. (*P. de Montpellier.*)Chaume droit, haut de 1 à 2 pieds, glabre, un peu coudé aux nœuds qui sont bruns. Feu. courtes, striées, glabres, rudes, à gaînes renflées dans les supé. Ligule allongée, blanchâtre. Fl. d'un vert-blanchâtre, ramassées par paquets en un épi ovoïde très-garni de longues barbes soyeuses. Glumes velues et ciliées, échancrées au sommet et munies d'une arête qui part du fond de cette échancrure.

Var. b. *paniceum. Alopecurus paniceus* L. Chaumes de 4 à 6 pouces ; épis courts, ovoïdes. Cherbourg. ⊙. E. PC. Lieux incultes et humides, au bord de la mer. Le Hâvre, Oystreham, Avranches, etc.

XXVI. **LAGURUS** *L.* (*Lagurier.*) Glume uniflore à 2 valves terminées par une pointe acérée et velue: Valvule exter. de la balle munie de 3 arêtes dont 2 terminales et 1 dorsale. —*Fl. en panicule resserrée en forme d'épi ovoïd.*

1. L. OVATUS *L,* (*L. ovale.*) Chaume haut de 4 à 10 pouces, muni de 1 ou 2 feuilles molles, pubescentes, à gaîne renflée dans la supér. Epi ovoïde, laineux, blanchâtre, dépassé par de longues arêtes fines. ⊙. E. TR. Lieux sablonneux. *Mielles* de Cherbourg.

XXVII. PANICUM *L.* (*Panic.*) Glume uniflore à 3 valves dont une extér. ajoutée latéralem. à la base de la fl. Balle à 2 valvules persistantes, entourant le fruit sous la forme d'une enveloppe crustacée. — *Fl. en panicule spiciforme ou étalée, souvent entourées de soies à leur base.*

1. P. VERTICILLATUM *L.* (*P. verticillé.*) Plante hérissée dans presque toutes ses parties de poils recourbés qui la rendent accrochante. Chaumes comprimés et rameux à la base, hauts de 10 à 15 pouces. Feu. assez larges, scabres. Gaines ciliées. Ligule poilue. Panicule verdâtre en épi resserré, interrompu dans le bas, à rameaux verticillés. Fl. glabres, pourvues à leur base de 2 longues soies ou arêtes rudes. ☻. E. C. Lieux cultivés.

2. VIRIDE *L.* (*P. vert.*) Plante non accrochante. Chaume rameux à la base, haut de 8 à 15 pouces, un peu rude au sommet. Feu. ciliées sur les bords de la gaine et à ligule poilue. Panicule resserrée en épi non interrompu. Fl. verdâtres, entourées à la base de longues arêtes hispides, quelquefois violacées. ☻. E. C. Lieux cultivés.

3. P. GLAUCUM *L.* (*P. glauque.*) Plante non accrochante, glauque ou d'un jaune un peu roussâtre. Chaume rameux à la base, droit, haut de 10 à 18 pouces, un peu rude au sommet. Feu. assez larges, munies de longs poils vers l'entrée de la gaine qui est glabre sur les bords. Panicule cylindracée, non interrompue, formée de fl. d'un vert-pâle, accompagnées de nombreuses arêtes roussâtres. Balle striée transversalement.

Var. *b. prostratum.* Chaumes comprimés, complétement couchés sur la terre.

☻. E. PC. Champs sablonneux. Rouen, Harfleur, Falaise, Mortain, etc.

4. P. CRUS-GALLI *L.* (*L. pied de-coq.*) Chaumes hauts de 2 à 3 pieds, couchés et genouillés à la base, lisses. Feu. assez larges, rudes sur les bords, glabres, planes ou un peu

34

ondulées. Panicule allongée, à rameaux inégaux, les infér. plus longs et plus écartés. Fl. vertes ou violacées, à valves hérissées, le plus souv. munies de longues barbes.

Var. *b. muticum.* Fl. sans arêtes.

●. ☉. A¹. P. C. Bords

des eaux et champs humides. Rouen, Caen, Domfront, Mortain, etc.

On cultive assez fréquemment les *P. Italicum* et *miliaceum*, dont les graines connues sous le nom de *millet*, servent à la nourriture des oiseaux.

XXVIII. PHALARIS L. (*Alpiste.*)

Glume uniflore, à 2 valves comprimées-carénées, membraneuses, égales, plus longue que la balle qui est composée de 2 valvules inégales, mutiques, accompagnées latéralem. de 2 écailles ou rudimens de fl. avortées, velues-ciliées. Stigm. plumeux, en pinceau.

1. *P. ARUNDINACEA L.* (*A roseau.*) Chaumes hauts de 3 à 6 pieds, droits. Feu. planes, larges, longues, scabres. Fl. panachées de blanc et de violet, réunies en une panicule rameuse, fasciculée, d'abord resser-

rée, puis étalée. ♃. E. TC. Bords des eaux.

On en cultive dans les jardins une var. à feuilles rayées de blanc longitudinalem. Elle est connue sous le nom de *Rubans.*

XXIX. PHLEUM L. (*Fléole.*)

Glume uniflore à 2 valves comprimées, souv. tronquées, cuspidées par le prolongement de la carène, égales. Balle plus courte que la glume, à 2 valvules membraneuses, l'intér. tronquée, le plus souv. mutique. — *Panicule très-resserrée en épi cylindracé.*

1. *PRATENSE L.* (*F. des prés.*) Racine fibreuse. Chaume glabre, haut de 1 à 2 pieds. Feu. écartées, planes. Ligule obtuse. Fl. verdâtres, resserrées en un

épi cylindrique long de 2 à 3 pouces. Glumes à carène ciliée, et à arêtes plus courtes que les valves.

Var. *b. P. nodosum* Willd. Chaume renflé à la base;

épi plus court.

♃. P. E. C. Prés et bord des champs. — Cette graminée est le *Timothy* des agriculteurs anglais.

2. F. PHALAROIDES *Gaud.* *Phalaris phleoides* L. (*F. alpiste.*) Racine fibreuse. Chaume simple, droit, grêle, haut de 10 à 15 pouces. Feu. courtes, scabres, à ligule tronquée. Fl. verdâtres en épi serré, cylindrique, un peu atténué aux deux bouts. Glumes membraneuses, blanchâtres, à carène verte, sca-

bre, ciliée. ♃. E. PC. Pelouses sèches des côteaux calcaires. Rouen, Caen, Falaise, etc.

3. F. ARENARIUM L. *Phalaris* Kœl. DC. (*F. des sables.*) Chaume lisse, rameux à la base, haut de 4 à 8 pouces. Feu. courtes, glabres, à gaines renflées. Fl. d'un vert blanchâtre, resserrées en un épi ovoïde-allongé. Glumes lancéolées, acérées, fortem. trinervées, longuem. ciliées sur la carène. ◉. P. C. Sables maritimes.

XXX. ALOPECURUS *L.* (*Vulpin.*) Glume uniflore, à valves carénées, comprimées, mutiques, connées à leur base, égales à la balle qui n'a qu'une valvule munie d'une arête dorsale partant de sa base. — *Fl. en épis cylindriques.*

1. A. PRATENSIS *L.* (*V. des prés.*) Chaumes droits, hauts de 1 à 3 pieds, glabres. Feu. striées, scabres, courtes, la supér. à gaine renflée. Ligule courte, tronquée. Epi cylindrique, épais, obtus, d'un vert blanchâtre, d'un aspect laineux ou soyeux. Valves velues, ciliées sur la carène, conoées au-dessous de leur milieu. Arête coudée. ♃. P. TC. Prés.

2. A. AGRESTIS *L.* (*V. agreste.*) Chaumes souvent en touffes, droits, hauts de 10 à 18 pouces, un peu rudes au sommet. Feu. étroites, très-peu scabres, à ligule courte. Epi panaché de vert et de violet, allongé, cylindrique. Glumes glabres. Arêtes très-fines, longues, flexueuses. ◉. P. E. TC. Prés et champs.

J'en ai trouvé une variété à 2 épis terminaux,

gémiués, panachés de vert et de blanchâtre.

3. A. BULBOSUS *L.* (*V. bulbeux.*) Racine bulbeuse, arrondie. Chaume droit, haut d'un pied environ. Feu. étroites, glabres, courtes. Epi cylindrique, allongé. Glumes velues, ciliées, dépassées par des arêtes flexueuses, un peu colorées. ♃. P. PC. Prés marécageux et maritimes. Caen, Le Hâvre, Isigny, etc.

4. A. GENICULATUS *L.* (*V. genouillé.*) Plante glauque. Chaumes couchés, radicans à la base, longs de 10 à 18 pouces, glabres, redressés. Feu. courtes, étroites, à ligule oblongue. Epi cylindrique, obtus. Glumes obtuses, velues, connées à la base, ciliées au sommet, et dépassées par l'arête. Anthères blanchâtres. ♃. E. C. Prés, fossés, bords des étangs. — On trouve dans les environs de Falaise une var. de cette espèce, ou de la suivante à racine renflée, comme bulbeuse.

5. A. FULVUS *Sm.* (*V. fauve.*) Peut-être n'est-ce qu'une variété de l'espèce précéd. Chaumes dressés. Feu. d'un glauque pruineux ainsi que les gaînes qui sont très-renflées. Epi atténué à la base. Glumes ciliées au sommet, non dépassées par l'arête. Anthères d'un jaune-orangé. ♃. E. R. Bords des étangs, Falaise.

XXXI. ANTHOXANTHUM *L.* (*Flouve.*) Glume uniflore, à 2 valves comprimées, inégales. Balle de la longueur de la glume, à 2 valvules allongées, dont l'extér. munie d'une arête dorsale partant de sa base et l'intér. à arête terminale. Etam. 2.

Selon quelques auteurs, la glume serait à 3 fl. dont 2 latérales, stériles et réduites, chacune à une valvule aristée et une hermaphrodite centrale, à valvules mutiques.

Cette opinion nous semble mériter d'être adoptée.

1. A. ODORATUM. *L.* (*F. odorante.*) Chaume droit, glabre, rameux à la base, haut d'un pied environ. Feu. glabres, quelquefois pubescentes. Fl. en pani-

culé spiciforme, cylindrique, un peu lâche.
Var. *b. paniculatum* Reich.

Panicule allongée, rameuse.
♃. P. TC. Prés.

§ III. *Epillets sessiles, disposés en épi le long d'un axe articulé.*

XXXII. CYNOSURUS *L.* (*Cynosure.*) Epillets entourés chacun d'une bractée foliacée, laciniée. Glume
à 2 valves, renfermant 2 à 5 fl. Balle à 2 valvules
linéaires, lancéolées, mutiques.

1. c. CRISTATUS *L.* (*C. en crête.*) Racine fibreuse. Chaume droit, haut de 1 à 2 pieds. Feu. étroites, à ligule très-courte, tronquée. Epillets verdâtres, réunis en un long épi grêle, unilatéral, distique. Bractée pinnatifide, à lobes mutiques. Valvules pubescentes. ♃. P. C. Prés et bois découverts.

2. c. ECHINATUS *L.* (*C. hérissé.*) Chaumes droits, feuilles, hauts de 1 à 2 pieds. Feu. glabres, à gaîne lâche dans les supér. Epillets réunis en un épi court, ovoïde, un peu rameux. Bractées pinnées, à divisions terminées par de longues barbes. ⊕. E. TR. Côteaux pierreux. Falaises de la Hague. (Manche.)

XXXIII. SESLERIA *Scop.* (*Seslérie.*) Epillets non
accompagnés d'une bractée. Glume à 2 valves acérées,
renfermant 2 ou 3 fl. Balle à 2 valvules, l'extér. trifide
au sommet et l'intér. bifide.

1. s. COERULEA *Ard.* Cy-nosurus *L.* (*S. bleuâtre.*) Chaumes grêles, hauts de 6 à 12 pouces, garnis dans le bas de feu. courtes, planes, un peu rudes sur les bords. Epi oblong, un peu lâche, bleuâtre (rarem. blanchâtre), formé par la réunion d'épillets 2 ou 3-flores, comprimés. ♃. P. C. Pelouses montueuses des terres calc. Rouen, Caen, Falaise, etc.

XXXIV. TRACHYNOTIA *Mich.* (*Trachynotie.*)
Glume uniflore, à 2 valves étroites, carénées, dont l'extér.

terminé par une arête courte. Balle semblable à la glume. — *Epis linéaires à fl. unilatérales.*

1. T. STRICTA *DC.* (*T. raide.*) Chaumes droits, raides, hauts de 1 à 2 pieds, garnis de feuilles raides, roulées, jonciformes, terminées au sommet par 2 à 4 épis raides, grêles, linéaires, longs de 2 à 4 pouces, couverts seulement d'un côté de fl. allongées, écartées, appliquées contre l'axe. ♃. A1. R. Lieux marécageux et vaseux des bords de la mer, dans les points recouverts à chaque marée. Embouchure de la Vire, près d'Isigny.

XXXV. STURMIA *Hoppe. Chamagrostis DC.* (*Sturmie.*) Glume uniflore, à 2 valves obtuses, tronquées, oblongues, égales. Balle membraneuse, pubescente, univalve, en godet très-petit, lacéré au sommet. Stigm. 2. pubescens. — *Epi linéaire.*

1. S. MINIMA *Hoppe. Agrostis L.* (*S. naine.*) Racine fibreuse. Chaumes en petites touffes, hauts de 2 à 3 pouces, droits, dépourvus de nœuds, terminés chacun par un épi linéaire, grêle, garni d'un seul côté de fl. violacées, alternes, serrées contre l'axe ⊛. P1. PC. Champs sablonneux, murs. Rouen.

XXXVI. NARDUS *L.* (*Nard.*) Glume uniflore, à 2 valves allongées, subulées, acérées. Balle nulle. Stigm. 1, filiforme, long, velu. — *Fl. unilatérales, en long épi linéaire.*

1. N. STRICTA *L.* (*N. raide.*) Chaumes grêles, raides, en touffes tenaces, hauts de 4 à 8 pouces. Feu. glauques, roulées, sétacées, raides, étalées. Fl. viola-cées, en long épi linéaire, étroit, appliquées, unilaté-rales. ♃. E. Prés et pe-louses arides et lieux maré-cageux.

XXXVII. ROTTBOLLA *L.* (*Rottbolle.*) Glume mu-tique, tantôt univalve et renfermant une seule fl. hermaphrodite, tantôt bivalve et munie de 2 fl. dont l'une hermaphrodite et l'autre mâle. Balle à 2 valvules inégales, plus courtes que la glume. Stigm. 2. — *Fl. en épi cylindrique . enfoncées dans les concavités de l'axe.*

1. R. INCURVATA *L.* (*R. courbée.*) Chaumes hauts de 3 à 4 pouces, grêles, terminés par un long épi grêle, cylindrique, courbé, formé de fl. exactem. appliquées et enfoncées dans les concavités de l'axe qui est articulé. Glume bivalve, plus longue que les valvules de la balle. ☻. E. C. Pâturages au bord de la mer.

2. R. FILIFORMIS *Roth.* (*R. filiforme.*) Diffère bien peu de la précéd. Ses chaumes sont plus grêles et terminés par un épi droit, délié, un peu comprimé. La glume est bivalve et n'est presque pas plus longue que la balle. ☻. E. R. Marécages maritimes du Calvados; Dives, Oystreham, etc.

XXXVIII. TRITICUM *L.* (*Froment.*) Epillets solitaires, sessiles, opposés par une de leur face à l'axe qui est denté, et formant un épi distique. Glume bivalve, multiflore, les fl. supér. quelquefois stériles. Valves lancéolées, carénées, ventrues, plus courtes que les 2 valvules de la balle, dont l'infér. est acuminée, et portant une arête sur sa carène, souv. immédiatement au-dessous de son sommet; la supér. souv. tronquée et bordée de cils raides.

1. T. SATIVUM *Lam.* (*F. cultivé.*) Cette espèce dont les épillets ont leurs fl. supér. stériles, renferme un grand nombre de variétés, les unes à épis munis de longues arêtes, connues sous le nom de *blé barbu*, *franc blé*, les autres sans barbes, *blé*; *chicot*, etc., sont trop généralement répandues pour avoir besoin de plus longs détails. On croit cette graminée originaire de l'Asie.

2. T. PINNATUM *Mœnch.* *Bromus L.* (*F. pinné.*) Racine rampante. Chaume droit, un peu divisé à la base, haut de 1 à 2 pieds, glabre, à nœuds pubescens. Feu. planes, glauques, un peu rudes, glabres ou pubescentes en-dessus. Feu.

planes , glauques ; un peu rudes , glabres ou pubescentes en-dessus. Epillets au nombre de 6 à 10, distiques , d'abord cylindriques , un peu courbés ; les infér. portés sur de courts pédic. anguleux. Fl. 10 à 18 , souv. pubescentes , striées , terminées par une arête droite une fois plus courte que la balle.

Var. *b. T. gracile* DC. Epillets glabres.

♃. E. TC. Prés , haies, bords des chemins.

3. T. SYLVATICUM *Mœnch.* (*F. des bois.*) Racine fibreuse. Chaumes hauts de 2 à 3 pieds , glabres , à nœuds velus. Feu. longues , planes , d'un vert foncé, velues ainsi que les gaînes. Epillets de 8 à 10 fl. le plus souv. velues , écartés , sessiles , formant un long épi penché. Glume à valves inégales. Valvule intér. de la balle , tronquée , obtuse et ciliée; l'extér. acuminée, terminée par une arête qui est plus longue qu'elle dans les fl. supér. ♃. E. TC. Bois et haies.

4. T. CANINUM *Schreb. T. sepium* Lam. (*F. des chiens.*) Racine fibreuse. Chaumes grêles, hauts de 2 à 4 pieds.

Feu. planes, scabres, souv. velues. Epillets de 4 à 5 fl. glabres et longuement aristées, rapprochées ; alternes en un long épi penché. Glume à valves égales , longuem. acuminées. Valvule intér. de la balle obtuse ; bordée de cils courts. ♃. E. TC. Haies et buissons.

5. T. REPENS *L.* (*F. rampant.*) Vulg. *Chiendt.* Racine très-longue , rampante , stolonifère , articulée. Chaumes droits , raides , hauts de 2 à 3 pieds. Feu. planes , striées , scabres, à longues gaînes entières dans le bas. Epi droit , à axe glabre et rude. Epillets de 4 à 5 fl. , comprimés , rapprochés , souv. aristés. Glume à valves égales. Valvule intér. de la balle , obtuse et ciliée.

Var. *a. aristatum* DC. Epillets aristés.

Var. *b. muticum* DC. Epillets mutiques.

Var. *c. T. glaucum* DC. Feuilles et épillets glauques.

♃. E. TC. Champs , haies ; bords des chemins. Sa racine est employée dans les tisanes adoucissantes.

On trouve dans les sables maritimes , des formes ou

variétés de cette plante qui ont de grands rapports avec les 2 espèces suivantes et qui ne doivent peut-être pas en être distinguées.

6. T. ACUTUM *DC.* (*F. aigu.*) Racine rampante. Chaumes droits, hauts de 1 à 2 pieds. Feu. glauques, raides, roulées sur les bords et piquantes au sommet. Epillets comprimés, de 5 à 7 fl., rapprochés en un épi droit, distique, assez continu, à axe lisse. Glume à valves pointues, quelquefois un peu rudes sur la carène, égales, marquées de 5 à 7 nervures. Valvules pointues, souv. même l'extér. un peu aristée; l'intér. léger. ciliée. ♃. E. C. Sables maritimes.

7. T. JUNCEUM *L.* (*T. à feu. de Jonc.*) Ressemble beaucoup au précéd. dont il a le port et la couleur glauque. mais il en diffère par ses larges épillets de 7 à 9 fl., plus rapprochés, imbriqués en un épi presque continu, par ses glumes obtuses et à 9 nervures et par les valvules de la balle égalem. obtuses; l'intér. un peu ciliée et l'extér. un peu mucronée. ♃. E. PC. Sables maritimes.

8. T. LOLIACEUM *Sm.* *T. rottbolla* DC. (*F. fausse-ivraie.*) Racine fibreuse. Chaumes rameux à la base, dressés, raides, hauts de 3 à 6 pouces. Feu. glabres. Epi simple, formé de 8 à 10 épillets, glabres, oblongs, sessiles, appliqués, disposés d'un même côté et composés de 5 à 6 fl. mutiques. Glumes et balles obtuses. ◉. P. E. R. Sables maritimes. Granville, Cherbourg, Barfleur, Aromanches, etc.

9. T. HALLERI *Viv.* *T. Poa* DC. (*F. de Haller.*) Racine fibreuse. Chaume droit, lisse, haut de 5 à 12 pouces, à nœuds purpurins. Fl. petites, étroites comme cétacées. Epi droit, de 5 à 10 épillets sessiles, écartés, alternes, ovales, obtus, composés de 5 à 9 fl. Glumes et balles obtuses, mutiques. ◉. E. PC. Côteaux arides, parmi les rochers. Falaise, Vire, Alençon, Condé, etc.

10. T. NARDUS *DC.* (*F. faux-Nard.*) Racine fibreuse. Chaumes grêles, souv. en touffes, hauts de 4 à 8 pouces, rameux à la base. Feu. étroites, munies de quelques poils sur les gai-

bes. Epi droit, long, formé d'épis petits, étroits, subulés, rapprochés, unilatéraux, composés de 4 à 5 fl. souv. pubescentes,

terminées par une arête assez longue. Glume à valvules pointues, inégales. ⊙. E. TC. Champs secs et murailles ; terr. calc.

XXXIX. LOLIUM *L.* (*Ivraie.*) Epillets solitaires, alternés, distiques, opposés par leur bord à l'axe général, de manière à former un épi aplati. Glume multiflore, à 2 valves dont l'extér. fort grande et l'intér. courte, souv. avortée. Balle à 2 valvules ; l'infér. mutique ou aristée, la supér. linéaire, scabre-ciliée.

1. L. PERENNE *L.* (*I. vivace.*). Vulg. *Ray - grass.* Chaumes hauts de 10 à 18 pouces, lisses, comprimés, fermes. Feu. planes, étroites dans le bas. Epillets de 6 à 12 fl. comprimés, mutiques, un peu peu plus longs que la glume.

Var. b. cristatum. Epillets rapprochés en épi court, ovale, aplati.

Var c. L. tenue. Chaumes grêles, épillets de 3 à 4 fleurs.

♃. P. E. TC. Prés, bords des chemins.

2. L. TEMULENTUM *L.* (*I. enivrante.*) Chaumes droits, rudes, hauts de 1 à 3 pieds. Feu. planes, rudes. Epi droit, composé d'épillets de 5 à 9 fl. d'un vert-pâle et renflées, plus courts que

la glume. Valvule extér. bifide, quelquefois aristée. ⊙. E. TC. Moissons.

Il paraît que les propriétés des graines de cette plante, ne sont pas aussi malfaisantes qu'on le croyait autrefois.

3. L. MULTIFLORUM *Lam.* (*I. multiflore.*) Chaumes droits, lisses, hauts de 2 à 3 pieds. Epi long, incliné, formé d'un grand nombre d'épillets lancéolés-linéaires, de 20 à 25 fl. deux fois plus longs que la glume. Balles supér. souv. aristées.

Var. b. decompositum. Epi rameux à la base.

⊙. E. C. Moissons Rouen, Lisieux, Falaise, etc.

XL. SECALE *L.* (*Seigle.*) Epillets solitaires, ses

siles à chaque dent de l'axe articulé. Glume à 2 valves subulées, étroites, égales, renfermant 2 fl. et quelquef. le rudiment d'une troisième. Balle à 2 valves, dont l'infér. carénée et terminée par une longue arête.

1. S. CEREALE *L.* (*S. cultivé.*) Cette graminée généralement cultivée, n'a pas besoin d'être décrite. Le pain que donne sa farine mêlée à celle du froment, est agréable et se conserve frais assez long-temps. Dans quelques contrées du Bocage, cette céréale porte le nom de *Bé.*

XLI. ELYMUS *L.* (*Elyme.*) Epillets géminés ou ternés à chaque dent de l'axe articulé. Glume à 2 valves souvent étalées de manière à simuler un involucre, renfermant 2 à 4 fl.; les supér. quelquefois mâles. Balle à 2 valves.

1. E. ARENARIUS *L.* (*E. des sables.*) Plante glauque, blanchâtre. Racine rampante. Chaumes dressés, hauts de 1 à 2 pieds. Fen. longues, assez larges, roulées sur leurs bords, striées, fermes, comme articulées à l'entrée de la gaîne. Epillets pubescens, géminés, formant un long épi blanchâtre. Glumes plus longues que les fl. qui sont mutiques. ♃. E. TR. Sables maritimes. Granville, Pirou, Vauville (Manche).

* 2. E. EUROPÆUS *L.* (*E. d'Europe.*) Plante verte. Chaume haut de 2 à 3 pieds. Fen. planes, glabres ou légèrem. pubescentes. Gaînes garnies de poils dirigés en bas. Epillets ternés, scabres, réunis en épi cylindrique, long de 1 à 2 pouces environ. Glumes allongées, semblables à des barbes. Balles à valvules latérales terminées par une longue arête. ♃. E. TR. Bois. Environs de Rouen. (Fl. de R.)

XLII. HORDEUM *L.* (*Orge.*) Epillets ternés à chaque dent de l'axe, les latéraux souv. mâles ou neutres, l'intermed. hermaphrodite. Glumes bivalves formant par leur réunion une sorte d'involucre à 6 folioles. Balle à 2 valvules dont l'infér. longuem. aristée.

1. M. VULGARE *L* (*O. commune.*) Chaume haut de 2 à 3 pieds. Feu. toutes hermaphrodites, aristées, disposées sur 6 rangs dont 2 sont plus proéminens. ☉. E. Cette céréale est généralement cultivée dans la province, sa farine donne un pain grossier. On cultive encore dans quelques points de la Manche l'*A. distichum* L. remarquable par ses épis comprimés et ses arêtes en éventail. Cette espèce est connue sous le nom de *paumel.*☉.

2. M. SECALINUM *L.* (*O. faux-seigle.*) Chaume haut de 1 à 2 pieds, grêle. Feu. scabres, les supér. courtes et glabres, les infér. velues, au moins sur les gaînes. Epi grêle. Fl. latérales mâles, aristées, Glumes externes, étroites, scabres, non ciliées. ☉. E. TC, Prés,

3. M. MURINUM. *L.* (*O. queue-de-souris.*) Chaumes en touffes, articulés, rameux et coudés à la base, redressés, hauts d'un pied environ. Feu. molles, pubescentes, à gaines glabres, la supér. renflée. Epi long, assez épais, formé d'épillets à longues arêtes scabres, dressés. Fl. latérales, mâles, aristées, Glumes de la fl. intermed. hermaphr., linéaires - lancéolées, ciliées sur les bords, ☉. E. TC. Bords des chemins, pied des murs,

4. M. MARITIMUM *Vahl.* (*O. maritim.*) Cette espèce a de grands rapports avec la précédente dont elle diffère par sa racine vivace, ses chaumes un peu plus courts, sa teinte souv. glauque, ses épis plus courts, ses arêtes plus étalées, et surtout par ses glumes nullement ciliées, les latérales sont scabres et lancéolées. ♃. E. C. Sables maritimes,

FIN DE LA PHANÉROGAMIE.

ADDITIONS ET CORRECTIONS.

Page 5 , ligne 19 ; *heteraphyllus* , lisez : *heterophyllus*.
— — — 19 ; 2° col. *emersus*, — *emersus*.
— 7 , — 35 ; R. ACHIN , — R. ACRIS.
— 19 , — 35 ; BOLERACEA , — B. OLERACEA.
— 20 , — 34 ; E. SATIVA. *L. am.*— E. SATIVA.*Lam.*

Page 22. Après MATTHIOLA , ajoutez :
VIII. bis. MALCOMIA *Brown.* (*Malcomie.*) Cal.
fermé. Pét. à limbe ovale ou un peu échancré. Stigm.
simple , aigu , terminant une silique cylindrique.

1. M. LITTOREA *Brown. Cheiranthus* L. (*M. des rivages.*)
Tige haute de 6 à 10 pouces, cylindrique, cotonneuse,
blanchâtre. Feu. lancéolées-linéaires , obtuses , molles ,
cotonneuses. Fl. purpurines. Falaises de la Manche.
Cette plante que j'indique d'après le M. Le D'. Hardouin
a peut-être été confondue avec le *Matthiola sinuata*.

Page 8. RAPHANUS , ajoutez :
3. R. MARITIMUS *Engl. Bot.* 1643. (*R. maritime.*)
Racine épaisse , cylindrique , un peu tortueuse , d'une
saveur fortement épicée , brûlante. Tige haute de 3 ou
4 pieds , arrondie , rude dans le bas. Feu. radicales ,
étalées en rosette , pétiolées , pinnatifides , hérissées ,
à lubes oblongs , obtus , dentés , devenant de plus en
plus grands en approchant du terminal qui est arrondi.
Fl. d'un jaune plus intense que dans le *R. raphanistrum*
et moins veinées. Siliques à 1 ou 2 articles lisses , striées.
♂. E. TR. Lieux maritimes. Je l'ai trouvé dans les falaises de Herqueville près de Jobourg, et M. de Gervillle
me l'a indiqué près de Réville (Manche.)

Page 27. SISYMBRIUM.

3. bis. S. LOESELII L. (*S. de Loesel.*) Plante hérissée de

35

poils mous qui lui donnent un aspect grisâtre. Tige
droite, cylindrique, ou un peu rameuse supérieurem.,
haute de 1 à 2 pieds. Feu. pétiolées, lyrées-roncinées ;
lobes inférieurs petits, les supér. plus longs, comme
triangulaires, sinués-dentés. Fl. jaunes en grappes d'a-
bord courtes, puis allongées. Pétales une fois plus longs
que les sépales. Pédonc. et siliques filiformes, étalés.
⊙. E. TR. Lieux secs et pierreux. Environs de Rouen.

Page 51. LEPIDIUM.

3. bis. L. HETEROPHYLLUM *Benth.* *Thlaspi* DC. (*L. hétérophylle.*) Cette plante que j'avais indiquée comme var.
b. prostratum du *L. campestre*, diffère de cette espèce
par sa racine vivace, par sa tige étalée, par ses feu.
infér. longuem. pétiolées, à limbe ovale ou un peu lyrées,
et surtout par la longueur du style qui dépasse beaucoup
les lobes du sommet de la silicule. ♉. P. C. Bords des
chemins, landes. Falaise, Vire, Pirou, etc.

Le *Lepidium petræum* a été trouvé près de Pont-Aude-
par M. Durand.

Page 37.

VIOLA CANINA b. *collina* Breb. c'est le V. RIVINIANA
Reich.

Page 38.

VIOLA TRICOLOR Var. *d. nana* DC. Petite plante glabre,
haute de 1 à 2 pouces au plus. Sables maritimes. Trouvée près de Pirou (Manche), par M. Gay.

Page 40. DROSERA.

Le D. LONGIFOLIA que j'ai décrit n'est pas celui de
Linné, mais bien celui de Smith. On devra donc adopter pour cette espèce le nom de D. INTERMEDIA Drev.
pour éviter toute confusion, car le véritable *D. longifolia* L. paraît être le *D. anglica* Huds.

Page 42. Avant les Caryophyllées, ajoutez :

Xᵉ. Fam. (bis). FRANKENIACÉES *S*. *Hil.*

Cal. de 4 à 5 sépales droits, soudés à la base en un tube
sillonné. Pétales en même nombre que les sép., alternant avec eux, hypogynes, onguiculés, à limbe écail-

leux à l'entrée de la gorge. Etam. 4 à 5 , alternes avec les pét., hypogynes , à filets filiformes. Anthères arrondies. Style filiforme , bi ou trifide. Caps. persistante, stipitée, uniloculaire , polysperme, à 2 , 3 ou 4 valves séminifères sur les bords. Embryon droit , entouré par le périsperme.

I. FRANKENIA *L.* (*Frankénie.*) Style trifide. Capsule polysperme , à 3 ou 4 valves.

1. F. LÆVIS *L.* (*F. lisse.*) Plante glabre , sous-frutescente. Tiges dures, très-rameuses , en touffes étalées sur la terre. Feu. nombreuses , petites , étroites , opposées ; fasciculées, comme verticillées. Fl. d'un violet purpurin, solitaires et presques sessiles. ℔. E-A1. R. Lieux maritimes. Trouvée par MM. Gay et Godey, à Pirou (Manche.)

Page 43. DIANTHUS.

4. bis. D. GALLICUS *Pers.* (*OE. de France.*) Racine longue, ligneuse. Tiges dressées, rameuses dans le bas , hautes de 6 à 10 pouces. Feu. glauques , linéaires , obtuses , un peu ciliées à leur base. Fl. d'un rose pâle ou blanches , solitaires (rarem. géminées) , terminales. Ecailles calicinales 4 , courtes , ovales , un peu mucronées. Pétales longuem. onguiculés , à gorge glabre et à limbe fortem. denté. ℔. E. TR. Sables maritimes. Indiqué dans les dunes des Iles Saint-Marcouf , par M. Hardouin.

Page 48. Après le genre SAGINA , ajoutez :

XIII. bis. ELATINE *L.* Pétales et sépales 3 ou 4. Etam. 6 ou 8. Ovaire orbiculaire surmonté de 3 ou 4 styles. Caps. à 3 ou 4 valves, à 3 ou 4 loges polyspermes.

1. E. HEXANDRA *DC.* (*E. à 6 étamines.*) Petite plante haute de 1 à 4 pouces. Tiges couchées et radicantes à la base. Feu. ovales-spatulées , opposées. Fl. roses. Sépales, pétales et styles 3. Etam. 6. Caps. à 3 loges. ☉. E-A1. TR. Bords des étangs, des mares. M. Godey a découvert cette plante près de Saint-Lo, et je l'ai trouvée dans les environs de Saint-Hilaire-du-Harcouet. Ce n'est probablement qu'une variété de l'*E. hydropiper* L. qui a 8 étam., 4 sépales et 4 pétales, et une capsule à 4 valves.

Page 50. CERASTIUM.

1. bis. c. SYLVATICUM *Waldst.* et *Kit.* (*C. des bois.*) Cette espèce se distingue du *C. vulgatum* par ses tiges grêles, allongées (de 10 à 18 pouces), radicantes à la base, par ses feu. lancéolées, pétiolées sur les jeunes pousses, par ses bractées supér. membraneuses sur les bords, par sa corolle et sa caps. plus longues que les sépales et portées sur des pédicelles grêles, très-allongés. ♂. E. PC. Bois et prés humides. Falaise.

3. bis. c. TETRANDRUM *Smith.* (*C. à 4 étamines.*) Tiges rameuses, étalées, longues de 3 à 4 pouces, velues-visqueuses ainsi que le reste de la plante. Feu. ovales-lancéolées. Fl. blanches, à 4 pétales plus courts que les sépales qui sont le plus souv. aussi au nombre de 4, surtout dans les premières fl. Etam. 4. Capsules plus longues que le cal., à 8 dents au sommet. Pédonc. plus longs que la fl., défléchis après la floraison. Sép. membraneux-blanchâtres sur les bords. ⊚. P. R. Sables maritimes. Découvert à Pirou, par M. Gay, et retrouvé à Luc, par M. Le Bailly.

Page 55. MALVA.

2. bis. M. VULGARIS *Trag.* (*M. commune.*) Cette espèce ressemble beaucoup au *M. rotundifolia* L., mais elle en diffère par ses fleu. plus grandes, plus colorées, par ses pédoncules moins nombreux, souvent seulem. géminés et surtout par ses carpelles pubescens, non réticulés et à disque central assez large. ♃. E. C. Bords des chemins.

Le *M. rotundifolia* a les fl. pâles, de la longueur des calices, les carpelles reticulés, presque alvéolés par la dessication, avec un disque central très-petit. Elle est beaucoup plus rare que le *M. vulgaris.*

Page 56. Après le genre MALVA, ajoutez :

1. bis. LAVATERA *L.* (*Lavatère.*) Cal. double, l'extér. monophylle à 3 divis. l'intér. 5-phylle. Carpelles nombreux, disposés circulairement.

1. L. ARBOREA *L.* (*L. en arbre.*) Racine forte, épaisse. Tige droite, arrondie, haute de 4 à 6 pieds et plus, simple dans le bas, rameuse vers le haut. Feu. alternes, portées sur de longs pétioles, arrondies, molles, à 7 lobes crénelés. couvertes de poils nombreux, couchés.

Fl. purpurines, axillaires , portées sur des pédic. courts ,
aggrégés. ♂. E. TR. Bords de la mer. Nous l'avons
trouvé M. Godey et moi, parmi les rochers qui terminent
le cap de la Hague, au point nommé le Nez de Jobourg.

Page 183. ERICA. L'*Erica* de Chausey, que j'ai décrit
sous le nom d'*E. multiflora*, a été retrouvé près de Honfleur , par M. Le Chevallier-Le Jumel. Peut-être doit-il
être rapporté à l'*E. vagans L.*

Page 56.

La plante que j'avais prise pour le *M. fastigiata* Cav.,
n'est qu'une var. du *M. alcœa.*

Page 71, ligne 24. o. COLUMNÆ , lisez : o. COLUMOÆ.

Page 73, ligne 38; 26 pouces , lisez : 2 à 6 pouces.

Page 77. TRIFOLIUM.

13. bis. T. SATIVUM *Mill.* (*T. cultivé.*) Cette espèce
que j'avais confondue avec le *T. pratense* L., paraît devoir
en être distinguée par sa tige fistuleuse , plus élevée ,
par ses feuilles plus allongées , souv. presque lancéolées,
par ses capitules ovoïdes , pédonculés , et par ses dents
calicinales , droites, plus courtes que le tube de la cor.
C'est cette plante qui est cultivée sous les noms vulgaires
que j'ai cités.

Le *T. pratense* a la tige pleine , les capitules arrondis , sessiles , accompagnés de 2 feuilles èt les dents
calicin. aussi longues que le tube de la cor. et étalées
après la floraison. Il croît dans les pâturages , au bord
des chemins.

Page 79. LOTUS ANGUSTISSIMUS L. Cette espèce se trouve
aussi près de Caen , de Saint-Lo, et de Condé-sur-
Noireau.

Page 81. ASTRAGALUS.

3. bis. A. BAYONENSIS *Lois.* (*A. de Bayonne.*) Tiges
rameuses , couchées à la base, longues de 4 à 8 pouces,
couvertes ainsi que les feuilles d'un duvet court qui donne un aspect blanchâtre à cette plante. Stipules soudées par la base et opposées aux feu. qui sont composées de 11 à 19 folioles , petites , oblongues, un peu en
gouttière. Fl. bleuâtres , 4 à 6 , portées sur un pédonc.
égal à la feu. Cal. à dents courtes , couvert de poils
noirâtres. Légumes sessiles, cylindriques , pubescens,

longs de 5 lignes, terminés par le style. ♃. E. TR. Sables maritimes. Découvert dans les dunes de Merville, près de l'embouchure de l'Orne, par M. Le Dr. Le Sauvage.

Page 85. VICIA SEPIUM var. *b. ochroleuca* Bast. Cette variété, à fl. jaunâtres, a été trouvée près du Hâvre, par M. Duboc.

Page 87. Le LATHYRUS PALUSTRIS *L.* a été trouvé dans les marais de Troarn, par M. Le Sauvage.

Page 90, ligne 29; pour leur donner, *lisez :* pour lui donner.

Page 94, ligne 3; globuleux, *lisez :* glanduleux.

Page 104. MYRIOPHYLLUM.

1. bis. M. PECTINATUM *DC.* (*M. pectiné.*) Ressemble au *M. spicatum* dont il diffère par ses bractées ou feuilles florales qui sont toutes oblongues, pinnatifides, à lobes aigus et disposés en dents de peigne et non simplement dentées et même entières comme dans les fl. supér. du *M. spicatum.* ♃. E. Eaux stagnantes des environs du Hâvre.

Page 105. CALLITRICHE.

Ajoutez la var. *d. cœspitosa* Schult. qui a les tiges courtes, gazonnantes, et toutes les feu. ovales. Elle croît dans les lieux récemment exondés.

Ce genre a été divisé en un grand nombre d'espèces qui ne me semblent fondées que sur des changemens de forme produits par des stations différentes.

Page 110. SCLERANTHUS ANNUUS *b. collinus*, c'est le *S. annuus V. hybernus* de Reichenbach.

Page 113. Après le mot TILLÆA, ajoutez :

III. bis. BULLIARDA *L.* (*Bulliarde.*) Cal. persistant, à 4 lobes. Pétales 4. Ecailles 4, opposées aux pét. Etam. 4. Carpelles 4, uniloculaires, polyspermes, s'ouvrant par leur bord interne et terminés par un stigm. sessile.

1. B. VAILLANTII *DC. Tillœa aquatica* L. (*B. de vaillant.*) Petite plante, haute de 1 à 2 pouces, à tige rameuse, rougeâtre. Fl. rosées, solitaires, pédonculées. ⊙. E. TR. Bords des mares. Trouvée par M. Durand, près de Honfleur.

Page 140. VALERIANELLA DENTATA. Var. *b. V. mixta* Dufr. Fruits hérissés. Moissons. Falaise.

Page 144. CINERARIA PALUSTRIS *L.* Tourques. Indiquée par M. Le Dr. Hardouin.

Page 145. Le SENECIO ERRATICUS *Bertol.* Se trouve encore près de Caen, de Saint-Lo, etc.

Page 149 l'INULA SALICINA *L.* a été retrouvé près d'Alençon, par M. Le Lièvre.

Page 148. ANDROMEDA POLIFOLIA *L.* Trouvé dans les marais de Gorges près de Périers (Manche), par M. Godey.

Page 194. CUSCUTA.

3. c. EPILINUM *Weihe C. densiflora* S. Willem. (*C. du lin.*) Plante d'un vert jaunâtre. Fl. d'un blanc-verdâtre, sessiles, en capitule arrondi. Cal. à 5 divis. arrondies, gibbeuses. Cor. 5-fide, dépassant à peine le cal. Etam. 5, à filets non appendiculés à la base. Anthères jaunâtres, styles 2, droits. Stigm. divergens. ⊕. E. R. Parasite sur le lin cultivé, et sur la cameline. Falaise.

Page 214. EUPHRASIA LUTEA *L.* Cette espèce, admise par erreur, doit être effacée.

Page 235. MENTHA AQUATICA var *d. M. riparia* Schreb. Rameaux allongés, grêles, garnis de verticilles rapprochés de petites fl. à étam. incluses. Cette variété a été trouvée près de Saint-Lo, par M. Godey.

Page 239, lign. 29; *Marjolanie*, lisez : *Marjolaine*.

Page 267. Le CHENOPODIUM BONUS-HENRICUS *L.* a la racine vivace.

Page 272. POLYGONUM.

4. bis. P. NODOSUM *Pers.* (*R. noueuse.*) Cette espèce est bien distincte du *P. persicaria* L. par sa tige noueuse, haute de 3 à 4 pieds, chargée de points purpurins, par ses feuilles larges, lancéolées, par ses stipules tronquées, non ciliées. Ses fl. petites, en épis rapprochés en panicule ample, sont d'un blanc-verdâtre ou rosées. Les étamines sont plus courtes que la cor. et les styles sont réfléchis. ⊕. E3 A2. PC. Bords des eaux. Rouen, Alençon, Saint-Lo, etc.

Même page, ligne 32 ; *lisez :* insipides.

Page 277. RUMEX SCUTATUS *L.* Les fleurs sont hermaph rodites ou monoïques.

Page 285 , ligne 15 ; *benis* , lisez : *Benis.*

Page 290. ligne 1 , lisez ; axillaires , pédicellées.

—   ligne 2 ; Etam. 36 , lisez : Etam. 3 à 6.

—   ligne 34 ;   —   Vulg. *Ba.*

Page 306, ligne 11 ;   —   P. RUFESCENS.

— 326, ligne 22 ;   —   N. PORTICUS.

Page 327. TULIPA SYLVESTRIS *L.* Je l'ai trouvée près de Bretteville-sur-Laize.

Page 351 , 2ᵉ col., ligne 14 : points enfoncés , *lisez* : points saillans.

Page 366 , ligne 18 ; Etam. 63 , lisez : Etam. 3 ou 6.

— 362 ,   —   34 ; divariquées à bec , lisez , divariquées et à bec.

TABLE DES GENRES ET DES NOMS VULGAIRES.

TABLE 421
Pages.   Pages.

FIN DE LA TABLE.

EN VENTE CHEZ LE MÊME LIBRAIRE :

RECHERCHES ET ANTIQUITÉS DE CAEN ET DE L'ANCIENNE PROVINCE DE NORMANDIE, par Charles de BOURGUEVILLE, sieur de BRAS.

Réimpression de l'édition originale. Cet ouvrage, si important et si curieux, était devenu fort cher. On ne pouvait s'en procurer que des contrefaçons incorrectes; et l'édition originale, aujourd'hui introuvable, vaut 40 fr. — La nouvelle édition offerte au public, dans laquelle on a conservé l'ancien style et l'orthographe, comme monumens de mœurs et de langue, est un des plus beaux ouvrages dus aux presses de Caen. Il est enrichi d'un plan de Caen, d'après Belleforest. Prix : 10 fr.

— POESIES DE SÉGRAIS. Prix : 2 fr., broché.

— POESIES DE SARAZIN. Prix : 2 fr., broché.

— HERBIER DE LA NORMANDIE. M. Le Bailly, Pharmacien à Falaise, propose aux botanistes des collections de plantes normandes ; les échantillons sont desséchés avec soin et étiquetés sous les yeux de l'auteur de la flore de Normandie. Prix de cent espèces: ... et seulement 15 fr., si l'on en prend plus de 200.

— COURS D'ANTIQUITÉS MONUMENTALES ; par M. de Caumont. Prix : 12 fr., avec atlas.

— VII⁰. et VIII⁰. VOLUMES de la Société des Antiquaires de Normandie. Prix : 30 fr., avec un atlas de 30 planches.

— ESSAI SUR L'HISTOIRE NATURELLE de la Normandie, par M. Chesnon, principal du Collége à Bayeux. Prix : 6 fr.

CPSIA information can be obtained at www.ICGtesting.com
Printed in the USA
BVOW03s1407181215

430601BV00017B/368/P